中华传世藏书

【图文珍藏版】

王陽明全集

[明]王阳明⊙原著

马昊宸⊙主编

线装书局

图书在版编目（CIP）数据

王阳明全集：全6册 / (明) 王阳明原著；马昊宸
主编. -- 北京：线装书局, 2014.12
ISBN 978-7-5120-1608-8

Ⅰ.①王… Ⅱ.①王… ②马… Ⅲ.①王守仁
（1472～1528）－文集 Ⅳ.①B248.2-53

中国版本图书馆CIP数据核字(2014)第267621号

王阳明全集

原　　著：	［明］王阳明	
主　　编：	马昊宸	
责任编辑：	高晓彬	
装帧设计：	博雅圣轩藏书馆 Boyashengxuan Cangshuguan	
出版发行：	线装书局	
	地　址：北京市西城区鼓楼西大街41号（100009）	
	电　话：010-64045283　64041012	
	网　址：www.xzhbc.com	
经　　销：	新华书店	
印　　制：	北京彩虹伟业印刷有限公司	
开　　本：	787mm×1092mm　1/16	
印　　张：	168	
彩　　插：	8	
字　　数：	2040千字	
版　　次：	2014年12月第1版第1次印刷	
印　　数：	0001－3000套	

定　　价：1580.00元（全六册）

心学集大成者——王阳明

　　王阳明即王守仁（1472~1529），汉族，浙江余姚人，字伯安，号阳明子，世称阳明先生，谥文成，故后人又称王文成公。中国明代著名的思想家、文学家、哲学家和军事家，陆王心学之集大成者，非但精通儒家、佛家、道家，而且能够统军征战，是中国历史上罕见的全能大儒，封"先儒"，奉祀孔庙东庑第58位。晚年官至南京兵部尚书、都察院左都御史，因平定宸濠之乱立军功而被封为新建伯，隆庆年间追赠新建侯。王阳明（心学集大成者）和孔子（儒学创始人）、孟子（儒学集大成者）、朱熹（理学集大成者）并称为孔、孟、朱、王。其学术思想传至中国、日本、朝鲜半岛以及东南亚，立德、立言于一身，成就冠绝有明一代。

王阳明先生真像

日本所藏王阳明画像

王阳明及其弟子塑像

王阳明书五言古诗（台北故宫藏）

山居图线刻笔筒

王阳明草书《君子亭记》

玩易窝下部洞口（石塘）

1999年新建的玩易亭

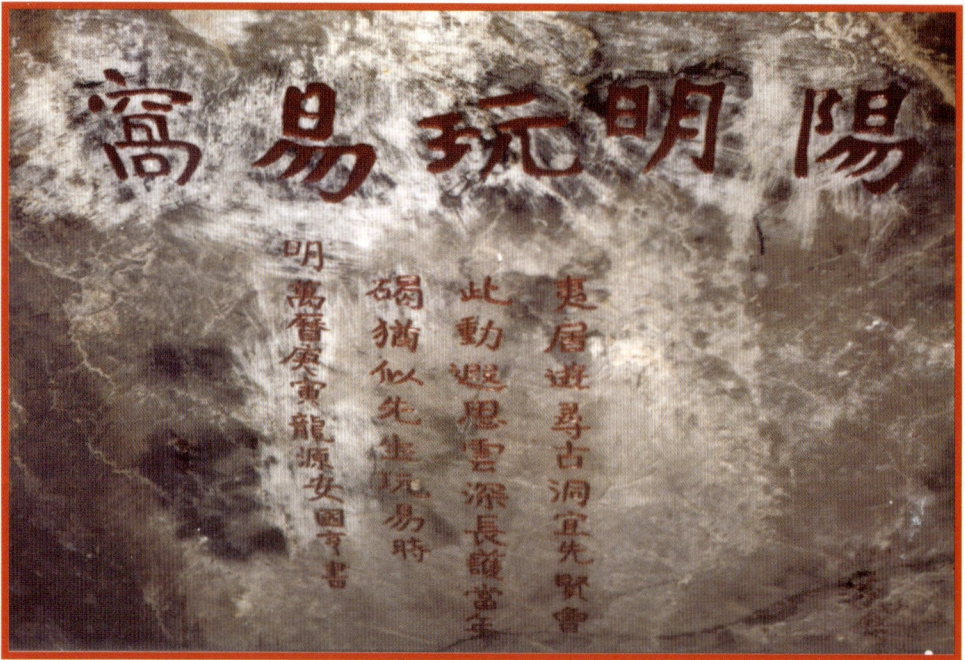

陽明玩易窩

明
藹督癸寅龍源女國亨書

此動避思雲深長薦當年
碣猶似先生玩易時

甚居進遊古洞宜先賢會

明万历年贵州宣慰使安国亨题书"阳明玩易窝"摩崖

君子亭

龙岗书院

黔中胜迹阳明洞

新建伯牌坊

瑞云楼

浙江余姚"王阳明故居"

前言

王阳明，原名王守仁（1472~1529），字伯安，浙江余姚人，因被贬贵州时曾于阳明洞（今贵阳市修文县）学习，世称阳明先生。是我国明代著名的文学家、哲学家、思想家、政治家和军事家，是影响巨大的"心学"集大成者。他不但精通儒释道各家学说，而且还能够统军作战，是中国历史上罕见的全能大儒。

王阳明出身官宦世家，父亲王华是明宪宗时期的状元，远祖为东晋大书法家王羲之。数百年来，由于声名高隆，历代对他的评价始终复杂多变，推其为圣人者有之，贬其为学术祸首者有之，赞其为思想革新者有之，斥其鼓吹蒙昧主义者亦有之。直至近代，主流阶层对他的评价也仍是扑朔迷离。有人说他是民主思想的启蒙先驱，但同时更有人咒骂他是为反动统治阶级做愚民误导。

然千古功过自有绵延无尽的后世评说，今人需要把握的，仅仅是如何以更为高远和辽阔的眼光去看待他的一生，看待那些他留给我们的注定于己于人于社会都会有意义的东西。

王阳明的一生坎坷且传奇，他童年时贵人语迟，五岁始能语；青年时屡次落第，格物穷理；中年时遭人陷害，远躲僻壤；复出之后屡担大任，亲手平息了重大叛乱，挽危局于既倒，拯救了明王朝的历史命运；老年时教书育人，桃李天下，弟子中高官显达无数。他生前身后均难逃嫉谤、诬陷，一辈子都在同病魔、同精神、同环境、同自己的"心中贼"搏斗。可谓荣辱与悲喜起伏，动荡与显赫交织的一生。

明正德十六年，五十岁的王阳明正式提出"致良知"这一哲学命题。他说："近来信得致良知三字，真圣门正法眼藏。往年尚疑未尽，今自多事以来，只此良知无不具足。"至此，经过长期的磨难、酝酿和总结，王阳明开始用"良知"来概括和表达其"心学"的最本质内容。"良知"一词出于《孟子·尽心上》，是指人的不依赖于环境、教育而自然具有的道德意识、道德感情与是非标准，亦可说是良心、本心，是人心所固有的。人的本心会自发地知仁、知义、知礼、知是非，这就是人的良知。

"心即理""致良知""知行合一"，王阳明倡导要本着人性的要求去说话，提倡要尽力去表露长期被压抑了的思想感情，提倡人们各以"吾心"原有的"良知"去判别是非，做出符合自己心愿的行为。这种实践精神与成就事功的价值观体现了人的主体精神，有着近代启蒙哲学的影子。它追求独立意识和个性解放观念，充分体现了阳明学说系"心学"最高范畴的地位；它的创立，在当时思想界掀起了巨大的波澜，使读书人开始呼吸到了新鲜的思想空气。

在蛮荒的龙场，王阳明悟出了"圣人之道，吾性自足"，即人人皆有良知。而在血腥的沙场和险恶的朝堂，让龙场悟道实际发挥作用的，是"知行合一"，即遵循内心的良知，便能达到宁静于内、无敌于外的境界。

如果心学是圣贤功夫，那么知行合一则是俗世智慧。知行合一并非得自顿悟，而是在磨难中不断反思、修炼，最终砥砺出的生命境界。

在经历了当众廷杖的奇耻、下狱待毙的恐惧；流放南蛮的绝望、瘟疫肆虐的危险；荒山野岭的孤寂、无人问津的落寞，直至悟道的狂喜、得道的平静后，王阳明不但求得了内心的安宁，而且逐渐通过"知行合一"拥有了足以改变世界的力量。

凭借知行合一的强大力量，王阳明率文吏弱卒，荡平了江西数十年巨寇。

凭借知行合一的强大力量，王阳明以几封书信，一场火攻，三十五天内平定了宁王之乱。

凭借知行合一的强大力量，王阳明从根本上扫清了困扰明政府多年的广西部族匪患。

的确，上下五千年，王阳明堪称中国历史上屈指可数的几位既"立德""立言"，又"立功"的完人。尽管也有学者将诸葛亮、曾国藩与王阳明三人相提并论，认为他们在统军才能上难分伯仲，但在思想和学说领域，诸葛亮与曾国藩显然无法与王阳明比肩。

王阳明先生受到很多人的崇拜。清末时期，维新变法的康有为、梁启超，以及为探索救国之路的孙中山都曾潜心研究过王阳明的著作。著名的教育家陶行知、徐特立大加赞赏王阳明的教育思想；毛泽东少年时就曾读过《王阳明全集》《传习录》，并逐句逐字做了批注，后来对王阳明的思想更是有所批判与创新；蒋介石也很崇拜王阳明，败退台湾时他把台湾草山改为阳明山；日本一位八十三岁的高僧拄着拐杖颤悠悠地把阳明学说带回日本，没想到竟风靡一时，学者云集，还分成了不同的学派，阳明学说更是间接地为日本明治维新起了思想上的铺垫作用，在日俄战争中击败俄国海军的日本海军大将东乡平八郎随身携带的一颗印章上刻着"一生俯首拜阳明"七字。

二十世纪的文化巨人郭沫若说："他（王阳明）的一生是自强不息的奋斗主义的体现，他是伟大的精神生活者，他是儒家精神的复活者。"

著名文化史学家余秋雨教授评价说："中国历史上能文能武的人很多，但在两方面都臻于极致的却寥若晨星。三国时代曹操、诸葛亮都能打仗，文才也好，但在文化的综合创建上毕竟未能俯视历史；身为文化大师而又善于领兵打仗的有谁呢？宋代的辛弃疾算得上一个，但总还不能说他是杰出的军事家。好像一切都要等到王阳明的出现，才能让奇迹真正产生……"

总之，《王阳明全集》是研究王阳明一生最基本的著作，同时也是一部现代人修身养性、强大个人内心、了解明朝历史的作品。此套丛书不但收录了王阳明的作品，同时还进一步阐述了王阳明的名言，以及王阳明心学大智慧，旨在让今天的读者轻松领悟阳明心学的神奇智慧精髓，修炼内心强大的自己，开启与生俱来的正能量，获得幸福完美的人生。

目　录

第一章　心学大师王阳明

一、神奇少年

王阳明，本名王守仁，字伯安。"王阳明"是他后来隐居阳明洞时给自己改的名字。

王阳明从小就有"自负"的资格，他的所有弟子和他年谱的作者都这样说，而且他降生之前的种种迹象也表明他非池中之物。

根据王阳明的传记作者记载：传主在母亲肚子里待了十四个月，仍然没有出来的迹象。一天夜里，王阳明的奶奶在睡梦中突然醒来（其实她没有醒），看到一道彩虹从房

王阳明

顶垂直射入房间，在强大的"聚光灯"下，一位身穿红衣的神仙从天而降，周身云雾缭绕。他怀中抱着婴儿，对惊愕中的老太太说："这孩子将来是人才，你们要好好教育。"说完把孩子送到了老太太怀中，凭空消失。这时，王阳明的奶奶才真从梦中醒来。回想梦境，感叹了一会儿人生如梦。这时，

突然听到儿媳房中传来婴儿的啼哭——王阳明出生了。

老太太把神奇的梦讲给老公王天叙听，王爷爷鉴于梦中有"云"，于是给孙子起名为王云。1476年，王阳明已五岁，但还不会说话，这成了王家人的一块儿小心病，特别是王天叙。虽然老话说"贵人语迟"，但万一"迟"至成年了还不会开口说话，岂不就成哑巴了！有一天，王天叙在院子里看着孙子玩耍，忽然一位和尚风尘仆仆而来，听王天叙叫王阳明"云儿"，就走上前摸着王阳明的脑袋叹道："好个小孩子，可惜被道破了。"话音才落，和尚转身就走。若是愚笨之人肯定丈二和尚摸不到头脑，但王天叙可是聪明人，猛然醒悟，"神仙送子"这事岂是可以随便张扬的？于是，晚上就开了家庭会议，宣布给王阳明改名为王守仁。大家一夜不睡，专心致志地望着王阳明，希望能见证奇迹的诞生。果然第二天一早，王阳明从梦中醒来，开口说了第一句话。正史和野史都没有记载这位贵人的第一句话是什么内容，但可以肯定的是，王家肯定要鞭炮齐鸣，锣鼓喧天地庆贺一番。更让王天叙惊骇的是，王阳明对他所诵读过的书都能倒背如流。问其原因，王阳明回答，您每次读书，我都在旁边倾听，不知不觉就默记在心了。

王阳明的祖宗可追溯到晋时的书法家、文学家王羲之。王阳明的六世祖王纲，年轻时恰逢元末天下沸腾，就跑进深山老林生活，在深山中，他碰到一位善于相面的高人，于是拜师学艺。后来，王纲跑出山林准备过普通人的生活，想不到碰见了半仙刘伯温，两人结为好友。刘伯温对他说，将来俺有个前程，也要让你似锦绣一般。王纲说，千万别，我淡泊名利好多年了。谁知刘伯温是个守信的人，后来帮助朱元璋当了皇帝，就把王纲从荒山野岭中拉了出来。这一年，王纲已经七十岁。再后来，七十多岁的王纲奉命到广东去剿匪，结果死在回来的路上。王阳明的五世祖王彦达向朝廷要抚恤金，结果朝廷不给。王彦达就单枪匹马把老爹背回了老家，从此发誓，绝不为朝廷效一分力。

王阳明的四世祖王与准遵从老爹的遗愿，终身在家读书教育后代，并且能前知五百年，后知几分钟。地方政府闻听辖区有这样一位高人，就让他出来到政府挂职，王与准故意把腿弄折，终于保住了家族"淡泊名利"的徽章。王阳明的太爷爷王世杰本来也想淡泊名利，但家中米缸总空着，好不容易克服了心理压力去参加考试，可当人家要按规矩搜身时，他发了一通雷霆之怒，不考了。这位自尊心强大的太爷爷生了个儿子，就是一手带大王阳明的王天叙。

爷爷王天叙是个道德楷模，只对经书感兴趣。王阳明的老爹王华，天授才华，四书五经无所不通，同时兼具男人美德。据说某次在一富贵人家借宿，主人闻听这位知识分子智商奇高，就派穿着暴露的小妾到他房间里。王华大吃一惊，女郎拿出一柄扇子，上面有主人的字："欲借人间种。"王华又是大吃一惊，稍为镇静后，认为这"借种"的事做不得，于是拿过扇子，续了一句："恐惊天上神。"

王华六岁时，曾在一水塘边玩耍，有个醉汉呕吐完毕离开时把钱包丢在了水塘边，王华打开钱包，发现很多金子，他没有私吞，而是在那里等，直到醉汉酒醒后慌慌张张地来寻找钱包。那醉汉发现王华是个拾金不昧的孩子，当即拿出其中很少的一部分当作酬谢。王华正色道："请你不要侮辱我的节操还有算数能力，那么多的金子我都不要，我为什么要这么一点？"已清醒了的醉汉很惭愧，急忙向小王华道歉。王华终生不肯丢弃这一节操，这无疑给王阳明树立了一个道德榜样。

1481 年，王阳明的父亲王华考中进士。第二年，王华到北京做了官，就迎接王阳明和王天叙到北京。途经浙江杭州时，王天叙带着王阳明和一些笔友到金山寺游玩，其间有人提议作诗消遣。很多人马上抓耳挠腮，尽力想做出震动天地的诗作来，而王阳明只是略加思索，就跟爷爷说，我已经做成了。王天叙叫他读出来，王阳明大方吟道：

金山一点大如拳，打破维扬水底天；

醉倚妙高台上月，玉箫吹彻洞龙眠。

那些自诩七步就能做出天下上等好诗的人，一听到这个孩子的诗，真是恨得牙根直痒。自命不凡的人一旦遇到比自己强的人，往往会不由自主地给自己找理由，他们的理由是：这首诗是王天叙为了炫耀孙子的才华而偷偷替王阳明做的。王天叙不动声色，让提出这问题的人给王阳明来篇命题作文。有人就以景点"蔽月山房"为题，要王阳明作诗一首。王阳明不假思索，脱口而出：

山近月远觉月小，便道此山大如月；

若有人眼大如天，还见山高月更圆。

众人大惊不已，他们无法想象也无法理解，一个十几岁的小孩子怎会有如此的才情。在他们正为王阳明叫好时，王阳明又说了一句让他们更为惊讶的狠话："文章小事，何足成名！"

当一个孩子表现得特别调皮时，我们会说他是"被惯坏了"，小时候的王阳明就有种被惯坏了的感觉。在北京的家中，王阳明最喜欢做的事是和小朋友们玩军事游戏，并总以军队长官自居，制作大小旗调度他人。老爹王华每每见到儿子如此贪玩，都会气得浑身发抖。有一天，他质问王阳明："我们家世代都靠读书混饭吃，你搞这些不入流的东西，是想给祖宗丢脸吗?"

王阳明人小鬼大,反问:"读书怎么就能混饭吃?"

老爹严肃地告诉他:"读书就能考上公务员,就能做大官。你老爹我如果不读书,怎么能考上状元?"

王阳明问:"我老爹是状元,咱家世代都是状元吗?"

王华嘲笑傻儿子:"只你老爹是状元,你若想当状元,就要读书。"

王阳明终于让老爹进了"坑儿":"只是一代,状元看来也不过如此。"

王华想不到儿子居然挖了坑,可气的是,自己还笨得兴高采烈地跳了下去。老羞成怒下,他使用起了父亲的权力:棍棒伺候。

王天叙对孙子王阳明的认识显然比王华高一筹。他认为,王阳明必非凡品,每当王华被气得上气不接下气时,王天叙就会冒出一句:"这小子他日必官至极品,所立功勋当是旷古绝今的。"

其实,一个十二岁的孩子能说出这样的话,很大一部分原因是自命不凡。自命不凡的人只是经事少,如果让王阳明放弃锦衣玉食的生活,经历一些磨难,恐怕他就不会说状元无用了。王阳明的自命不凡还表现在下面这件事上。

他问老师:"人生在世,何为第一等事?"

老师回答:"好好读书,天天向上,将来考个公务员。"

王阳明立即给了老师一记重锤:"这恐怕不是第一等事,第一等事应该是读书学做圣贤。"

王华知道这件事后,又好气又好笑,讥讽儿子:"你小子想得太美了,社会很现实,不当家不知柴米贵。"

多年之后,王阳明对"自命不凡"的害处做了如下描述:"这个问题是人的大病根。譬如在一丈见方的土地里，种上同样大的一棵树，雨露的滋养、土壤的肥力，只够滋养大树。上面却被大树的叶子遮盖，下面呢，又被这树根盘踞，纵然想在四边种些庄稼，也会是种什么死什么。只有砍倒这棵树，就连一点儿须根都不要留，才能种植好庄稼。不然，任凭你辛苦耕耘，也只能滋养这树根。"

二、另类青年

王阳明说"读书做圣贤，方为人生第一等事"，虽然当时受到了他父亲王华的讽刺，但只是讽刺而已，并没有说他胡思乱想、不务正业，可见王华对儿子的教育还是相当开明的。王阳明也并没有因为受到了父亲的嘲讽就打消了要"做圣人"这一念头，恰恰相反，他的这一念头却是变得越来越强烈。但什么是"圣人"呢？虽然说不出个所以然来，但按照他的想法，圣人，至少是能够保境安民的，是有能力保护人民不受外来力量的侵略，使人民安居乐业的。带着这种想法，他开始研读兵法，练习武艺，并开始关心明朝的边疆事务。

在他15岁那年的秋天，有一天，王阳明带了一两个童仆，突然离家出走了。王华一开始并不十分在意，他知道儿子向来调皮捣蛋，不知上哪儿散心去了，过一两天也就回来了。可几天过去了，还不见人影，这才有些着急起来，派人四处寻找，却是杳无踪影。过了一个多月，才见他风尘仆仆地回来，人看上去也黑瘦了许多，腰间还佩着一把宝剑，一副侠客模样。这位15岁的少年究竟是干什么去了？原来，他出去实地考察了明朝的北部边境，考察了"居庸三关"。

这里有一个基本背景。明朝虽然取代了元朝的统治，但明朝的北部边境却一直并不安宁。当时的蒙古各部在被称为"小王子"的达延汗的领导之下，力量壮大，时时与明朝发生边境战争。就在王阳明 15 岁这一年，蒙古"小王子"还侵入甘州，明朝的将领战死。这些事件，对王阳明有很大的刺激，在他看来，要"做圣人"，就必须有能力保护国土安全，所以了解边境状况是十分必要的。他这样想，就这样做，于是就出去实地考察了"居庸三关"，即居庸关、紫荆关、倒马关。这些关隘都是明朝北部边境的重要关口，是防御北部少数民族入侵的重镇。居庸关曾于洪武元年（1368年）重修。王阳明登上居庸关，看着峰峦叠翠，长城连绵起伏，一种干云的豪气便在心里面油然升腾起来，心想，若是由我来镇守边关，必定能够使外族不敢入侵，使境内的人民能够安居乐业。史书上说，他此时便"慨然有经略四方之志"。"经略"，就是"经营谋略"的意思；"四方"，是指天下。所以"经略四方"，也就是管理国家大政，为国家安全出谋划策，从军事上来说，就是要保四方边境安宁，保护国土安全；从内部政治来说，则是要使政治稳定，使各行各业的人民都能够处于一种良好的生活秩序之中，经济繁荣，生活安定。

15 岁的王阳明，的确已经表现出了他不同寻常的志向。他登上居庸关长城，并不只是像当年的陈子昂那样，"念天地之悠悠，独怆然而涕下"，发思古之幽情、感慨一番而已，而是将他的想法付诸实践。他用了一个多月的时间，向关内居住的人民详细了解了关外少数民族的各种情况，包括他们的种族、历史以及生活习惯，历史上人们对他们是如何防御的，如果他们一旦突入关内，应该采取何种对策给予有效打击；他还仔细了解了居庸关一带的地理地貌、山川形势、道路交通以及各要塞关隘的兵备防御等情况。他也并不只是停留于口头的了解，而且还只身走出关去，和少数民族群众进行实际接触，和少数民族的青少年们一起骑马射箭，相互追逐，练习骑射之术。他气魄豪迈，身手敏捷，意志顽强，勤学苦练，箭术提高极快，不多久，便令关外的少数民族青年对他也肃然起敬，望而却步。这样过了一个多月，他又只身回到了北京。

回京之后，他那种"经略四方"的豪气仍时时萦绕于心间，挥之不去。第二年，也就是他 16 岁的时候，由于连年饥荒，湖广（今湖南、湖北）、河南、陕西三省交界地区发生以刘通（号"刘千斤"）、石龙（号"石和尚"）为首的流民暴动，他们以黄旗为帜，建国号为"汉"，以"德胜"为年号，一时震动京师。王阳明了解到这个情况以后，突发奇想：这不正是我显现身手的时候吗？于是，他把自己关在房间里，洋洋洒洒，写了个给皇帝的奏折，其中结合他对居庸关考察的实际知识发表了他的军事思想，贡献如何克敌制胜的策略，甚至想请求皇上让他来亲自带兵，对刘千斤、石和尚进行征讨。他把写成的奏折交给他的父亲王华，希望由王华转呈皇上，但结果是可想而知的，他只不过是一次又一次挨了王华地狠狠训斥而已。

王阳明独自一人研习兵法，考察边关，练习骑射，原是他将"做圣人"这一想法付诸实践的一种方式。他自以为考察了边关，并且也有他自己的想法，可以上书为朝廷贡献智慧了，结果却遭到父亲王华的一顿臭骂，如同被浇了一瓢凉水；这瓢凉水虽然不能浇灭王阳明要做圣人的心志，但却起到了使他收束身心、重新回到书本上来的作用。

明朝当时的情况是，在一般读书人当中，宋代朱熹的学说是十分流行的，朱熹被人们看作是孔子、孟子之后最伟大的圣贤一流人物。既然如此，朱熹的书可是不能不读的，说不定把朱熹的书研究透了，自己也就成为圣人了。抱着这样的想法，王阳明就开始阅读朱熹的著作，开始对他的学说进行详细研究。

在朱熹的思想当中，有一个观点是最为著名也是最为流行的，那就是"格物致知"。什么叫作"格物致知"呢？讲起来有点不容易，因为比较烦琐，而且不同的学者也有不同的解释。在朱熹那里，所谓"格"，我们不妨将它理解为"格斗"的"格"，"物"就是事物。"格斗"必须要两个人面对面，所以"格物"就是要与事物"面对面"。我们每天都与各种各样的事物"面对面"，但我们却不一定能了解这个事物为什么如此这般的道理。所以朱熹说，如果我们要想真正了解事物的道理，那么当我们与事物"面对面"的时候，就要运用我们的理性，去了解这一事物之所以如此这般的道理，去穷尽这个事物的道理，只有这样，我们才能达到对这一事物本质的了解，这就叫作"致知"。所以所谓"格物致知"，大意就是说，我们在日常生活之中，要弄明白每一个具体事物的道理。通过不断积累的方法，不断地获得具体事物的知识，最终就可以达到无所不知的境界。但世界上的事物千千万万，怎么可能穷尽每一件事物的道理呢？朱熹的观点是，天下万物，虽然在表面上看起来是各不相同的，但从本质上说，所有事物都是以最根本的、独一无二的"理"或者"天理"为根据的，他将这个"理"叫作"一本之理"，是最大的、最根本的、最普遍的道理；但就每一个独特的事物来说，它为什么是这个样子而不是别的什么样子，也有它自己的"理"，他把这个叫作"分殊之理"。简单地说，任何事物之所以呈现出独特的当前状态，是有它自己的"理"的，只要我们不停地"格物"，也就是弄明白具体事物的独特的"理"，不要停止，今天弄明白一件事的"理"，明天弄明白另一件事的"理"，那么总有一天，我们对天下事物之所以如此的"理"的理解就会达到一个豁然贯通的境界，这样就可以实现对那个最为根本的、普遍的"一本之理"完全而又准确无误的把握。做到这一点，也就到达"圣人"的境界了。

这一"格物致知"的说法是当时十分流行的观点，王阳明当时对它当然也是十分相信、没有怀疑的。按他的想法，既然朱熹说每一事物都有它自己的道理，都有天理，那么一草一木也必定是包含着这种"至理"或"天理"的。既然只要"格物"就可以"穷理"，只要"穷理"就可以成为"圣人"，那么我就开始"格物"吧！当时他有一位姓钱的朋友，两人一起商量着要做圣人，可谓是志同道合；刚好他父亲王华的官府里面有一个园子，园子里有一丛竹子，王阳明就对那位姓钱的朋友说："要格物做圣人，我们就从这丛竹子开始吧。你先去格格这竹子看，看这竹子里面包含着什么最高的天理。"于是这位姓钱的朋友就去"格"这竹子，整天与竹子"面对面"地"格"，如此这般"格"了三天，结果是积劳成疾，病倒了！王阳明心想，也许是这钱姓朋友原本体质虚弱，精力不足，所以才至于"格"了三天就病倒了，还是我自己来吧！于是他也如此这般地整天与竹子"面对面"地"格"。一天过去，没有"格"出什么天理；两天过去，还是没有"格"出什么天理；一直过了七天，他便也如那位钱姓朋友一样，积劳成疾，病倒了！于是他感慨地对那位钱姓朋友说："看来这圣人是做不得的啊！格一物都如此困难，要格尽天下事事物物，我们哪里有那么大的力量呢？"

这件"格竹子"失败的事情，发生在他 16 岁的时候，他当时仍然居住在京师。这件事情对王阳明一生的影响是非常重大的。第一，这是他为了

"做圣人"而按着朱熹的教导去进行实践，却在实践中遭遇失败的一个事件；这一事件并没有真的消除他要做圣人的心志，反而使他开始对朱熹的学说产生某种怀疑，感觉到朱熹的"格物"之说不是通往圣人境界的平坦大道，必须另辟蹊径，从而为他日后提出系统的心学观点埋下了伏笔。第二，史料记载，王阳明成年之后，身体一直有病，有咳嗽的毛病，有时还咯血，我很怀疑正是这七天"格竹子"时受了风寒而落下的病根。

可想而知，16 岁的王阳明这时的心情是十分郁闷的！他为了要做圣人，只身出关，骑马练箭，回来后要给皇帝上书，却挨了父亲一顿叱责；为了要做圣人，按着朱熹的教导去"格物穷理"，结果却是积劳成疾。他苦闷彷徨，整天落落寡欢。这个情形使他的父亲和祖父都极为担心，生怕他胡思乱想，不务正业，从此废了，于是就想着给他娶个媳妇，或许能够改变他目前的状况。所以到了第二年，也就是弘治元年（1488 年），王阳明 17 岁，他的父亲王华给他定下了一门亲事，女方是江西布政司参议诸让（字养和）的女儿诸小姐。

按照古代的礼仪，男青年娶妻，是要亲自到女方家里去下聘礼并迎娶妻子的。王阳明的岳父诸让先生也是余姚人，但他此时是江西布政司的参议，居住在南昌，所以这一年的七月，王阳明从绍兴来到了南昌。顺便提一句，这时他的家已经从余姚搬到绍兴了。他到南昌来的目的，就是来下聘礼娶诸小姐为妻的。到了南昌，诸让见到王阳明，那是少年才俊，风流倜傥，自是十分欢喜，于是就决定不日即为举行婚礼。可就在举行婚礼的那一天，却发生了一件人们想破脑袋都想不到的事情。怎么回事呢？原来，到了要举行婚礼的时候，人们却意外地发现，王阳明竟然不在府上，找不见了！

这时已是宾客盈门，良辰已至，可不见了新郎，这婚礼如何举行呢？虽然是秋天，气候凉爽，可诸让先生却是急得满头大汗，不知如何是好，他只是一个劲儿地吩咐家人立即出去四处寻找。与此同时，他的心里也是七上八下，充满狐疑。他十分不明白，王阳明平时不是好好的吗？他究竟是出于什么原因而要在这个节骨眼上离家出走呢？是不是他对自己的女儿有所不满而故意逃避呢？按理说那不可能啊，女儿也是如花似玉的；那么是不是因为自己公务繁忙，对他照顾不周而使他心中不快呢？按理说也不会啊，王阳明平时对自己的公务繁忙是十分体谅的。又想，王阳明是第一次到南昌，可谓人生地不熟，他独自一人在外面四处瞎转悠，会不会发生了什么意想不到的事情呢？如果是这样，那可就对自己的老朋友王华无论如何也无法交代了！他越想越不对劲，越想越着急，也就越加起劲地将家人们打发出去寻找。可是找了整整一夜，也没有找到王阳明的踪影。直到第二天早晨，太阳已经高高升起，家人们才发现王阳明独自一人，面带微笑，怡然自得地自己回来了。

那么他究竟是到哪里去了？原来，正当诸家人上上下下为他的婚事而忙碌的时候，他却是闲来无事，于是便走出家门，到南昌城里去走走看看。他漫无目的，一路闲逛，不知不觉地就到了南昌城的广润门附近。这广润门是南昌城的西南城门，向来为繁华之地，商贾云集。城外便是章江，有著名的南浦亭，唐朝诗人王勃《滕王阁诗》中的名句："画栋朝飞南浦云，珠帘暮卷西山雨"，便是说的此地，而此地也因王勃的诗文而更加著名。广润门内，有一座著名的道观，叫作"铁柱宫"。王阳明一路闲行，来到广润门附近，恐怕他原来也只是想出城去看看江景，欣赏欣赏南浦风光，可当他路过"铁柱宫"时，转眼往里一看，却见一老道士面含微笑，以眼观鼻，以鼻观心，正在榻上打坐。那种静谧安详、怡然自得的神态，深深地吸引了王阳明，于是他便好奇地走了进去，与老道攀谈起来。谁知这位老道士却也健谈得很，而王阳明更是对道教的养生之术怀着极为浓厚的兴趣，一个是谈得兴起，一个是听得入神，不知不觉竟然就过了一夜。

新婚之夜竟然与老道士对谈而忘记了自己的婚礼，这件事情说起来真的有点"另类"，令人匪夷所思。但对王阳明来说，却是件十分自然的事情。首先，他原本就一直在寻求成为圣人的方法，也一直为原先"格竹子"遭遇失败而感到郁闷，现在听道士谈养生，谈长生久视之术，自然会再次勾起他对圣人的向往之情。虽然他并不明白圣人究竟是什么样子，但若能长生久视，自然也是件令人向往的事。第二，我们前面曾经提到过，他"格竹子"格出了毛病，落下了咳嗽的病根，虽然他才 17 岁，但此时身体可能并不十分健康，听老道士谈养生延年之术，对他自然是十分具有吸引力的。我们同样还要提到，新婚之夜与老道士谈养生之术而耽误了婚礼，这是王阳明成年之后第一次与道教真正结缘，对他此后的生活道路的影响是巨大的。我们将来还会讲到，不仅他的思想受到了道教的影响，而且他对道教的身心修养之术是身体力行并达到了相当境界的。

结婚之后，王阳明在南昌岳父的家里度过了一年半时间。到了第二年的十二月，他才带着诸氏夫人一起回到余姚。这时的王阳明已经 18 岁了，近六七年来，他一心想着如何成为圣人，按着他自己的想法做过各种各样的尝试，但似乎效果并不明显，不仅未能做成圣人，反而还搞坏了身体。而与此同时，一个十分现实的问题已经摆在他的面前，因为他已经到了参加科举考试的年龄了。在他那个时代，如果想要真的有所成就，能够实现他自己"经略四方"的高远志向，那么科举这条道路实际上还是绕不过去的，是必须要走的。

21 岁那一年（弘治五年，1492 年），王阳明顺利地通过了浙江乡试，考中了举人。随后又到北京居住，一来可以侍奉父亲，二来可以更好地准备来年的会试。会试考中了的人，叫作进士，朝廷可以赋予职位，然后正式进入仕途。对于来年的会试，王阳明既是成竹在胸、志在必得的，也是十分肯下苦功，读书通常读到半夜的。他读书的用功程度，到了他父亲王华都觉得太过分而感到心疼的地步，曾经叫家人们不要在他的书房里放置蜡烛之类的灯具，但王阳明往往等他父亲睡觉了之后，又挑灯夜读，必到半夜才罢。

王阳明原有超出常人的才华，再加上这样用功，按理说考中进士应该是手到擒来，十拿九稳之事。但十分出人意料的是，他的科举道路却相当曲折。第二年参加会试，结果却是名落孙山。这其中既有王阳明本身的问题，也有其他方面的原因。就他自己来说，他虽然读书是极为用功的，但他所读的书，实际上却并不完全是当时的什么作文范文、复习资料之类的东西，而更多的是"六经子史"，是中国文化的一些根本典籍，这些东西虽然是文化传统的根本所在，对一个人的身心涵养是十分重要的，但对科举考试却不一定都能派得上用场；至于其他方面的原因，我们虽一时说不出个所以然来，但有人嫉妒他的才能，却是一种十分可能的原因。

按照史料记载的一种说法，王阳明会试落第之后，当时一些与他相识的人都来安慰他，这自然也是人之常情。据说当时李东阳曾对他说："以你的才华，今年考试没有中，下次必定能考中状元。我现在就给你出个题目，叫作《来科状元赋》，怎么样？"要知道，这位李东阳可不是一般的人物，他是当朝的宰相，也是当时的文坛领袖，诗名极高，在读书人中的声誉与影响力是很大的。他对王阳明出这么一个题目，大家都看得出来，其实是包含着某种挖苦、戏谑的成分在内的，这就好比是让一位今日的高考落榜生来大谈一番考入北大、清华的感受一般，那无疑是件令人十分难堪的事情！

不过对王阳明来说，这不算什么，他这已经是第二次被人现场命题考试了。大家都还记得，他第一次被人命题考试还是在他 11 岁的时候，只不过那时是要求他现场作诗，这次是要求他现场作文，但意思却是一样的，都是要考考他的才学。这时的王阳明，毕竟与 11 年前大不相同了，他已经能够镇定自若、处变不惊了，而且他对自己的能力也从来都没有怀疑过。只见他提起笔来，一气呵成，完成了这篇命题作文，可惜我们今天已经看不到王阳明的这篇《来科状元赋》了。据说当时在场的其他官员读后都大为惊叹："天才！天才！"但其中也有妒忌的，说："这小子果然有才，如果他真的状元及第，做了大官，那么将来朝廷中还会有我们这些人的地位吗？"你看看，嫉贤妒能，虽说是古已有之，却实在是人性中最最丑陋的东西！按照《王阳明先生年谱》的记载，王阳明之所以在三年后的第二次会试中仍然没有考中进士，正是因为有这样一些嫉妒他才能的人从中作梗。

22 岁的王阳明没有考中进士，这不能不算是他人生道路上的一次挫折，但他自己当时并没有把这个太当回事。毫无疑问，他最终还是进士及第的，虽然那要等到六年之后，即他 28 岁的那一年。考进士虽然落榜，但他并没有打消要做圣人的念头，他还会继续以他自己的"另类"方式，努力地去实现他自己的圣人理想。

三、仕途风云

28 岁那一年，王阳明终于考中了进士，成绩还不错，考到了殿试第十名。通常来讲，对新考中的进士，朝廷会有四种安排。一是留在翰林院当史官，这是状元才有的待遇，王阳明的父亲就被这样待遇过。二是继续留在翰林院读书。三是分到六部去观政。四是去地方当官。王阳明属于第三类，被分到了六部中最不重要的工部去观政了，也就是说，去工部实习了。

在实习期间，王阳明被安排去督造威宁伯王越的坟墓。王越，字世昌，在 1426 年出生于河南省浚县钜桥镇冈坡村，是当时著名的将领。他打仗很厉害，有叫人死掉的聪明，身经百战，战功累累，并且拥有军人最重要的一个特点，不怕死。遇到敌强我弱的情况，甚至在有极大可能要战死的情形下，他也都能从容应对，不慌不忙。更难能可贵的是，他的文采特别好，据说岳飞那首著名的《满江红》，真正的作者其实是他！学术界对此争论已久，仍无定论，但如此文采斐然的诗能疑心到他身上，也足以证明他的文采是很好的。

对于王越，王阳明自小就是非常崇拜的。他们是一个时代的人，在王阳明小的时候，正是王越建立赫赫战功的时候。让我们看看他的战绩吧，成化五年、成化六年、成化九年、成化十六年、弘治十一年……在这些年里王越曾多次击退了北元的侵扰，保得边境多年平安。对热心军事的王阳明来说，王越无疑是他崇拜的偶像，以至于晚上睡觉的时候，王阳明还曾梦见过他呢。

在督建王越的坟墓时，王阳明也显得特别用心，他用组织军事的方法组织那些民工，让他们轮流工作。与此同时，借着这个机会，在工作休息之余，王阳明还指导那些民工演习军阵，史料上说是演习诸葛亮留下来的"八阵图"。要知道，那些民工做的都是重体力活，累死累活，偶尔可以休息下，王阳明居然还要他们演"八阵图"！！可想而知，在心里他们是绝不会对王阳明有好感的。不过，通过这种演习，却给王阳明积累下了排兵布阵的可贵经验。

我们知道，王阳明对军事方面的事一直是很感兴趣的，十五岁时他就去游历边关了，尽管之后的几年他在这方面没什么大的动作，但是到了二十六岁的时候，他看到武举之设只比谁的拳头硬却不比兵法韬略，就开始专研武事了。那阵子他看了许多兵书，《王阳明年谱》上说是：凡兵家秘书，莫不精究。不仅如此，一旦家里有客人来了，他还要把那些招待客人用的水果瓜子摆出军阵，跟客人来一场军事上的博弈。那些客人要吃东西，伸手去拿，王阳明就会大叫一声：别吃我的将军！！这种声音骤然响起，往往要把客人们吓得肝胆俱裂。

从这些事中我们可以看出王阳明对军事的痴迷程度，因此，在督造王越的坟墓时，他也忍不住技痒，会驱使那些民工演习"八阵图"。不过，最终王越的坟墓还是被造得很好的，时间并没有拖延，质量也过关。王越的家人对此非常感激，拿了金银酬谢王阳明。王阳明谢绝了他们的好意。后来王越的家人就把王越身前的佩剑赠予他——这诱惑力太大，王阳明拒绝不了，就欣然收下了。

在王阳明观政工部的那一年，星象出现了异变，具体地说就是天空中出现了彗星。对于缺乏天文学知识的古人来讲，一见星象异变，都觉得这是灾难的预示，所以心里吓得不行。不过也还好，在我们这边星象异变也不过就是看看彗星什么的，要是这里能看到北极光，那不把他们一个个吓死才怪。

尽管有不少开明之士认为彗星的出现无关吉凶，是天气的自然变化，不过主流的观点还是认为，彗星的出现会带来灾难。正因为此，弘治皇帝便下诏广开言路，让人对时政提出自己的建议。王阳明在这时便写了一个折子。

这折子名为"陈言边务疏"，折子里对武事方面的种种问题提出了批评与建议。当时蒙古人不断侵扰明朝边境，王阳明留心很久了，因此想了很多这方面的办法。折子里另外也提到了关于星象异变的事，弘治皇帝对此已经感到害怕了，王阳明却还要拿这件事吓唬他，说这正是边关不稳的警示。

要知道，王阳明是最喜欢给皇帝上书的，十五岁那年从边关回来，他就要给皇帝上书，不过没有得逞罢了，这次有机会，他显然不会轻易放过，因此洋洋洒洒，一封奏折写了六千多字！在奏折的一开始，王阳明就言辞犀利地给出了自己的批评，他这样写道：臣愚以为今之大患，在于为大臣者外托慎重老成之名，而内为固禄希宠之计；为左右者内挟交蟠蔽壅之资，而外肆招权纳贿之恶。习以成俗，互相为奸。忧世者，谓之迂狂；进言者，目以浮躁；沮抑正大刚直之气，而养成怯懦因循之风。故其衰耗颓塌，将至于不可支持而不自觉。

这是在批评某些大臣表里不一，看上去是老成持重，好像值得表扬，骨子里却是固禄希宠，并且对那些真正忧心世事的人不断打压，反过来诬蔑他们。所以，正大刚直之气被压抑了，怯懦因循之风却在渐渐养成，造成了极坏的后果。由此王阳明指出：故其衰耗颓塌，将至于不可支持而不自觉。看到这里我们就能明白，那些大臣都很糟糕，与此同时还能明白，这种情况显然不妙。

针对这样的状况，王阳明提出了八条建议。分别是，一、蓄材以备急，即培养军事方面的杰出人才；二、舍短以用长，即对那些真正有能力、勇敢强悍的人，能加以重用，而看开他们所犯下的小错误；三、简师以省费，即消减庞杂的军队，组织精锐之师，以节约经费；四、屯田以足食，即备足军用物资；五、行法以振威，即严明纲纪，振肃军威；六、敷恩以激怒，即给士兵以恩惠，以便他们上战场的时候能舍死杀敌；七、捐小以全大，即诱之以小利，最终谋取大利；八、严守以乘弊，即好好防御，趁对方露出破绽时趁势进攻。

总的来说，这八条建议就是提高自己的军事实力，好等蒙古再来侵扰的时候杀他们个片甲不留。可以说，王阳明提出的这八条建议都是切中要害的。这倒不是王阳明眼光犀利，主要是那些要害都太明显了。王阳明之前，类似的话已经有很多人说过了，并且不止说了一遍，几乎大家都知道这些。所以，王阳明在折子里也说，他讲的这些话"非有奇特出人之见，固皆兵家之常谈，今之为将者之所共见也"，不过，也正因为此，王阳明又点明，我们不能只说不做，而是应该真正落实这些措施，只有这样才能取得效果。但正如之前别人提出这些建议一样，王阳明说了之后，尽管是切中要害的，却也并没有什么反响。

在工部观政期满之后，王阳明被授予刑部云南清吏司主事的职位。根据明朝的制度，六部都是分司办事的，每一部都有若干个清吏司，好比说兵部有四个清吏司，礼部有四个清吏司，户部则有十三个清吏司，而王阳明所在的刑部，和户部一样也是有十三个清吏司。六部中每一部各设尚书一名，左右侍郎各一名，下有清吏司，各设郎中、员外郎和主事，分管该部的事务。

上任之后，王阳明作为清吏司主事，每个月都要轮着去提牢，即督理牢务。基本上来说，关在刑部大牢的都是些犯了死罪等待处决的犯人，又或者是些犯了死罪正在上诉最后多半还是要被判死罪处决的犯人。因此在牢里，他们都是不被当成人来看待的，政治权利已被剥光，连人权也早已荡然无存了。王阳明以前听说过，这里的狱吏会把朝廷派发给死囚的猪宰杀之后瓜分，只给那些犯人吃些米糠。后来去提牢的时候，王阳明到监狱一看，情况果然如此！

这下王阳明愤怒了，他把所有的狱吏都召集起来，要揍他们，只把那些人吓得跪地求饶，连声说以后不敢了。至于那些猪，狱吏们也非常识相，宰了之后全部分给了那些囚犯。对于那些囚犯来说这当然是意外之喜，因为王阳明，他们在临死之前能吃上一顿肉了。尽管不久之后他们的脑袋就会搬家，此刻正承受着最大的悲惨，但在临死之前能吃上一顿肉，总比吃糠要高兴很多。

在任刑部云南清吏司主事的第二年，王阳明被派去江北审录囚犯，在这里他也大干了一场。当时有一个案子，非常难办。有个姓陈的人，生性凶恶，已经接连杀死了十八个人。但是他却没有为那些毙于他手下的人抵命，因为他一家三代服役，父亲和儿子都为国捐躯了，他是家里

青花花果纹带盖梅瓶

面唯一的血脉，所以一直对他宽大处理，但这不是事实，事实是他贿赂了各路官员，所以那些官员才不好意思处决他的，只一直把他关在牢里面，都关了十多年也没有处决。

王阳明过去之后，看完卷宗，立即就要把他处死。那些官员照例劝他，让他想想吧，蒙古人都没有把他一家杀得灭了种，同样作为中国人，我们却要把他一家杀得灭种，这未免说不过去。可王阳明没听劝说，仍旧坚持要处决他。别人见他不听劝告，也没有办法，毕竟这是由王阳明主管的。唯一可以走的路就是上报朝廷，让朝廷去收拾王阳明，但是那些官员并没有这么做，因为这种事朝廷知道了，王阳明是不会被收拾的，自己多半是先要被收拾了。

在江北审录囚犯期间，王阳明做得也很出色，史料上说是他给很多冤假错案都平反了。之前在督理牢务的时候也是如此，解决了大牢中存在的诸多弊端，尽管后来王阳明离开了这个职位，但是牢中也没有再出现过之前的那种情况。从这些事之中我们可以看出，王阳明是一个正直且大义凛然疾恶如仇的人，事实上，他以后会发展出那样一套思想体系，与这一点是分不开的。

审录囚犯的事完了之后，王阳明抽空去游了一趟九华山。此时的王阳明对佛道两家非常感兴趣，因此在游玩九华山期间他曾到处去找佛道两家的异人。后来他找到了一个道家异人和一个佛家异人，这两个人有一个共同的特点就是不讲卫生，那个道家的异人因为长年累月不洗头，人送外号"蔡蓬头"，依照这个思维，我们可以把那个佛家异人称作"山顶洞人"或者"史前猿人"，因为他过的正是那样的生活，吃野果跟树皮，晚上就睡在山洞里面。

对于他们我倒特别能够理解，因为专注于精神生活的人，往往对物质方面的事情有极大的忽略，但这类人的精神世界一定是丰富多彩的。王阳明显然也这么认为，所以不辞辛苦去寻找这样的人。特别是为了找到那个佛家异人，王阳明不惜爬上地势极险恶的高山，去按摩他的脚，希望他能不吝赐教。那人见王阳明能找到他，也觉惊讶，最后对王阳明说了很多，都是些最高深的佛法，只把王阳明听得如痴如醉，第二天还想去拜访他，只是再去的时候他已经走了。

在这期间，由于身体方面不是很健康，咳嗽的毛病日益严重，王阳明就向朝廷告假，回家养病。那阵子他对道家的养生术又感兴趣了，就找了个地方修习所谓的"引导术"，即一种养生的气功，类似于易筋经、八锦缎、五禽戏之类的，有强身健体的功效。据说，练着练着，尽管王阳明并没有把身体练好，但是他居然把千里眼给练出来了。有一天，他忽然对他仆人说，他的朋友要来拜访他，让他赶快去接。那仆人按照王阳明的指示去接，竟然真的接到了！

在此时此地的人能够看到另外一些地方的场景，以前我们一般把这种能力叫作"千里眼"，现在通常称之为"遥视"。这样的事情显然太过神奇，现在大多数人都是不信的。但是这种事还不能这么快就下定论，因为这种能力并不就是一定不存在。早几十年，美国斯坦福大学就开始研究这一课题了，后来美国中央情报局接手这一课题，继续深入研究，并列出了诸多有说服力的实例。因此，王阳明在练习引导术期间会获得这一能力也不是不可能。不过，后来王阳明并没有继续下去，因为他认为这是"簸弄精神，非道也"，就放弃了。

在王阳明向朝廷告假的第二年，即弘治十六年，公元 1503 年，他曾到杭州西湖去养病。由于对佛法感兴趣，他就经常会去一些佛寺。后来他听说有一位禅僧闭关三年，一天到晚坐着，一句话不说，连眼睛也不睁开，就很感兴趣地跑去看了。一见到那和尚，王阳明就大喝一声：这和尚终日口巴巴说什么！终日眼睁睁看什么！那和尚明明一句话也没说，眼睛也没睁开，王阳明却说他睁着眼睛在说话，旁人听了肯定会觉得古怪，对佛法有所了解的人就会知道，这其实是禅机。结果那和尚听了这话，马上就把眼睛睁开了，连话也说了不少。

那和尚对王阳明说，他之所以会闭关三年，是因为他家里面还有老母亲在，自己无法不想念她。事实上，这样的经历王阳明也体会过，之前他修道，也想要把一切都断灭，而且还真的断了不少，但是对亲人的思念他却无法断灭。最终王阳明悚然惊悟，明白再灭下去就出事情了，要成佛家所说的"断灭种性"了，因此没有继续下去。这次遇到这位禅僧，王阳明便把他感同身受的经历告诉了他，那禅僧听后大受启发，也不闭关了，第二天就回去找老母亲了。

早年王阳明沉浸在佛道两家的学说中，因此受它们影响很深，特别是佛法，对王阳明的影响是非常深刻的，有人甚至还把王阳明的学说称之为"阳明禅"。在阅读《传习录》的时候我们也能发现，王阳明经常会引用佛经里的话来说明自己的观点，有时候他说的话几乎就是从高僧大德那里拷贝过来的。

据说，当年禅宗二祖神光大师去拜见达摩祖师的时候，对他说：弟子心未安，请祖师为我安心。达摩祖师就喝道：把心拿来，我给你安！神光大师听了之后就此顿悟。王阳明也是如此。有一次一个弟子问他说：自己的私欲难以克服，怎么办？王阳明就装成达摩祖师的样子喝道：把你的私欲拿来，我给你克服！完全就是佛门弟子的模样，只是不知道，那弟子听了这话顿悟了没有？

但是，王阳明并不愿意承认自己受到了佛法的影响，事实上他一直都想赖掉这一点，所以，提到佛法的时候，十有八九王阳明是在批评它。有的弟子向他请教佛法，他也不乐意说。在他眼里佛法之路就是邪路，以前他走过这条路，一走就走了二三十年，走完之后他切身体会到了这条路到底是多么邪，所以他常讲，自己后悔错用了三十年的气力。正因此，王阳明对佛法非常排斥，除了排斥朱熹的学说之外，佛法紧随其后，成为王阳明排斥的第二大对象。

我们知道，作为一个儒家学者，对于佛道两家向来是排斥的，事实上不仅对这两家，对于任何一家，只要不是儒家，他们就都要排斥，这已经形成传统了。而在王阳明那个时候，相对别家来说，佛家是最为昌盛的，所以成了儒家大力攻击的目标。之前提到的吴与弼，对佛法也颇有微词。有人举荐他做官，他就说，佛家不灭除，要天下大治太难了，他出来做官也没用。

事实上，佛法之中那种高深的智慧是非常有意义的，王阳明最后能发展出自己的思想体系，也正是由于受到了佛法的启发。他的良知学说、知行合一、心即理，等等，无不可以在佛法中找到影子。但是对此王阳明是不承认的，对于自己能发展出这套学说体系，他的解释是"上天有灵"。

显然，王阳明想赖掉佛法给他的影响，因为在他眼里儒家学说才是博大的，佛法并不博大，既然不博大，自己怎么能受它影响？因此他要极力撇清这一点。这就好比在写作行业里面，如果要讲自己受谁影响，那么一定要请出某个文坛巨匠，这样才能自高身价，那些无名文人，即使对自己有影响也要极力赖掉，不承认这一点。我卑鄙地想，王阳明对佛法的态度就是如此的。

作为历史长河中一颗如此耀眼的明星，作为一个如此了不起的人物，我们对王阳明当然是极为崇拜的，不乐意他的人格上有丝毫瑕疵，但事实情况就是，在对待各种学说的态度上面，王阳明毕竟未能免俗，门户之见很重。通常来说，只要是儒家的圣人，在他笔下永远是十全十美的，尽管他也说，心里认为不对，即使是孔子的话也不敢认为正确，但事实上他从来没有反对过任何一个儒家圣人，他们说了明显错误的话，最终也会被他解释出正确的意思来。

在对待别派学说时，王阳明更是下得去手。说到秦始皇焚书坑儒的时候，王阳明居然认为，秦始皇把《六经》焚毁是不应该的，如果他把别派那些离经叛道的书焚毁，那就特别应该。显然，在王阳明看来，除了儒家学说及其经典外，其余学派的学说及其经典都应该被灭除，这样人心就会回归到正路上来。尽管，王阳明的这种想法是出于好心，但这显然是不应该被赞同的。

王阳明对佛道两家的学说都有所批评，主要还是批评佛家的学说，对于道家的学说，尽管他也并不认可，但《传习录》上只提到过一次，并且批评它也没有超过批评佛家的范围之内，因此可以忽略不计。本来，作为一个哲学家，对前人的观点提出批评，那是再正常不过了，大家都会这么做，可王阳明并不局限于此，除了批评之外，他还极力贬低佛家的学说，认为它比不过儒家。

其中有一个原因是，佛家最伟大的圣人释迦牟尼佛比儒家最伟大的圣人尧舜死得早。释迦牟尼佛只活了八十岁左右，舜活了一百岁，尧活了一百二十岁，所以还是儒家厉害——按这种观点，王阳明应该感到庆幸，还好彭祖没留下什么精微言论，否则以他八百岁的高龄，恐怕儒家的圣人也比他不过。

其实，在这一点上朱熹也是一样的，喜欢极力贬低佛家。他一直都在说，佛家的学说是从别家偷来的，真正的佛法其实鄙俗得很，只讲一些为善去恶的方法，就像《四十二章经》所讲的那样，非常肤浅。之所以其中会有一些精微言论，是因为中国的学者剽窃了诸如道家之流的学说填充进去的。朱熹也有证据证明这一点的，除了佛法中的诸多观点和道家相同外，朱熹还诘问道：佛不是中国人，为什么会做中国样的押韵诗？由此可见，佛经所载非佛所说。

王阳明和朱熹都是当之无愧的圣人，可是为了贬低别派学说举出这样的理由，实在让人觉得脸红。王阳明所说的观点且不去管了，他的观点只要是智商正常的人都知道站不住脚。至于朱熹的观点，也同样如此，实在不值一驳。释迦牟尼佛当然是不会中国样的押韵诗的，要会也只会印度样的押韵诗，但是经过翻译之后，为了便于中国读者更好地理解，所以转化成了中国样的押韵诗。这样的转化叫作"归化翻译法"，是完全没必要为此大惊小怪的。

就义理方面而言，王阳明也说了很多，这才是值得我们注意的。不过，他在这方面对佛法的批评，也并没有超越前人，说的仍然是一些老调子，诸如，佛家的学说不能用来治国平天下，等等。导致这个问题的原因，王阳明认为是由于佛家的学说是自私自利的，"只成全他一个私己的心"，也就是说，佛家的学说只注重存养自己的本心，对于治理百姓却没有什么实质性建议。

事实上，王阳明不仅认为佛家学说无益——无法用来治国平天下——并且还认为它有害——抛弃了人伦。儒家是注重人伦关系的，佛家认为这是执着，王阳明就反过来批评佛家说，他们才是执着的。因为害怕人伦关系的牵累，就把这些统统抛弃了，其实这才是执着。王阳明说：有个父子，还他以仁；有个君臣，还他以义；有个夫妇，还他以别。何曾着父子、君臣、夫妇的相？

说起来，王阳明对佛法的这些批评，归根结底在于他没有把佛法彻底弄明白。有的东西在佛法之中只是方便法门，非第一义，佛也认为是不究竟的，但是王阳明却把它们单独提出来，猛力攻击。好比王阳明说佛家学说自私自利，只成全自己，其实并不如此，大乘佛法所讲的全是普度众生，这一点我们只要看看《华严经·净行品》就能有深切体会了，只不过相对儒家济世安邦的做法来讲，佛法所说的度众生在于开启众生心中的光明，从每一个具体的人身上入手。这是不同于儒家的另一种方法，也完全可以用来提高百姓的生活，无可非议。

从王阳明或朱熹对佛法的批评之中，我们可以发现讨论问题最大的一个弊病，就是在没有彻底弄明白一个问题之前，急于下自己的结论。这样的情况在哲学思辨中太普遍了，我们先找出对方哲学中一个错误的观点，然后开足火力攻击它。旁观者以为这是真的，回头一看被攻击者的观点，发现攻击者完全就是理解错了。王阳明或朱熹在看待佛家学说时候犯了这个毛病，我们后世许多人在看待王阳明和朱熹的学说时同样也犯了这样的毛病，并且症状严重得多。

四、挺身斗虎

对王阳明的身心进行血腥洗礼的是邪恶的化身刘瑾。

刘瑾正值心灵萌生的少年时代就进宫做了太监，中国的皇宫是最邪恶的地方之一，它的邪恶在于，要求除了皇帝之外，每个男人都必须是身心不健全的人。几乎所有的太监在身体受到摧残（阉割）后，都有严重的心理疾病。幸运的人抓住机会就会淋漓尽致地表现出来。刘瑾就是这样的幸运儿。他要生存，就必须在身心上和皇宫的邪恶合二为一。人类是最容易适应的动物，所以，刘瑾在心灵进程中学会了一切邪恶的心灵方式：没有底线的忍受屈辱、谄媚、心狠手辣。第十任皇帝朱厚照即位后，他以朱厚照最忠诚的仆人身份一步登天。

登天后，刘瑾无丝毫懈怠，仍然坚持他从前对主子朱厚照的谄媚和在享乐上的引导，这就引起了一群所谓心灵纯洁、正义化身的官员们的攻击。

辅佐重臣刘健和谢迁立即上书给朱厚照，举出朱厚照登基一年来在刘瑾的鼓舞下所做出的种种不合身心健康的举动：一、单骑出宫，不带随从；二、在宫内乱转；三、跑到宫外抢美女；四、喜欢打猎，还养老虎；五、乱吃零食。

朱厚照看了信，很恼火，尤其是当他发现这一切指责都是事实时，更是火冒三丈。但他眼珠子转了转，居然批示说，知道了。

正如王阳明后来所说的那样，太多的人难以做到知行合一，朱厚照是"知"了，但没有行，仍然我行我素。

刘健和谢迁只好采用曲线思路，把矛头对准使皇帝身心不健康的刘瑾等太监，他们建议应该把刘瑾等太监清除。朱厚照积极应战：把书信扣住，不做任何回复。

朱厚照这一招叫"狗等包子"策略，大臣们连续上书都如肉包子打狗，一去不回。有的人对皇帝心灵受到邪恶的侵袭伤心落泪，每次退朝后，都黯然神伤，愁眉苦脸。还有人对大学士李东阳说，皇上总受到那些良心大大地坏了的太监的勾引，不务正事，这可如何是好。李东阳像是才听说有这样的事一样，哈哈大笑："搞掉几个太监，太容易了，我来！"

李东阳的策略是里应外合，让政府高级官员和监察委员们从正面进攻，而他去寻找跟刘瑾不对付的另外一位太监王岳，让他充当内鬼。王岳一直想进入刘瑾的八虎集团（八个太监组成的圈子），但不知是因为被刘瑾看出他良知未泯，还是有别的什么原因，他始终进不了刘瑾的这个圈子。所以，他羡慕嫉妒恨，于是，他毫不犹豫地加入到了政府官员们的圈子里。

在全体反刘瑾集团，特别是王岳的饶舌战术的努力下，朱厚照终于看清了"八虎"的真面目，原来，这真是一群良知泯灭的人。朱厚照决定把他们扔到南京去守朱元璋的陵墓，刘瑾集团开始时接受了这样的处罚，但刘健和谢迁认为这一惩罚不足以抹掉他们的罪恶，所以要朱厚照把他们处决。

"八虎"得到消息后，恐惧而震怒，身处绝境，人人都会爆发出匪夷所思的力量和智慧。他们八个跑进宫中，环跪在朱厚照脚下，痛哭流涕。他们说，那些大臣想把我们赶走，目的就是让您孤立，使您成为孤家寡人，到时候，他们糊弄你就跟糊弄三岁孩子一样。又提到王岳："王岳这个人是最可恶的，他勾结外臣想要限制皇上的出入，那些外臣说咱们给您献大鸟大老虎大豹子，王岳难道没有献过吗，据我们统计，他在这方面的成绩可是第一啊。"

朱厚照回想往事，大叫一声，原来真是这样。又自作聪明地想到，如果"八虎"一走，他们在外面说什么就是什么，我岂不是成了聋子！

人性中最敏感的神经被挑动，朱厚照大怒，立即把王岳投进监狱，把八虎成员一一擢升。

第二天早朝，朱厚照对群臣说，那八个人服侍我多年，我不忍心搞他们，还是先缓一段吧。

群臣哗然，内阁大学士们集体提出辞职。辞职信中指出，把那八只老虎搞掉，不是内阁的主意，而是全体官员的主意，甚至是天下人的主意，皇帝您怎么可以违反这么多人的意思而一意孤行呢。

朱厚照从来不会在威胁面前退缩，既然你们辞职，那好，准了。不过，李东阳这个人还是不错的，他留下，其他人可以走了。李东阳无脸面对刘健和谢迁，在送二人走的时候，李东阳流下惭愧地泪水。刘健训斥道："眼泪可不是武器，退缩更不是战斗，你要勇敢地斗争下去！"

刘健和谢迁等前朝旧臣在新政府还没有做到一年，就被全部清除。北京的官员势力几乎被连根拔起，南京的监察官们勇敢地扛起反刘瑾的旗。一大批南京官员如戴铣、李光翰、徐蕃、牧相、任惠、徐暹等，连章奏留谢、刘。但他们的结局是，或是在南京或是派锦衣卫去南京把人捉到北京：被脱了裤子，打三十军棍，然后开除公职，斥为平民。

御史蒋钦有着强大的内心和顽强的意志，在被打了三十军棍废为平民后，又上了一道奏章，矛头直指刘瑾。他说，刘瑾不过是个遭阉割的小人，皇上你却拿他当个宝贝，这是用贼人坏天下事。当初我太祖皇帝（朱元璋）有家法，不许用太监。您现在做的这些事是在破坏祖宗家法，一个刘瑾弄权，千万百姓失望，愁叹之声动天彻地。地球人都知道，刘瑾收受贿赂，而且数额巨大。对这样的人不给予严厉制裁，那么您如何面对苍生？

最后，他以命赌博："皇上如果您信臣，杀刘瑾；如果不信臣，杀我。"

朱厚照读到这封信用真心写成的奏章也极为感动。可是，感动只是情绪，它不能化作理性。结果就是，蒋钦被再打三十军棍，扔进监狱。

蒋钦的"身"已不健全，但他有颗健全的"心"，在狱中三天，他趴在地上又写了一封给皇帝的信。他说，您现在还没有看出来到底谁忠谁奸吗？我现在在狱中，屁股都被打烂，我的老爹就快入土，我连孝都不顾，非要跟刘瑾那贼争个黑白来。

朱厚照没有黑白，只有军棍：再来三十军棍。

前后不出十天，蒋钦挨了九十棍，在监狱中存活三天后，含恨而死。

刘瑾的邪恶心灵扩展才刚刚开始。

1508年，朱厚照的龙椅下突然出现一封匿名信，内容是揭发刘瑾贪污弄权的。刘瑾和朱厚照同时知道了信的内容，朱厚照无动于衷，刘瑾却像炮仗一样爆了起来，他以朱厚照名义命令百官跪伏奉天门下，严厉责问。当时正是六月天气，北京天气酷热，官员们吃了大苦头。有几位老官员很快当场中暑。刘瑾任凭他们在那里呕吐和晕倒。直到中午，阳光肆无忌惮炙烤着大地，刘瑾才露面。

皇家秘书（翰林官）们立即向刘瑾抗议，说他们从来没有得到过如此待遇，这是对他们士大夫阶层的赤裸裸的凌辱。刘瑾说，我不是士大夫，所以不知道你们心目中的凌辱是什么，但在我看来，这不是凌辱。说完，刘瑾突然暴怒，臭骂众官，说，你们他妈的天天无事生非，不想着怎么为国家出力，总想着搞政治斗争，就是你们这群人把国家的事情给办臭了。

官员们不敢争辩，只能默默祷告，写匿名信的人赶紧出现。一个好心的太监见这些官员的确太苦了，就派人送给这些官员一些西瓜，刘瑾大怒，把这名宦官也扔到罚跪阵营里。直到接近晚上时，仍然没有人承认。刘瑾很鄙夷那位"敢做不敢当"的神秘人物，他把五品以下的三百多官员押入锦衣卫监狱，准备要么让他们接受酷刑，要么替他找出真凶。正当官员们都认定已是死路一条时，刘瑾的手下探到这封信原来是某位太监干的。原来是黑吃黑，刘瑾这才作罢。

一群帝国高级官员被一个太监罚跪在烈日下几乎一天，这真是闻所未闻。心学家的说法肯定是：刘瑾的良知被狗吃了。

一个人丧失良知后，他就成了威力无穷的恶魔，在恶魔面前，内心脆弱的人会心胆俱裂。国防部（兵部）有位叫周钥的科员奉命去淮安办事，但在返京的船上突然自杀。将死未死时，他用笔写了五个字：赵知府误我。赵知府是淮安知府赵俊，二人私人关系很好。

这真是莫名其妙的事，但追踪到刘瑾身上，所有的谜就都解开了。刘瑾索贿是官场公开的秘密，按传统，周钥出京办事回来后要给刘瑾上贡。所以在淮安时，周钥就跟赵俊说好了，要他借给自己一千两银子。赵知府本来答应得好好的，可周钥临走时，赵知府变卦了。周钥因为不能给刘瑾上供，所以自杀。其实，周钥自杀是自我解脱，曾有两位京官出京办事，回来后给刘瑾上贡，但礼品不重，刘瑾大发绝户神威，说他们参劾官员失当，然后用他自己发明的一百五十斤重的枷，将这二位夹了一天。如果不是当天下雨，消散了暑气，二人必然命丧黄泉。

刘瑾的为所欲为和朱厚照的不理朝政，使当时人称他为"立"皇帝，而朱厚照则被称为"坐"皇帝。

实际上，自古以来良知泯灭的奸贼不仅只会谄媚，他们都具备相当的能力。刘瑾其实还是个理财家。朱厚照四处游玩、赏赐无度是特别需要钱的，而国库空虚，他没有办法弄到钱，但刘瑾可以。刘瑾赚钱的方法很简单，就是增加新的税，附加税，提高税额等。他通过各地的宦官建立国税局和皇家税务局，对百姓进行各种名义的税收。他把钱分成三份，一份给朱厚照，一份给国库，另一份则留给自己。后来，刘瑾又出奇招，对朱厚照说，收入不足是文官们管理不善和贪污造成的。这些家伙每天都吃皇家的喝皇家的，可他们有很多错，却一点责任都没有。应该对他们的错误实行惩罚，惩罚手段就是罚款。从刘瑾推出这项政策到他灰飞烟灭的五年时间里，没有一位政府官员能做漏网之鱼。

中国历史上像刘瑾这样良知泯灭的人多如驴毛，他们在世的目的似乎就是和人类的良知决斗，良知如同他们身上的跳蚤，只要发现，就马上捏死。唐代的奸贼李林甫专门建造一个小黑屋，当他想搞掉一个人时，就会钻进小黑屋思考策略，每次出来时如果脸上露出笑容，那么，目标肯定就活不成了。

在那场震荡天地的反刘瑾运动中，王阳明也位列其中。他在蒋钦入狱后就给朱厚照写了封信，在信中，他说，那些人应该是触犯了皇上，所以受到处罚。可是，这是他们的职责。如果国家有事，他们不站出来说点什么，那就是失职。皇上您要这样的臣子和要个泥人有什么区别？如果他们对了，皇上您应该照做；如果说错了，皇上您大人不计小人过，应该多担待。可是，您现在对他们是严加酷刑，这就是阻挡了言路。以后谁还敢说话和说真话?!

朱厚照发现这封信远不如其他臣子的上书那样激烈，而且表面上看，

王阳明全集

心学大师王阳明

根本就没有把矛头对准刘瑾和自己。但刘瑾发现，王阳明这是绵里藏针。因为王阳明说了，如果总是打大臣的屁股，以后就没有人说真话了，而那些大臣在信中说的所有话都是指责刘瑾的。也就是说，刘瑾是个邪恶之人，王阳明虽然没有明说，却给了肯定。

刘瑾当时是宁可错杀一千，也不过放过一人，于是下令把王阳明扔进锦衣卫的大牢。在把王阳明扔进大牢之前，刘瑾还送了他一份礼物：四十军棍。

据说，如果不是王阳明年轻时练过两手拳脚，这四十军棍早把他送上西天了。但他的屁股还是被打了个稀巴烂。屁股好不容易才痊愈，冬天来了他的肺病又发作了，在阴暗潮湿的锦衣卫大牢里，生真的不如死。每天晚上，他都难以入眠，感觉黑夜没有尽头，并渐渐地已感觉不到白昼。在这样的严酷条件下，他很难做到当初落榜时的"不动心"。要是到这个时候都还不动心，那就是行尸走肉了。

王阳明开始后悔，不是后悔写了那封信，而是后悔不该再回到官场中来。他在诗中透露说，我的良心是大大地好，但政治场这个世界是他们的，我根本就不该来搅和，现在可好了，想回家当个庄稼汉，都是蛤蟆想吃天鹅肉的奢望了。秦朝顶级宰相李斯后来被绑缚刑场时，对自己的儿子说，我现在特别想牵着宠物狗在家乡溜达。在平时，这是小菜一碟，但当身处绝境时，任何人的一切最本真最低级的想法都是奢望，而人又往往只有在身处绝境时才会有顺境时根本不屑一顾的想法，这实在是心灵史上一个值得研究的问题。

王阳明现在如同掉进了《西游记》里讲的陷空山无底洞，除了荒诞、飘忽、没有安全感，他什么都感觉不到。在某一瞬间他想到了死亡，死亡是身心毁灭最容易的方式，人活着绝对不易，但死亡是最容易的。那些拥有心灵疾病的人在遇到困苦挫折时，往往会选择这条绝境，让身心解放。但这是懦夫才会走的路，王阳明不是懦夫。人在受苦时都会有很傻的想法，英雄豪杰能马上把它从心中清除，而懦夫却会鼓起勇气去实现它。

很快，王阳明就不想用死亡的方式来解决身心上的煎熬了。在他后来的回忆录中，他说自己用温习周易的方式来度过无边无际的黑暗。在这无边无际的黑暗中，他度过了1506年的春节，在监狱的那段时间，他几乎把一生所能动的心全都动了。他想到自己求仙学佛的人生路，想到年轻时自命不凡立下的伟大志向，想到在事业与职业间的摇摆，更想到了他人生中的那些意外，最后淡淡一笑，原来那些全是儿戏，真正的大戏，他现在终于有缘观赏到了。

客观地说，在那个时代王阳明的监狱生涯是小事一桩，刘瑾把几百人打进大牢，除了自杀和被虐待死的人，大多数都活着离开了监狱。可为什么开创心学的不是那些人，而是王阳明？

五、绝处逢生

王阳明在锦衣卫的监狱中待了约五六个月。这五六个月，不仅没有消磨掉他做圣人的意志，反而坚定了他必为圣人的决心。正德二年（1507年）的夏天，朝廷做出了关于王阳明的最终裁决：贬为龙场驿驿丞。

王阳明遭受廷杖，万幸没有被锦衣卫打死；坐了五六个月的牢，虽遭受折磨，也被贬了官，但总算是活着出来了，实在也算是生命的奇迹。出狱之后，他便踏上了赴谪的路途，他想到龙场之前，先回家去做些必要的准备。

　　王阳明离开京城，一路南行。渐行渐远，他却也渐渐地感觉到有什么问题。什么问题呢？不是他的身体不适，不是路途遥远颠簸，而是他感觉到似乎有人在一直尾随着他。他立即警觉起来，他首先想到那可能是刘瑾所派遣的锦衣卫。王岳不就是在被遣往南京的半路上被锦衣卫杀害了吗？那原本是刘瑾惯用的伎俩。如果真的是锦衣卫，那么巨大的危险就时刻都在他的身边了。他虽然没有停留，但却提高了警惕，同时又时时改变出行的方式，有时是夜行昼宿，有时是昼行夜宿。不则一日，已到了钱塘江的北岸。只要渡过钱塘江，家乡就在眼前了。但正是在这个时候，一直跟着他的锦衣卫也现出了原形，暗中的尾随变成了公开的追杀。

　　王阳明到了钱塘江边，望着滚滚东流的江水，自知难以幸免于锦衣卫的魔掌，于是作《绝命诗》二首，其中的一首有诗句说："自信孤忠悬日月，岂论遗骨葬江鱼！百年臣子悲何极？日夜潮声泣子胥。"大意是说，我自信自己对朝廷是怀着一腔赤胆忠心的，这种忠诚是如同日月一般高洁光明的，我无愧于天地，无愧于自心，所以即使葬身于江鱼腹中，我也没有任何遗憾！但自古以来，忠臣义士却往往不得善终，往往带着孤高的心志为正义而赴死。当年伍子胥谏吴王夫差，却终被处死，他的尸体被投入了长江，直至今日，日夜奔流不息的江水涛声，都在为伍子胥而哭泣啊！诗的后两句，显然是王阳明以当年的伍子胥来自比。写完《绝命诗》后，王阳明仰天一声长叹，随即脱掉身上的衣服、鞋子，趁着夜色，纵身一跃，跳入了波涛汹涌的钱塘江。

　　等到锦衣卫追到江边，早已不见了王阳明的身影，却发现了他的衣服、鞋子等漂浮在江面上，又在江边发现了他的《绝命诗》，于是就相信王阳明已经投江身亡了。这一消息立即传到了浙江布政司和按察司那里，于是布政司使与按察司使就亲自率领一班官员，在钱塘江边举行了祭奠王阳明的活动；同时，这一不幸的消息也传到了王阳明的家人那里，家里人更是一片哭声，准备为他举行丧礼。

然而，王阳明实际上却并没有死。他跳入钱塘江，原是他为了摆脱锦衣卫追杀的一条计策，脱掉衣服鞋子，也原是用来迷惑锦衣卫的一种手段。但毕竟是月黑风高，江流汹涌，他纵身跳入钱塘江，不过是情急之下的迫不得已的举动，他实在也是无法预料跳江之后自己究竟是死还是活的，所以他写《绝命诗》，用来表明自己的心志，诗中的那种情感却无论如何都是真挚的。他跳入钱塘江之后，便立即被急速的江水波涛卷向下游，顺流漂去，一时也无力游上岸来，一个大浪打来，竟将他打晕了过去。也不知过了多久，他苏醒过来，却发现自己已经在一条船上了。原来，他被大浪打晕之后，便一直顺流漂去，恰好遇到了一条商船，将他救起，他因此而捡了一条性命回来。这条船是做生意的商船，原是要到舟山、福建一带沿海地方去做生意的，所以船就沿钱塘江出了杭州湾，先到了舟山，最后停在了福建。船到福建，王阳明也恢复了体力，于是就谢过船主，上岸而去。

到哪里去呢？他心中毫无头绪。福建这地方，他从来没有到过，完全是人生地不熟，而历经磨难之后，衣衫褴褛，不免有些狼狈，所以他避开繁华的城市，专拣人少的山路行走，这样不知不觉地便走入了武夷山中。武夷山奇峰峭壁，山花烂漫，风景秀丽，却是人迹罕至。置身于清幽的武夷山中，王阳明的心境却突然变得十分的平静，一股不可名状的喜悦之情从心底油然升起。他回忆自己 36 年来的生命经历，竟是如此这般地大起大落，饱尝生命的艰辛，崇高的圣人之志无法得到伸展，自己的理想无法得到实现，而现实政治竟是如此黑暗，宦官用事，小人当道，君主骄奢淫逸，人民困苦不堪！自己虽有一腔为国为民的壮志豪情，却根本没有施展的余地。与其与宵小之辈相周旋，挣扎于宠辱得丧之间，还不如隐居到这风光无限的武夷山中，与孤峰峭壁为伍，与猿猴山禽嬉戏，从此做一个不与世事的方外之人，还来得更加自由与潇洒！他心中原本就有的那种遁世修仙的思想，在这清奇幽邃的武夷山中，一下子又抬起头来，并且变得十分强烈了！

打定了这样的主意，他的心情立即就变得十分和平起来，而多日来的路途奔波，身体的极度疲倦也一时向他袭来。看看天色也已晚了，他是又饿又倦，恰好见到远处有一寺庙，于是便向寺庙走去，想在庙中过一宿，等明日天明再说。

到了寺庙一看，却只是个山中小庙，已有些破败。他敲开了寺门，对应门的僧人说明了来意，却没有想到遭到了拒绝。那位出来应门的僧人说："山寺实在太小，平常也无访客，所以未曾准备客房。你还是到其他地方投宿去吧。"说完就关上了寺门。王阳明万般无奈，只好再往前走。走了不多久，却见有一早已废弃的古庙，虽是破败不堪，里面却还有张香案。他实在是太疲倦了，也不多想，走了进去，以香案作床，倒头便呼呼大睡。

次日天明，王阳明一觉醒来，却发现昨天不接纳他的那位僧人就在旁边。那位僧人的脸上流露出大为惊奇的神态，问王阳明说："你夜间睡得可好？"王阳明回答说："好！""你有没有听到什么异样的声音啊？"王阳明说："好像隐隐听得有老虎的吼叫声，但我实在是太累了，所以也没有在意。"那位僧人打量着王阳明，突然说："客官，你一定是位奇人！不然的话，怎么可能呢？"僧人的嘴巴里只管咕噜咕噜地说着"真想不到""不可思议"之类的话，又十分客气地要王阳明到他的庙里去用些早餐。王阳明早已是饿得前心贴后背了，听了僧人的话，也不多客气，便随僧人往寺庙走去。

你想，那位僧人为什么会一大早就来到这个破旧的古庙，见到王阳明安然无恙，又为什么会表现出那么惊奇的神态来呢？原来，这座破庙的周围，多有老虎出入，传说这座破庙就是"虎穴"，以前也曾有人来此过夜，但没有一个幸免于虎口的。对这个情况，僧人自然是知道的，他不肯留王阳明过夜，原是故意的，估计王阳明必定会在这破庙中过夜，如果这样，他也必定会死于虎口，那么王阳明的行囊也就是他的了。那位僧人之所以早早地来到破庙，正是想来收拾王阳明的行囊的。只是他既未见到王阳明有任何的行囊，也没有发现他已经死于虎口，却见他安然无恙地在香案上酣睡，自然就十分惊奇了。

王阳明随僧人来到寺庙，胡乱吃了些填肚子的东西，正打算要走，那位僧人却说："且留步！有位高人想见你。"王阳明一听，觉得十分奇怪，在这武夷山密林深处的小庙里，会有什么高人想见自己呢？等到见面一看，这次感到大为惊奇的却是王阳明自己了！只见一位长髯美须的老道士，正笑容可掬地与他打招呼。王阳明仔细一看，却不是别人，正是自己17岁那年在南昌铁柱宫与他对谈了一夜以至于误了婚礼的那位老道，依稀想来，到现在已有20年了。至此相见，竟有恍如梦境之感！老道士从衣袖中掏出一卷纸，递给王阳明，王阳明打开一看，是老道士所写的一首诗，其中有两句说："二十年前曾见君，今来消息我先闻。"看来老道士对王阳明的行踪是了解的，这也就打消了王阳明心头的疑惑。

老道士问王阳明："经此一番磨难，不知你对自己有什么打算？"王阳明说："世事浓淡，我已经不再挂怀了！正想从此遁去，做一个方外的逍遥之人。"道士说："这方外之人啊，你是做不得的！若果真从此遁去，你必有灭门之祸啊！"王阳明一惊，立即问道："此话怎讲？"道士说："你想想，令尊还在，且是官家之人，你的家人也还在，你是被朝廷发配之人，而且已是名动朝野，若从此突然销声匿迹了，刘瑾会放过你吗？即使找不到你，他会放过你的父亲、你的家人吗？他只要胡乱给你安个谋反的罪名，安个对抗朝廷圣旨的罪名，你岂不招来灭门之祸吗？"王阳明一听，真叫作如梦方醒！随即问道："那我该当如何呢？"道士说："且占一卦再说。"道士占了一卦，却是《明夷》。《明夷》的卦象，上是《坤》卦，下是《离》卦。坤是地，离是火；坤是阴暗，离是光明。所以这卦的《象》辞说："明入地中。"光明潜入到了地下，自然光明就会受到阻碍，不能得到体现，所以这是一个象征贤人遭受大难的卦象。贤人蒙受大难，该当如何处置呢？自当韬光养晦，坚守正义，谨慎自持，以等待时机。所以《象》辞又说："内文明而外柔顺，以蒙大难"，"内难而能正其志"，就是说，当贤人蒙受大难的时候，必须要保持内心的正道，要保持内心的文明，而在行为上，却要"柔顺"，又要守正，这样才能顺利地度过艰难，所以这卦的卦辞说："利艰贞。"就是处于艰难时世而能够守住正道，这样才是有利的。王阳明当时是朝廷有圣旨发配龙场的"罪臣"，这当然是贤人蒙受大难，但若他不到龙场，却从此隐逸山林去学仙修道，虽然他参透世象，淡泊名利，却不是持中守正的做法，与《明夷》之卦所说的"内文明而外柔顺""内难而能正其志"就不相符合了。道士占出此卦，一番言说，王阳明随即醒悟，便决定重新返回绍兴，然后再整装前往龙场。他取过毛笔，在墙壁上题诗一首：

险夷原不滞胸中，何异浮云过太空！

夜静海涛三万里，月明飞锡下天风。

这首诗，展现给我们一种光明磊落的胸怀、遗世独立的人格。世间的一切艰难险阻，一切荣华富贵，一切名利得失，一切恩宠羞辱，我原本就没将它们放在心上，所有这些，对我来说，都不过如太空中飘过的一朵朵白云乌云一般，而太空本来的颜色只是洁净湛蓝的！在幽静的夜晚，我思考国家的前途命运，思考自己的苦难人生，心中思绪纷飞，竟像自己刚刚经历过的汹涌的海浪一样，惊涛拍岸，动人心魄！虽然前路茫茫，苦难犹在，但我的心灵却正像眼前高悬于天空的皎洁明月那样，光明澄澈！我将乘天地的正气，杖锡下山，去迎接前途与命运的任何挑战！"月明飞锡下天风"，这里的"锡"是指"锡杖"，原本是僧人所用的"禅杖"，"飞锡"，是指僧人云游之意，王阳明则用来表达自己不执着于世间名利的淡然心态。"天风"，包含着"天地之正气"的意思。

题诗之后，王阳明便辞别了那位老道士和僧人。临走之时，老道士赠给他一锭银子，作为盘缠。王阳明离开武夷山之后，先到了南昌，再从鄱阳湖走水路，到了南京，因为他的父亲王华当时在南京任吏部尚书。父子相见，自有一番悲喜之情。匆匆见过父亲之后，他又离开南京，回到绍兴家里，打点行装，准备前往龙场。这时已经是当年的十二月了。

讲到这里，我还必须要做一个说明。我们上面所说的，只是史料记载的一种说法。关于王阳明摆脱锦衣卫的追杀、跳钱塘江等情况，史料的记载是不统一的。我们还有另外的三种说法。

一种说法是：他跳入钱塘江后，并没有随江水往下游漂去，也没有"泛海"这回事，而是他跳江之后，又游了回来，上岸后直接跑到了西湖的一座寺庙，名叫"胜果寺"，他就躲在这座寺庙里面养病，而所谓"游海"

之事，只不过是他梦中所见的情景而已。病稍稍痊愈之后，他又回到了绍兴老家，打点行装，前往龙场。

另一种说法，是说他从福建上岸之后，到了武夷山中，卧"虎穴"、遇道士等情景与我们前面所说的基本一致，但不同的是，说他并没有再回到绍兴家中，而是从福建直接往龙场去了。

还有一种说法，大意是说，王阳明被锦衣卫的两名校尉追杀是事实，但是王阳明早就到了杭州，躲在一座名为"胜果寺"的寺庙里面养伤。过了一段时间，有一天，两名身形非常魁梧的北方人来到了胜果寺，他们实际上就是锦衣卫的两名校尉。这两名校尉见到王阳明，问道："你是不是王主事？"王阳明回答说"是"。于是，这两名校尉就说："我们有话要告诉你。"说罢，就一边一个挟持着王阳明往城外走去。走了一段路之后，有两名胜果寺的邻居一路赶来，因为他们见到两名大汉拖着王阳明往城外走，生怕对王阳明不利。到了城外无人的地方，这两名校尉对他们说："实话告诉你们，我们是锦衣卫，是奉刘公公之命来杀王主事的，和你们没有什么关系，快快去吧！"两名邻居一听，就说："王主事是一个很

五彩鱼藻纹盖罐

好的人，是当今大贤，你们怎么忍心把他杀了呢？更何况这是在杭州城里，你们将他杀了，抛尸江口，必定会累的地方四处查访，这事必定不行！"两名锦衣卫说："那怎么办？不将他杀死，我们就没有办法复命，回去也必定是死。"两位邻居就说："既然如此，那你就赏他一个全尸吧！让他自己到

钱塘江投水而死，这样不仅可以留个全尸，而且也不会拖累地方。"于是这两名校尉就同意了。到了钱塘江边，王阳明就跟这两位邻居讲："我今天夜里是必死无疑的了！感谢两位的高谊，而且还要麻烦你们，一定要给我的家人传个消息，来替我收尸。"两位邻居说："要替府上报信，我们就一定要有所凭据，这样府上才会相信。"王阳明说："我倒是身上有纸，但没有笔。"两位邻居就去借了笔来，于是王阳明就作了两首《绝命诗》，把这两首《绝命诗》交给这两位邻居，作为报信的凭据。到了夜里，王阳明走下钱塘江岸，但实际上他却躲在某处江坎的下面，趁着夜色深沉，便搬起一块大石头往江心扔去，又脱下鞋子，解下身上汗巾，制造了投水的假象，实际上他本人并没有跳江。第二天，他便搭了个小船，泛海到了福建。此后的说法与我们前面的叙述基本一致。

在以上关于王阳明"跳钱塘江"或"泛海"至福建的各种传说之中，我个人还是比较倾向于第一种说法。主要原因是：钱塘江江面宽阔，江流湍急，虽然王阳明跳江是为了摆脱锦衣卫的追杀，但毕竟是在情急之下，跳入江水之后的结果究竟如何，其实他自己也是无法预料的。跳江之后，他随急流漂向下游，可能性更大一些（当然，我们并不知道王阳明的水性究竟如何），而他被商船救起，过舟山，到福建，倒是相当合理的，因为出钱塘江口就是杭州湾，就到了舟山一带；他从福建上岸之后，走入武夷山，更在情理之中；他当时有了遁世的想法，是符合王阳明的性格的；而打定主意赴龙场之后，他回转头来先路过南京、再返回绍兴更为合理，因为他当时的情况，实在是处在逃命的过程当中，没有任何行李，如果直接往龙场去，他如何应付龙场的恶劣环境呢？所以他回到绍兴家中，做些行前的必要准备，应当更为可信。

但不管如何，王阳明为了摆脱刘瑾所派遣的锦衣卫的追杀而经历了非常人所能想象的艰难曲折，却必定为事实。经过这一番的磨难与历险，虽然是惊心动魄，死生一线，但性命总算还在。这一年的十二月，他在家乡稍事休整之后，便踏上了前往龙场的道路。他这时或许还没有想到，到龙场之后，他将要接受更为严峻的生死考验。

六、龙场悟道

在正德三年春天，即公元 1508 年春天，王阳明终于到达了龙场。这在当时显然不是一个好地方，《王阳明年谱》上形容这里"万山丛棘""蛊毒瘴疠"，也就是说，交通和环境都不好。并且，居住在这里的全是些少数民族，说起话来像鸟叫。要听明白他们的话，就必须找这里的中原人翻译才行，但是不行，因为这里的中原人全是亡命徒，他们是在中原混不下去了，所以才跑到这里来的。王阳明虽然和他们言语相通，但去找他们，恐怕有点危险。

抵达龙场的时候，面对这样的情况，王阳明瞬间就石化了，待在那里一动都不动，因为眼前的一切实在是太离谱了！更为离谱的是，作为一个驿站，居然连站长的住房都没有，只有一个既不挡风也不遮雨的破败草棚！住到那草棚里面，遇到天气不好的时候，外面下大雨，里面就会下泥石流——因为雨水会裹挟着屋顶的泥灰冲下来——简直糟糕极了，并且还时时有被埋的危险。

这种种情况说明，这草棚根本就不是人住的地方，住这草棚还不如住山洞。后来王阳明果真住到山洞里去了。他在龙场东北边的山上发现了一个山洞，就搬进去居住了。这下他成了名副其实的山顶洞人。王阳明把这个山洞叫作"阳明小洞天"。"洞天"我们是知道的，它往往预示着洞里面有一个别样美好的世界，但是王阳明居住的这个山洞似乎并不美好，里面可谓又冷又硬，全是石头。当然这比原先那草棚要好多了。另外还有一点好处就是，如果锦衣卫还想追杀他，到了这里，他也不用害怕了，因为那些石头全是防身的绝佳武器。

但是，话虽然这么说，住在山洞里面毕竟不是一件值得高兴的事，山洞里面湿气太重了，住久了会得关节炎，这很不好。所以，后来王阳明在外面造了很多房子。他把一开始造的那些房子叫作"龙冈书院"，后来又有了"君子亭"和"何陋轩"等，现在我们到龙场去的时候，还能看到这些建筑——当然，这些多半都是假的，是后人造起来的，王阳明恐怕一天都没有进去住过。

在龙场期间，王阳明的生活是非常艰辛的。尤其是一开始的时候，物质方面面临着种种匮乏。并且那时候的王阳明还心怀恐惧，他怕死，怕得很厉害，别的什么他都不怕了，物质方面的匮乏，尽管给他造成了困难，但他不怕，不过对于死亡他却不能不怕。这也不是空穴来风，之前有一个吏目来到这里就死了，其实王阳明知道他会死，看他一副愁容满面的样子，就知道他活不长了，可是没想到他死得那么快，刚刚来龙场一天就死掉了。王阳明见了不免有兔死狐悲之感，还写文章祭奠他，就是被收录进《古文观止》里面的那篇《瘗旅文》。

后来，王阳明就做了一个石棺，躺在里面，就当自己死了。王阳明的这种做法，我们是完全能够理解的，通俗地讲，这叫以毒攻毒。好比说，倘使我们怕一件事，就去主动迎上它，等到它真的到来时，我们多半就不怕了——很多时候医生就是这么给患者治疗强迫症的。因为，我们怀着恐惧其实不是即将到来的厄运真有这么可怕，而是我们夸大了自己内心的感受，所以，等到厄运真的到来了，我们能以客观的心态看待它，就不会感到那么害怕了。王阳明用这种方法，每天睡在棺材里面体验死亡，过了一阵子，他就真的连死都不怕了。

在龙场生活了一阵子，王阳明渐渐适应了这里，状态越来越好了。可他带来的那几个仆从状态却一直在坏下去，纷纷病倒了。王阳明带他们来，是希望他们能照顾自己，这下好了，他们非但没照顾到自己，自己反而要去照顾他们。为了让他们早日健康，王阳明侍奉他们吃药，给他们唱歌，还说笑话给他们听，在身体和精神方面都给予了关心，忙了好一阵子，他们的病才算渐渐好了。

慢慢地，王阳明的生活状况也有了改善，水西宣慰使，即水西土司，也就是掌管这里少数民族的最高长官，给王阳明送来了不少东西，不仅有大米和鸡鸭鱼肉，还送来了金银和马匹等物。这个宣慰使早就听闻王阳明的大名了，对他非常崇敬，因此，得知他的困难就给他送了这些东西来。王阳明非常感谢他，不过，他只收下了大米和鸡鸭鱼肉等生活物资，金银马匹等物都退回去了。

相比之下，同样作为中原人的思州太守，却对王阳明毫不客气，见他来了之后没去拜访他，就很生气，派了一个人去羞辱他。王阳明倒没什么，当地少数民族的许多人见此情况却愤怒了，把那思州太守派来的人给狠狠揍了一顿。

原来，王阳明到达龙场之后，和当地少数民族的人相处得非常融洽，他的那些房子就是在当地少数民族的大力帮助下建起来的。现在有人来羞辱王阳明，那些人见了自然不乐意，就用他们惯常使用的方式处理了这件事。至于他们处理事情的方式，羞辱王阳明的那个人，肯定认识得非常深刻了。

最后，这件事当然被闹大了，思州太守向上级官员打了小报告，上级官员就让王阳明去道歉，还威胁他说，如果他不去道歉，以后恐怕福祸难料。但王阳明完全没有考虑这一提议，他也不怕以后会有灾祸，事实上他早就连死都不怕了，怎么还会怕灾祸？况且，他现在就处在灾祸之中，还有什么好怕的？因此，王阳明没道歉。他写信回复了上级官员，将整件事的来龙去脉剖析明白，然后表示了自己不道歉的决定。最后那上级官员也没有把他怎么样。

王阳明曾说过这样一句话：人于生死念头，本从生身命根上带来，故不易去。若于此处见得破，透得过，此心全体方是流行无碍，方是尽性致命之学。意思是说，人的生死念头，原本是从生命的根子上带来的，所以不容易清除。如果在这里能够看破识透，整个心体才会畅通无阻，这才是尽性致命的学问。

我们知道，在龙场的时候，王阳明就把这"生死一念"给看透了，果然，看透这一念之后，王阳明就悟了。有一天晚上，王阳明在静坐中用功，思考着之前的困惑。所不同的是，之前思考这些问题的时候他的思想总是在极力挣扎，试图找到一个突破口，那种天人交战的感觉非常激烈，但这次他的心里却是非常宁静的。忽然，在中夜的时候，王阳明猛然顿悟，不觉呼跃而起！

这种豁然开朗的感觉，其实没什么神秘，一个人一生之中多多少少会经历几次。对于从事探索工作的人来说，这种机会尤其的多。普通人也会有，有时候咱们做一道数学题，想着想着也能顿悟。事实上，心理学家已经证明，就连黑猩猩也能顿悟呢，所以这实在没什么了不起的。王阳明顿悟的是哲学方面，这方面类似的经历我也有过。有一次我读《楞严经》的时候，忽然就顿悟了。当然，没过两三天我就又迷惑了，王阳明顿悟之后，却再也没有迷惑。

究其原因，可以从孟子的一段话中找出答案，孟子说：天将降大任于斯人也，必先苦其心志，劳其筋骨，饿其体肤，空乏其身，行拂乱其所为，所以动心忍性，曾益其所不能。这段话的意思就是，一个人的心智要想获得飞跃，生活就必须经历巨大的动荡。对于这一点我深表赞同。王阳明的生活动荡得可够厉害了，尤其是在发配龙场期间，因此在这时候，他才能有如此深刻的顿悟。

顿悟之后，王阳明喜不自禁，不禁大呼一声，结果周围的人都被他震惊了。因为当时是深夜，大家都去休息了，忽然听到王阳明的叫声，他们当然要震惊。还有一个原因可能是王阳明的叫声实在太响了，不得不惊动他们。据说，有一次王阳明在军营里练气，中途不觉大呼一声，结果是"全营皆惊"，这是史有明文的，可见他的音量是多么大！如果我们对音波功略有了解的话，那么就能稍稍体会到王阳明的音量了。这样的声音发出来，大家自然是要震惊的。

在王阳明没有悟之前，他对朱熹学说最大的一点疑惑在于，"理"到底是在心内还是心外？朱熹认为"心"和"理"是截然分开的。王阳明以前按朱熹的学说去尝试，处心积虑地格竹子，结果没什么收获。接着又按朱熹的读书法去做，结果还是没什么收获，这一点让他感到特别苦恼。后来，经历了龙场悟道之后王阳明才彻底解决了这个疑惑，明白了"心即理"，天下无心外之理，到外物上去探求道理，这是走入了歧途，因为"理"就在我们的"心"中。

王阳明在这里所说的"心"，应该是我们的主体意识。但仅仅是主体意识还并不等于"理"，这里的"心"应该是去除私欲之后的"道心"，这个"心"完全合乎"天理"，所以王阳明会说"心即理"。他提出这个观点，一方面是因为他觉得事实本来如此，另外一方面是，他看到朱熹将"心"与"理"一分为二，造成了许多弊端，所以他严格强调了这一点，希望能弥补存在的缺漏。

细究朱熹与王阳明所说的"理"，我们会发现他们说的根本就不是一个意思。细致地讲，我们可以将"理"分成"理"和"天理"，即"事物的特性"和"处置事物最恰当的准则"。在朱熹这里，他所认为的"理"是"理"和"天理"的总和，即"事物的特性以及我们依照特性处置事物的最恰当的准则"。所以他说：理是无情意，无计度，无造作的。也就无法认同"心即理"的观点了。而在王阳明这里，他所认为的"理"就是"天理"，也就是"处置事物最恰当的准则"，这是相对于我们人来说的，因此"理"不在我们"心"外。

单从字面上看，朱熹只能说"性即理"，不能说"心即理"，王阳明却直言了当地说"心即理"，好像两者之间有着不可跨越的鸿沟似的，但其实他们之间的差别没有这么大，因为如果王阳明把他所认为的"心"和"理"的意思解释清楚的话，那么想必朱熹马上就会举双手赞同：心即理也！

由此王阳明还提出了"心外无物"的观点，这和"心外无理"的观点如出一辙。据说，有一次王阳明在游览浙江会稽山的时候，一位朋友指着岩中的花树问他说：天下没有心之外的事物，像这花树自开自落，和我们的心有什么关系？王阳明回答他说：你没有看到此花时，这花和你的心同处于寂静的状态，你看到这花时，这花的颜色一下显现出来，由此便知这花不在你心外。有人见了这回答可能要拿花的客观性反驳王阳明，但这样反驳就说明完全没弄懂他的意思。

王阳明所说的"物"不在我们"心"外，这"物"并不是客观存在的实物，一棵草、一棵树、一只杯子、一条狗，等等，在王阳明这里并不称之为"物"。如果王阳明所说的"物"是实物，那么我们就可以用罗素先生批评法国哲学家昂利·柏格森的句式批评王阳明说：尽管刘瑾自以为在京城，而且独立存在，其实是在王阳明的心里，并且依靠他的思考而存在。尽管王阳明的祖父早在二十年前就死了，但他其实仍然存在，依旧活蹦乱跳地活在王阳明心里。

显然，这样一来，我们就马上能看出其中的矛盾之处了，但事实上王阳明所说的"物"并不如此。在王阳明这里，"物"就是"事"的意思，他说：身之主宰便是吾心，心之所发便是意，意之主体便是知，意之所在便是物，如意在事亲，事亲便是一物；意在仁民爱物，仁民爱物便是一物；意在视听言动，视听言动便是一物。由此，王阳明才得出结论：心外无物。而"心外无理"的观点他也是这样推导出来的。也就是说，只有我们的"心"参与其中，才会有"物"，如果没有"心"的参与，那么一切事物对我们来说就都没有意义了。

七、知行合一

王阳明在龙场待了一段时间之后，尤其是在"悟道"之后，就开始在龙场讲学。他把自己对圣人之道的独特领悟、对生命存在意义的独特领悟，讲给自己的随从们听，也讲给当地的苗族人民听，他是实实在在地把讲学作为自己的生命的。王阳明的一些弟子也到龙场来看望他，同时也听他讲学。弟子们的到来，自然使王阳明十分高兴！他与弟子们一起在旷野中散步，一起在溪水边赏月，一起在茅屋的红烛下饮酒，一起探讨着圣人的精神境界。"讲习有真乐，谈笑无俗流；缅怀风沂兴，千载相为谋。"他享受着与弟子们一起讲学的快乐，正是这种快乐，使他自己的精神与当年的孔夫子相互契合。然而，有些弟子虽然来了，却受不了这里的艰苦，只住了两三夜就要告别离开，王阳明对此也不免有些遗憾与惆怅。他在一首诗里说："如何百里来，三宿便辞去？有琴不肯弹，有酒不肯御。远陟见深情，宁予有弗顾？"你们这些弟子啊，你们从数百里之外的地方来，怎么才住了三宿就要告别了呢？我这里有琴你们却不肯弹，有酒你们却不肯喝，你们远道来看望我，体现了你们对我的深情，现在这么匆忙地就要离开，难道是因为我对你们的照顾有所不周吗？他对弟子们说："富贵犹尘沙，浮名亦飞絮。嗟我二三子，吾道有真趣。胡不携书来，茅堂好同住！"功名富贵就像这大地的浮尘、纷飞的柳絮一样，是倏然起落，飘忽不定的，这里的条件虽然艰苦，但在对圣人之道的讲习与探讨当中，却有真正的趣味、真正的快乐啊！你们这些弟子啊，为什么不干脆将书卷带来，与我同住在这茅屋之中，一起来领略圣人之道，一起来领会生命的欢欣呢？从这些诗句之中，我们可以清楚地体会到王阳明那种平静恬淡的胸怀，可以体会到他追求圣人之道、追求真理的不渝信念，以及他对弟子的关爱与缱绻之情。

正德四年（1509 年）的一天，龙场来了位客人。来人是贵州提学副使，名叫席书，字元山。这位席书先生听说了王阳明的"龙场悟道"以及在龙场讲学之事，于是就跑来向他请教，希望王阳明对"朱陆异同"问题发表一番见解。什么是"朱陆异同"呢？朱是指朱熹，陆是指陆九渊，他们都是南宋时候的大思想家，但两个人的见解很不相同，所以他们当时就相互吵架，观点不一。到了后代，"朱陆异同"问题就成了读书人很关心的一个问题，当然也成为中国思想史上的一个重要问题。这位席书先生也很关心这个问题，所以就来向王阳明请教。但王阳明根本没有正面回答所谓"朱陆异同"问题，反而对他大讲了一通他自己在龙场所悟出的另外一番道理，王阳明把它叫作"知行合一"。这番"知行合一"的道理，席书是闻所未闻，自然也就将信将疑，只好怀着一肚子疑问回到了贵阳。过了没几天，席书又来了，王阳明就又同他进行讨论，如此往复再三，席书终于打消了满腹狐疑，深信王阳明所悟出来的观点是正确的，是真正的"圣人之道"。他抑制不住心中的兴奋与喜悦，感慨地说："真是没有想到啊，真正的圣人之道竟然能重见于今日！"于是竭力邀请王阳明前往贵阳书院，去给书院的读书人讲说他的这一新思想。

对于席书的邀请，王阳明是欣然接受的，因为讲学原是他的爱好，而到贵阳书院去讲学，对他的新思想的传播自然会更为有利。王阳明在正德四年（1509年）主讲贵阳书院，《明史》上记载了这件事，并认为因为王阳明主讲贵阳书院，所以"贵州士始知学"，表明王阳明对贵州文化的建设与发展是做出了重要贡献的。在历史上说，这也是王阳明具有独创性思想的最初的对外传播。他当时所讲的，就是代表他"龙场悟道"之后思想结晶的"知行合一"学说。

王阳明在贵阳书院讲学差不多有一年时间。到了正德五年（1510年）的春天，他三年的贬谪期满，被升为庐陵县知县。仔细算来，他在龙场所居留的实际时间有两年整。

庐陵县就是现在的江西省吉安县。它虽然是个小县，但因为出了欧阳修、文天祥这样一些文化名人，名气却是不小。我们猜想，王阳明最终能够离开龙场，他的心情应该是愉快的，因为他曾经有两句诗说："寄语峰头双白鹤，野夫终不久龙场"，他虽然在龙场实现了思想的飞跃性发展，但这个地方毕竟过于偏僻，不仅生活极为艰苦，而且也不利于他思想的传播。不过王阳明恐怕没有想到，他到庐陵来做知县，将面临十分严峻的局面，接下去的一系列事件，实实在在是对他的实际政治管理能力的严峻考验。

王阳明于正德五年三月十八日到任。差不多就在他开始办公的第一天，县政府里突然涌进了上千人，都是当地的民众。你想想，上千人突然涌进了县政府，那是一种什么情景？这些民众涌入县府后，一片喧哗，七嘴八舌，情绪激动。当时有官员提出找些衙役将这些百姓赶出县政府去，但王阳明没有同意。他虽然一下子也听不明白百姓们究竟在说什么，想要干什么，但他知道，老百姓到县政府来，一定有他们自己的道理，或许是遇到了困难，或许是蒙受了冤屈，自己是当地民众的"父母官"，老百姓到他的县府里来，就好比回父母家一样，怎么能将他们赶走呢？

他立即走下座位，找了几个老成持重的人，询问他们究竟遇到了什么特别的困难。经过详细了解，他知道了事情的原委。原来，正德二年的时候，朝廷派来了一位钦差大臣，是名姓姚的太监。这位钦差大臣要求江西各县都要上贡"葛布"，数量的多少随各县的大小而有差别；如果本地不出产葛布，则要求将摊派到的葛布折算成银两，再到出产葛布的县去采办。庐陵县一向没有葛布出产，所以摊派下来折帛银105两。这105两银子，虽然数额不算大，但毫无疑问是一项额外的"杂派"，庐陵县的百姓原本就生活贫困，再增加这项"杂派"，等于是雪上加霜，所以这个消息一经宣布，当时就"百姓呶呶，众口腾沸"，遭到民众的一致反对。负责这项杂派的两位官员，也是苦不堪言，既从老百姓那里收不来银子，上级官府的催缴又一天比一天急，迫于无奈，他们只好自己拿出了这项银子，这是正德三年的情况。到了正德四年，这 105 两银子仍然没有取消，这两位官员也还是照数赔了。正德五年，在王阳明到任之前，又有官府派员来催缴这项银子，所以老百姓受不了了，原来只以为是临时加派的杂项赋税，现在看来每年都要交，恐怕"永为定额"了。更何况当时庐陵县的赋税已经十分繁重了，因为庐陵是山区，所以要上贡杉木、楠木、木炭、牲口等物品，这些物品折算成银子是 3498 两，但到正德五年，这项银子增加到了 1 万多两，三年之中差不多增加到了原来的 3 倍。此外还有各级官员的迎来送往，百姓的生活实在是困苦到了极点！现在老百姓知道来了位新县令，就集体"上访"，要求政府减免赋税。

王阳明详细了解了情况之后，一时是感慨万千！他没有想到庐陵县的人民生活是如此贫困，更没有想到官府对人民所课的赋税是如此繁重！他清醒地意识到，如果这种情况不加改变，将来一定会酿成大患。于是他当即宣布：诸位父老乡亲，你们先回去，我自会将你们的苦情上报给上级政府，今年不仅新增的 105 两葛布钱不要交了，而且所有赋税全部免了！百姓们一听，这才情绪稍稳，慢慢散去。

百姓散去之后，王阳明却陷入了沉思。他深深知道，自己上任之初，就做出了如此重大的一个决定，完全有可能再次得罪朝廷，再次遭到贬逐，但如果仅仅为自己的利益考虑，"坐视民困而不能救，心切时弊而不敢言"，还要自己坐到知县的位置上干什么呢？于是，他一方面派人将去年已经收缴的 100 两银子送到府台，同时还将免除庐陵县全部赋税的情况写了一个公文，最后说："其有迟违等罪，止坐本职一人，即行罢归田里，以为不职之戒，中心所甘。"意思是说：如果因为免了庐陵县的全部赋税，朝廷怪罪下来，那么就由我本人来承担全部责任，可以立即将我罢官，开除出政府队伍，让我回到乡下去种田，我也是心甘情愿，不会有任何怨言的。

处理了民众"集体上访"的事件之后，王阳明随即亲自到乡下去体察民情，了解庐陵的乡风民俗。当他走在路上的时候，一群老百姓将他拦了下来，称有天大的冤枉，要申冤。于是，王阳明就让他们次日到县衙来。万万没有想到的是，第二天县衙的门刚刚打开，就一下子又涌进了好几千人，都号称是来打官司的。这种情况虽然大大地出乎王阳明的意料，但他立即稳住了那些前来诉讼的人，将几个喊冤喊得最响的人叫了过来，接过他们的状子，仔细询问，却发现其中要么是些鸡毛蒜皮的小事，要么是些捏造不实之词。他果断地遣散了所有前来告状的人。随即他又了解到，庐陵当地的民风，既是非常淳朴的，也是十分强悍的，礼义谦让之风不是十分浓厚，所以老百姓当中相互之间只要有点冲突，十有八九是要到官府去诉讼的。正因为动不动就要打官司，所以一方面是民间的礼义风气不浓，另一方面官府也是疲于应付，各种案件堆积如山，审理都来不及。面对这个情况，王阳明对全县人民发布了一个文告，基本意思是说：从现在开始，县府不再开门受理案件了，老百姓不要前来告状了，因为现在正是春耕时节，抓紧农时最为要紧，农时一失，全年无望。我一旦开门受理案件，前来告状的有数千人之多，大家都来告状，必定耽误农时，那就不是小事。如果老百姓之中真有重大冤情，我自然能够听说，自然能够查访明白，也自然能够为民申冤。邻里乡亲，应该相互体谅，相互扶持，出入友爱，养成敦厚之风。一些小事纠纷，相互协商，相互谦让，就能够顺利解决。动不动就打官司，不仅有伤和气，实在也不是良善处世之道。现在我和父老乡亲们来个约定：从今以后，除非有迫不得已的重大案情，不要轻易就打官司，要以良善称于乡族为美，养成仁义孝悌之风。如果有以良善著称于乡里、父慈子孝的人家，我将亲自前去登门拜访，向他们致敬。

说也奇怪，王阳明的这个布告张贴出去之后，就不断有人前来撤诉，原本堆积如山的案卷逐渐减少，庐陵的民风为之一变。

到了夏天，庐陵遭到了严重的旱灾，秋粮成熟已经无望。更糟糕的是，由于干旱严重，引发了一系列的重大问题。概括起来说，主要有以下几个方面：（1）疾疫流行。由于旱灾严重，水源枯竭，居民的卫生条件极差，粮食严重匮乏，渐致疫病流行。与此同时，民间也流行着各种各样的谣言，家有病人，人人躲避如瘟疫，甚至家人骨肉之间也互不相顾，病人往往饿死，甚至有全家死光的。如此恶性循环，更加重了疫病流行的程度。（2）火灾频发。由于天干物燥，极易引发火灾；又由于缺水严重，所以一旦火灾发生，往往整片民居被烧。当时遭受火灾的有1000多家，居民房屋被烧，无处安置，又兼疫病流行，形势十分严重。（3）盗贼多有。由于干旱、火灾等天灾人祸，县民也有结成帮伙，趁火打劫的，也有拉帮结派啸聚山林的。邻近地方原有盗贼，也时不时地下山来打劫。庐陵县境之内，良善之民更是苦不堪言，的的确确是挣扎在死亡线上了。

面对这样严峻的局面，作为一县之长的王阳明，只能将自己的全部身心投入到抗旱救灾等方面的工作。他使出自己的全部能力，针对不同情况，对以上三个方面的主要问题展开了有条不紊的工作。

（1）针对疾疫流行，王阳明一方面以道德相倡导，希望凡有病人的家庭，必须骨肉相保，不可离弃；同时号召各家洒扫屋宇，对病死之人及时掩埋，做好环境卫生工作；号召富户人家出钱出粮，施以医药，相互扶持；政府组织医生到各乡行医，及时救助病人。

（2）针对火灾频发，王阳明对庐陵的民居结构进行了现场勘察，认为这里之所以一有火起便民居成片烧毁，是因为街道太狭，房屋太密，建筑太高，房屋与房屋之间又没有"风火墙"相互阻隔，所以一有火起，便往往殃及其他民居。他在火灾之后积极组织群众重建家园的同时，对民居的结构进行了一系列新的规划。他要求沿街各家重建房屋时退地三尺，以拓宽街道；相邻的房屋之间，各让地二寸，以断风火；凡沿街的房屋，高以一丈五六为限，楼房的高度，也不过二丈一二。他同时还对县城的"供水站"进行了规划，要求在某些地方必须储水。这些措施，使民居之间各有间隔，一旦有火起，能够比较有效地切断火源，而楼不太高，扑救也相对较为容易，虽为"亡羊补牢"之举，但对庐陵今后的火灾防范，则能起到实际作用。

讲到这里，我们还需要提到一下《王阳明先生年谱》中的一条记载，说庐陵发生严重火灾的时候，王阳明"身祷反风，以血禳火，而火即灭"。也就是当县城火起的时候，他进行了某种宗教性的仪式，使风改变了方向，大火随之而灭。我们当然没有办法考证这件事情的真实性，但至少可以表明，王阳明是尽他自己的全力直接投入抗灾工作的。另一方面，王阳明利用"道术"来摆脱危局，这既不是第一次，也不是最后一次，他后来为了摆脱朱宸濠的追杀，也使用了同样的方法，这一点我们今后会提到。

（3）针对盗贼多有的情况，王阳明在庐陵城乡全面实行了"保甲法"。城市居民，以十家为甲；乡村居民，则以村落为单位，村自为保。平时以

"保""甲"为单位，彼此之间讲信修睦，和谐邻里，相互帮助，有盗贼来打劫，则相互救援。"保甲法"的实施，实现了民间的自防与联防，对盗贼横行起到了实际的扼制作用。王阳明对"保甲法"可谓情有独钟，五六年后，他对江西、湖广、福建、广东交界地区的盗贼进行大规模清剿的时候，同样使用了"保甲法"，只不过那时他对"保甲法"进行了创造性的改变，将它命名为"十家牌法"，在实战之中是起到十分重要的作用的。

王阳明担任庐陵县令不过七个月。在这七个月的时间里面，他处理了一系列严重的突发性事件：包括民众"集体上访"事件、差不多挤破公堂的"集体狱讼"事件、旱灾、疾疫、火灾、盗贼等等。这些事件的恰当处理，体现了王阳明卓越的政治才能，更锻炼了他在复杂情况下应对突发性事件的能力。他的勤政爱民的形象，也在七个月的庐陵县令生涯之中清晰地体现了出来。关注民生，致力于地方的长治久安，倾全力于灾后人民生活秩序与生产秩序的恢复与重建，则体现了王阳明卓越的政治远见，他绝不是一个为了自己的政绩而急功近利的人。在以后的讲述中我们还会看到，这种远见在王阳明那里是保持终生的，他每到一个地方，都会为当地的政治未来以及民众生活的长久安定而殚精竭虑。

正德五年的秋天，刘瑾被诛；到了十一月，王阳明奉命进京朝见，他因此结束了为期七个月的庐陵县令生涯。离开庐陵之前，王阳明以县令的名义对庐陵人民发布了最后一道文告。在这道文告中，他除了对自己进行了自我批评以外，还殷切期望父老要个个教训其子弟，民众要礼义谦让，不要相互纷争，要讲信修睦，邻里和谐相处，要做一个善良的人。善良为幸福之本。只有善良才能使家庭安乐，才能保住财产，才能生活幸福。最后说："呜呼！言有尽而意无穷，县令且行矣，吾民其听之！"我对你们所说的话虽然是有穷尽的，但是我对你们的殷切期望却是没有穷尽的啊！我就要走了，就要和你们告别了，你们可要记住我对你们所说的话啊！虽然话语不多，却体现了他的拳拳爱民之心。

王阳明在庐陵担任县令，是他生平第一次担任地方官职。这七个月，他恰当地处理了一系列地方行政事务，切实地锻炼了他在复杂情况下应对突发事件的实际能力，并且，也是他对自己的"知行合一"思想在政治活动中的应用与实践。

讲到这里，让我们回过头去对王阳明的"知行合一"思想做一些简单的解释。按照我们通常的观点，如果我们要做一件事情，一定要先知道如何做，也就是首先一定要有关于这件事的知识，然后才可能去做这件事；如果不知道这件事，或者说没有关于这件事的知识，那么怎么去做这件事呢？所以我们通常都会认为，"知"是在先的，"行"是在后的，"知先行后"，几乎就是我们的常识了。当年朱熹的观点也是"知先行后"，认为我们必须先知道一件事，然后才可能去做这件事：必得先经过"格物"而"致知"（获得知识），然后才可以将"知"（理）运用出来。但经过"龙场悟道"之后，王阳明认为，这种流行的"知先行后"的观点实际上是大大有问题的，特别是在关于道德的实践上，问题会变得更为严重。为什么呢？王阳明解释说，如果强调"知"必须在"行"之先，那么在实际生活当中，非常有可能出现的情况就是：人们只强调了"知"的重要性，却忽视了"行"的重要性；由于"知"本身是没有止境的，所以甚至有可能花一辈子的时间去"知"，却完全没有去"行"。他认为这就是把"知"和"行"分为两截所产生的毛病。如果"知"是"知"，"行"是"行"，是两个东西，那么"知"就可能会成为一种完全没有意义的东西。所以王阳明说，要改变这种只讲"知"而不讲"行"的毛病，就必须要提倡"知行合一"。要让人们晓得，踏踏实实地去做一件事，比单纯地只是去"知"一件事要重要得多。

他提出"知行合一"的学说，一方面是为了纠正人们通常所坚持的"知先行后"的错误观念；另一方面，从"知"和"行"的本来意义来说，它们原本也是合一的，只不过被人们忽视了而已。如何"合一"呢？王阳明经常举例子说：譬如"我要写字"这件事，"我要写字"本身就是"知"，磨墨提笔就是"行"；要真正知道一个字怎么写，必须要实际去"写"才行，所以"知""行"是合一的。再譬如"孝"这件事，仅仅晓得关于"孝"的很多道理，却不去实际做侍奉父母的事，那么就不能说这个人真的知道"孝"；而只有当他实际上表现出"孝"的行为，去问候父母、侍奉父母，去实际地做"孝"的事，那么才表示这个人是真的知道"孝"的。在庐陵的政治活动中，王阳明曾说"坐视民困而不能救，心切时弊而不能言"，就是"知""行"不能合一，那么要县令干什么呢？"坐视民困"是"知"，"能救"是"行"；"心切时弊"是"知"，"能言"是"行"；如果"坐视民困而能救，心切时弊而能言"，即是"知行合一"。火灾过后，他考察到火灾原因，认为街道太狭、房屋太密、建筑太高，这是"知"，他要求拓宽街道、房屋之间增大间隔、对房屋的高度进行限制，就是"行"。所以王阳明强调说："知之真切笃实处即是行，行之明觉精察处即是知。"大意就是说，如果我们"知道"一件事，并且关于这件事的知识到了真真切切、实实在在的地步，那么这种知识就一定是要通过"行"才能达到的，所以"知"必定会与"行"合一；如果我们做一件事，并且关于这件事的实践到了明明白白、一丝不乱的地步，那么这种"行"就一定是真实知识的实际体现，所以"行"也必定是与"知"合一的。如果仅仅只是在嘴巴上讲知道某件事，却不去做，不去实践，那么无论如何都不能说这个人是真的具有关于某件事的"知识"的，所以"知"和"行"不仅本来就是合一的，而且在现实生活之中，也是必然作为一个完整的过程而体现出来的。王阳明说："知"是"行"的开端，"行"是"知"的完成，这才叫作有始有终，才体现为一个完整的知识过程。

王阳明讲"知行合一"，在当时成了一种十分具有"冲击力"的新思想。听他讲学的人，一开始往往都是持怀疑态度的，但到后来，往往又都坚信不疑。所以从主讲贵阳书院开始，王阳明独创的新思想就开始得到了迅速传播。我们需要指出的是，"知行合一"的观点，代表了王阳明第一期的思想创新，是他"龙场悟道"之后的思想结晶，也是他原本具有的那种"说就要做"的性格发展的实践结晶。

正德五年十一月，王阳明离开庐陵县，奉命到北京朝觐之后，被授予刑部主事的职务。这等于是官复原职，因为他在贬谪龙场之前就曾经是刑部主事。但从这时开始一直到正德十年（1515 年）的五六年时间里面，他的职务却处于频繁的变动之中，最后做了南京鸿胪寺卿，官居正四品。这些职务，大都为相对清闲的官职，所以这五六年时间，实际上也是王阳明一生中讲学活动比较集中的时期。随着他宦游的足迹，他讲学的足迹也遍布北京、南京、滁州、绍兴等地。我们需要知道的是，这一时期当中，他讲学的主要内容仍然是"知行合一"。这一"知行合一"的新思想，经过他的不断完善，已经发展成为一种十分重要的理论，在王阳明看来，它是在现实生活之中实现"圣人之道"的有效方式。他的这一思想，在当时的学术界产生了巨大的影响，他的弟子越来越多，他的影响也越来越大。

八、新的任命

正德十一年的时候，即公元 1516 年，朝廷给王阳明下达了一道新的任命，叫作"都察院左佥都御史巡抚南赣汀漳等处"。这里的"都察院"是明代的中央监察机构，"佥都御史"是官名，居正四品，"巡抚"即总揽地方军政和民政的官员，"南赣汀漳"指的是江西的南安、赣州和福建的汀州、漳州四府。这也就是说，朝廷派王阳明去管理南安、赣州、汀州、漳州等地的军政和民政。

单从这样的职务来看，似乎看不出什么所以然来，但事实上，朝廷给王阳明这一任命是有具体目标的，那就是剿灭南安、赣州、汀州、漳州等地盗匪。这些地方盗匪非常多，因为这些地方正是江西、湖光、福建、广东四省的交界区域，管理起来极为困难，加上地域又那么广大，四处都是些大山，这就给大家成为盗匪提供了有利条件，所以历来这里的盗匪就很多，也很难管理。

自正德三年以来，这些地方盗匪的活动就十分严重了，朝廷又无法给出有效的措施，渐渐发展下去之后，这些盗匪自由组合，形成了三大巨头。分别在福建漳州府境内，由詹师富和温火烧等人统领。在江西南安府、赣州府境内，由谢志珊、蓝天凤等人统领。在广东惠州府境内，由池仲容等人统领。

至于这些盗匪的性质，我们目前还拿不准，有人说，这是"农民起义"，也有人说，这就是些"土匪强盗"。把这些人的性质辨别清楚，那是非常有必要的，因为如果是"农民起义"，王阳明就成了"残酷镇压农民起义"的恶徒，如果只是些"土匪强盗"，王阳明去剿灭他们，就是惩奸除恶，为民除害。

但可惜的是，我们已无法弄清楚这一点了，大家自然乐意相信那些人都是土匪强盗，因为这样一来王阳明就成为善的了，对于喜欢他的人来讲，这是一个有利的结论。但事实上谁知道呢，就让我们姑且这样认为吧。

撇开这些不管，反正对朝廷来说，地方发生起义或暴动，就要去平定他们。但朝廷派来的人多半没能力完成这件事。那些百姓见朝廷无力剿匪，就也加入了盗匪的行列之中，因为他们不加入，下次盗匪横扫过来的时候，他们就免不了要倒霉，所以还是加入他们比较好。因此，朝廷越剿匪，盗匪反而越来越多了。直到正德十一年的时候，朝廷派王阳明过来，才把这一问题给解决了。

王阳明之所以能够被派去剿匪，当时官居兵部尚书的王琼起了很大的作用。王琼，字德华，号晋溪，别署双溪老人，山西太原人，今太原市刘家堡人，与于谦、张居正并称明代三重臣。他治理过运河，整治过边防，是个很有才干的官员。这次他启用王阳明，也是独具慧眼的。说起来，他们两个人至此还从未见过一面呢，属于神交，王阳明到目前为止也没有表现出什么杰出的军事才能，王琼却能在这时候发现他，信任他，力排众议起用他，实在是慧眼如炬的。

但是，王琼如此提拔王阳明，王阳明却不愿意去，想推辞这件事。他上了一疏，表达了这个观点。首先他说，自己这样子忽然被升迁，除了激动之外，实在还有点不知所措。其次他又说，自己没什么才干，难以担此重任。接着他还说，他的身体一直不好，当个鸿胪寺卿，也怕不称职呢，现在却让他去当巡抚，这肯定是开国际玩笑。最后，也是最重要的一点，他祖母都已经九十七岁了，日薄西山，自己应该恪尽孝道，这时候让他远行去当巡抚，实在是不合适的。

王阳明讲出这些理由，情理俱在，但是朝廷却不允许他致仕，并且一连多次催促他赶快上任。王阳明见此也没办法，只好启程去了江西。他这一走，有个叫王思与的人就断定说，王阳明此去一定会建立事功。别人见此感到疑惑，不明白他为什么这么肯定。王思与回答说，因为王阳明走之前，他曾刺激王阳明，结果王阳明丝毫不为所动。通常来说，不容易受刺激的人往往精明能干，所以有人说，如果你和一个人斗，你伤害了他，他却不着急，那么赶快跑，否则准要倒大霉。王思与大概就是由此得出结论的，认为王阳明一定能建立事功。

回头再看王阳明的上疏，就会发现他所说的自己没有才干，完全就是客套话，事实上他的才干不要太好了。在去江西的路上，有一伙土匪拦住了过路船只，想要打劫，王阳明就马上表现出了惊世才干。尽管他没有带过兵打过仗，但是见此情况他却不慌不忙，将所有的船只连成战阵，呐喊着冲杀过去，假装要和那些土匪火拼。那些土匪一看不好，知道自己打劫打错了对象，吓得赶紧跪地求饶。王阳明轻轻松松就解决了这一事端，可见他的才干到底是多么好！

正德十二年的时候，即公元 1517 年，王阳明终于到达了巡抚衙门的所在地赣州。他是在正月里面到达的，到了之后顾不上休息，马上就开府办事了，因为他发现他所面对的问题是非常棘手的。自己所管辖的一大片区域，文化很落后，长久以来又没有有效的管理，所以导致百姓非常不听话，民风极其剽悍，事实上，这里的百姓最显著的特征就是，大家眼里都没有王法。

王阳明到了之后，很快便着手开始治理他所遇到的问题了。尽管他从来没做过这种工作，但是做起来一点都不生疏。首先，他对军事方面的情况，诸如军事设施、士兵数量、军事训练情况、作战能力等方面的事情，做了了解。其次，他对那些盗匪的情况也做了了解。最后，他对民间的情况，外加各地的交通和地形状况等，都做了了解，具体分析哪些是可以为己所用的。

这样调查了一番之后，王阳明发现情况实在是不容乐观的。特别是在军事方面，也就是剿匪最重要的一方面，官府的能力非常薄弱，那些盗匪又是极为狡猾的，你很难逮住他们。往往你从东边攻杀过去，

青花缠枝花卉纹碗

他们就往西边跑，你从西边攻杀过去，他们就往东边跑，你从东西两边一起攻杀过去，他们倒是不跑了，跟你对打，可这时你又打不过人家，在这种情况下，还不如让他们跑掉比较好。

在之前官员的剿匪行动中，面对敌强我弱的这种情况，他们的做法往往是调派"土兵"和"狼兵"过来支援自己。"土兵"和"狼兵"都是少数民族的武装，其中"土兵"主要来自湖广湘西地区的永顺和保靖这两个土司，而"狼兵"则主要来自广西的东兰、那地、南丹等地。这些少数民族的武装作战十分勇猛，尤其是后者，正是因为作战太过勇猛，所以被冠上了"狼兵"的称号。

但是，在王阳明看来，调遣"土兵"和"狼兵"过来作战，并不是一

个好主意，这种做法本身就有着种种问题，并且还会衍生出种种问题。首先是路途太远，耗费时日。其次调遣他们过来，军费开支太大。最后他们一路招摇，太明显了，那些盗匪得知情况早就躲远了，他们来了之后也取不到明显的效果。尤其重要的是，这些"土兵"和"狼兵"的纪律性太差了，所过之处百姓遭的殃更甚于遭遇了盗匪，相比之下，百姓倒是宁愿遭遇盗匪也不愿遭遇他们。

除此之外王阳明还遇到的一个情况是，府衙里面似乎还有奸细，每次他下令要去剿匪，军队都还没开动呢，盗匪就已经消失得无影无踪了。后来王阳明抓住了一个老奸细，那奸细是官府的一个吏目。王阳明摸清他的情况之后，就问他要死还是要活。那老奸细说要活，在王阳明的探问之下，就把自己所知的情况如实报告出来了。这时候王阳明才彻底明白，他的身边到底有多少奸细，不仅府衙里的一些衙役是奸细，就连大街上那些算命先生什么的都是奸细！

在弄清楚自己所面对的种种问题之后，王阳明便开始动手去解决了。因为之前已做了切实的调查，因此他的行动是非常有针对性的，提出的办法简明又高效。譬如说，针对敌方的情报人员渗透进我方的这一情况，王阳明推行了一项措施，叫"十家牌法"。针对官兵作战能力薄弱的这一情况，王阳明从民间选练了不少战斗精英，组成了一支强而有力的军队，以弥补这方面的不足。

这几项措施都是非常实用的，"十家牌法"的推行大大减少了情报的泄露。这是王阳明自己发明的一种户籍登记和查验制度，具体的操作就是，每户人家门口必须挂上一块木牌，在上面写清楚家庭情况，包括常住人口有几个，姓甚名谁，是何籍贯，做何工作，有无暂住人员，等等。除此之外，又以十户人家为一个单位，共同立一个木牌，将十户人家的木牌信息汇总到这木牌上。在这十户人家中，每户要轮流去别户人家查验，一旦发现可疑之迹，必须马上报告官府。

这项措施派发下去之后，王阳明要求一个月之内必须完成。底下的那些大小官员们一开始不认真，因为这种事太繁琐太复杂了，大家显然都不乐意做。王阳明见此情况一再重申这一工作的重要性，那些官员才认真去办了。与此同时，王阳明也写了告谕，对百姓说，实行这一措施，麻烦大家，很不好意思。

但事实上王阳明好像并没有不好意思，他好意思得很呢，实行这一措施的时候非常严厉，只要十户人家之中有谁藏匿不报，十户人家就要一起倒霉。可见他是多么严厉。不过我们也不能去怪王阳明，因为只有这样严厉去做，问题才能被解决。后来我们知道，这一措施的确取得了非常不错的效果。

针对官兵作战能力薄弱，王阳明采取"训练民兵"的这一方法，效果同样也是非常好的。他从民间选了一支大约二千人的队伍，其中尽是些武林高手，有的善于肉搏战，有的善于射箭，有的善于兵刃，都特别厉害。这些人组成的队伍，战斗力非常强，后来这支部队就成了王阳明剿匪军队中的主力。

那些盗匪初次遭遇到这些官兵的时候，都大感意外，之前他们遇到的官兵没什么作战能力，一打即溃，这次的官兵出手却全然不同，太极拳、咏春拳、八卦拳、形意拳、五门段虎刀、九节鞭，等等，纷纷亮相，就连那些弓箭手也变强了，射出来的箭嗖嗖嗖全在人脑门上，直把他们打得叫苦不迭。

说起来，王阳明能建立这样一支军队，也是非常不容易的，有的县能找到十几个人，有的县却只能找到八九个人，费了好大劲，他才总算有了一支二千人的队伍。但是，军队是有了，军费却还没有。这件事本来应该指望朝廷，但指望朝廷显然指望不上，而地方政府的财政又极为空虚。最后，王阳明把目光瞄准到税务上面了，他给朝廷上了一疏，希望能疏通盐法，好让他筹措到足够的军费。朝廷答应了王阳明的要求。至于他到底是如何疏通盐法的，解释起来非常麻烦，此处略过不提，总之，通过这一措施，王阳明总算有了充足的军费。

在这期间，王阳明还给百姓写了好几封告谕，教导民众应该父慈子孝、夫妇和顺、长幼有序、平和宽厚，等等。这也是有针对性的，就是针对此地民风彪悍而采取的措施。只有大家的性格渐渐温和了，才不会因一时冲动而加入盗匪的行列，这样地方才能够平定安稳，对大家来说这也是有好处的。

九、肃清盗匪

"漳南战役"开始之后，前期进展较为顺利，但在战争进行过程中，由于广东方面的军队配合不力，致使敌人突围成功，逃窜到了闽、广交界之处的象湖山、箭灌、可塘洞一带。由于敌人占据了有利地形，官兵一时难以发起对敌人的有效进攻，所以战争进入僵持局面。

这种情况，是王阳明最不愿看到的。他所坚持的作战思想，是要尽快结束战争，因为僵持局面对官兵极为不利，不仅会消磨军队的作战意志，而且会增加军费的开支。但战争的僵持局面既然已经形成，他就必须要去面对。如何扭转战争的局势，成为王阳明当时所要面对的最主要问题。

战争陷入僵局之后，福建与广东方面的领兵官员在当时战争形势的判断上，以及在如何采取进一步的军事行动上，产生了严重的意见分歧。福建方面认为，虽然敌人已经逃往象湖山等处天险，但毕竟是在重创之余，他们已是"惊弓之鸟"，所以仍然应当寻找机会，对敌人发起大规模的进攻，争取一举消灭敌人；但广东方面则认为，敌人占据了有利地形，而且是崇山峻岭，敌人强大，而官军兵力不足，作战能力较差，所以只有请调"狼兵"，等到秋天再行决战。

王阳明对战争的形势自然是有他自己的判断的。他首先在战略思想上对福建、广东双方的领兵官员提出了严肃批评。王阳明认为，战争既然已经陷入僵持局面，并且是敌人占据着有利地形，那么福建方面的所谓"乘机之说"，就只会使敌人加强戒备，形势就会朝着更加不利于自己的方向发展。如果硬打，由于没有全胜的把握，那么就会成为军事冒险，所以是要不得的。而广东方面，王阳明认为，却是存在着严重的畏敌情绪。正是这种畏敌情绪，才使敌人突围成功，造成了眼前的僵持局面。至于动不动就请调"狼兵"，更是这种畏敌情绪的表现。请调"狼兵"，必然耗费时日，这就好比是临渴挖井，是济不得什么事的，还要大大增加军费的开支，这无疑会加重人民的负担。至于兵力不足，王阳明认为，现有官兵约有 2000余人，已经不算少了，兵贵善用，而不在数量众多。所以广东方面的想法，同样是不切实际的。

那么怎么办呢？王阳明强调，首先必须使各领兵官员统一思想，既要消除畏敌情绪，又要消除轻敌情绪，既不可冒进，也不可因畏敌而贻误战机。要采取有效方法，促成军事形势朝向有利于自己的方向转变。为此，他根据自己对当前军事形势的判断，重新进行了军事部署，申明了严格的军令，要求各方面都必须做到以下几点：

第一，公开宣布停止战争。让官兵四处扬言：敌人逃进了象湖山等处天险，官兵已经没有什么办法了，只有调动"狼兵"才行；又因为已经到了春耕时节，天气转暖，再战对官兵不利，所以要等到秋后再战。为了迷惑敌人，他要求各部做出罢兵的假象，将部队遣散，但同时强调，各部士兵不能走远，要确保能够招之即来，迅速聚集到一起。

第二，各部要暗中加紧备战，并四处派出间谍，了解敌人的动向，及时详细汇报。

第三，一旦发现战机，即迅速将兵员集中起来，攻敌不备；在具体的作战之中，要有舍却生命的精神，不得畏敌不前，否则军法处置。

第四，在具体的作战过程中，前锋只承担破阵的任务，不许杀敌；而后继的重兵，则擒斩贼首；各路部队不得贪图功劳，乱了阵脚。

第五，以杀敌首为主，不得多所杀伤。

第六，重申军纪，采取统一行动。

王阳明对处于僵持局面下的"漳南战役"重新做出统一的军事部署之后，随即率领一支军队，自汀州进驻上杭，以观战局，并打算亲自上前线督战。这个新的部署，尤其是做出罢兵的假象之后，迅速起到了作用。敌人以为王阳明真的罢兵不战了，所以也就放松了警惕。等到二月十九日，出现了战机。王阳明立即对各部官员发出号召，军队迅速结集，分三路连夜向象湖山急速前进，直捣敌人巢穴。等到官兵对象湖山形成包围，占据了各道路要冲关隘之后，敌人还蒙在鼓里。到辰时，四面官兵共同发起对敌人的进攻，虽然战斗非常激烈，敌人四面发滚木礌石，以死相拒，但因无路可逃，最后不是被杀，就是束手就擒。到午时，战斗以官兵的全面胜利而告结束。

象湖山之战，是整个"漳南战役"中最为关键的一场战斗。直接参加作战的官兵有22000多人，战斗的结果，彻底扭转了战争的整体格局，不仅消灭了敌人大量的有生力量，而且对敌人形成了强大的军事压力，形势开始明显向有利于官兵的方向转变。战争的胜利，也用事实教育了那些原来对敌人心存畏惧的官员，官兵的士气也因此大振，饱满高昂。主要战斗结束之后，王阳明要求对一些在逃的零散敌人进行搜捕，务必剿灭干净，否则他们必然会再次聚集，重新为患。与此同时，他要求趁官兵士气高涨之时，继续对大贼首詹师富所盘踞的可塘洞、温火烧所盘踞的箭灌发起进攻。可塘洞之战，王阳明分兵五路，连日攻打，终于活捉大贼首詹师富等，其余敌人，四处逃散，遁入其他山寨。三月二十日，王阳明对温火烧所在的箭灌大巢发起进攻，前后大战十多次，活捉贼首温火烧等。鉴于其余敌人逃入闽、广边界各处大山这个实际情况，为了防止敌人在更大范围内四处奔突，王阳明命令福建、广东、江西三省官兵于三月二十一日子时统一行动，对闽、广交界处的余敌进行清剿。

箭灌之战的结束，标志着整个"漳南战役"的基本结束。"漳南战役"从发兵到基本结束，前后持续约三个月，全面肃清了福建、广东边界为患多年的盗贼。王阳明遂于四月班师，回到赣州。

回到赣州之后，王阳明立即又投入了战后民众生活秩序与生产秩序的重建工作。他首先对原先的那些从贼人众进行安抚，并发出告谕：当前正是春耕时节，希望他们个个安分守己，努力生产，要"勤尔农业，守尔门户，爱尔生命，保尔室家，孝顺尔父母，抚养尔子孙。无有为善而不蒙福，无有为恶而不受殃"。所以必须要"为善去恶","务兴礼义之习，永为良善之民"。

"漳南战役"虽然已经结束，但闽、广交界地区数十年来一直都是最为容易发生匪患的地方，如何杜绝盗贼的再次发生，引起了王阳明的深入思考。漳南地方的盗贼主要盘踞在小溪一带，他实地考察了以小溪为中心的周边地区，认为这个地方地域广大，交通不便，原来是属于南靖县管辖的，但南靖县的实际行政力量却到达不了这个地方。所以他认为，必须加强这个地方的政治建设，应该以小溪为中心建立新县治，这样不仅可以控制福建、广东两省之间的交通要道，而且可以加强该地的政治管理，建立学校，兴礼让仁义之风。他与福建按察司、漳州府、南靖县等有关方面进行商议，选定小溪为新县治的所在地，并划定了新县的边界。他先为这个新县治取名为"清平县"，后来又改为"平和县"。这个设立新县治的建议，得到朝廷的批准，新的平和县于正德十三年（1518 年）三月正式开县。

在做好这些战后的各项安抚工作之后，王阳明开始对四省边界地区的军事形势进行重新评估。"漳南战役"结束之后，盘踞在闽、广边界地区的盗贼已经基本肃清，按照当时的实际情形，王阳明认为，对江西境内以横水、左溪、桶冈为主要据点的盗贼进行集中的军事打击，已经成为必要，因为这些地方的盗贼最为猖獗。当王阳明集中精力攻打漳南之时，以谢志珊、蓝天凤为首的横水、桶冈之敌，乃大肆出动，劫掠周边居民，攻打附近县城，可以说是肆无忌惮，气焰嚣张。横水、桶冈的地理环境极其复杂，山高路险，悬崖峭壁，向来官军所不能攻克。也因为这个缘故，这些地方的盗贼一向特别地胆大妄为。但王阳明清楚地知道，要立即对横水、桶冈进行攻击是困难的。就当时的军事形势来说，他发现江西军队的军事素质极差，"素不练养"，这样的军队是无法克敌制胜的。另一方面，如果要对横水、桶冈的宿敌进行围剿，必定要调动江西、湖广、广东三省兵力，而在"漳南战役"中所暴露出来的一些问题——如不同地方的领兵官员之间存在着配合不默契的问题，将领当中存在畏敌情绪，甚至不奉节制的问题，士兵或勇气不足，或作战能力不强，等等——如果这些问题不及时解决，那么新的军事行动就可能成为军事冒险。为了不打无把握之战，王阳明在具体策划"横水、桶冈战役"之前，集中精力对军队进行了内部整顿，对军事建制进行了改编，加强了军事素质的建设。具体地说，他做了以下几方面的工作：

（1）解决了事权不专的问题。正德十二年（1517 年）五月，王阳明给朝廷上书，一方面是向朝廷报告了"漳南战役"的基本情况，另一方面也分析了当时所面临的军事形势，同时提出请求，希望朝廷赋予他更大的军事权力。对这一请求，朝廷最终在九月份给予批复同意，改授王阳明"提督南赣汀漳等处军务"，给旗牌八面，可以便宜行事。而事实上，王阳明在五月份上书朝廷之后，就已经开始按照自己的思想进行新一轮的军事筹备工作了。

（2）为了解决赏罚不明、作战时不奉节制的问题，王阳明对军队进行了改编。新的编制为：每 25 人为一伍，小甲为首；50 人为一队，总甲为首；200 人为一哨，有哨长、协哨二人；400 人为一营，有营官、参谋二人；1200 人为一阵，偏将为首；2400 人为一军，副将为首。为严明军纪，王阳明规定：上一级军官可以处罚下一级军官，即副将可以处罚偏将，偏将可以处罚营官，营官可以处罚哨长，哨长可以处罚总甲，总甲可以处罚小甲，小甲可以处罚伍众（士兵）。同时，他设立了各级军符，凡有军事调动，必须以军符为准，以防奸伪。

（3）为了解决兵上"素不练养"而作战能力差的问题，王阳明一方面从民间选拔优秀人才充入官军队伍，另一方面则要求各新编军事单位集中到赣州城内的教场进行军事操练，加强各军事单位之间的协调性，统一号令，以提升整体的作战能力。

（4）为了解决军费短缺的问题，王阳明于六月份上书朝廷，请求疏通盐法，鼓励通商，以所抽盐税充入军费。朝廷同意了他的这一请求。

（5）为严明军事纪律，王阳明制定了十分严格的军纪，如："失误军机者斩；临阵退缩者斩；违犯号令者斩；经过宿歇去处敢有搅扰居民及取人一草一木者斩。"在进兵途中，见地上有金银财宝之类，若敢低头拾取者，斩，等等。严明的纪律，无疑是战斗力的重要保证；而不搅扰居民，不取民众一草一木，也是王阳明的军队能够获得民众拥护的重要原因之一。

以上各项是王阳明在具体策划"横水、桶冈战役"之前，为加强军队的自身建设所采取的主要措施。

除了这些旨在提升官兵军事素质、增强战斗力的实际措施之外，王阳明认为，尽管战争的主要打击对象是横水、桶冈之敌，尽管广东省龙川县境内的浰头贼巢离横水、桶冈路途遥远，但这些贼巢之间原是有联系的，所以在实施横水、桶冈战役的过程中，必须使打击的主要对象处于孤立地位，不能让他们相互联络，互通情报，更要避免广东浰头据点对江西境内的军事援助，至少要使他们保持观望态度。为达到这一目的，王阳明对浰头贼巢发布了一个安抚性的告谕，并派人送去牛酒、金银、布匹等物，希望他们诚心悔过，弃暗投明，放弃军事对抗。这个告谕，文字是十分浅白的，道理是讲得极其透辟的，字里行间所流露出来的意思是十分诚恳的。

所以当时不仅起到了稳定涮头据点的实际作用，而且还的确有不少头目前来投诚，这些投诚的人，对将来实施对涮头的围剿起到了重要作用。这点我们以后再说。

以上所说的这些事情，都是王阳明为发动"横水、桶冈战役"所做的前期准备工作。到了七月份，他开始实际策划这一涉及范围广大、难度巨大的军事行动。为确保战役能够顺利进行并取得最后胜利，王阳明进行了周密的军事部署。

三省合围的主要对象是横水、左溪、桶冈之敌，这些地方主要在江西省南安府境内的大庾县（今大余县）、南康县（今南康市）、上犹县一带，而其中又以桶冈之敌最为强大，地形也最为险要。当王阳明会同各省领兵官员进行军事会议的时候，大家的基本意见，都认为应当先攻取桶冈，然后再进攻横水、左溪。只要将最困难的堡垒先攻克了，那么余下的自然也就容易对付了。但王阳明认为，横水、左溪、桶冈三地，虽然地缘相连，但具体到各地，则情况稍有不同；不论从江西方面还是从湖广方面来说，横水、左溪都是"心腹之患"，只有先除去心腹之患，再剪除其羽翼，事情才会相对容易。如果先攻取桶冈，那么就必须以湖广、江西之兵进行合围，而对江西之兵来说，就必须先绕过横水、左溪，然后才可能对桶冈形成包围之势。但这样一来，一方面是长途奔袭，另一方面则横水、左溪之敌完全可能从背后对进攻桶冈的江西军队进行攻击，这样就有可能使官兵陷入腹背受敌的危险境地。如果先攻横水、左溪，那么就可以步步为营，稳扎稳打，逐步向桶冈推进，最后再联合湖广方面的军队，形成对桶冈的合围，这样才能稳操胜券。但他同时强调，现在舆论都认为官兵必定先进攻桶冈，这是一个好事情，要继续利用这一舆论。这样既可以使横水、左溪的敌人麻痹大意，疏于防守，而桶冈之敌久久不见官兵来打，也会放松警惕。不论从哪方面来说，这对官兵攻其不意都是有利的。王阳明对当时军事形势的分析，合情合理，入木三分，各省领兵官员在先进攻横水、左溪这一点上取得了共识。

按照这一分割、孤立敌人，实施各个击破的战略方针，王阳明先命令福建方面的一支军队进驻到南安府。作战的整体策略是从江西往湖广推进，所以江西各府县的军队成为进攻横水、左溪的主力军；按照他的预先估计，等到横水、左溪的敌人扫荡殆尽，则湖广方面的军队也已经可以到达指定位置，最后再合湖广、广东各部对桶冈实施包围。

为了集中优势兵力有效地打击敌人，王阳明将担任进攻任务的各部主力军队分为十哨，分别从各不同位置同时向目标接近。十哨的部署是十分严密的，既确保了有足够的兵力对敌人的重要据点进行围剿，同时又部署了在敌人溃退逃散的情况之下能对其进行堵截、搜捕的足够兵力。基本的指导思想是一旦战争打响，就一定要使敌人处于孤立状态，不能使他们散而复聚，更不能使他们相互策应救援，而使敌人始终处于官兵的攻击范围之内。进军的总路线则是先横水，次左溪，最后各路军队齐集于桶冈。王阳明重申了严格的军事纪律，约定各路官军同时于十月初七日夜，按照各自预先规定的进军路线同时进发。

实战结果表明，王阳明的军事部署，是十分有效的。当各路军队按约定的时间同时大规模向横水、左溪结集的时候，外围的一些小山寨简直如摧枯拉朽一般被迅速荡平；而当军队到达横水的时候，大头目谢志珊都还没有反应过来。他一方面认为官兵是必定先进攻桶冈的，所以疏于防备，另一方面也认为横水有自然天险，官兵从来都不能攻克，所以也疏于防备。

他完全没有想到官兵会迅速从四面八方向横水大举攻来。尽管他也率部进行了顽强抵抗，但毕竟大势已去。进攻横水的战斗进行得异常惨烈，谢志珊被杀，许多人都因掉进了高山深谷而丧生。与此同时，进攻左溪的各路官兵也已经攻克左溪，一齐汇集到了横水。当时天下起了雨，山中升起浓雾，作战官兵异常艰苦，而各地敌人则四散奔逃。王阳明认为，如果对逃散的敌人不予追击，那么他们一定会再次聚集到一起，必为后顾之忧；但因为原先与湖广军队约定进攻桶冈的时间是十一月初一，而现在已经是十月十五日了，横水距离桶冈还有100多里山路，至少需要三天时间才能到达，所以时间已经是非常紧迫了！于是王阳明临时调整了作战策略，命令各营官兵将军队分为奇、正二哨，奇兵攻前，正兵袭后，冒雨搜剿余贼。到十月二十八日，除部分余敌逃进桶冈之外，横水、左溪一带残余敌人基本肃清。各路官兵仍按原来的进兵路线，继续向桶冈推进。

桶冈毕竟是天险，从江西境内只有五条小路可以进入桶冈的核心地带，而这五条小路，早就已经被盘踞其中的蓝天凤派重兵把守了，强攻是十分困难的，或者说是不可能的，因为敌人已经占领了制高点，只要推下石块、木头之类的东西，官兵无论如何无法攻克。当时天下大雨，更加造成了强攻的困难。面对这种情况，王阳明认为，可以设法对蓝天凤实施劝降，即使劝降不成功，至少也可以拖延他一些时间，或者使他暂时疏于防备，而这就有可能为官兵突破天险制造有利条件。在被俘获的人员当中，有两个人原来就是与蓝天凤有旧交的，王阳明先赦了他们的罪，使他们连夜用绳索吊进贼巢，对敌人进行劝降。正如王阳明所预料的那样，劝降是起到了某种迷惑敌人的作用的。到十一月初一，蓝天凤正与各大小头目就是否出降进行商议，而这边官兵却冒着大雨突破了桶冈天险，蓝天凤一时慌张应战，各路官兵四面夹击，虽战斗十分艰苦，但终于攻破桶冈大巢，蓝天凤被杀。到十一月十三日，桶冈之敌基本扫除干净。十二月初九，王阳明班师，横水、桶冈战役宣告胜利结束。

值得一提的是，王阳明在部署横水、桶冈战役的时候，对这一战役的艰苦程度做了最为充分的估计，所以他约定湖广方面军队于十一月初一日起程，配合江西方面军队对桶冈进行合围，但战争的具体进展似乎较王阳明原先的估计要顺利得多，以至于桶冈攻破之后，湖广方面的军队还没有进入江西边界。王阳明一面派人通知湖广军队的领兵官员，桶冈战役已经结束，所以不必过界了；同时也仍然给湖广军队进行了隆重的嘉奖与犒赏。

整个"横水、桶冈战役"前后不过 3 个月，实际只用了 2 个月时间，荡平敌人巢穴 80 多处，为患多年的江西境内盗贼宣告肃清，当地人民的生活归于平静。这是符合当时绝大多数普通百姓的利益的。所以当王阳明班师经过南康县的时候，当地的百姓沿途顶香迎拜，江西各地几乎将王阳明奉为神明，各立生祠，岁时供奉。

十二月二十日，王阳明回到赣州。他照例对各有功官员进行了嘉奖，上书朝廷为他们请功，同时也如"漳南战役"结束之后一样，为地方的长治久安做了系统而深远的考虑。从地理上说，横水、左溪、桶冈处于上犹县、南康县、大庾县三县之间，四面相距差不多都有 300 里，地处偏远，就政治管理来说，三县中任何一县的影响力几乎都不能切实到达这一区域。实际上也正因为如此，这个地方才历来成为匪患的渊薮。王阳明认为，要防止盗贼的再次发生，在横水地方设立新的县治是十分必要的。他亲自勘察了地形，选定横水为新县治的所在地，并划定了新县治的边界。他为这个新县取名为"崇义县"。这一建议，立即得到朝廷的许可。新的崇义县于正德十三年（1518 年）四月开始营建，崇义县的第一任知县，是原来的南康县县丞舒富。

"横水、桶冈战役"的全面结束，标志着江西、福建、湖广、广东四省边界地区的盗贼已经大部肃清。随着官军的连续胜利，处于广东与江西交界地区以龙川县境内的浰头为主要据点的盗贼遂陷入孤立无援的境地。"横水、桶冈战役"结束之后，王阳明随即开始筹划"浰头战役"。浰头位于广东龙川县境内，属于九连山区，贼巢的大头目名叫池仲容，绰号叫作池大鬓。依靠着浰头复杂的地形与自然天险，浰头之贼四处劫掠，肆无忌惮。在四省边界地区的各大贼巢之中，实以浰头的势力最为强大。在谋划"横水、桶冈战役"的时候，王阳明原来的计划，是先攻横水，次左溪，次合江西、湖广之兵合围桶冈，最后合江西、湖广、广东三省之兵合围浰头，这正体现了他对浰头大巢的特别重视。在王阳明的严密策划与部署之下，"浰头战役"的实际进展不仅相当顺利，几乎势如破竹，而且一开始就具有了某种喜剧性的色彩……

浰头在广东龙川县境内，分为上、中、下三浰，属于九连山区。这里山脉连绵起伏，地形极为险要。浰头贼巢以池仲容（绰号池大鬓）为首，活动十分频繁猖獗。凭借着九连山的自然天险，池仲容更是有恃无恐，而朝廷对他们也实在没有什么办法。早在几年之前，朝廷就曾经调"狼兵"数万对浰头进行过多次围剿，但也没有收到什么效果，反而使池仲容的气焰更加嚣张，更加张狂自大。他扬言说："狼兵"并不可怕，是容易对付的，朝廷要调"狼兵"来，至少要半年，而我要避开他，却只要一个月。这当然也是实情，而也正因为如此，他就更加肆无忌惮。

在当时四省交界地区的各大贼巢之中，确实是以浰头的实力最为强大，

王阳明全集

王阳明对浰头也最为重视，曾经将浰头称为"众贼奸雄之巨擘，三省群盗之根源"。在策划对各地盗贼进行围剿的军事行动之中，他之所以将浰头放到最后，也体现了他对浰头的特别重视，他曾经有一个比喻："如攻坚木，先其易者，后其节目。"也就是说，好比木匠加工木材那样，先将相对平整、容易斫削的地方处理完毕之后，再对那些特别硬的骨节之处进行斫削。现在其他地方的盗贼都已经荡平，王阳明要开始啃浰头这块最硬的骨头了！

王阳明一方面在严密思考如何对浰头采取有效的军事打击，另一方面也在努力寻找攻克浰头的新的突破口。正是这种严密的军事部署再加上新的突破口的出现，使攻取浰头的战役进行得平稳而顺利，最后几乎是势如破竹，并且还带有几分喜剧性色彩。这究竟是怎么回事呢？

我们前面曾经提到过，在策划"横水、桶冈战役"的时候，王阳明为了不使浰头在军事上支援横水、桶冈，曾经对浰头发布了一个安抚性的告谕，并派人送去牛酒等进行犒赏。由于这个告谕的文字是十分浅白而又充满诚意的，当时浰头就有几个小头目带了一些人前来投诚了。其中有一个人，他的名字叫作黄金巢。王阳明对黄金巢的投诚，既是以真诚相待的，同时也是有所戒备的。但这件事本身却启发了王阳明，一个智取浰头的计划在王阳明的头脑中逐渐形成了。

黄金巢带人投诚之后，王阳明赦免了他的罪，并加以赏赐，而黄金巢则为了表示诚意，要求加入征讨横水的战斗，要戴罪立功，王阳明也同意了，并交给他500兵士。十月十二日，横水被攻破。黄金巢将王阳明攻破横水的消息写信告诉了池仲容，并说王阳明对前来投诚的人是真诚相待的，希望池仲容也能够率众前来投诚。收到黄金巢的这封信，池仲容感到了一些恐惧，他认为等到桶冈攻破之后，王阳明一定就会移师转攻浰头。他既不愿意投诚，又迫于王阳明的军事压力，于是就一方面在浰头加紧备战，另一方面派他的弟弟池仲安带了 200 人到王阳明这里来"投诚"。这 200 人，其实就是一批老弱病残，池仲容的用意很清楚，他让自己的弟弟带了这么一批人来，表面上是想对王阳明表白一番自己的"诚意"，而其真实目的则是前来打探虚实的，并且一旦王阳明要对浰头用兵，他们就好作为内应，所以实际上就等于是将一支自己的队伍安插到了官军的内部。池仲容、池仲安的这点伎俩，哪里能瞒得过王阳明？他一眼就看破了，但表面上他仍然不动声色，并且也表现出对池仲安等人的欢迎，还给予安抚，加以犒赏。在进攻桶冈的时候，池仲安也请求加入战斗，王阳明也予以同意，但在分配战斗任务的时候，却将这拨人派到了一个更加远离浰头方向的地方，目的就是为了不让池仲安有与浰头进行联络的机会。

究竟应该如何对浰头采取有效的军事行动呢？王阳明认为，浰头实在不比其他地方，不仅地势险峻，不利于强攻，而且盘踞在那里的池仲容等都是身手非凡之辈，战斗能力极强，如果他们严于战备，那就对官军的进攻极为不利，所以最好是能够采取秘密的方式进行军事调动，并且同时一定要设法使敌人疏于防备。在进攻桶冈的间隙，王阳明曾召集了浰头附近各县数十名对浰头情况比较熟悉的人，向他们了解实际情况。大家都表示，池仲容作恶多端，凭借天险，为害四方，必须剿灭；但同时认为，要剿灭池仲容，必须要大调"狼兵"才行，否则恐怕无济于事，因为"狼兵"是十分善于山区作战的。但王阳明认为，如果要对浰头用兵，也并非一定要调动"狼兵"不可，因为"兵无常势"，全在于如何运用，如何把握有利时机。王阳明一方面秘密地部署了对浰头的军事行动，他行文广东惠州府，要求按照他的攻战方略秘密召集军队，并对浰头周围的地理形势做了切实详尽的了解，做好攻取涮头的准备；另一方面，他仍在暗中仔细观察池仲容、池仲安等人的动静，寻找对自己有利的机会。

桶冈被攻破之后，池仲容更加感到恐惧，也就更加积极地抓紧备战。王阳明了解到这一情况之后，做出了一个令人想象不到的决定，所谓"不入虎穴，焉得虎子"，若不了解清楚涮头内部的各种军事设施及道路交通情况，一旦战争打响，官军很可能就会处于十分不利的被动局面。于是他干脆就派人公开到了涮头，带上各种慰劳品，对池仲容说：你已经让自己的弟弟前来投诚，所以知道你是有接受安抚的诚意的，王赣州（王阳明）特意派我前来对你们进行犒劳。见到池仲容到处在加紧备战，来使就问：你既然有接受安抚的诚意，却还在进行战争准备，这又是为了什么呢？池仲容因无法隐瞒备战的实情，一时有些窘迫，就说：啊，不好意思，我之所以做些应战的准备，是因为得到消息，龙川县的卢珂要来偷袭，所以我是不得不防啊！我们只是为了应付卢珂，并不是为了应对官军啊！

池仲容提到的这位卢珂，是龙川县人，原来也是"从贼"人等，但在王阳明的感召之下，早就带了3000多人投到王阳明的麾下了。王阳明接受了卢珂的投诚，同时又让他回到龙川县去，为攻取涮头做好准备。原来，池仲容一向与卢珂有矛盾，相互仇恨。了解到这个情况之后，王阳明便巧妙地利用了池仲容与卢珂之间的矛盾，导演了一出活捉池仲容的喜剧。

王阳明结束桶冈之战，班师到达南康县的时候，卢珂来到南康县，他来的目的是为了向王阳明报告池仲容加紧备战、图谋不轨的情况。这些情况，其实王阳明早就已经了如指掌了。出乎所有人意料的是，王阳明突然对卢珂大为愤怒，大发雷霆，厉声说：池仲容早有投诚之意，你卢珂竟胆敢捏造事实，对有意投诚之人进行诬告，真是胆子太大了！说着，当场就命人将卢珂绑了，关进了监狱，并声称要将卢珂处死。王阳明难道不知道卢珂所说都是事实吗？他为什么会突然对卢珂大发雷霆呢？原来，当时池仲安等人都在现场，王阳明这个似乎没来由的突然愤怒，实际上正是做给池仲安等人看的。当时池仲安等人见到卢珂前来告状，一个个都大惊失色，现在看到王阳明突然将卢珂关了起来，又都转忧为喜，开始大肆数落卢珂，诉说他的罪恶。池仲安等人的这些表情，王阳明自然都一一看在眼里。然而池仲安等人所不知道的是，卢珂被关起来之后，当天晚上，王阳明就亲自去和卢珂讲明，要先让他受些委屈，要利用他来诱捕池仲容，并且要他先派人回去，做好攻取浰头的策应工作，一旦将他放回，就立即配合官兵攻占浰头。

王阳明于十二月二十日回到赣州之后，立即大犒将士，颁下号令，声称横水、桶冈等处贼巢都已荡平，而浰头则有诚心归顺之意，所以地方已经安宁，可以罢兵了！他也的确做出了罢兵的假象，将军队都尽数解散了。同时，王阳明又对池仲安说：你们也可以回去了，回去要协助你哥哥做好防守，虽然卢珂已经关在这里，但也要提防他的党羽前来偷袭啊！池仲安一听，心中自然窃喜。回到浰头之后，他立即对池仲容把卢珂如何被关押、王阳明如何已经相信他们要投诚等等事情说了一番，浰头的备战工作自然就松懈下来了。

过了几天，王阳明又派官员来到浰头，对池仲容颁赐历书，也就是假意进行招安，并再次强调要做好防备工作，以防卢珂前来偷袭，池仲容等自是愈加欢喜。又过了几天，王阳明再派人前往浰头，这次他派去的人，名字叫作雷济，是王阳明的谋士，这个人我们将来还会再提到。雷济来到浰头，对池仲容说：现在官府对你们是慰劳有加，你可不能失礼啊！你何不亲自到赣州面见王阳明，去答谢一番呢？更何况卢珂虽然被关押在牢监里，但他心里却不服，说你一定是心怀谋反之意的，并说如果官府来人拘捕你，你一定会拒捕；如果你现在不等官府来拘捕，就主动到赣州去了，那么官府对你也就一定是更加信任，而卢珂的谎言也就不攻自破，他也就死定了！池仲容一听，觉得有理，于是就豪气十足地对他的众位部下说：王赣州究竟搞什么名堂，也的确需要我亲自去察看明白！你们好好看家，我前往赣州，去去就回！于是就带了身手不凡的40多人，一路往赣州去了。

事情发展到这里，王阳明诱捕池仲容的计谋可以说是已经得逞了。池仲容一离开浰头，王阳明就立即秘密地进行了军事部署，分兵十路，使浰头各山头都处于严密的军事控制之下。

池仲容毕竟是心怀鬼胎之人，他到达赣州之后并没有立即去见王阳明，而是先到了赣州城内的教场。前往一看，教场是空空荡荡的，一个人也没有，所有官兵都已解散回家去了，他心中不禁一阵暗喜；走在街上，百姓是家家张灯结彩，准备过年，一派祥和，更是毫无用兵的迹象；他又花钱贿赂了狱卒，见到卢珂果然被五花大绑地关在监狱里面；到这时，他才完全相信，王阳明的确已经相信他要"投诚"了，心里的那块石头终于落了地。于是，他大模大样地去见王阳明。见到王阳明，王阳明劈头一句就问道：池仲容！你是前来投诚的人，到了赣州，你不来见我，而是直接去了教场，怎么回事？是怀疑我吗？池仲容一听，立即说：不敢，不敢，我只是前来听命的！哪里敢对巡抚大人有任何怀疑！王阳明随即转怒为喜，和颜悦色。他将池仲容一行安置到了赣州城里的祥符宫居住，那里早已收拾得非常整洁，池仲容心中自然欢喜。然而，池仲容不知道的是，当天夜里，王阳明即将卢珂释放了，要他连夜回去召集人马，准备攻占浰头的策应工作。第二天，池仲容提出回去。王阳明说：现在已经是腊月二十四了，从赣州到浰头需要八九天的时间，你就是现在回去，恐怕年前也到不了。而正月里又免不了要走访亲友，十分劳苦，还不如干脆在我这里多住些日子，过了年再回去不迟。今年赣州城里有灯会，过了灯节再回去吧！池仲容不得已，只好留下。王阳明就让部下每天轮番请他饮宴，以安其心。

据有关材料记载，王阳明虽然是用计诱捕了池仲容，并且实际上已经做好攻取浰头的全部军事准备工作，但他当时的确是有招降池仲容的诚意的。他曾经让池仲容穿上官服，教他礼仪，和他一起走在赣州街头，以观察他的态度和行为举止，最终发现池仲容是一个浑身都充满了乖戾之气的人，是无法被招降的，这才最终动了杀他的念头。池仲容被杀之后，王阳明曾经为之终日不食。

正德十三年（1518年）正月初三，王阳明估计卢珂已经到家，攻占浰头的各路官兵也已经按指令到达预先的指定位置，他就以设宴为名，安排兵士预先埋伏在大厅里，将池仲容及其随从人众尽数杀了。

池仲容的被杀，使得浰头群龙无首，丧失了最高首领的统一指挥；而此前所制造的各种假象，又使浰头完全处于战备松懈状态。这两个方面，在相当大的程度上确保了"浰头战役"的顺利进展。

正月初七，王阳明发出全面进攻浰头的号令，"浰头战役"正式开始。由于浰头原先曾得到池仲容送回的书信，说赣州已经罢兵不用了，因此几乎是毫无战斗准备的。各路官军对目标的攻击大都顺利，大小据点纷纷告破。但正当官兵节节胜利之际，战场上却发生了意外情况，被击溃的敌人约有800名左右，都是十分精悍之人，相互联结，逃进了九连山，占据了有利地形，给官兵的追击清剿带来了极大困难。这一情况，是王阳明最不愿意看到的，事情既然已经如此，强攻又显然是不明智的方法，并且实际上也是无济于事的，那么怎么办呢？在战略上，王阳明认为，敌人虽然已经逃进了九连山，占据了有利位置，有天险可以凭依，但他们毕竟处于被追击的过程当中，呈现出混乱状态，一下子是难以发挥有效的军事抗击能力的，而这一点恰好成为官兵可以利用的弱点。他心生一计，从部属中挑选出700名身体强健、身手矫捷的士兵，穿上敌人的服装，假装成溃逃的样子，趁夜色混到敌人的队伍里去，直接奔到被敌人所占据的悬崖下面，沿小道往上急奔；悬崖上的敌人以为是自己的同伴，相互招呼，还帮着将他们拉上悬崖。通过这种"浑水摸鱼"的战术，官兵迅速占领了天险，等到第二天，敌人发觉上当之后，一切也都已经迟了。到三月初，涮头战役宣告结束。

"涮头战役"结束之后，王阳明同样为地方的长治久安考虑，为加强朝廷的政治影响力，在原广东龙川县境内添设了和平县，并上书朝廷，请求免去新设的和平县三年的全部租税赋役，这些建议得到了朝廷的批准。

自正德十二年二月到正德十三年三月，王阳明实际上只用了一年多一点的时间，即迅速平定了江西、福建、湖广、广东四省边界地区为害多年的严重匪患，使当地人民的生活重新归于安宁。因此他平定盗贼的军事活动是得到当地人民支持的，他本人也受到江西人民特别的爱戴。

王阳明以他的独特智慧与军事才能肃清了四省边区的盗贼，也就是说，他已经圆满地完成了朝廷赋予他的使命，他应该可以完满地向朝廷交差了。所以当战争全面结束之后，王阳明于正德十三年三月初四，向朝廷递交了请求退休的报告。在这份报告中，他特别强调了他身体的病况，其中说道：他的病已经日积月深，百药无效，"潮热咳嗽，手足麻痹，已成废人"，所以希望朝廷能够给予他充分的理解和同情，允许他辞职回家去调养身体。按照王阳明自己的估计，朝廷这次应该会十分爽快地同意他的退休请求，因为四省边区的事务已经圆满地处理完毕了！但他完全没有想到，朝廷并没有给予他最起码的同情，一直到十月二日，朝廷才给他一个批复，说：王守仁讨贼有功，不许辞职！你身体不过是"偶有微疾"而已，善加调理就可以了。

我们完全相信，王阳明在辞职报告中关于他自己病况的叙述是真实的。在深山中的战争，他有的时候甚至是让人用担架抬着在指挥作战的。推想王阳明当时的心情，的确是想

五彩云龙纹碟

好好回家养病，同时也可以继续他一直向往的讲学生活，去完善他自己的思想。但朝廷却认为他不过是"偶有微疾"罢了，朝廷既然不允许他回家养病，那么他也只好继续在赣州忠于他的职守了。

不管怎么说，战争毕竟已经结束了，王阳明可以有较多的时间来继续他的哲学思考。所以在正德十三年的大部分时间里，他在赣州一边处理地方军政事务，一边努力从事讲学活动，同时调养他的身体。我们需要特别提及的是，在这段时间里，江西的一批有志于圣人学问的青年，如邹守益、欧阳德、黄弘纲等等，都投入到了他的门下，成为他在江西的嫡传弟子。这些弟子，成为"江右王门学派"的中坚。

到了正德十四年（1519 年）的六月初五，王阳明接到朝廷的一项命令：福建军队内部出现了哗变，要他赶紧前去查处。于是，王阳明于六月初九

从赣州起程，沿赣江顺流而下，他想先过南昌，再转道往福建去。

十、平叛宁王

平定江西南昌的宁王朱宸濠的叛乱，是王阳明人生中的一大手笔，也是让别人动心的心学力量的展示。

朱元璋建国后封他的儿子们为王爷时，封号是根据封地来命名的。比如在太原的王爷朱枫被称为晋王，在北京当王爷的朱棣被称为燕王。按这一成规，朱宸濠在江西南昌应该被称为"赣王"而不是称"宁王"——这里包含了一个背信弃义的故事。朱棣发动靖难之役时，在大宁的王爷宁王朱权曾助他一臂之力，朱棣便承诺将来与朱权共享荣华富贵。可朱棣称帝后，却把朱权轰到江西南昌去当王爷，明朝时的南昌可是穷山恶水之地。朱权不敢抱怨，提心吊胆地到南昌当他的王爷，但王爵称号保留，仍称他为宁王。朱宸濠是第四代宁王，有野史说他是江湖野种，血统不纯。的确，朱宸濠和朱家的那群纨绔子弟相比确有不同之处。

朱宸濠雄心万丈，自头上顶起宁王的高帽子后就想发动一场革命，并使之成功。特别是看到皇帝朱厚照烂泥扶不上墙后，朱宸濠的革命信念更加坚定。有需求就有供应，朱宸濠身边很快就聚拢了一批高级人才，有专业人士声称，通过自己多日观天，发现南昌城东南方有天子气，蒸蒸日上。朱宸濠心动不已，创办军械工厂，积蓄粮食，为革命做充足的准备。

朱宸濠明目张胆的举动引来了中央政府的警惕，朱厚照下令，撤销他那一万五千人的卫队，并且要他到北京述职。朱宸濠提前进京，找到多年来因贿赂而结交的宦官，宦官告诉他，你在南昌城强拉壮丁、大造兵器的声音震天动地，连鞑靼人都听到了，皇上虽然贪玩，可对这种事却很用心。有高人指点朱宸濠，宦官之首刘瑾可解决此事。朱宸濠与刘瑾见面，刘瑾言谈举止间流露出来的贪欲给朱宸濠留下了深刻印象。南昌的金钱如瀑布一样流进刘瑾的口袋，朱宸濠奇迹般地恢复了卫队。但天有不测风云，刘瑾突然垮台，压抑多年的群臣痛打落水狗，跟刘瑾有关的一切人都成为他们的攻击对象。朱宸濠的卫队，就在一心扩大战果的那些大臣手中再次被取消。

朱宸濠动了心，气冲霄汉。身为千金之躯的王爷，朱宸濠从前显然不符合励志人物的标准。但现在符合了，他对幕僚们指出人生心灵体验：人的一生其实就是碰钉子的过程，有的人碰一次两次就总结了经验，从此后不碰了。有的即使碰得头破血流还使劲向上撞。前者是智者，后者是蠢货。朱宸濠信心十足地总结说：我属于前者，我是智者。

"智者"朱宸濠的心智半生不熟，不过他还是想通了一个心灵法则：如果你改变不了事情，那就改变态度。皇帝小儿不让我有卫队，这件事是不可改变的，但我可以改变对军队这件事的态度，我有军队难道必须要让皇帝小儿知道？

朱明家族在各地的王爷都是富得流油，朱宸濠一声令下，金钱如雪花一样飞散，他的士兵数量就如原子裂变一样激增。

成功人士绝不是孤胆英雄，从不单打独斗，身边必须要有谋士为其出谋划策。朱宸濠很荣幸地得到了看起来很聪明的两个谋士。第一位叫刘养正。此人是江西吉安人，中过举子，会试落马，回到家乡，高不成低不就，儒释道样样通，样样松。突然有一天，有人告诉他宁王朱宸濠有颗跳动的火热的心，于是他抱着《周易》冲进了朱宸濠的家说，我善观天象，很长一段时间，都见"帝星"现于楚越之分。浙江之西，湖光之东，您说这个地方该是哪里呢，这中间就是江西啊。朱宸濠说，留下吧，人才！另外一位谋士叫李士实，也是江西人，退休前可是右都御使。朱宸濠闻听此人博学多才，就派人把人家硬请来。李士实虽然当时已经年纪一大把，但对朱宸濠的金钱诱惑还是不能抵御，所以死心塌地地为朱宸濠做起事来。

后来，李士实倾听了朱宸濠的革命大志，认为这事应讲究技巧，不到万不得已不能来硬的。他出了个馊主意：朱厚照那小子身心不健全，没有儿子，不如您把您儿子拿出来贡献给皇上成为太子，您以后就是太上皇了吗，皇帝算什么，你是皇帝他爹。

朱宸濠对虚名不感兴趣，他要的是真真切切的权力。朱王爷从未怀疑过，从心智成熟的角度来讲，他比朱厚照要高出一大截，但有一点他不如朱厚照，那就是法理上，朱厚照有军队，而他只是个光杆司令。

必须要恢复王府卫队，虽然只有一万五千人，但明着做事和偷偷摸摸地做事，无论心理上还是行为上，成果不可同日而语。

朱宸濠故技重施，采用"曲线救国"策略，他找到了兵部尚书陆完。陆完曾经在江西做过官，跟朱宸濠的关系不错。再加上贿赂产生的神奇效果，陆完对朱宸濠恢复卫队的请求肝脑涂地，并指点朱宸濠再次使用贿赂的法宝痛击朱厚照身边的那些宦官。很快，尘埃落定，朱宸濠的卫队再次被恢复。

国家最完美的结交战略是远交近攻，但革命者起步时的完美战略恰好相反，朱宸濠想要发动革命，刻不容缓的是团结江西的朝廷官员，稳定后院，才有前方。大多数朝廷官员在威逼利诱下，都对朱宸濠的革命准备工作睁一只眼闭一只眼，只有江西巡抚孙燧，让朱宸濠彻夜不眠，心灵受到强大挑战。

孙燧就是那位在王阳明乡试的考场上被神仙说出来的三个名字之一。孙燧和王阳明是货真价实的老乡（浙江余姚人），他到江西担任巡抚时，朱宸濠搞得正凶。有证据表明，孙燧的前任至少有两人是被朱宸濠干掉的。所以，孙燧上任前把妻儿送回余姚，只带了两个家仆赴任。

一到南昌，孙燧就受到了朱宸濠的亲切会见，在接风宴上，朱宸濠暗示孙巡抚：为朝廷工作就是为朱家工作，我们表面上是国企，但其实是家族企业，你给谁干都一样！孙燧不知不觉地使用起了王阳明的"不动心"力量，回答：我的任命状是皇帝签的，而不是你朱王爷。朱宸濠被这一绵里藏针的力量扎得心痛不已，怒火中烧。但他暂时还不能奈何孙燧，只是心中已种下复仇的种子。在江西巡抚任上，孙燧发现朱宸濠革命的准备已路人皆知。所以那段时间，孙燧唯一的工作就是给中央政府写信，报告朱宸濠的反迹事宜，可这些信因为朱宸濠的监视根本就没有出江西。

孙燧一看暗的不成，干脆就来明的。他以防御强盗为名开始加固城池防御，同时向中央请求派重兵防守九江，兼管南康、宁州等地。朱宸濠给他送去四样东西：枣、梨、姜、芥，暗示孙燧"早离疆界"。孙燧哈哈大笑，让人又送还了朱宸濠。朱宸濠的心灵再次受到冲击，如果不是那两位谋士让他忍辱负重，他早就拿着砍刀去跟孙燧决斗了。

孙燧的力量绝不足以让朱宸濠停止革命的脚步，他精神抖擞，先是请求中央政府批准他的卫队管辖当地监军，以及他所在地区守卫部队最高指挥官的印信。也就是说，宁王应该是江西军区的一把手，并且在正常时期和非常时期都有调动江西境内所有军队的权力。这个请求被朱厚照同意后，朱宸濠又提出了一个看似很敬业的要求：准许他审讯并惩处辖区内的皇族。

朱厚照在那些收了朱宸濠贿赂的宦官的指点下，再次同意这一要求。

朱宸濠昂首独步，不可一世。在江西有时候会让人称他为君主，把自己的卫队叫作皇帝侍从，把他的命令称为皇帝的敕令。最大胆的一次，他试图让这个地区的官员们穿戴正式朝服随侍他。有官员气得死去活来，对他说，这是造反。朱宸濠这才作罢，可这些事，居然没有受到北京方面的任何指责。有的官员不合作，朱宸濠便对其痛下杀手。江西的一位司法官员因上报宁王谋反，朱宸濠请他吃饭，差点毒死他。后来，又把他捉了起来，对他进行严刑拷打。在这种情况下，大部分江西官员要么和朱王爷合作，要么只能生闷气。1517 年秋天，朱宸濠出于"知己知彼"的格言警示，派了无数间谍到北京，命令他们随时向他报告那里的情况，同时还设立了一个驿站系统给他传递消息。

江西人人都知道朱宸濠要革命，但人人都知道无法阻止。只有当时在江西南部剿匪的王阳明认为，可以使用心学的力量让朱宸濠知难而退。

巧得很，朱宸濠也想用真心来感化王阳明。担当此重任的是刘养正和李士实。双方一见面，喝茶谈天气，两个"半瓶子醋"打算直入主题，刘养正最先发话，采用的是投石问路："在江西，谁不知道我们宁王是个尊师重道的主儿，是商汤、周武恢弘气度的集大成者。而您也以恢复圣学真谛为己任，我王一听到你在江西，真是迫不及待啊，所以，让我们来见您。两件事：一，表达我王的诚意；二，想跟您学习。"王阳明承认，朱宸濠文学修养不低，那位当初在考场中作弊的唐伯虎，曾把朱宸濠称为皇家子弟中的文学巨匠，可后来唐伯虎发现这王爷想做掉脑袋的事，就装疯卖傻，跑掉了。

这招投石问路被王阳明轻轻地化解："我的学生里混得最好的也不过是

地方长官，宁王若是要做我的学生，我哪里有此福分。"然后装傻充愣地反击："听你这么一说，恕我斗胆猜测，难道宁王要舍弃王爵做我的学生？"

刘养正被噎住，急忙喝茶，心跳加速。他不能不大动心，因为在他的计划中，王阳明不该在谈话才开始就反击得如此厉害，他还准备了很多循序渐进的策略。可这些话语策略现在让王阳明的一句话给扼杀在娘胎里了。他只能抛出最后的"石头"说："宁王舍弃爵位不打紧，只是当今天子总爱出巡，国事荒废，这样下去，可如何是好！"

王阳明怦然心动，当然也是意料之中，他微微一笑，因为刘养正肯定还有话说。倾听是一门交际艺术，更是让别人动心，找到别人缺陷的技巧。

刘养正真的有话说："世上难道就没有汤武吗？"——商汤和周武王都是革命成功的前辈。

王阳明使用"挪移心法"，说："即使有汤武，也需要有伊吕（伊尹、吕尚）来辅佐。"

李士实动心，怒心。怒的原因是，王阳明认为他俩绑在一起都不如一个伊尹或者吕尚，遂脱口而出："有汤武就有伊吕！"这是人类历史上最著名的一个博弈：先有鸡还是先有蛋。它的确符合王阳明心学的法则：只有心动了，才有事。只要动了汤武的心，就必有伊吕辅佐这件事。

王阳明承认，但他再次挪移，说："但有伊吕，就会有伯夷叔齐。"伯夷叔齐是坚定的卫道士。

刘养正找到绝妙的反击语："伯夷叔齐都饿死了。"

王阳明再挪移："心还在！"

二人第二天就灰溜溜地离开了王阳明的剿匪司令部，王阳明似乎动了心：派了他的弟子冀元亨到宁王府，声称是给宁王授课。

刘养正在嘴巴上输给了王阳明，总想在别的地方赢回来以慰藉自己。他对朱宸濠说，王阳明是只蚊子，只嘴巴硬。如果他真不想跟咱们混，他为什么要派个"老师"来？这是要给自己留后路呢。一旦咱们造反成功，他到时候就会说，我可为你派过指导员啊；如果不成功，他一甩手就能把他的弟子一扔。这年头，为了套狼，连孩子都舍得，何况一个弟子。

李士实和他的看法截然相反：很明显，那冀元亨是王阳明安插来的坐探。

二人起了争执，朱宸濠内心强大，智者无忧，说：路遥知马力，日久见人心，看看再说。

冀元亨是对王阳明顶礼膜拜的众多弟子中的佼佼者。有一件事可以证明，当初参加乡试，考官出的题目是：格物致知。很显然，这是朱熹那老头的提法，如果想要答对，就必须按照朱熹的说法去写。但冀元亨很另类，绝对按照王阳明的观点做了答卷。判卷老师可能也特别喜欢王阳明，居然把冀元亨录取了。

南昌之行前，王阳明告诉他，宁王谋反这事，谁都知道；可他现在欲反未反，这就很难办。你去后，尽量用心学的力量感化他，这叫降龙伏虎；如果他王八吃秤砣，那你给我送情报，这叫隔墙有耳。

冀元亨到南昌城后发现宁王是真的要造反。南昌城里到处都是征兵处，还有一些拿枪拿剑的不像好人的人在大街上四处闲逛，南昌城已经成了山寨，而冀元亨却看不到地方官在哪里。

跟朱宸濠见面后，冀元亨嬉皮笑脸，朱宸濠也不是个正襟危坐的王爷，所以倒很喜欢冀元亨。不过很快，他就不喜欢了。第一件事是冀元亨太没正事，要么是在喝酒，要么是在准备喝酒。朱宸濠是个进取心很强的人，他最受不了别人没有理想。有一天，他把冀元亨堵在正准备去喝酒的路上，要他给自己讲课。冀元亨收起笑脸，一副严肃到极致的样子，见朱宸濠手里拿着一本张载的《西铭》——这是一本理学著作，他立即来了灵感，对朱宸濠说，理学最基本的就是"君臣"，"君"就是"君"，"臣"就是"臣"，"臣"永远都成不了"君"。

朱宸濠反问，"君"能成"臣"吗？

冀元事不知道这是朱宸濠设下的陷阱，侃侃而谈："为君者如果不好好工作，到时候连命都保不住，哪里可以成臣。"朱宸濠拍手："当今圣上就不好好工作，四处游玩。"冀元亨知道掉进沟里了，动了心："那为臣的也不能有谋逆之举！"朱宸濠给了致命一击："我大明成祖皇帝（朱棣）的江山是怎么来的？"冀元亨被气得直发抖，他有点手足无措，但幸好，跟随王阳明多年，沾染了一点儿心学的力量。他静下心来，整理思路，从朱棣身上开挖，他说，朱棣是靠了天时地利和幸运，而您呢，一没有"时"运，二没有"势"可以借。

很明显，这种抽象的分析不能让朱宸濠悚然惊惧，反而让他认定对手已黔驴技穷，于是，他吹着口哨走了。很快，他便让冀元亨从哪来回哪去了。朱宸濠的革命已经从身心上准备成熟，只等良辰吉日。

1519年阴历六月十四日，朱宸濠在扣留了所有的江西官员后，宣布革命。王阳明侥幸未被朱宸濠扣住，因为在朱宸濠以本年六月十三日过寿为名扣留江西所有官员时，王阳明奉朝廷命令到福建剿匪。这是他本人和朱明王朝的幸运，却是朱宸濠的厄运。

朱宸濠的军事方略是攻打南京。为了确保通往长江的道路，他的先锋部队在宣布革命当天就从南昌出发去攻击九江。三天后，九江陷落。

就在朱宸濠的先头军队出发的第二天，还没有走出江西的王阳明得知了朱宸濠谋反的事情，他急忙掉头，星夜兼程赶到了吉安府。此时，朱宸濠已经开始围攻安庆，安庆陷落，南京没有重兵防御，指日可下。

王阳明在吉安府镇定自若，不动心。他做了几件事，首先是让地方小官员大造进攻南昌的声势，让人派几个机灵鬼兼替死鬼怀揣他伪造的机密文件（文件指出，朝廷大军正在集结，军事目标是南昌城）故意被朱宸濠捉住。又使用反间计：伪造了朱宸濠得力部下的投降书，让人带着投降书再次故意被朱宸濠活捉。同时，还写了封无中生有的给李士实与刘养正的回信，大意是，你们的来信我已收到，感谢你们精忠报国之心，但现在坏事已成，你们要隐忍。最后一招就是给那些已经归附朱宸濠的江西军队官员写信，要他们改过自新，政府可以既往不咎。各种消息、密报、告示，把朱宸濠的心搅得一刻不宁。他感觉还没有搞出一点儿名堂，就已经众叛亲离了。

王阳明跟临时召集起来的军队指挥官们分析说，朱宸濠革命方略有三种，第一种是从南昌采用闪电战直奔北京；第二种是攻南京；第三种是巩固南昌，搞定江西全省，再图后举。朱宸濠如果出第一种，那我们大明朝就完蛋了；如果是第二种，那咱们就得打持久战，甚至是焦土抗战；如果是第三种，那恭喜我大明，这小子很快就会完蛋。我搞了那么多事，就是想把他留在南昌，让他不由自主执行第三种方略。

他的弟子问："这样管用吗？"王阳明回答："不论管用不管用，且说他怀疑不怀疑。"弟子回答："肯定要怀疑。"王阳明说，只要他一怀疑，就成了。

这是心学力量的最完美呈现，它的理论基础就是"心外无事"。外界种种纷扰难免使人动心，但如果这种纷扰是有人故意设计的，那就中了对方的圈套，而事也就成了。这种力量的源泉不是来自心灵强大的人本身，而是来自对手的"做贼心虚"。我们追逐名利，实际是老天爷设计的圈套，他让我们把心投射到流油的名利上，名利就是一件事，表面上看，锲而不舍追逐名利的人内心强大，意志力顽强，实际上人被名利牵动正是意志力最脆弱的表现，朱宸濠追求名利就被王阳明利用了。想要有名利，必须要革命成功，但王阳明给他设计了太多让他自以为不能成功的障碍，迷雾重重，再加上做贼心虚，朱宸濠很难不动心。朱宸濠一旦动心，必然是"动"那些迷雾重重是真是假的疑心，所以，王阳明说，只要他一疑，事情就成了。

刘养正和李士实劝朱宸濠迅速攻打南京，朱宸濠的先头部队也的确为这个计划在流血流汗，可由于王阳明的迷雾使他动了疑心，他断然拒绝。几日后，他才发现没有中央军，这才只留少量人马守南昌，倾巢出动继续执行攻击南京的战略，但宝贵的战机已经失去，王阳明已经趁他疑心时调集了三万人马，正在制定战略。

王阳明问一位指挥官："如果让你来指挥，你第一步怎么走？"指挥官回答："宁王正在围攻安庆，我们第一步就是要去解安庆之围。"王阳明摇头："南康、九江已经被朱宸濠拿下，并派了力量不小的军队把守；南昌城中则驻有宁王的精锐一万多人，如果直接前往安庆，那我们就玩完了。因为一旦那样，朱宸濠会让围困安庆的军队调转头来与我军迎头相碰，而九江、南康的宁王军，以及南昌城中的宁王军则很可能会大规模出动，攻击我军的背后，这样就会使我军陷入敌人的双重围困之中。虽然，安庆之围是解了，但那是暂时的，难道你还指望驻守安庆的军队来解救我们吗，我觉得他们现在已经筋疲力尽了。"最后，王阳明说出了把宁王拽回南昌城的

心学大师王阳明

方法："我们打南昌。只要安庆那边能守住，宁王必定回兵来救，南昌的主力都被宁王拉走了，南昌城便指日可下。当宁王在回南昌的路上听说南昌已经不是他的了，他的军队必然士气瓦解，到那时，尘埃已落定。"

王阳明投入南昌的攻城军队不到一万人，一个时辰内，王阳明对南昌城合围完成，百路攻城，三个时辰后，大功告成。

当王阳明在南昌城中传授弟子心学法则时，朱宸濠还在安庆城下望洋兴叹，安庆守军出奇地顽强，朱宸濠的部队伤亡惨重。当南昌城陷落的情报送到他手上时，他心慌意乱，调转马头，要解救南昌。李士实说："您这是丢了西瓜要芝麻。我们当前的急务不在南昌，而在南京！只要我们拿下安庆，就可以顺长江东下，迅速占领南京。只要您在南京宣布登基称帝，你还怕南昌不会臣服吗？"李士实这招叫挖心战略，因为南京在明帝国分量十足。南京地理位置优越，更重要的是，它和北京有着同样的政府机构，北京有六部，南京也有；北京有御史台，南京也有。南京就是北京的复制品。这是朱棣迁都北京后定下的规矩，虽然没有实权，但政治地位在南中国首屈一指。也就是说，进入南京，至少在政治上控制了南中国。

可朱宸濠对这套挖心战略拒不接受，王阳明搞的小动作（伪造李士实是卧底的信件）起了作用，朱宸濠心动了，另外，他是个爱家的人，听说后院起火，第一个想法就是回去救火。先头部队两万人急行军回南昌，他紧随其后。

只有三万人马的王阳明得知呆头呆脑的朱宸濠回来救火，终于心动了，兴奋得发狂道："回来了，回来了。"

他手下的军官们脸色大变，说，是回来了，人家可是"衣锦还乡"——背后十几万号兄弟呢！

王阳明说，这仗该怎么打。

军官们咬紧牙关："人在城在！"

王阳明摇头，"这正是朱王爷希望的，我们三万人，他十几万人，南昌城现在又残破，如果我们守城，他来打，那和瓮中捉鳖有什么区别！他现在是一根筋，只想到南昌城下一见高下，目标坚定的人的心灵总会忽视路上的风景，我们就在他忽视的地方等他，打他个措手不及。"

军官们一致认为，王阳明这是在玩火，放弃自己的优势（城池）去碰别人的优势（十万人马），肯定死路一条。

王阳明对大家说，咱们有两个优势。第一，朱宸濠是反贼，他是做贼心虚，而我们是正义之师，士兵都是为正义而战，有劲头；第二，他的老窝被我们给端了，他回来的路上肯定是心浮气躁，做老大的心浮气躁，小弟们还能如何淡定？

如你所知，人类历史上总有"正义的力量"这一虚无的说法，正义没有力量，赢家才是力量的化身。

王阳明对一头雾水的军官们说，我们就在鄱阳湖上跟他一较高下。他的计划是虚实结合：先派一支四百来人的小规模军队在湖上转悠，这是虚的；实的是，让主力部队利用湖边的芦苇荡设伏，主力部队分为三部分，一部分从正面进攻，二部分从两侧夹攻，最后一部分在敌人的后面攻击。西方人永远都不会懂得这种战术，因为这是中国人的包饺子战术，西方人只会用两块面包片把鸡腿一夹，这就是很糊弄人的汉堡包。王阳明命令各路指挥官，只要朱宸濠的部队被那四百炮灰引进包围圈，正面部队先打，再撤退，然后掉头再打，这个时候，其他两路就要立即冲锋。

1519年阴历七月二十三日，朱宸濠的先头部队推进到赣州江边的樵舍，此地离南昌城北约三十公里。朱宸濠的军舰前后绵延数十里，像是一条蜿蜒在水面上的巨龙。二十四日凌晨，他们逼近王家渡，那四百炮灰很快被消灭，他们信心十足，船开得更快更狠，直向目的地——南昌城冲去。

朱宸濠的先锋官也不是没有见识的人，那四百多人被他三下五除二全数拿下，他也考虑是不是敌人的诡计。不过他的智力级数也仅限于此，疑虑只在脑中过了一下下，片刻之后又马上认为这不是诡计，而是老天爷给了他升官发财的机会。

朱宸濠的海军劈波斩浪，风驰电掣般向前推进，于是看到了王阳明的主力。王阳明的主力只跟他斗了一个回合，掉头就跑。朱宸濠的先锋官下令全线攻击（全线其实是一条线，最前面的军舰和王阳明主力已经交火，最后面的军舰还不知道前面发生了什么事）。

王阳明的主力后撤到指定地点，又调头，朱宸濠的先锋军舰部队毫无悬念地冲进了王阳明提前设计好的包围圈，这场歼灭战让朱宸濠损失了两千多人，另外一万多人落水，还有三分之二的军舰被毁。听到战报后，朱宸濠惊恐万状，慌忙引兵撤退，同时，他又把九江、南康的军队尽数调出，扩充实力。

王阳明正等着朱宸濠走这一步，朱的士兵刚一离开九江和南康二城，他就连夜派兵，光复了这两座城市。朱宸濠此时已只剩两条路：要么是化整为零逃跑，要么，与王阳明来一次决战。

朱宸濠百折不挠的脾气上来了，他说：王阳明，本王跟你玩命！

第二天，朱宸濠重整旗鼓，大举向王阳明发动攻击。

王阳明并没有亲临现场，他坐在办公室，门大开，与学生、朋友谈心谈性谈大道。军情一到，他立即批复，回头继续讲话。

王阳明的大将伍文定在战场上可不好过，战役一开时，风向不顺，朱宸濠的士兵借着风头，把伍文定的人杀得鬼哭狼嚎，很多人都跳水想要求生，但伍文定让人把这些求生的人全部射死。于是，再也没有人敢逃跑了，拼命死战。伍文定的胡子不知怎么烧着了，通信兵急忙报告给王阳明："伍文定的胡子烧着了，队伍在退却。"王阳明平静地说："对敌小却，此兵家常事，没事。"

的确没事，因为战场的形势很快逆转。正当双方杀得你死我活时，伍文定的阵营中突然升起一大块白布，上面写着几个大字："宁王已擒，我军毋得纵杀！"这显然是王阳明的手法，伍文定学得很好。果然，这一手法奏效了，朱宸濠的人一见这面大旗，不明真假，惊疑不定，哪里还有心情恋战，头脑一慢，手上一慢，人头落地。朱宸濠军的阵脚开始大乱，伍文定闻着胡子刺鼻的焦糊味道，命令军队反攻。朱宸濠赶紧逃跑，在逃跑过程中，所乘的战船被炮火击中，他自己险些受伤。

朱宸濠一路狂退，退到八字脑时，问部下停舟哪里。部下回答："黄石矶"。他的部下是南方人，黄王不分，所以说出来应该是：王石机。朱宸濠大怒，将其杀掉。其实，王阳明姓王，他为什么不理解成是王阳明失"机"呢？人到失魂落魄时，只念坏，不念好。

朱宸濠问下一步计划。刘养正说，撤吧。朱宸濠坚定地摇头，老子不撤。李士实叹息：当初在安庆城下不该撤却撤，现在该撤却不撤。

朱宸濠冷冷地看了这两位看上去很聪明的人一眼，问了句："陆地上都是王阳明的人，你让我向哪里逃？"

两人不知道向哪里逃，但是，李士实说："此时不逃，没有出路。"

朱宸濠拍案而起："老子就是不逃，老子要跟王阳明拼命！"

朱宸濠虽然说不逃，但还是退到了樵舍，在这里，他做了件自认为很高明的事：将所有的船连成方阵。

第二天一早，朱王爷主持会议，在会议上宣布，他所有的财产都可以拿出来，冲在最前面的，赏千金；受伤的，赏百金。文武官员，只要四肢发达，想要赚钱的，都可以拿武器上战场，把王阳明打败。

晚了！

王阳明在昨天晚上就已经赢了这场战役。

就在朱宸濠把所有的船只连成方阵时，王阳明心花怒放。如你所知，把船只连在一起，曹操干过，惨败。把很多船联成方阵而取胜的战役案例，古代战争史上没有，直到航空母舰的出现。航空母舰其实就是把许多船连在一起，组成一个庞然大物，但它不是攻击武器，它只是运载攻击武器的。苏联的瓢把子赫鲁晓夫对这种把船连在一起的方法很鄙夷，有人问他，苏联为什么不建造航母？他回答，那就是浮在海上的棺材。我只要打它一点，就会不攻自破，它一旦被我击中，连扭头逃跑的时间都没有。

要是朱宸濠和曹操通过时光隧道来听一下赫鲁晓夫的话，非得一头扎进水里不可。

王阳明知道如何对付"航母"，基本的常识是：几条大船连成一体，无法各自进退，行动就不能迅捷，一旦有一条船着火，其他的船基本上也就难逃厄运。所以，他准备了一晚上，把所有的火器弹药全都拿了出来，还准备了无数火把，只等明天。

明天来了。王阳明依然不到现场，而是在临时办公室里讲《大学》的主脑就是"诚意"。

战役一开始，伍文定阁下就命令所有的士兵点上火箭，向朱王爷的船只射击，朱王爷的战船此时显出了航母的特点：一只船着火，其他船都在劫难逃；想要调转逃跑，面积太大，不能。

但朱王爷的"航母"编队也不是软柿子，说捏扁就捏扁。朱王爷见几艘"航母"已被点着，就命令其他"航母"赶紧变成小战船。这回，"航母"又成了变形金刚。

无数个"变形金刚"反攻，伍文定虽然还能抵挡，但很吃力。因为他的火箭是有数的，而且被他一股脑全射了出去。他急忙派人去问王阳明该怎么办，王阳明告诉通信员："擒贼先擒王，用大炮轰他的指挥船。"

伍文定在硝烟弥漫中，找到了朱宸濠的指挥船，并把所有的大炮对准了它，几炮过去后，传来了可喜的消息：正中目标！

朱宸濠军舰果然被轰到，大火燃烧，朱宸濠与他的小老婆们抱头痛哭，然后把小老婆们推到湖里淹死，他自己则趁乱换上了一身便装，让自己看起来非常像渔民。混乱中，他离开指挥官的战船，来到了湖边，看芦苇丛中有条小渔船，他兴奋地招手，示意那条小渔船过来。小渔船很听话地就过来了，请注意，湖面上还在打仗，这渔船胆子真不小。朱宸濠从来没有想过这些疑点，他以为是老天爷保佑。但是，老天爷不会保佑他——小渔船直接划向了王阳明的指挥部。有人报告王阳明：朱宸濠被活捉。众人惊喜。王阳明安静如水："死了很多人啊。"说完，又接着讲他的理论。

比朱宸濠迟一点来的是他的世子、宰相、元帅数百人，这里自然就包括李士实、刘养正。

战役结束了，随后，王阳明又用了几天时间清剿宁王的残余——水上的和陆地上的。这就是王阳明人生中又一光辉事迹——鄱阳湖之战。

朱宸濠王爷自六月十四日（1519年7月10日）起兵，至七月二十六日

（1519年8月20日）被活捉，前后不过四十一天，他的对手王阳明自七月二十日（1519年8月14日）开始对南昌进行军事行动，到在鄱阳湖上活捉朱宸濠，只用了七天不到的时间，到二十八日平叛战争全面结束，总共也还不到十天。

这是一场无法让人惊心动魄的战役，朱宸濠从安庆城下撤退的那一刹那，就像个木偶一样被王阳明控制了，王阳明让他跳，他就跳；让他跑，他就跑；最后玩累了，一把把他揣进兜里，朱宸濠就叫天天不应，叫地地不灵了。

这是心学中如何让人动心的彪悍力量，也是王阳明本人不动心的超级心灵的力量。

战后，王阳明的一位看上去很聪明的弟子说，我也可以指挥战斗。王阳明问：此话怎么说。那人说，我能不动心。王阳明说："不动心这么容易吗？"那人回答："以静制动就成了。"王阳明笑了："动心不动心是在对敌遇事时，无事时空谈是没用的，而且心之外还有什么'发谋出虑'的制动力量呢？心外什么都没有！"

十一、良知之教

王阳明曾对他的弟子说过自己关于诽谤的看法，在他看来，诽谤是从外面来的，所以不管你怎么做，都无法避免这件事，但是这根本没什么，只要我们加强自我修养，就算有再多的诽谤也不算什么。平定宁王叛乱之后，天下对王阳明的诽谤就越来越多了，但是王阳明从未去理会，只专注于自己的本心，终于，在正德十六年的时候，王阳明在江西创立了万众倾倒的"致良知"学说。

但是，什么是"致良知"呢？要明白这个问题，我们首先要明白什么是"良知"。对于"良知"的定义是什么，大家已经讨论好几百年了，一谈到此，人们就会引据经典，把孟子什么的都给引证出来了，但谁也不把意思说清楚，只说一些本体论功夫论之类的术语，解释之后我们会发现，这和没解释是一样的，大家还是不懂。其实，"良知"的定义很简单，"良知"就是"处事最恰当的准则"，王阳明说：良知即是天理。"天理"是处事最恰当的准则，所以，"良知"也是处事最恰当的准则，由此来说，"致良知"便是遵循处事最恰当的准则。

提出"致良知"学说，是王阳明继龙场悟道之后思想的又一次飞跃，他对自己的这一学说是非常肯定的，以至于在讲学的时候，他还禁不住常常夸耀自己的这一学说，说"致良知"这三个字，是圣门正法眼藏，是操船之舵，等等。

别人见了都感到厌烦了，拜托他除了"致良知"之外再说点别的，因为难道除了"致良知"就没有别的了吗？王阳明肯定地答道，没有，就只有"致良知"这三个字。晚年的时候，王阳明基本上一直在讲"致良知"这三个字。

在王阳明看来，"致良知"学说和儒家根本的学说是一脉相承的，就像是父和子的关系。到如今，倘使我们要确定这个孩子是不是由某人所生，可以去医院做亲子鉴定，古代在这方面也有类似的做法，叫作"滴血认亲"。王阳明说，他的这个"良知学说"，实千古圣圣相传一点滴骨血也！

从这里我们可以看出，王阳明对自己的这一学说是多么肯定。也正是因此，王阳明的举止看上去就有些狂妄了，说的话也显得大言不惭，什么要用自己的良知学说拯救天下云云，这让当时的很多人都非常看不惯。但其实我们应该理解他的，因为悟道之后的人多半是狂的。当初陆九渊悟道的时候，也是猛放狂言，说什么"吾心便是宇宙""六经皆我注脚"。这可能是悟道之后人的通性，既然如此，我们就应该体谅他，不过大家好像并不体谅，纷纷对他侧目而视，但王阳明丝毫不在乎，说道：使天下尽说我行不掩言，吾亦只依良知行！

按王阳明所说，我们应该遵从"良知"来行事，因为这是我们的天性：是非之心，不虑而知，不学而能，所谓良知也。这说明"良知"是先天就有的。除此之外，完完全全恢复我们的"良知"，能获得最大的快乐。王阳明说：良知是造化的精灵。这些精灵生天生地，成鬼成帝，皆从此出。真是与物无对。人若复得他完完全全，无少亏欠，自不觉手舞足蹈。不知天地间更有何乐可代？

既然"良知"是我们先天就有的，又因为恢复它能让我们获得最大的快乐，那么我们当然应该按照"良知"来行事。"良知"即"处事最恰当的准则"，所以按照它来做绝不会出错，既然如此，那么，就算我们要反驳，要挑毛病，也做不到。这时候我们就不得不承认，的确应该按照"良知"行事。但是，还有一点疑问是，我们如何知道自己所找出的"处事准则"是不是"最恰当"的？

拿我自己身上的事情来说，我是退学出来写作的，在学校里成绩不错，并且还有七十几个女孩喜欢我，但我却选择了退学写作。我认为这是对的，我父母则认为这不对。最后我的"良知"告诉我，我的确是对的，但是这答案十足可疑，因为我父母的"良知"告诉他们他们才是对的。"处事最恰当的准则"只有一个，我们的答案却给出了两个，所以也搞不清楚到底谁才是对的。

倘使以"取得最好的结果"来看，我和我的父母只能有一方是对的，不过我认为这不是王阳明的意思，在王阳明这里，找出"处事最恰当的准则"，并不是要"取得最好的结果"，否则你就永远也弄不明白自己找出的准则到底是不是"最恰当"的还是"比较恰当"的还是根本"不恰当"的。王阳明所说的"良知"，应该是我们"个人最恰当的反应"。如果是这样的话，我们按"良知"行事，出发点可能是善的，但是取得的结果却很可能是灾难性的。

如果从"取得最好的结果"来看，我们就永远不可能知道什么是"处事最恰当的准则"，倘若可以的话，一切问题就都能被解决了，中东局势动荡不知道该怎么办吗？这是没关系的，来，咱们致一下良知。女朋友跟别人跑了吗？这仍旧是没关系的，只要致良知就行。当然谁都知道这是胡闹。如果从"个人最恰当的反应"来看，我们就可能取得糟糕的结果，因为好的出发点未必会有好的结果。这样看来，王阳明说"致良知"能成为圣人，似乎就站不住脚的了。

但是，在王阳明这里，这个问题是不存在的，因为在他看来我们完全可以找出"处事最恰当的准则"，这件事一点都不难，只要我们去除私欲就可以了。王阳明曾用了一个比喻来说明这个观点，他说，"良知"就好像是阳光，私欲则像乌云，只要我们把乌云去除了，那么阳光自然就会普照大地。

这就是说，去除私欲我们自然能找到"处事最恰当的准则"。这个观点有一定道理，因为很多时候我们赞同一件事，觉得这件事是对的或错的，并不因为我们真能证明这件事对在哪里错在哪里，而是采取哪种看法对自己有利，很多事我们都是出自私欲才会产生这样那样的看法的。所以，王阳明注重去私欲，在一些事上的确能取得好的效果，让大家在看问题时更公正客观。不过很显然，王阳明说去除私欲就能找到"处事最恰当的准则"，同样也不能成立，因为没有丝毫证据可以证明，去除私欲之后我们的做法就必定会取得最好的结果。

且不管王阳明的"致良知"学说成不成立，让我们来看看他是怎么构建自己的学术大厦的。在王阳明看来，如果凡事都能够按"最恰当的准则"行事，那么就是圣人，而要做到这一点，就必须去私欲，他这是在保障"良知"的举动都是善的。王阳明认为，我们的天性就是如此，因为万物与我们是一体的。

王阳明所说的"万物一体"这个观点，在儒家学说中最早是由周敦颐提出来的，后来张载写了一篇备受推崇的《西铭》，文章中也提倡了这个观点。但是，张载只说，万物原本是一体的，至于万物为什么原本是一体的，我们又如何去证明万物原本是一体的，他却不说，在那里卖着关子。

到了王阳明这里，他试着给出解释，我们知道，如果某些东西是一体的，它们就必须有连接彼此的纽带，王阳明认为万物是一体的，正因为万物彼此相连，而连接万物的纽带，便是儒家一直在说的"仁"。王阳明说：见孺子之入井，而必有怵惕恻隐之心焉，是其仁之与孺子而为一体也；孺子犹同类者也，见鸟兽之哀鸣觳觫，而必有不忍之心焉，是其仁之与鸟兽而为一体也；鸟兽犹有知觉者也，见草木之摧折而必有悯恤之心焉，是其仁之与草木而为一体也；草木犹有生意者也，见瓦石之毁坏而必有顾惜之心焉，是其仁之与瓦石而为一体也。

王阳明由此推导出来，万物与我们原本是一体的，他说：大人者，以天地万物为一体者也，其视天下犹一家，中国犹一人焉。若夫间形骸而分尔我者，小人矣。大人之能以天地万物为一体也，非意之也，其心之仁本若是，其与天地万物而为一也。岂惟大人，虽小人之心亦莫不然，彼顾自小之耳。

祭蓝釉小碗

正因为万物与我们是一体的，所以，当我们去除私欲之后，对万物就都能怀有仁爱之心。王阳明说：夫圣人之心以天地万物为一体，其视天下之人，无内外远近，凡有血气，皆其昆弟赤子之亲，莫不欲安全而教养之，以遂其万物一体之念。王阳明由此构建出了自己的哲学体系。《大学》里说：大学之道，在明明德，在亲民，在止于至善。王阳明用自己的哲学体系对这句话加以印证。

所谓"明明德"，就是明白万物原本就是一体的。王阳明说：明明德者，立其天地万物一体之体也。所谓"亲民"，就是把万物一体付诸实践。王阳明说：亲民者，达其天地万物一体之用也。所谓"止于至善"，就是将其做到极致。王阳明说：至善者，明德、亲民之极则也。而这里所谓的"至善"观念，在王阳明的哲学中，就是他一直在讲的"良知"。王阳明说：天命之性，粹然至善，其灵昭不昧者，此其至善之发现，是乃明德之本体，而即所谓良知也。

在王阳明十二岁的时候，他就立志想要当圣人了，他的全部哲学也都是在提供一条成圣的道路。在王阳明看来，我们最终的目的地，就是达到

心学大师王阳明

"万物一体"的境界，达到"念念致良知"的境界，达到"知行合一"的境界，达到凡事能按最恰当的准则行事的境界，而要达到这个目的地，我们最先要做的，就是"立志"。王阳明说：夫学，莫先于立志。又说：吾人为学，紧要大脑，只是立志。

有一个故事大家耳熟能详，说一个父亲带着三个孩子去草原上猎兔。到了之后父亲问那三个孩子说，他们看到了什么。大儿子说，他看到了猎枪、兔子，还有一望无际的大草原。父亲摇摇头。二儿子说自己看到了他们几个人，还有猎枪、兔子和茫茫无际的大草原。父亲还是摇摇头。三儿子则没看到那么多，大叫说：我只看到了兔子!! 父亲听了喜道：对! 对! 就是他妈的兔子!!

这个故事说明，要想获得成功，我们首先要确立自己的目标，只有有了明确的目标，我们才能有前进的方向，而这是极为重要的，对此大家也都会承认。王阳明说：志之不立，犹不种其根而徒事培拥灌溉，劳苦无成矣。又说：世之所以因循苟且，随俗习非，而卒归于污下者，凡以志之弗立也。

但是，在王阳明这里，他所说的"立志"还不是那么简单的，在他看来，所谓"立志"，就是把做圣人当成追求的目的地。王阳明自己很早就有这个志向了，还一直觉得不过瘾，常常让他的弟子也立下这个志向，他甚至认为，只有立这个志向才算"立志"。而立下志向之后，则需踏实去做，王阳明说：诸公在此，务要立个必为圣人之心，时时刻刻是一棒一条痕，一掴一掌血，方能听吾说话句句得力。若茫茫荡荡度日，譬如一块死肉，打也不知得痛痒，恐终不济事。这些话都是在告诉他的学生，要痛下决心，扎扎实实，才能最终到达目的地。

从内容上讲，"立志"，就是念念存天理，就是心中永远确立善念，就是凡事能够按最恰当的准则行事。我们常常这样去做，最终自己的心就能自然而然地凝聚在"天理"上面了，行事自然而然能够遵循最恰当的准则了。这就需要我们做到"主一"，"主一"就是专一，所以，"立志"，就是一心专注在"天理"上面，也就是一心专注在"良知"上面，专注在"最恰当的准则"上面。

确立了做圣人的志向之后，我们就该踏实用功了，而下功夫最关键的一点，就是要"诚"。王阳明曾说：诚意是圣门教人用功第一义。又说：《大学》之要，诚意而已矣。在王阳明早期的思想之中，"诚"是非常重要的一点，几乎一直见他在讲，后来创立了"致良知"学说，他才算把讲学的重心转移了。

和"立志"一样，"诚意"也并不仅仅只是表面上我们理解的那样，做事要真诚什么的。在王阳明这里，"诚意"就是心中时刻想着"天理"。"立志"也是如此，要归到"天理"上。这样我们就感到奇怪了，怎么王阳明讲"立志"和"诚意"，最终都是和"天理"挂钩？不过这其实没什么好奇怪的，如果我们了解他的学说就会发现，不管讲什么，他基本上都会归结到"天理"上面。

既然"诚意"就是存天理，那么，我们真正做的时候，就是踏踏实实地为善去恶。再往前推一步，我们就又回到去私欲这个问题上面了，因为去私欲就是为善去恶。王阳明的哲学做的是减法，他不是要让我们从外界得到什么，而是要在自己的内心把不该有的东西给去除掉，以恢复自己心的本体。王阳明说：吾辈用功，只求日减，不求日增，减一分人欲，便是复得一分天理。

我们真正能踏实地去私欲，这是很难的，因此我们必须要"诚意"，而诚意的关键，就是"谨独"，表面上的意思是，在独处的时候要严于律己。但是，"谨独"的意思，在王阳明这里是更为丰富的，事实上，在任何时候，我们内心的想法都只有自己知道，所以任何时候都是"独知"，都要用功。

有人曾问过王阳明这个问题，王阳明在阐述这一点的时候说：无事时固是独知，有事时亦是独知。人若不知于此独知之地用力，只在人所共知处用功，便是作伪，便是见君子而后厌然。此独知处便是诚的萌芽，此处不论善念恶念，更无虚假，一是百是，一错百错，正是王霸义利诚伪善恶界头。于此一立立定，便是端本澄源，便是立诚。古人许多诚身的工夫，精神命脉全体只在此处。

有了以上这些做铺垫，我们就可以来讲王阳明的"格物致知"学说了。在王阳明这里，他所认为的"格物"的意思和朱熹不同，朱熹认为，"格物"即"剖析事物"，王阳明则把"格物"解释成"匡正事物"。他曾这样解释道：格者，正也，正其不正以归于正。同样的，因为"物"即"事"的意思，王阳明说：意之所在便是物，如意在于事亲，即事亲便是一物，意在于事君，即事君便是一物。所以，"格物"，就是纠正错误的看法和观念。进一步说，纠正了错误的看法和观念，我们便能找出处事最恰当的准则，这就是"致知"。

从某种程度上说，立志与主一，诚意与谨独，格物与致知，其实都是一个意思。即去除私欲，找出处事最恰当的准则。但这些思想，更像是串联起来的一系列过程。立志和主一就是，确立做圣人的目标，一心专注于此，诚意和谨独就是，内心真诚，时时严于律己，格物和致知则是，纠正错误的看法与观念，找出处事最恰当的准则。完全就是追求之路上一个又一个的步骤。

显然，在其中，"格物"是非常关键的，如果我们发现不了自己的错误，无法加以纠正的话，那么一切就都是徒劳了。在当时有学者就是这样批评王阳明的，认为他的理解是错误的，因为如果"格物"是纠正错误的看法与观念，那么，我们又怎么知道自己的看法与观念是不是正确的呢？老子、庄子、墨子、韩非子、鬼谷子等人，都认为自己的看法与观念是正确的，就算让他们"格物"，也不会纠正什么。所以，把"格物"理解成匡正事物，存在着漏洞。

这样的质疑有一定道理，正如"致良知"一样，理论上讲，有些事情我们永远不可能知道"处事最恰当的准则"是什么，"格物"也是如此，很多时候我们都不能判定一个观念或看法到底对不对。但实际上，生活之中有不少事情，我们还是能够找出"处事最恰当的准则"的，也能明白什么是对什么是错，因此，王阳明的"格物"学说和"致良知"学说，仍旧有着一定的意义。

正因为有些事情我们可以判断对错，也能明白是否出自私欲，所以，在不断地经验积累下，我们的"良知"就会越来越光明，我们"格物"也会越来越得心应手。而要获得这样的成长，我们就需要在"事上磨炼"，也就是面对遇到的一切事情，不断地去"格"。王阳明说：人需在事上磨，方立得住。

王阳明的学说特别注重存养自己的本心，可以说是更偏重于内的，但如果只是专注本心，不在"事上磨炼"，那也不行，这是错误地理解了他的学说，因为这样的功夫不算真正的功夫。譬如只好静坐，这样尽管可以练就一定的定力，但是定力肯定不深厚，一旦遇到外缘干扰，多半把持不住。

王阳明曾明确指出了这一点：人需在事上磨，做功夫乃有益。若只好静，遇事便乱，终无长进。那静时功夫亦差似收敛，而实则放溺也。意思就是说，人要在事上磨炼，功夫才会长进，如果只是一味好静，遇到事情便慌乱，终究不会有进步，那种一味求静的功夫，似乎是在收敛，其实是在放纵沉溺。

在教导弟子的时候，王阳明也十分强调要在"事上磨炼"，当初他在南京担任鸿胪寺卿，跟随他的弟子中有一个叫陆澄的，有一天收到家信，说自己的儿子病得很重。陆澄得知这个消息后急得要命，几乎是方寸大乱。王阳明见此赶紧制止他，让他别急，还告诉他，遇到这种事，正是用功的好时机啊！

王阳明对陆澄说：父之爱子，自是至情，然天理亦自有个中和处，过即是私意。从这话里面可以看出，王阳明让人"事上磨炼"，最终也就是要让人找到"天理"，找到"最恰当的准则"。而之前王阳明已经明确说过了，寻找"天理"的方法，就是去私欲，因此，所谓"事上磨炼"，归根结底就是"去私欲"。

王阳明说：凡人为学，终身只为这一事，自少至老，自朝至暮，不论有事无事，只是做的一件事。因此，所谓的"事上磨炼"，就是在这件事上磨炼，而这件事，就是"集义"。王阳明说：君子之学终生只是集义一事。"集义"就是积累善念，积累善念就是去私欲，所以，"事上磨炼"，就是去私欲。

前面已经说过，王阳明的全部哲学就是在提供一条成圣的路径，又因为在王阳明这里，所谓的圣人就是内心不掺杂私欲的人，所以，他的全部哲学就是在让我们去私欲。前面所讲的诚意、格物、致良知等等，都是为了去私欲。所以，只要按这些办法，踏踏实实地做，不要让功夫中断，不要急于求成，一步一个脚印，循序渐进地往前走，那么总有一天，我们就能够成为圣人了。

十二、此心光明

正德十六年三月，即公元 1521 年 3 月，明武宗朱厚照驾崩了，享年三十一岁。他是生病去世的，这是因为在前一年，他从南京班师回朝的时候，途经淮安清江浦，忽然雅兴大发，要登船捕鱼，结果没捕到鱼，自己落入水中，差点被鱼捕了去。那天之后他就生了一场大病，一病大半年，慢慢就病死了。

朱厚照死后，因为自己没有儿子，又没同胞兄弟，所以皇位由他的堂兄弟朱厚熜接任，即明世宗嘉靖皇帝。有人说，嘉靖是一个很有才干的皇帝，也有人说，他其实是一个昏庸无能的皇帝。比较客观的看法是，嘉靖皇帝是有才干的，只不过没发挥出来而已，所以，在他的治理下，天下仍旧一片黑暗。

从嘉靖元年（1522 年）到嘉靖五年（1526 年），王阳明主要是在绍兴、余姚等地从事他最为热爱的讲学活动，没有参与任何政治活动。虽然江彬等人或被处死，或被流放，但这些人对王阳明的诬陷，朝廷却一直没有给予平反昭雪。名义上给王阳明一个"新建伯"的爵位，却完全是形同虚设，没有任何实际待遇。不过对于所有这一切，王阳明早就已经不再挂怀了，他在讲学的过程当中体会到了巨大的快乐。

在这五年当中，他自己的生活也发生了一些变化。嘉靖四年（1525 年）正月，他的夫人诸氏亡故，这一年他自己已经是 54 岁了，丧妻自然使他感到十分伤痛。另一方面，他自己的身体状况也一直是时好时坏，少年时代落下的咳嗽的病根，不仅没有真正好过，更由于多年来的军旅生涯，现在还变得更加严重，他不得不在讲学的同时来调理自己的身体。但从有关史料的记载中我们也知道，大概也就是在嘉靖四年的年底前后，王阳明续弦娶了一位张氏夫人，到第二年的十一月，张氏产下一子。王阳明与诸氏夫人一直没有生育，所以曾经过继了他一位堂弟的儿子王正宪为养子，现在又有了嫡子的出生。老年得子，使王阳明感到十分的欣慰。

到了嘉靖六年（1527 年）的五月，王阳明这种相对安闲的讲学生活再一次被朝廷所打断，他不得不辞别他所热爱的讲坛，不得不中断他在思想世界中的自由遨游，也不得不辞别他幼小的亲子，再次披上戎装，以他病弱的身体再次支撑起明王朝这座行将倾覆的大厦。

嘉靖六年五月，朝廷命王阳明兼任都察院左都御史、总制两广军务，前往广西去处理思恩、田州事务。因为朝廷认为当时这两个地方发生了"军事叛乱"，情况变得十分棘手，所以要王阳明去摆平搞定，收拾残局。

那么所谓"思田事务"究竟是怎么回事呢？我们还要先做一点简单的介绍。

思恩（今广西河池市环江毛南族自治县所在地）、田州（今广西百色市田阳县）都是广西的土司，两个地方的知府都姓岑，他们原本是同族，但长久以来，却是矛盾深重，有深深的积怨。事情的原委大抵是这样的：

田州府设立于洪武二年（1369 年），朱元璋命岑伯颜为知府，子孙世袭。岑伯颜三传至岑溥，岑溥有两个儿子，长子名叫岑猇，次子名叫岑猛。

弘治十二年（1499 年）的时候，岑猇因为感觉到父亲偏心，不喜欢自己，就将他的父亲岑溥杀了。而岑溥的两个土目，一个名叫黄骥，一个名叫李蛮，他们又将岑猇杀了。这时岑猛才四岁。不久之后，黄骥、李蛮两个人又相互仇杀。李蛮占据了田州，黄骥带着岑猛跑到了南宁督府，诬告李蛮将为兵变。南宁督府就命令思恩知府岑濬派兵护送岑猛进入田州，但李蛮拒绝接受黄骥、岑猛进入田州，于是黄骥就又带着岑猛到了思恩。这个黄骥，并不是一个好人，他到了思恩之后，将自己的女儿献给岑濬，并且与岑濬密谋要瓜分岑猛的田州之地，还将岑猛囚禁起来。这件事被都御史邓廷瓒知道之后，就要求岑濬立即将岑猛释放，并命岑猛照例世袭田州知府。岑濬不听，邓廷瓒就派兵征讨，岑濬迫不得已，才将岑猛放了。到了弘治十五年（1502 年），黄骥、岑濬联合其他的土司一起发兵攻打田州，田州被攻破，岑濬占领了田州，岑猛再次逃亡。弘治十八年（1505 年），朝廷发兵征讨岑濬，岑濬被杀，于是朝廷就撤销了思恩的土司建置，改设为"流官知府"，同时兼管田州；岑猛则被降为福建平海卫千户。

讲到这个地方，我们要简单地解释一下什么叫作"流官知府"。明朝以来，对很多少数民族集中居住的地方是设立土司的，土司的统治权是世袭的。当时的思恩、田州就都是土司，都是由岑氏掌管。同时对于一些不服管理的土司，朝廷就撤销他的土司建置，也就是把他的统治权给撤销了，收归朝廷，然后派汉族的官员去进行管理，就叫作"流官"。为什么叫作"流官"呢？因为相对于土司的世袭制度来说，官员是有任期的，并不是世袭的，就像流水一样是在流动的，所以就把它叫作"流官"。"改土归流"，就是撤销土司建置而设立流官，是明朝历史上很重要的一个事情，也是明朝对于少数民族相对集中居住区的一种策略。

对于朝廷"改土归流"的做法，岑猛是有意见的，心里不服气，所以他也不赴福建平海卫千户的任。到了正德初年，岑猛曾经贿赂刘瑾，希望能够恢复田州知府的旧职，但最后只得到了"田州府同知、领府事"的职务。虽然如此，岑猛还是尽力经营田州，势力也逐渐变得强大起来。正德年间，江西寇盗趋于严重，当时的都御史陈金曾要岑猛发兵协助征剿，因为有功，岑猛被升为"田州府指挥同知"，但岑猛的主要目的是要恢复田州知府的旧有官秩，所以对"指挥同知"的官秩也并不满意，心里就不免有些怨气。到了嘉靖二年（1523 年），岑猛发兵攻打泗城（今广西凌云县）。岑猛为什么要攻打泗城呢？因为他认为，泗城原来就是田州的领地，所以他攻打泗城，只是要讨回被人侵占的祖宗旧产而已，但当时的政府官员却认为他是谋反，所以就请朝廷发兵讨伐岑猛。

嘉靖五年四月，都御史姚镆率领官兵 8 万攻打田州。岑猛听说姚镆率大军来攻，不仅没有抵抗，还命令他的部属也不要出兵对抗，而是写了冤状去诉冤，希望姚镆都御史能够听听他的苦情。但姚镆根本不予理睬，继续率军攻打，杀死了岑猛的长子岑邦彦。虽然如此，岑猛还是没有进行军事对抗，而是出逃到了归顺（今广西靖西市），因为归顺州的知州岑璋是他的儿女亲家。万万没有想到的是，岑猛在归顺却被他的亲家岑璋毒死了，他的首级被岑璋献给了姚镆。于是，姚镆就上书向朝廷告捷，同时撤销了田州的土司建置，改设为"流官知府"。

嘉靖六年五月，田州土目卢苏约同思恩土目王受共同起兵，他们的基本目的是要恢复田州、思恩的土司建置。卢苏隐瞒了岑猛已经死亡的消息，仍然打着岑猛的旗号，迅速纠集了数万乡兵，攻占了田州；与此同时，王受也以数万之众攻占了思恩。但同时，他们又向都御史姚镆表示愿意接受招安，但姚镆却不理睬他们，不仅将广西境内的各府州官兵结集起来，同时还调来了湖广永顺、保靖二宣慰司的"土兵"以及江西赣州、汀州等地的少数民族军队，一齐迅速开到南宁，合四省兵力对卢苏、王受进行了大规模的征剿。结果却很遗憾：官兵战败。

事情到了这个地步，情况自然是越加糟糕了。姚镆以朝廷的威势，合四省的兵力来征剿卢苏、王受，结果却是战败，使朝廷的颜面尽丧！所以当时朝廷中就有人批评姚镆，说他张皇失措，把事情给搞糟了，并要求重新启用王阳明，让他总制两广军务，前去处理思恩、田州事务，也就是要王阳明前去收拾被姚镆搞砸了的烂摊子。

王阳明不仅是一个聪明睿智之人，而且是富有卓越的政治智慧的。他虽然在近五六年的时间中一直在从事讲学，并没有参与政治活动，但他对朝廷这时候任命他为提督两广军务的意图是再清楚不过的。所以当嘉靖六年六月六日兵部的命令送到他手上的时候，他一点也没有拖延，立即就给朝廷写了回信。信中表明了两点意思：

第一，他非常恳切地说明自己的身体的确是糟糕透了，甚至每当咳嗽发作的时候，往往会晕厥过去。这样的身体状况，即便他有报效朝廷之心，实际情况也是不允许他再披上战袍驰骋于疆场了。如果为了自己的名利，不顾自己身体的实际状况，到时自己身死是小事，坏了朝廷的大事，那就算自己死上一百次也是难以赎回的。所以希望朝廷考虑他身体的实际情况，允许他辞去这一新的任命。

第二，他在信中同样十分恳切地夸奖了姚镆，认为他是能干的人，老成持重，处事得宜，虽然战场上有些失利，但那是兵家常事。他希望朝廷将大任仍然寄托于姚镆，不必过于急功近利，给他时间，相信他一定会取得最后成功的。

这封言辞恳切的信送到朝廷之后，朝廷当然是不会允许王阳明的请求的。同时，嘉靖皇帝认为，王阳明之所以推辞新命，大概是不服气姚镆的缘故。如果想要王阳明上任，那就必须要姚镆退休。出于这一想法，嘉靖皇帝就下令要姚镆退休，并第三次给王阳明下令，告诉他姚镆已经退休了，所以你就可以放心大胆地前往广西去处理思田事务了。

讲到这里，我们必须要说明一点，那就是我们千万不能误以为朝廷这时任命王阳明提督两广军务，是对他真正信任的表示，或者多年前平定朱宸濠谋反之后对他的诬陷已经昭雪了。事实上，小人们对王阳明的诬陷，朝廷一直没有给予澄清，这时完全不顾他身体的实际状况，而任命他提督两广，只不过是要借重他的才能去收拾广西的残局而已。而王阳明则迫于朝廷的压力，不得不拖着病体，前往广西。

嘉靖六年九月初八（1527年10月2日），王阳明奉命离开绍兴，踏上了前往广西的征途。对于自己的这次出征，王阳明的心情是极为复杂的。离开他一向所倾心的讲席，他依依不舍；自己的身体状况的确越来越糟糕，这一点只有他自己最为清楚，而此去广西数千里之遥，前途未卜。他似乎意识到了什么，离开绍兴之前，他亲笔写下了著名的《客座私祝》，将它张贴在讲堂之上，对来此讲学的学者以及他的学生们留下了谆谆嘱咐。而在临行的前一天晚上，他的学生们知道他要远赴广西，都来为他送行，王阳明就在自己住家的园子里设宴招待。当时正是秋高气爽的时节，皓月当空，天恩浩荡，王阳明兴致极高，与弟子们弹琴鼓瑟、吟诗作赋，有孔夫子当年"吾与点也"的情怀。当众弟子散去，只留下他最为重要的两名弟子钱德洪和王畿的时候，他又与他们就自己的学术思想进行了细致的讨论，回答了他们所提出的疑问，再次阐明了自己的基本思想，提出了著名的王门"四句教"。这一事件，在阳明学的研究当中是十分重要的，被称为"天泉证道"，因为王阳明与钱德洪、王畿的对话地点是在"天泉桥"上（"天泉桥"应当是王阳明府第内的一座小桥）。第二天，当他离开绍兴踏上前往广西的路途的时候，钱德洪、王畿一路相送，直至富阳的严子陵钓台，师徒才依依惜别，王阳明又回答了他们所提出的问题。这次师徒之间关于"心"的问题的最后论证，被称为"严滩问答"。也可以说，"严滩问答"是王阳明对他自己学术思想中的重要问题所做的最后论述。

十月，王阳明到达南昌。他受到了南昌人民异乎寻常的热烈而隆重的欢迎，父老百姓"顶香林立"，站在道路的两旁，对他夹道欢迎；父老们抬起他的轿子，前后传递，老百姓们则前后簇拥着，一直将他送进了官府。这一热烈的场面令王阳明十分感动。回忆起十年前平定宁王的战争，鼓角鸣镝似乎还回响在耳旁，而世事更替，人是而物非，不禁感慨万千！他对南昌人民表达了他深深地谢意。在南昌逗留期间，他参拜了孔庙，并在孔庙的"明伦堂"中开讲《大学》，盛况空前。因有军务在身，不敢多作停留，王阳明不得不匆匆告别南昌人民，再次沿赣江溯流而上，到达吉安。在吉安，有他的弟子300多人前来迎接，他在这里做了他平生最后一次大规模的公开讲学。

十一月二十日，王阳明到达广西梧州，因为当时的两广总督府在梧州。他到达梧州之后，旋即开府办公，着手处理关于思恩、田州所谓"叛乱"的各项军政事务。而事实上，王阳明自从进入江西省境以后，就已经开始对卢苏、王受的"叛乱"事件进行切实的了解与调查了。在十月份的时候，他就对江西、湖广、广东、广西四省的各军政衙门发出文件，要求就卢苏、

一二二

王受的"反叛"事件进行切实的调查研究，并将所了解到的具体情况及各自的见解如实上报。与此同时，他还就可能发生的战争进行了必要准备，包括钱粮、兵员等方面都预先做了准备，对于前都御史姚镆所征集的湖广士兵6000名，则命令他们暂时驻扎在梧州，等他到达之后再做区处。王阳明到达梧州的第二天，就行文两广各兵备道，要求厉行"十家牌法"。我们曾经多次提到过，那是王阳明自己创新并且曾经多次实践而被证明为行之有效的一种户籍查验制度。王阳明曾提出一个著名的观点："御外之策，必以治内为先；安民之术，须以化俗为本。"大意就是说：要对外部的敌人进行有效防御，就必须以内部的治理为前提；要使老百姓保持安定，就必须以风俗的转变为根本。他所推行的"十家牌法"，就是以"治内"为根本目的的一项切实有效的措施。

王阳明一边做着必要的军事准备，一边就卢苏、王受起兵的前因后果、来龙去脉展开多方面的调查。正是在深入细致的调查研究的基础上，他获得了关于卢苏、王受所谓"叛乱"的事实真相。细致分析了思恩、田州事件的来龙去脉之后，他形成了关于如何处理思田事务的基本方针，认为应当以安抚为上策。他将自己的想法报告给朝廷，同时提出了两点建议：

第一，所谓卢苏、王受的"叛乱"并不符合事实，朝廷应当赦免他们的罪过，使他们走上自新的道路。如果朝廷一定要对他们用兵，虽然并不是没有借口，但因为不能得到当地民众的广泛支持，所以战争很可能是旷日持久的。这不仅不能真正树立起朝廷的权威，而且一定不是国家之福，因为它不仅会带来大量的军费消耗，不仅会因此而加重人民的负担，更会使当地民众丧失对朝廷的信心。

第二，从当地少数民族的生活习惯、文化传统等方面来考虑，朝廷在西南少数民族地区所推行的撤销土司而设立汉官的政策，也就是所谓"改土归流"，并不一定都是行之有效的，应当区别对待。他认为，在思恩、田州一概推行"改土归流"的政策，不仅没有给当地少数民族群众带来实际的利益，反而给他们的生活习惯以及文化传统等各方面带来新的问题，所以应当继续设立土司，实行民族自治，同时设立汉族知府，对民族地区的民族自治加强监督管理。

王阳明的主要意思是十分清楚的，那就是不能一概地、不加区别地将汉族地区的政策强加到少数民族集中居住地区，要真正获得少数民族人民对于朝廷的普遍支持，就不能搞"一刀切"，而必须区别对待；在少数民族集中居住区，采取民族自治的方式是更加行之有效的。仅就思恩、田州的实际情况来说，卢苏、王受之所以举兵，正是与朝廷一概推行"改土归流"的政策，从而造成当地百姓在生活习惯等各方面的不适应有直接关系。而对于当地民众的"土俗之情"，前都御史姚镆却不能采取一种同情的理解态度，居高临下，动辄用兵，因而激起了他们的反感情绪。就当时的实际情况来说，卢苏、王受并不是真正要与朝廷对抗，反而是姚镆错误估计了形势，张皇失措，反应过激，才使形势变得越来越糟糕，以至于到了难以收拾的地步。但既然错误在于朝廷方面，就应当知错就改，不能将错就错，所以对卢苏、王受采取安抚策略，以避免事态的进一步扩大，乃是上策。只有这样，才有可能重新树立起朝廷的权威，体现安民的本意。

当王阳明将这些想法报告给朝廷之后，据史料的记载，当时曾在朝廷官员当中引起了不同观点的争议，但王阳明的观点最终得到了兵部的支持。所以朝廷就下令：同意王阳明的处置策略，听其便宜行事，并于十二月初二命令王阳明兼任两广巡抚。

当时的两广巡抚就是姚镆，王阳明与姚镆完成了公务交接之后，就迅速对思恩、田州的所谓"叛乱"事件做出了处理。他广泛征求各方面意见，达成了共识，认为对卢苏、王受实行招抚是正确的。于是，在十二月下旬，他下令广西右布政使林富（这位林富先生，就是后来"三一教"创始人林兆恩的祖父），要他将原来由姚镆所调集起来的三省军队尽行解散，放回休息，及时耕作。只不过在数日之内，王阳明就解散了数万军队；而为了解决回乡士兵的路费等问题，王阳明允许士兵们自行将马匹、刀枪等武器出卖，但同时又动用军费，再将这些刀枪、马匹尽数收回。王阳明虽然解散了各省军队，但对于从湖广、保靖二土司调来的"土兵"，他却没有立即将他们放回。他的理由是：从广西到湖广，路途遥远，而"土兵"的纪律向来差劲，所过之处，往往扰乱百姓的生活，所以还需要等沿途各府县做好粮草等方面的准备之后，再将他们放回。

再说卢苏、王受二人，他们本来就没有反叛朝廷的意思，他们之所以聚集乡民、逃进山林，实在只是迫于无奈而为了自保性命。王阳明迅速解散各省军队，无疑使他们看到了更生的希望。所以在嘉靖七年（1528年）的正月，他们派手下的头目来到王阳明的军门之下，表达了愿意投诚的愿望。王阳明对他们善加安抚，又对卢苏、王受发出了敦促他们率部投降的告谕。在告谕中，王阳明说：你们虽然没有大恶，但并非没有罪过，你们纠集数万人潜入山林，实际上就是使数万个家庭夫妇离散，父子兄弟不能团聚，还要担惊受怕，这就是你们的罪孽。由于你们率众逃入山林，还要劳烦朝廷兴师动众，搞得三省不宁，这也是你们的罪孽。正因为我了解到你们逃入山林的本意只是为了寻求自保，所以我对你们是十分同情的。限你们在收到告谕之后的 20 日之内，立即将部下解散，率众前来投降，否则到时对你们用兵，死无葬身之地，那就是你们咎由自取了！

卢苏、王受接到这一告谕之后，心情十分愉快，立即撤除了各处防守的士兵，决定率部投降。王阳明又要求他们严格管束部下，所经过之处，不得侵害骚扰百姓，"毋得侵犯人家一草一木"。嘉靖七年正月二十六日，卢苏率众 4 万多人、王受率众 3 万多人，全部到达南宁，屯驻在南宁城外。第二天，卢苏、王受二人将自己绑缚起来，对王阳明献上了投降书。王阳明认为，卢苏、王受二人前来投降，当然是一件值得表彰的事情，但也由于他们的缘故，两年多来，地方上不得安宁，所以对他们略加惩戒同样是必要的，于是对他们分别处以杖责。卢、王二人皆没有怨言，欣然接受。

卢苏、王受二人投降之后，王阳明遂令他们解散军队，使各自回归田里，从事生产。到这时，喧闹一时，震动朝野，迁延三年之久，调集四省之兵，虽然屡次征剿却毫无效果的所谓思田"叛乱"事件，王阳明不费一兵一卒，就获得了迅速平息与妥善解决，得到了当地人民的拥护与支持。到二月十三日，王阳明上书朝廷，将他处理思田事件的前因后果上报给朝廷。

从王阳明对思恩、田州事件的处理之中我们可以看到，他是一位实事求是，敢于坚持真理的人。从当时的情况来看，朝廷是在多次对卢苏、王受用兵而无法取得成效的情况下派他到广西去的。朝廷的原意，也只是想要利用他的军事才能，去取得对卢苏、王受用兵的胜利。但王阳明经过细致的调查研究，认为卢苏、王受并无背叛朝廷的本意，反而是朝廷政策失当，具体任事官员判断错误、反应过激，才使事情变得越来越糟糕。当他意识到朝廷一概推行"改土归流"政策伤害到了少数民族群众的民族感情的时候，便敢于立即给予纠正，继续推行民族自治政策。他不是将自己置于民众的对立面，而是处处为民众着想、为国家利益考虑。后代有人批评王阳明对卢苏、王受实行招安，并在思恩、田州实行少数民族自治政策并不明智，我个人并不赞同这种观点。一种特定的地域环境会造成一种特定的生活方式，而一种特定的生活方式则会形成一种特定的文化传统。从政治管理来说，管理的体制与方式是必须要和这种特定的文化传统相适应才能真正取得管理的成效的。王阳明平复思田事件之后在当地所采取的政策，一方面仍设立土司知州，以顺应当地少数民族群众的民情风俗，体现了他对少数民族的生活方式与文化传统的尊重；另一方面，他又设立"流官知府"以加强对少数民族政权的监管与引导，则体现了他对朝廷政治管理的统一性的重视，可以强化少数民族群众对中央政权的认同。就此而言，王阳明的策略，是更加富有政治远见的，也是更加具有进步性的。

王阳明同时认为，如思恩、田州这些少数民族相对比较集中的地区，人们之所以觉得对这些地方的政治管理效果不太理想，是因为这些地方的教育落后；因为教育落后，道德教化不能普及，就会直接影响到政治管理的效果。因此当思田事件平定之后，他就兴办了思田学校，在宾州创办宾阳书院，在南宁创办敷文书院，并亲临讲席。学校与书院的创办，不仅体现了王阳明政治以道德为先的观念，同时也促进了汉族文化在少数民族地区的传播。

照理说来，王阳明对卢苏、王受进行招抚，平定了思恩、田州所谓"叛乱"的事件之后，他已经可以堂堂正正地向朝廷复命，离开广西，重新回到他在绍兴的讲席，重新开始他的讲学生涯了。但当时广西的另一种局面却引起了他的极大忧虑，那就是在断藤峡、八寨等地所盘踞着的地方武装割据势力。这些地方武装，正在成为影响朝廷政治稳定的一种严重的不安定因素。王阳明既总督两广军务，又兼任两广巡抚，保护地方安稳，维护地方的生活秩序与政治秩序，自然是他的职责。他打算对断藤峡、八寨的地方武装割据势力进行清理，以维护朝廷政治的稳定性与统一性。为此，他进行了平生最后一场战争。那么，其最终结果将会如何呢？

断藤峡位于广西桂平市境内，八寨则位于广西上林县和忻城县境内，都是地势非常险要的地方，到处都是崇山峻岭，高山峡谷，悬崖峭壁。这些地方居住的主要是些少数民族，他们常常聚众叛乱，让朝廷十分头疼。

在明初的时候，朝廷曾多次调兵围剿，但都没取得什么效果。到了后来，朝廷几乎就放弃这块地方了。这次让王阳明到广西来，尽管也希望对断藤峡和八寨的盗匪予以肃清，但是大家普遍觉得这不可能，所以说都没有说。

王阳明到广西之后，也看出了这两个地方的武装势力对当地居民产生的危害，所以一直留心着，想要解决他们。后来，卢苏和王受投降之后，王阳明在心里就渐渐形成了对付断藤峡和八寨的策略。在做这件事的时候，他没有向朝廷提出一点要求，既没有要求派兵，也没有要求粮草增援。

这次出兵攻打断藤峡和八寨，用的正是卢苏和王受的军队，此外还有当初从湖广调来的大约六千多人的狼达官兵。王阳明初来广西的时候，为了招抚卢苏和王受，他下令把姚镆集结的军队给解散了，但是从湖广调来的狼达官兵，他没有解散，当时他说这是因为狼达官兵纪律不好，要安排妥当之后再解散他们，但其实他的心里正是策划着要借此解决断藤峡和八寨的武装势力。

卢苏和王受投降之后，王阳明就开始着手去解散湖广调来的军队了，但这是掩人耳目，其实在暗地里，他下的命令是要攻取断藤峡！断藤峡的首领们完全没想到王阳明会把矛头指向他们，还以为他真的在解散军队，所以一点防备都没有。等到王阳明的大军杀过来的时候，把他们打了个措手不及，根本拿不出有效的抵抗。结果只用了大约十来天的时间，断藤峡的盗匪就被肃清了。

王阳明是在四月初的时候对断藤峡发起进攻的，到了四月中旬的时候，他就已经基本取得了胜利，随即，他就把矛头指向了八寨。八寨是当时一些山寨的总称，总共有八个，大多建立在峭壁之上，军队难以进入。自大明开国以来，朝廷就一直在派人来试图剿杀他们，但每次都是铩羽而归，从未得胜。

八寨的首领们见此气焰就愈加嚣张了，王阳明来了之后，他们也不加收敛，根本不惧怕这位声名显赫的人物，反而时时出动，劫掠乡民，明显是在逼着王阳明来收拾他们。最后，王阳明没有让他们失望，果然来收拾他了。在肃清断藤峡的盗匪之后，他就调转矛头，策划着要来打他们。

在这之前，王阳明又开始实施了"十家牌法"，通过之前的了解我们知道，只要王阳明一实行"十家牌法"，就有人要倒霉。这次倒霉的是"八寨"的那些盗匪。从三月份开始，王阳明就开始为发兵八寨做准备了。当然，八寨的首领们并不知情，还以为王阳明不敢打过来呢，就算打过来，也料定他打不赢。

结果，到了四月二十日的时候，王阳明的大军鬼使神差地出现在了八寨周围。和往常一样，王阳明是秘密出动的，发兵的时间是在深夜，还给马匹做了必要的措施，减少动静，所以，八寨的盗匪们谁都没发现。等到他们知晓的时候，自己所凭借的天险已经失了守，那些盗匪或被杀或被擒，大多遭了殃。

到了六月上旬的时候，八寨的人都已溃不成军了，王阳明开始对余敌进行大规模清剿。那些盗匪因此四散奔逃，有的逃着逃着跌落悬崖，有的逃着逃着掉入江河，又死了不少人。还有一部分人，结伴逃进了深山老林之中，因为当时正下着大雨，王阳明就没有进山清剿。结果，这一场雨足足下了十多天，等到大雨停歇的时候，王阳明派兵进山，发现逃进山中的敌人都已死去了。

当王阳明平定思恩和田州的叛乱，继而肃清了断藤峡和八寨的盗匪，消息传到朝廷的时候，大家都觉得难以置信！断藤峡和八寨这两个地方，是朝廷历来的顽疾，这么多年也不知道派兵剿了几次，就是解决不了这个问题，现如今几乎已放弃那里了，王阳明却不声不响，把那些盗匪给剿灭了，这怎么可能？

当王阳明请功的奏疏送达朝廷的时候，嘉靖皇帝专门写了手诏，让内阁去查。但因为当时很少有人相信这件事，又因为朝中不少大臣对王阳明都心怀不满，所以，尽管有人支持他，为他力争，但最终这功绩还是没被承认。不过，对于这一切，王阳明已经完全不在意了。当时他的身体越来越差，觉得难以支持下去了，就给朝廷写奏疏，提出致仕，希望能让他回家看病，调理身体。

在奏疏中王阳明写道：臣自往年承乏南赣，为炎毒所乍，遂患咳嗽之疾，岁益滋甚。其后退伏林野，虽得稍就清凉，亲近医药，而病亦终不能止，但遇暑热，辄复大作。去岁奉命入广，与旧医偕行，未及中途，医者先以水土不服，辞疾归去。是后，既不敢轻用医药，而风气益南，炎毒益甚。今又加以遍身肿毒，喘嗽昼夜不息，心恶饮食，每日强吞稀粥数匙，稍多辄又呕吐。

看到这样一封奏疏，谁都会动容，但让人感到愤怒和痛心的是，这封奏疏竟被朝中的大臣压了下来！王阳明引颈期盼朝廷能派人来接替他，但一直等不到，后来实在等不下去了，他就启程回家，边走边等，希望能在半路上相遇。

走到广州的时候，王阳明的身体越来越虚弱了，不停地咳嗽，遍身肿毒，还增加了腹泻的毛病，双脚甚至已经不能站立。但是，就是这种情况下，他还关心着学生的学业，趴在床上给他们写信，探讨遇到的问题。

嘉靖七年一月二十九日，即公元 1529 年 1 月 19 日，王阳明五十七岁，在南安，病逝于青龙铺的卧船中。当时他的学生、时任南安推官的周积陪在他身边，王阳明已是一副气息奄奄的样子了，忽然他睁开眼睛，平静地对周积说：我去了。周积问他有什么遗言，王阳明说：此心光明，亦复何言。说完，瞑目而逝。

王阳明去世之后，他的学生从四面八方赶来，生前的好友也闻讯而至，一起将他的舆榇送回家中。一路上，百姓遮道，万人空巷，许许多多人都自发赶来为这位伟人送行。特别是途径南安、赣州、吉安和南昌等地的时候，更是景况空前，百姓夹道而来，哭声震天，都为王阳明的离去而感到惋惜。

然而，在朝廷之中，那些小人却仍旧没有放过王阳明，在他死后不断地攻击他，说他擅离职守，蔑视朝廷，连解决断藤峡和八寨这种明显有功于朝廷的事，也被说成是"未奉成命，擅作主张"。论及平定宁王之乱的事情时，朝廷不仅没有还他一个公道，反而变本加厉，再次攻击他"滥冒军功"。

最后，嘉靖皇帝下旨，否定了王阳明，将他的学说判定为"伪学"。尽管没剥夺他"新建伯"的爵号，但是子孙不得世袭。另外，对于他的抚恤，也一概免除。直到嘉靖皇帝去世之后，王阳明所遭到的诽谤和诬陷才得以昭雪。朝廷追赠他为"新建侯"，追谥"文成"，并从祀于孔庙之中，称"先儒王子"。

回顾王阳明并不长久的一生，我们会发现，这一生是充满坎坷的一生，但同时也是充满正直、充满善良和充满智慧的一生。虽然，在活着的时候，他被诽谤，被诬陷，被攻击，被那些小人们不断地打压，但是他从来没有改变自己的志向，没有失去凛然的气节。时隔几百年之后，他的学说，他的事功，都让人感到无比的敬佩，乃至于顶礼膜拜，可以说，他是一个真正当之无愧的圣人！

第二章 《王阳明全集》原典

明史王守仁传

张廷玉

王守仁，字伯安，余姚人。父华，字德辉，成化十七年进士第一，授修撰。弘治中，累官学士、少詹事。华有器度，在讲幄最久，孝宗甚眷之。李广贵幸，华讲大学衍义，至唐李辅国与张后表里用事，指陈甚切。帝命中官赐食劳焉，正德初，进礼部左侍郎。以守仁忤刘瑾，出为南京吏部尚书，坐事罢。旋以会典小误，降右侍郎。瑾败，乃复故，无何，卒。华性孝，母岑年逾百岁卒。华已年七十余，犹寝苫蔬食，士论多之。

守仁娠十四月而生。祖母梦神人自云中送儿下，因名云。五岁不能言，异人拊之，更名守仁，乃言。年十五，访客居庸、山海关。时阑出摩，纵观山川形胜。弱冠举乡试，学大进。顾益好言兵，且善射。登弘治十二年进士。使治前威宁伯王越葬，还而朝议

青花龙穿花纹高足杯

方急西北边，守仁条八事上之。寻授刑部主事。决囚江北，引疾归。起补兵部主事。

正德元年冬，刘瑾逮南京给事中御史戴铣等二十余人。守仁抗章救，瑾怒，廷杖四十，谪贵州龙场驿丞。龙场万山业薄，苗、僚杂居。守仁因俗化道，夷人喜，相率伐木为屋，以栖守仁。瑾诛，量移庐陵知县。入觐，迁南京刑部主事，吏部尚书杨一清改之验封。屡迁考功郎中，擢南京太仆少卿，就迁鸿胪卿。

兵部尚书王琼素奇守仁才。十一年八月擢右佥都御史，巡抚南、赣。当是时，南中盗贼蜂起。谢志山据横水、左溪、桶冈，池仲容据浰头，皆称王，与大庾陈曰能、乐昌高快马、郴州龚福全等攻剽府县。而福建大帽山贼詹师富等又起。前巡抚文森托疾避去。志山合乐昌贼掠大庾，攻南康、赣州，赣县主簿吴玭战死。守仁至，知左右多贼耳目，乃呼老黠隶诘之。隶战栗不敢隐，因贳其罪，令诇贼，贼动静无勿知。于是檄福建、广东会兵，先讨大帽山贼。

明年正月，督副使杨璋等破贼长富村，逼之象湖山，指挥覃桓、县丞纪镛战死。守仁亲率锐卒屯于上杭。佯退师，出不意捣之，连破四十余寨，俘斩七千有奇，指挥王铠等擒师富。疏言权轻，无以令将士，请给旗牌，提督军务，得便宜从事。尚书王琼奏从其请。乃更兵制：二十五人为伍，伍有小甲；二伍为队，队有总甲；四队为哨，哨有长，协哨二佐之；二哨为营，营有官，参谋二佐之；三营为阵，阵有偏将；二阵为军，军有副将。皆临事委，不命于朝；副将以下，得递相罚治。

其年七月，进兵大庾。志山乘间急攻南安，知府季斅击败之。副使杨璋等亦生絷曰能以归。遂议讨横水、左溪。十月，都指挥许清、赣州知府邢珣、宁都知县王天与各一军会横水，歼及守备郏文、汀州知府唐淳、县丞舒富各一军会左溪，吉安知府伍文定、程乡知县张戬遏其奔轶。守仁自驻南康，去横水三十里，先遣四百人伏贼巢左右，进军逼之。贼方迎战，两山举帜。贼大惊，谓官军已尽犁其巢，遂溃。乘胜克横水，志山及其党萧贵模等皆走桶冈。左溪亦破。守仁以桶冈险固，移营近地，谕以祸福。贼首蓝廷凤等方震恐，见使至大喜，期仲冬朔降，而珣、文定已冒雨夺险入。贼阻水阵，珣直前搏战，文定与戬自右出，贼仓卒败走，遇淳兵又败。诸军破桶冈，志山、贵模、廷凤面缚降。凡破巢八十有四，俘斩六千有奇。时湖广巡抚秦金亦破福全。其党千人突至，诸将擒斩之。乃设崇义县于横水，控诸瑶。还至赣州，议讨浰头贼。

初，守仁之平师富也，龙川贼卢珂、郑志高、陈英咸请降。及征横水，浰头贼黄金巢亦以五百人降，独仲容未下。横水破，仲容始遣弟仲安来归，而严为战守备。诡言珂、志高，仇也，将袭我，故为备。守仁佯杖击珂等，而阴使珂弟集兵待，遂下令散兵。岁首大张灯乐，仲容信且疑。守仁赐以节物，诱入谢。仲容率九十三人营教场，而自以数人人谒。守仁呵之曰："若皆吾民，屯于外，疑我乎？"悉引入祥符宫，厚饮食之。贼大喜过望，益自安。守仁留仲容观灯乐。正月三日大享，伏甲士于门，诸贼入，以次悉擒戮之。自将抵贼巢，连破上、中、下三浰，斩馘二千有奇。余贼奔九连山。山横亘数百里，陡绝不可攻。乃简壮士七百人衣贼衣，奔崖下，贼招之上。官军进攻，内外合击，擒斩无遗。乃于下浰立和平县，置戍而归。自是境内大定。

初，朝议贼势强，发广东、湖广兵合剿。守仁上疏止之，不及。桶冈既灭，湖广兵始至。及平浰头，广东尚未承檄。守仁所将皆文吏及偏裨小校，平数十年巨寇，远近惊为神。进右副都御史，予世袭锦衣卫百户，再进副千户。

十四年六月，命勘福建叛军。行至丰城而宁王宸濠反，知县顾佖以告。守仁急趋吉安，与伍文定征调兵食，治器械舟楫，传檄暴宸濠罪，俾守令各率吏士勤王。都御史王懋中，编修邹守益，副使罗循、罗钦德，郎中曾直，御史张鳌山、周鲁，评事罗侨，同知郭祥鹏，进士郭持平，降谪驿丞王思、李中，咸赴守仁军。御史谢源、伍希儒自广东还，守仁留之纪功。因集众议曰："贼若出长江顺流东下，则南都不可保。吾欲以计挠之，少迟旬日无患矣。"乃多遣间谍，檄府县言："都督许泰、邻永将边兵，都督刘晖、桂勇将京兵，各四万，水陆并进。南赣王守仁、湖广秦金、两广杨旦各率所部合十六万，直捣南昌，所至有司缺供者，以军法论。"又为蜡书遗伪相李士实、刘养正，叙其归国之诚，令从臾早发兵东下，而纵谍泄之。宸濠果疑。与士实、养正谋，则皆劝之疾趋南京即大位，宸濠益大疑。十余日调知中外兵不至，乃悟守仁绐之。七月壬辰朔，留宜春王拱樤居守，而劫其众六万人，袭下九江、南康，出大江，薄安庆。

守仁闻南昌兵少则大喜，趋樟树镇。知府临江戴德孺、袁州徐琏、赣州邢珣，都指挥余恩，通判瑞州胡尧元、童琦、抚州邹琥、安吉谈储，推官王暐、徐文英，知县新淦李美、泰和李楫、万安王冕、宁都王天与，各以兵来会，合八万人，号三十万。或请救安庆，守仁曰："不然。今九江、南康已为贼守，我越南昌与相持江上，二郡兵绝我后，是腹背受敌也。不如直捣南昌。贼精锐悉出，守备虚。我军新集气锐，攻必破。贼闻南昌破，必解围自救。逆击之湖中，蔑不胜矣。"众曰："善。"己酉次丰城，以文定为前锋，先遣奉新知县刘守绪袭其伏兵。庚戌夜半，文定兵抵广润门，守兵骇散。辛亥黎明，诸军梯絙登，缚拱楸等，宫人多焚死。军士颇杀掠，守仁戮犯令者十余人，宥胁从，安士民，慰谕宗室，人心乃悦。

居二日，遣文定、珣、琏、德孺各将精兵分道进，而使尧元等设伏。宸濠果自安庆还兵。乙卯遇于黄家渡。文定当其前锋，贼趋利。珣绕出贼背贯其中，文定、恩乘之，琏、德孺张两翼分贼势，尧元等伏发，贼大溃，退保八字脑。宸濠惧，尽发南康、九江兵。守仁遣知府抚州陈槐、饶州林城取九江，建昌曾玙、广信周朝佐取南康。丙辰复战，官军却，守仁斩先却者。诸军殊死战，贼复大败，退保樵舍，联舟为方阵，尽出金宝犒士。明日，宸濠方晨朝其群臣，官军奄至。以小舟载薪，乘风纵火，焚其副舟，妃娄氏以下皆投水死。宸濠舟胶浅，仓卒易舟遁，王冕所部兵追执之。士实、养正及降贼按察使杨璋等皆就擒。南康、九江亦下。凡三十五日而贼平。京师闻变，诸大臣震惧。王琼大言曰："王伯安居南昌上游，必擒贼。"至是，果奏捷。

帝时已亲征，自称威武大将军，率京边骁卒数万南下。命安边伯许泰为副将军，偕提督军务太监张忠、平贼将军左都督刘晖将京军数千，溯江而上，抵南昌。诸嬖幸故与宸濠通，守仁初上宸濠反书，因言："觊觎者非特一宁王，请黜奸谀以回天下豪杰心。"诸嬖幸皆恨。宸濠既平，则相与媢功。且惧守仁见天子发其罪，竞为蜚语，谓守仁先与通谋，虑事不成，乃起兵。又欲令纵宸濠湖中，待帝自擒。

守仁乘忠、泰未至，先俘宸濠，发南昌。忠、泰以威武大将军檄邀之广信。守仁不与，间道趋玉山，上书请献俘，止帝南征。帝不许。至钱塘遇太监张永。永提督赞画机密军务，在忠、泰辈上，而故与杨一清善，除刘瑾，天下称之。守仁夜见永，颂其贤，因极言江西困敝，不堪六师扰。

永深然之，曰："永此来，为调护圣躬，非邀功也。公大勋，永知之，但事不可直情耳。"守仁乃以宸濠付永，而身至京口，欲朝行在。闻巡抚江西命，乃还南昌。忠、泰已先至，恨失宸濠。故纵京军犯守仁，或呼名谩骂。守仁不为动，抚之愈厚。病予药，死予棺，遭丧于道，必停车慰问良久始去。京军谓王都堂爱我，无复犯者。忠、泰言："宁府富厚甲天下，今所蓄安在？"守仁曰："宸濠异时尽以输京师要人，约内应，籍可按也。"忠、泰故尝纳宸濠贿者，气慑不敢复言。已，轻守仁文士，强之射。徐起，三发三中。京军皆欢呼，忠、泰益沮。会冬至，守仁命居民巷祭，已，上冢哭。时新丧乱，悲号震野。京军离家久，闻之无不泣下思归者。忠、泰不得已班师。比见帝，与纪功给事中祝续、御史章纶谗毁百端，独永时时左右之。忠扬言帝前曰："守仁必反，试召之，必不至。"忠、泰屡矫旨召守仁。守仁得永密信，不赴。及是知出帝意，立驰至。忠、泰计沮，不令见帝。守仁乃入九华山，日晏坐僧寺。帝觇知之，曰："王守仁学道人，闻召即至，何谓反？"乃遣还镇，令更上捷音。守仁乃易前奏，言奉威武大将军方略讨平叛乱，而尽入诸嬖幸名，江彬等乃无言。

当是时，谗邪构煽，祸变叵测，微守仁，东南事几殆。世宗深知之。甫即位，趣召入朝受封。而大学士杨廷和与王琼不相能。守仁前后平贼，率归功琼，廷和不喜，大臣亦多忌其功。会有言国哀未毕，不宜举宴行赏者，因拜守仁南京兵部尚书。守仁不赴，请归省。已，论功封特进光禄大夫、柱国、新建伯，世袭，岁一千石。然不予铁券，岁禄亦不给。诸同事有功者，惟吉安守伍文定至大官，当上赏。其他皆名示迁，而阴绌之，废斥无存者。守仁愤甚。时已丁父忧，屡疏辞爵，乞录诸臣功，咸报寝。免丧，亦不召。久之，所善席书及门人方献夫、黄绾以议礼得幸，言于张璁、桂萼，将召用，而费宏故衔守仁，复沮之。屡推兵部尚书，三边总督，提督团营，皆弗果用。

嘉靖六年，思恩、田州土酋卢苏、王受反。总督姚镆不能定，乃诏守仁以原官兼左都御史，总督两广兼巡抚。绾因上书讼守仁功，请赐铁券岁禄，并叙讨贼诸臣，帝咸报可。守仁在道，疏陈用兵之非，且言："思恩未设流官，土酋岁出兵三千，听官征调。既设流官，我反岁遣兵数千防戍。是流官之设，无益可知。且田州邻交阯，深山绝谷，悉瑶、僮盘据，必仍设土官，斯可藉其兵力为屏蔽。若改土为流，则边鄙之患，我自当之，后必有悔。"章下兵部，尚书王时中条其不合者五，帝令守仁更议。十二月，守仁抵浔州，会巡按御史石金定计招抚。悉散遣诸军，留永顺、保靖土兵数千，解甲休息。苏、受初求抚不得，闻守仁至益惧，至是则大喜。守仁赴南宁，二人遣使乞降，守仁令诣军门。二人窃议曰："王公素多诈，恐绐我。"陈兵入见。守仁数二人罪，杖而释之。亲入营，抚其众七万。奏闻于朝，陈用兵十害，招抚十善。因请复设流官，量割田州地，别立一州，以岑猛次子邦相为吏目，署州事，俟有功擢知州。而于田州置十九巡检司，以苏、受等任之，并受约束于流官知府。帝皆从之。

断藤峡瑶贼，上连八寨，下通仙台、花相诸洞蛮，盘亘三百余里，郡邑罹害者数十年。守仁欲讨之，故留南宁。罢湖广兵，示不再用。伺贼不备，进破牛肠、六寺等十余寨，峡贼悉平。遂循横石江而下，攻克仙台、花相、白竹、古陶、罗凤诸贼。令布政使林富率苏、受兵直抵八寨，破石门，副将沈希仪邀斩轶贼，尽平八寨。

始，帝以苏、受之抚，遣行人奉玺书奖谕。及奏断藤峡捷，则以手诏问阁臣杨一清等，谓守仁自夸大，且及其生平学术。一清等不知所对。守仁之起由璁、萼荐，萼故不善守仁，以璁强之。后萼长吏部，璁入内阁，积不相下。萼暴贵喜功名，风守仁取交阯，守仁辞不应。一清雅知守仁，而黄绾尝上疏欲令守仁入辅，毁一清，一清亦不能无遗憾。萼遂显诋守仁征抚交失，赏格不行。献夫及霍韬不平，上疏争之，言："诸瑶为患积年，初尝用兵数十万，仅得一田州，旋复召寇。守仁片言驰谕，思、田稽首。至八寨、断藤峡贼，阻深岩绝冈，国初以来未有轻议剿者，今一举荡平，若拉枯朽。议者乃言守仁受命征思、田，不受命征八寨。夫大夫出疆，有可以安国家，利社稷，专之可也。况守仁固承诏得便宜从事者乎？守仁讨平叛藩，忌者诬以初同贼谋，又诬其辇载金帛。当时大臣杨廷和、乔宇饰成其事，至今未白。夫忠如守仁，有功如守仁，一屈于江西，再屈于两广。臣恐劳臣灰心，将士解体，后此疆圉有事，谁复为陛下任之！"帝报闻而已。

守仁已病甚，疏乞骸骨，举郧阳巡抚林富自代，不俟命竟归。行至南安卒，年五十七。丧过江西，军民无不缟素哭送者。

守仁天姿异敏。年十七谒上饶娄谅，与论朱子格物大指。还家，日端坐，讲读《五经》，不苟言笑。游九华归，筑室阳明洞中。泛滥二氏学，数年无所得。谪龙场，穷荒无书，日绎旧闻。忽悟格物致知，当自求诸心，不当求诸事物，喟然曰："道在是矣。"遂笃信不疑。其为教，专以致良知为主。谓宋周、程二子后，惟象山陆氏简易直捷，有以接孟氏之传。而朱子《集注》《或问》之类，乃中年未定之说。学者翕然从之，世遂有"阳明学"云。

守仁既卒，桂萼奏其擅离职守。帝大怒，下廷臣议。萼等言："守仁事不师古，言不称师。欲立异以为高，则非朱熹格物致知之论；知众论之不予，则为《朱熹晚年定论》之书。号召门徒，互相倡和。才美者乐其任意，庸鄙者借其虚声。传习转讹，背谬弥甚。但讨捕崋贼，擒获叛藩，功有足录，宜免追夺伯爵以章大信，禁邪说以正人心。"帝乃下诏停世袭，恤典俱不行。隆庆初，廷臣多颂其功。诏赠新建侯，谥文成。二年，予世袭伯爵。既又有请以守仁与薛瑄、陈献章同从祀文庙者。帝独允礼臣议，以瑄配。及万历十二年，御史詹事讲申前请。大学士申时行等言："守仁言致知出《大学》，良知出《孟子》。陈献章主静，沿宋儒周敦颐、程颢。且孝友出处如献章，气节文章功业如守仁，不可谓禅，诚宜崇祀。"且言胡居仁纯心笃行，众论所归，亦宜并祀。帝皆从之。终明之世，从祀者止守仁等四人。

始守仁无子，育弟子正宪为后。晚年，生子正亿，二岁而孤。既长，袭锦衣副千户。隆庆初，袭新建伯。万历五年卒。子承勋嗣，督漕运二十年。子先进，无子，将以弟先达子业弘继。先达妻曰："伯无子，爵自传吾夫。由父及子，爵安往？"先进怒，因育族子业洵为后。及承勋卒，先进未袭死。业洵自以非嫡嗣，终当归爵先达，且虞其争，乃谤先达为乞养，而别推承勋弟子先通当嗣，屡争于朝，数十年不决。崇祯时，先达子业弘复与先通疏辨。而业洵兄业浩时为总督，所司惧怍业浩，竟以先通嗣。业弘愤，持疏入禁门诉。自刎不殊，执下狱，寻释。先通袭伯四年，流贼陷京师，被杀。

赞曰：王守仁始以直节著。比任疆事，提弱卒，从诸书生扫积年逋寇，平定孽藩。终明之世，文臣用兵制胜，未有如守仁者也。当危疑之际，神明愈定，智虑无遗，虽由天资高，其亦有得于中者欤。矜其创获，标异儒先，卒为学者讥。守仁尝谓胡世宁少讲学，世宁曰："某恨公多讲学耳。"桂萼之议虽出于娼忌之私，抑流弊实然，固不能以功多为讳矣。

文成王阳明先生守仁传

黄宗羲

　　王守仁字伯安，学者称为阳明先生，余姚人也。父华，成化辛丑进士第一人，仕至南京吏部尚书。先生娠十四月而生，祖母岑夫人梦神人送儿自云中至，因命名为云。五岁，不能言，有异僧过之曰："可惜道破。"始改今名。豪迈不羁。十五岁，纵观塞外，经月始返。十八岁，过广信，谒娄一齐，慨然以圣人可学而至。

　　登弘治己未进士第，授刑部主事，改兵部。逆瑾矫旨逮南京科道官，先生抗疏救之，下诏狱，廷杖四十，谪贵州龙场驿丞。瑾遣人迹而加害，先生托投水脱去，得至龙场。瑾诛，知庐陵县，历吏部主事、员外郎、郎中，升南京太仆寺少卿、鸿胪寺卿。时虔、闽不靖，兵部尚书王琼特举先生以左佥都御史巡抚南、赣。未几，遂平漳南、横水、桶冈、大帽、浰头诸寇。

　　己卯六月，奉敕勘处福建叛军。至丰城而闻宸濠反，遂返吉安，起兵讨之。宸濠方围安庆，先生破南昌，濠返兵自救，遇之于樵舍，三战，俘濠。武宗率师亲征，群小张忠、许泰欲纵濠鄱湖，待武宗接战而后奏凯。先生不听，乘夜过玉山，集浙江三司，以濠付太监张永。张永者，为武宗亲信，群小之所惮也。命兼江西巡抚。又明年，升南京兵部尚书，封新建伯。嘉靖壬午，丁冢宰忧。丁亥，原官兼左都御史，起征思、田。思、田平，以归师袭八寨、断藤峡，破之。先生幻梦谒马伏波庙，题诗于壁。至是，道出祠下，恍如梦中。时先生已病，疏请告。至南安，门人周积侍疾，问遗言，先生曰："此心光明，亦复何言？"顷之而逝，七年戊子十一月二十九日也，年五十七。

先生之学，始泛滥于词章，继而遍读考亭之书，循序格物，顾物理吾心终判为二，无所得入。于是出入于佛、老者久之。及至居夷处困，动心忍性，因念圣人处此更有何道？忽悟格物致知之旨，圣人之道，吾性自足，不假外求。其学凡三变而始得其门。自此以后，尽去枝叶，一意本原，以默坐澄心为学的。有未发之中，始能有发而中节之和，此知之后更无已发。此知自能收敛，不须更主于收敛；此知自能发散，不须更期于发散。收敛者，感之体，静而动也；发散者，寂之用，动而静也。知之真切笃实处即是行，行之明觉精察处即是知，无有二也。居越以后，所操益熟，所得益化，时时知是知非，时时无是无非，开口即得本心，更无假借凑泊，如赤日当空而万象毕照。是学成之后又有此三变也。先生悯宋儒之后，学者以知识为知，谓"人心之所有者不过明觉，而理为天地万物之所公共，故必穷尽天地万物之理，然后吾心之明觉与之浑合而无间"，说是无内外，其实全靠外来闻见以填补其灵明者也。先生以圣人之学，心学也。心即理也，故于致知格物之训，不得不言"致吾心良知之天理于事事物物，则事事物物皆得其理"。夫以知识为知，则轻浮而不实，故必以力行为功夫。良知感应神速，无有等待，本心之明即知，不欺本心之明即行也，不得不言"知行合一"。此其立言之大旨不出于是。而或者以释氏本心之说，颇近于心学，不知儒释界限只一理字。释氏于天地万物之理，一切置之度外，更不复讲，而止守此明觉；世儒则不恃此明觉，而求理于天地万物之间。所为绝异，然其归理于天地万物，归明觉于吾心，则一也。向外寻理，终是无源之水，无根之木，总使合得，本体上已费转手，故沿门乞火与合眼见暗，相去不远。先生点出心之所以为心，不在明觉而在天理，金镜已坠而复收，遂使儒释疆界渺若山河，此有目者所共睹也。试以孔、孟之言证之。致吾良知于事物，事物皆得其理，非所谓人能弘道乎？若在事物，则是道能弘人矣。告子之外义，岂灭义而不顾乎？亦于事物之间求其义而合之，正如世儒之所谓穷理也，孟子胡以不许之，而四端必归之心哉。嗟乎，糠秕眯目，四方易位，而后先生可疑也。

隆庆初，赠新建侯，谥文成。万历中，诏从祀孔庙，称"先儒王子"。

王守仁传

查继佐

王守仁，字伯安，别号阳明，浙江余姚人，晋王览之裔。六世祖网，洪武中参议广东，死苗难。父华，及第第一人，历官讲读，侍孝宗经筵，以不附刘瑾致仕，仕至南京吏部尚书。守仁母岑夫人，娠守仁十四月，梦神人乘五色云手授之。祖天叙因呼之曰云。五岁不能言，有异僧过天叙曰："是儿勿以名泄之。"天叙为改名守仁，辄读书敏记。八岁，妄意神仙，嬉戏皆绝人。十五，从宦京师，出游居庸，慨然负壮图。十七，遇蜀道士于江西铁树宫，与语大悦。及见娄谅，谈朱氏格物之旨，复大悦。故善跳狌，则稍就规准。赴乡试，见巨人夜立文场东西，大呼三人好作事，已忽不见。三人者，一榜中胡端敏世宁、孙忠烈燧及守仁，后人意之也。守仁因自负，好谈兵，亦不废养生言。弘治十二年成进士，授刑部主事。病归，辟阳明洞为书舍，更讲神仙之事。已又悔之，改武选，遂与湛若水专求孔孟之学。

正德初，逆瑾乱政，论救言官戴铣，薄彦徽，因大发瑾罪。瑾怒，矫旨杖守仁于门，谪龙场驿丞，复使人前道扼之。守仁佯置衣履江岸，题诗其处，若投江死者，得以免。附海舟舟山，为飓风漂闽，有道士收之，故铁树宫与语大悦者也。遂赴龙场，在南彝万山中。无所得书，日坐石穴中，默记旧牍，辄为训释。期有七月，《五经》之旨略备。龙场人相与伐木为轩，居之。

瑾诛，擢庐陵知县，历文选，累升佥都御史，巡抚南、赣、汀、漳等处。甫至，首平闽、广剧盗詹师富、温火烧等。因言"盗贼日滋，由于滥抚，所调狼兵无制，徒残害，不足使。臣得拣练部勒之，请便宜以行。"诏许之。改巡抚为总督军务。时宸濠蓄逆，颇与贼通。守仁上书密言状，且请罢绌奸谀，以回天下豪杰之心；绝踪巡游，以杜天下奸雄之望。是年，茶寮贼大起，江、广、湖、郴骚然。上命三省会讨。守仁首诛贼间吴让，督兵自南康入，破横水、左溪巢，贼奔桶冈，大战西山界。凡破巢八十四，俘斩六千余人，归流亡，度地居之。凿山开道，夷其险阻。请立崇义县于横水以属赣。已而浰头贼池仲容尤悍黠，擅拟官号，以崀瑶既殄，益增机险阱毒，虞王师。守仁厚抚其党黄金巢等，先从破横水。又纳仲容弟仲安之款，而收仲容之仇卢珂等为心腹，故休士归农，若不复用兵者。已而阳鞭挞卢珂以来仲容，而纵珂往合官兵，尽灭三浰，大小三十余战，灭巢二十有八，俘斩三千余人，复立和平县，以属惠治之。虔吉人感功德，生祠之。升副都御史，荫一子锦衣百户，进千户。

十四年，宸濠果反。守仁与吉安知府伍文定起兵，掩南昌不备，迎战鄱阳湖，贼平。事在《宸濠传》。上自称威武大将军南巡，使人邀所俘于广信，守仁弗与。会太监张永方赞诛刘瑾，为海内所许，抵钱塘。守仁取内道入浙，夜见永，便以宸濠付之，而身至京口谒驾。诸奄不得志，恶守仁上前，称守仁宸濠党。永为护持力，得不问，赏亦不行。事在《张永传》。会江西大水。上疏自劾，语极剀切，报闻。

世宗初立，召守仁入受封。而中有沮者，谓国甫大丧，不当宴赏，中道止之。拜南京兵部尚书，参赞机务，归省。寻论封奉天翊卫推诚宣力守正文臣，特进光禄大夫、柱国、新建伯。父华亦得封如之。父病中膺封，卒。

初，宸濠之叛也，结誉士大夫，无所不倾下。守仁亦与无崖异，尝使其门人冀元亨往观之。宸濠自谓善守仁，密谋于陆完，意守仁得为其巡抚，用是其形迹不能无疑于士大夫。守仁忧居讲学，受弟子，而忌者蜂起，颇目为伪学。至云初通宸濠谋，策其不胜而背之，言绝丑，不可闻。以是虽封爵赐号，竟不与铁券及岁禄，一时勤王有功诸臣，中伤废斥殆尽，唯伍文定得升副都御史，荫一子千户。守仁不胜愤，乃上疏再辞爵，且极论白诸有功者。温旨慰谕，终格不行。守仁所善席书与门人方献夫、黄绾，皆以议礼得幸上，交章守仁贤，宜大用，亦尼不果。

嘉靖五年，岑猛叛，诏两广聚兵讨猛。猛死田州。其党卢苏、王受相结再叛，岭南大困。桂文襄萼素不善守仁，为张璁所强，交口荐，代姚镆总督两广。守仁至，开示恩信，卢苏、王受等自缚来归，则悉遣其众归农七万一千余人，勒石志功德。时八寨瑶贼反侧岭表，与断藤峡、牛肠、六寺、仙台、花相诸瑶相煽结。守仁以便宜，密令故降苏、受等轻兵出。而永乐、保靖土兵之自岭南还者，亦过八寨，与苏、受等相犄角，径捣其巢，诛斩万计，八寨尽平。捷闻，朝廷以其夸擅，敕奖而已。献夫、韬言其功不可泯，上许条画善后以闻。是时守仁已病矣，舆疾劳所事，而桂萼方长吏部，暴喜功名，风守仁取安南，希崇封。守仁辞不应，以是益怨守仁，谗守仁，赏不进。守仁病剧,乞骸骨,卧舟待命。甫度大庾岭,卒,为七年之十一月。时白气亘天。数日乃已。萼等因盛言守仁初擒宸濠,攻战纪律不臧,奏捷多伪;又言擅离本职,处置田州事宜失当;学术不端,破坏士习;乞削夺官爵。诏免夺爵,停恤典,子不得嗣封。

守仁学以致良知为本,所论著有《古本大学则言》及《传习录》诸书。其才气故横绝,得兵部尚书王琼为倾任,故能早膺阃阀,屡立大功,顾未一面守仁也。琼得其所貌像,焚香悬对,契若面语,尝左手持弱孙,右手接守仁奏报,至关启处,顾儿叹曰:"生子当如是哉。"

守仁年五十有八,疾革,南安推官入问疾,微哂曰:"此心光明,亦复何言。"槥行,士民拥哭者载道。至越,越中市儿巷妇无不嗟叹。隆庆初,赠新建侯,谥文成,赐葬。予祭诰词,推为明元勋圣学。子正亿,得嗣世伯爵。万历初,从祀孔子庙廷。

明儒王子阳明先生传

邵廷采

先生名守仁,字伯安,绍兴余姚人。讲学于阳明洞,自号阳明子。父华,成化十七年进士第一,历官南京吏部尚书。先生少有才名,弘治十三年进士,授刑部主事。十七年,改武选主事。湛若水为庶常,一见定交,相期倡明圣学,门人始进。

正德元年,刘瑾掌司礼监,放逐大臣刘健、谢迁、韩文等。南给事中戴铣、御史薄彦徽合六科十三道,公疏请黜奸回,留硕辅,以安社稷。缇骑逮问,先生抗疏:

铣等职司谏，如其善，自宜嘉纳；即未善，亦宜包容，开忠说之路。乃今赫然下命，远事拘囚。臣恐自兹以往，虽有上关宗社危疑之事，陛下孰从而闻之？况天时寒沍，万一遣去官校督束过严，铣等在道或遂失所，填沟壑，有杀谏臣名，关系国体不浅矣。伏愿追收前诏，俾各供职如故，以弘大公无我之仁，明改过不吝之勇。

疏人，杖五十，谪贵州龙场驿丞。至钱塘，瑾使人尾之急，惧不免，乃托投江而浮冠履水上。附海舟至闽，入武彝山。已而虑及其父华，卒赴驿。龙场在万山中，蛇虺益虫所居。从者皆病，亲析薪取水作糜饲之。凿石椁待尽，诸苗伐木为室，以居先生。明年，提学御史席书聘主贵阳书院，率诸生问学，始论"知行合一"。水西安氏慕先生，致馈，且咨及减驿事。复书谕以朝廷成制，言：

驿可减也，亦可增也。驿可改也，宣慰司亦可革也。使君之先，自汉、唐迄今，历传千百年久者，以能世守天子礼法，竭忠尽力，不敢分寸有所违，是故天子亦不得逾礼法，无故而加诸忠良之臣。不然，使君之土地人民富且盛矣，朝廷悉取而郡县之，其谁以为不可？

所云奏功升职事，意亦如此。夫铲除寇盗以抚绥平良，亦守土常职。今缕举要赏，则朝廷平日之恩宠禄位顾将欲以何为？使君为参政，已非设官之旧；又干进不已，是无抵极也，众必不堪。夫宣慰守土之官，故得以世有其土地人民；若参政，则流官矣。东西南北唯天子使，朝廷下方尺之檄，委使君一职，或闽或蜀，其敢弗行乎？则方命之，诛不旋踵而至，捧檄从事千百年之土地非复使君有矣。由此言之，虽今日之参政，使君将恐辞去之不速，其又可再乎。

又书：

阿贾、阿札等畔宋氏，为地方患，传者谓使君使之。此虽或出于妒妇之口，然阿贾等自言使君尝锡之以毡刀，遗之以弓弩。虽无其心，不幸乃有其迹矣。始三堂、两司得是说，即欲闻之于朝。既而以使君平日忠实之故，且信且疑，姑令使君讨贼。苟遂出军剿扑，则传闻皆妄。其或坐观逗留，徐议可否，所以待使君者甚厚。既而文移三至，使君始出。众论纷纷，疑者将信。喧腾之际，适会左右来献阿麻之首，偏师出解洪边之围，群公乃复徐徐。

今又三月余矣，使君称疾归卧，诸军以次潜回。其间分屯寨堡者，不闻擒斩以宣国威，唯增剽掠以重民怨，众情愈益不平。而使君之民罔所知识，方扬言于人，谓"宋氏之难，当使宋氏自平。安氏何与，而反为之役？我安氏达地千里，拥众四十八万，深坑绝坉，飞鸟不能赴，猿猱不能攀。纵遂高坐，不为宋氏出一卒，人亦卒如我何。"斯言稍稍传播，不知三堂、两司已尝闻之否？使君诚久卧不出，安氏之祸，必自斯言始矣。

使君与宋氏同守土，而使君为之长。地方变乱，皆守土者之罪，使君能独委之宋氏乎？夫连地千里，孰与中土之一大郡？拥众四十八万，孰与中土之一都司？深坑绝坉，安氏有之；然如安氏者，环四面而居以百数也。今播州有杨爱，恺黎有杨友，酉阳、保靖有彭世麒等。斯言苟闻于朝，朝廷下片纸于杨爱诸人，使各自为战，共分安氏之所有，盖朝令而夕无安氏矣。深坑绝坉，何所用其险？使君可无寒心乎？

且安氏之职，四十八支更迭而为；今使君独传者三世，而群支莫敢争，以朝廷之命也。有可乘之衅，孰不欲起而代之？然则扬此言于外以速安氏之祸者，殆渔人之计。萧墙之忧，未可测也。使君宜速出军，平定反侧，破众谗之口，息多端之议，弭方兴与之变，绝难测之祸，补既往之愆，要将来之福。某非为人作说客者，使君幸熟思之。

安氏得书悚息，卒定阿贾之难。居龙场三年，动忍增益，中夜得致知格物之旨，默证《五经》，无不合，著《五经臆说》。

四年，瑾诛，升庐陵知县。其冬入觐，升南京刑部主事。即月调验封，升署员外郎。又调文选，始论晦庵、象山之学。七年，升考功郎。其冬，升南京太仆少卿，分署滁州。从游学者日众，始教人静坐，间天理人欲之分。九年，升南京鸿胪卿。是年，始揭"致良知"之教。

十一年七月，升佥都御史，巡抚南、赣、汀、漳。王思舆语季本曰："阳明此行，必立事功。"本曰："何以知之。"曰："吾触之不动矣。"初，陈金、俞谏等讨华林、桃源群盗，多所招抚，贼未大创；又民间父兄被杀者不得报仇，汹汹不安，数年间转复啸聚。于是贼首谢志山、蓝天凤据南安、横水、桶冈诸寨，池大鬓据漳州、𬺈头诸寨，福建、江西、湖广、广东之界数千里皆乱。兵部尚书王琼知先生才，特荐用之。先生认为，兵不素练面徒恃机谋，不能力战，一时偶幸成功，非万全策。且客兵一万，不如乡勇一千。前者多调狼达土军，糜饷不赀，民苦兵甚苦寇，以故盗贼旋灭旋起。乃令四省兵备官于各属弩手、打手、机快中，选骁果有胆力者县千人，优其廪饩，最者拔为将领。原额官军，汰老弱三之一，专守城隘。而以新募精兵随方出奇，由是战无不胜。首攻信丰、龙南流贼，连败之。兵既足用，上疏请申明赏罚以厉士气，愿假便宜，临阵诛赏，不限以时，唯成功是责。

王琼请上即与先生兵符，改提督军务。先讨横水、左溪之贼，获谢志山。乘胜进攻桶冈，其帅钟景纳款，而横水、左溪奔入者持不可。先生遣使至锁匙笼促降，而别遣邢珣、伍文定等冒雨入。贼方聚议未决，兵已夺险。猝震愕，急奔入内隘，阻水为阵。珣麾兵渡水，张戢冲其右，文定又自戢右缘厓绕出贼旁。贼败，奔十八磊。唐淳先至，严阵迎出，贼又败。会日暮，扼险相持。明日合战，邢珣先破桶冈大巢，俘斩甚众。湖广兵亦至，余贼遁入山谷。遣诸将分道捕之，于是横水、左溪、桶冈之贼略尽，蓝天凤等皆就擒。凡出师两月，平贼巢八十四。设安远县，控制三省。晋右副都御史。

十三年正月，进讨浰头。先是，征横水、桶冈时，虑浰头乘虚出扰，使人招降羁縻之，池大鬓不从。及横水破，大鬓惧，遣弟池仲安以二百人叩军门降，阴觇虚实。先生令从别哨，远其归路；召近浰头被贼者，各授方略遣归。及桶冈破，大鬓益惧。先生遣使至浰头，赐牛酒。贼严备，诡曰："龙川新民卢珂恐见袭，故备。非官兵虞也。"卢珂者，抗贼不被胁，贼仇之。先生佯信其言，檄龙川廉珂擅兵状，且令大鬓除道，候还兵讨之。大鬓谢："无劳官兵，当自防御。"比兵还，珂来告变。先生佯怒珂，收缚，将斩之。曰："大鬓方遣弟领兵报效，安得有此。"

十二月，至赣州，大享将士，下令："横水、桶冈既平，浰头归顺。民久劳苦，宜休兵为乐。"遂散军，使归农。而遣仲安归报以卢珂被系，令其兄勿撤备，防珂党掩袭。大鬓意大安，乃购其所亲款贼："官意良厚，何可不一往谢？"大鬓谓其下："欲伸先屈。赣州伎俩，须自走观之。"至，则见军门无用兵形，珂等在狱，意益安。先生夜解珂，使归发兵；官属以次设牛酒宴犒，缓大鬓归。度兵已大集，乃廷犒伏甲，引大鬓等入，悉擒之。而促诸路兵同抵贼巢，亲兵由龙南、冷水径直捣下浰，诸路兵皆入三浰。贼久弛备，官兵骤集，惊悸，悉其精锐千余，倚险设伏。官军为三冲，犄角进，指挥余恩首击贼，战良久，贼败。王受等追之，伏发被扼。会推官危寿兵至，鼓噪前冲之。千户孟俊率兵绕其后，贼大溃，遂克三浰大巢。余贼尚八百人，屯九连山，山四面险绝，设礧石、滚木，官兵莫敢前。先生令军人衣贼衣，暮若败奔者上山。贼见，果相招呼。得度险，遂扼其路。贼觉，急御，则大众已阑入。退走溃出，四路皆遇伏，擒斩略尽。余徒二百人恸哭请降，纳之。相视险隘，设和平县，南、赣自此无盗。兵力精炼，用之以义，文武官吏并能敌忾，功成寇除而无跋扈，几复古者井田养兵遗制焉。

师还，至赣，立社学，拳乡约，修濂溪书院，刻《大学古本》《朱子晚年定论》。所至会讲明伦，武夫介士执兵环立，躞蹀担镫之夫千里远至。长揖上坐，一言开寤，终身诚服。风教四被，讫于江表岭峤。

十四年六月，宁王宸濠反，起兵吉安，讨之。先生久知宸濠且反，虑南、赣未平，得与群盗通，益不可制。及盗平，而先生已为提督，镇上游，濠乃起事。王琼言于朝曰："王伯安在，何患。不出两月，捷疏至矣。"时福州三卫军人进贵作乱，琼谓主事应典："进贵事，不足烦守仁。可假此便宜与敕书，待他变。"乃命先生出勘福建乱军。

甫至丰城，反状闻。几为濠追所及，匿渔舟潜走。临江知府戴德孺迎入城调度。先生以临江要冲，逼省会，不可驻兵。乃反吉安，与知府伍文定定谋。召邢珣等遣谍四出投檄，言京师、湖广、广东西、南京、淮安、浙江各发兵，共数十万，以疑宸濠，使不敢出南昌。贼果疑，迟回半月。始出攻南康、九江、安庆，则官兵大集矣。又密书与贼心腹李士实、刘养正，若有约内应者。宸濠搜得书，内相猜。士实劝去安庆，趋南京；否，径出蕲、黄，趋京师。皆不从。

七月癸卯，先生自吉安起师，会于樟树镇。知府戴德孺自临江，徐琏自袁州，邢珣自赣州，通判胡尧元，童琦自瑞州，及新淦知县李美、太和知县李楫、宁都知县王天马、万安知县王冕，各以其兵至。己酉，至丰城，议所向。或欲勿攻南昌，以大兵逼之江中，与安庆夹攻之。先生曰："不然。我越南昌而趋江上，安庆之众仅能自保，岂能援我中流？而南昌兵议其后，绝我粮道，南康、九江合势乘之，是腹背受敌也，不如先攻南昌。宁王久困坚城，精锐皆出，守御必单。我兵新集，气锐可克。宁王闻之，解围还救，暨来，已失南昌。彼则夺气，首尾牵制，此成擒矣。"乃分兵十三哨，哨三千人，各攻一门，以四哨为游兵策应。宁王别伏兵坟厂，为城中声援。遣知县刘守绪夜袭，破之。二十日昧爽，至南昌，令曰："一鼓，附城；再鼓，登；三鼓不登，诛。"遂援梯登。城中倒戈，门有不闭者。师入，檎居守宜春王拱樤及万锐等千余人，宫中皆纵火焚死。散遣胁从，府库被宸濠取充军资及兵士掠取不尽者籍封之，城中始定。

宸濠先遣兵二万还援江西，自以大军继之。众请坚守待四方援，先生曰："不然。宁王兵力虽强，所至徒恃焚掠，劫众以威，未尝逢大敌，诱惑其下以事成封爵富贵。今遇一城不能克而南昌失据，众心已离。我乘锐邀之，将不战自溃。"遂进，遇于黄家渡。贼乘风鼓噪，气骄甚。伍文定、余恩佯却致之。贼争进，前后不相及。邢珣从后急击，横贯其阵，贼败走。文定、恩还乘之，徐琏、戴德孺合兵夹攻，贼大溃。追奔十余里，擒斩二千余级，溺水死者万计。贼退保八字脑。是日，建昌知府曾玙、抚州知府陈槐亦率兵至。遣槐攻九江，玙攻南康。宸濠尽发两郡兵，厚赏将士。丙辰合战，官兵败死者数百人。伍文定急斩先却者以徇，身立铳炮间，火燎其须不移足，士殊死斗。兵复振，炮及宸濠舟，贼遂大败。退保樵舍，联舟为方阵。文定等为火攻，邢珣击其左，徐琏、戴德孺击其右，余恩等四伏，火举兵合。

丁巳，遂破贼。执宸濠及其世子、郡王、仪宾、伪丞相、元帅等官，斩首三千余级，溺水死者约三万。弃衣甲财物与浮尸积聚，横亘如洲，余贼数百艘四逸溃逃。遣兵追击，破之樵舍，又破之吴城，擒斩略尽。曾玙、陈槐亦收服九江、南康，余党悉平。宸濠槛车入南昌，军民聚观，欢声动天地。仰见先生，呼曰："吾欲尽削护卫，降为庶人，可乎？"先生曰："有国法在。"遂俯首不言。以娄妃尝谏濠，求葬其尸。凡交通中外大小臣僚手籍，悉焚之。

釉里红缠枝菊纹大碗

前是，先生上宸濠伪檄，末谓：

陛下在位一十四载，屡经变难，民情驿骚，尚尔巡幸不已，以致宗室黠者谋动干戈，冀窃大宝。且今天下之觊觎，何特一宁王。天下之奸雄，岂直在宗室？兴言及此，悚骨寒心。昔汉武帝有轮台之悔，而晚节奠安；唐德宗下奉天之诏，而士民感泣。陛下宜痛自克责，易辙改弦，罢绌奸谀以回天下豪杰之心，绝迹巡游以杜天下奸雄之望，则太平尚有可图，臣民不胜幸甚。

左右多弗悦。以方起义师，不能难也。而上则自称威武大将军镇国公，总督军务，帅京边骁卒数万，假亲征南游。至良乡，捷书至。大学士梁储、蒋冕等请回銮，不听。

九月，上至南京。先生虑沿途奸党潜伏，欲自献俘阙下。是月，发南昌。太监张忠、安边伯许泰以数千人浮江而上，抵江西。先生乃俘宸濠，取道浙河以进。忠、泰使人要之广信，弗听。时太监张永已至钱塘。先生夜见永，颂其诛刘瑾功，永悦。因极言江西遭乱，民困已极，不堪六师之扰。永深然之，曰："吾出，为君小在侧，欲左右默辅圣躬，非为掩功来也。第事不可直致耳。"先生乃以濠付永，身至京口，欲谒驾。江彬等诬先生"初附濠，度势败乃擒之为功。"张永语家人曰："王都御史忠臣为国，今欲以此害之，异时朝廷有事，何以复使人？"乃见上，具道状，彬等毁，遂不入。张忠又诬先生将反，试召之，必不来。先生闻召即奔命，至龙江，忠等又阻之。乃纶巾野服，入九华山，日坐草庵。上使人觇之，曰："王守仁，学道人也。宁有反乎。"会有巡抚江西命，乃还南昌。

忠、泰奉内降讨宸濠余党，根搜罗织。京边军万余驻省城五阅月，糜费繁浩，公私骚然。北军旦暮呼先生名谩骂，或冲道启衅，先生略不为动。先令市人移家乡落，以老稚应门。给示内外，述北军离家苦楚，居民当致客礼。每出，遇北军丧，必停车问故，厚与之樏，嗟叹乃去。久之，北军咸曰："王都堂待我有礼，我安得犯之。"会冬至，新经濠乱，民间哭亡酹酒，北人无不思家泣下。忠、泰自挟所长校射教场，江西官军射多不中，乃强先生。先生敢不得已，应之。三发三中，北军同声踊跃，呼应远近。忠、泰不乐而罢，曰："我军皆附彼矣。"遂班师。

当是时，宸濠未死，诸奸佞先通濠得金钱者多在上左右，颇有异谋。畏先生，不敢发。先生沉机曲算，内戢凶幸，外防贼徒，抚定疮痍，激励将士，日夜如对劲敌，宸濠竟得伏诛。内阁大臣素恶王琼，忌先生以提督专制讨贼，归功琼。久之不赏。居南昌，求录陆象山子孙，集门人于白鹿洞。

世宗即位，封奉天翊卫、推诚宣力守正文臣、特进光禄大夫、柱国、新建伯。诏至，直父华生日，奉觞为寿。

嘉靖元年二月，丁外艰居越，弟子益进。黄绾荐先生才可入相，而他疏刺讥杨一清，故与辅臣龃龉。而其乡人之忌者至诬之史，诋其讲学收召朋徒共为名高。形奏牍，上亦不能无疑也。服阕，不召，不与铁券。岁录勤王诸臣，唯伍文定得副都御史，余并闲废。先生上疏辞爵，论白诸有功者，竟格不行。廷推本兵、三边、围营，皆不用。

二年，南宫策士问"心学"，阴辟先生，门人徐珊不对而出。三年八月，宴门人天泉桥。四年，会龙泉山中天阁。十月，立阳明书院于越城。

六年，起总督两广、江西、湖广军务，征思、田。至南浦，民欢迎夹道。讲《大学》于明伦堂，诸生拥蔽，多不得闻。唐尧臣代献茶者，上堂旁听，惊曰："三代后安得有此气象耶。"师至田州，开示恩信，卢苏、王受等自缚来归，束甲受杖。上疏言："思、田久苦兵革，况外捍交阯，纵克之而置流官，饷穷兵弱，必生他变。岑氏世有功，因其俗可，请降田州府为田州，以岑猛子邦相为判官，苏、受为巡检。别立思恩府，设流官统之。"上皆从焉。

师旋，以苏、受为先锋，合永顺、保靖兵讨断藤峡诸盗，进剿八寨，瑶贼悉平之。方欲移府治、建卫所、增兵设官而病作，疏乞骸骨。十二月，度大庾，疾剧，谓布政使王大用曰："尔知孔明所以托姜维乎？"大用拥兵护卫，且敦匠事。舟次南安，门人推官周积来见，问何遗言。曰："此心光明，亦复何言。"卒，年五十八。官属、师生、士民远近遮道，自赣送榇至会城，哭声震地，属路不绝。

桂萼等因言先生攻南昌日纪律不肃，奏捷夸扬，而学术僻狂，足坏士习，宜削官爵。上怜先生功，不许。田州之出，尊与张璁荐之。尊本不善先生，以璁强之。尊长吏部，暴贵喜功名。讽先生取安南，先生不应，以故构隙。再论先生离职及处田州失当，下公卿议。停恤典、世袭，诏禁伪学。隆庆初，始赠新建侯，谥"文成"，踢葬祭。子正亿得嗣伯。万历中，从祀孔子庙庭。正亿卒，子承勋嗣。承勋卒，子先通嗣。

自宋世理学昌明，程、朱大儒择精语详，有国者至以《五经》《四书》制科取士，可谓盛矣。然人人崇用朱传，而不知反验之身心，口之所能言、笔之所能书顾茫然也。先生思振其衰弊，以为人皆可尧、舜，独持此不学不虑之良知。而作圣之功，不废学虑。孩提之不学不虑，与圣人之不思不勉本体同，而求端用力在于致。《大学》"致知在格物"，《中庸》"致中和""致曲"，推而极之，毕天下之能事，至于天地位、万物育，而非有加良知也。孔子曰："我欲仁，斯仁至。"不得谓良知之远且难也；曾子曰："仁以为己任，任重道远。"不得谓致良知之近且易也。

良知即明德，是为德性；致之有事，必由问学。尊德性而道问学，致良知焉尽之矣。故谓象山为尊德性，而堕于禅学之空虚，非尊德性也；谓晦庵为道问学，而失于俗学之支离，非道问学也。非存心无以致知，后人自分，而晦庵、象山自合耳。顾晦庵之学，已皎然如日月之丽天。先生欲表章象山，以救词章帖括之习，使人知立本、求自得，故其言曰："朱、陆二贤者天姿颇异，途径微分，而同底于圣道则一。其在夫子之门，视如由、赐之殊科焉可矣。而遂摈放废斥，若砥砆之于美玉，奚为也？"

至若"四无"之说，流失在龙溪。而天泉夜论，其师不以为不然，故滋后人口实，然其中正有可详求者。阳明之所为"四无"，固异于龙溪之所为"四无"。龙溪之所谓"四无"，以无为无者也，荡而失归，恍惚者托之矣。故其后为海门、为石梁，而密云悟之禅入焉。阳明之所谓"四无"，以无为有、以有为无者也。前乎此者，濂溪之"无极而太极"；后乎此者，蕺山之"无善而至善"。"上天之载，无声无臭"，"形而上者谓之道"，是不可名者也。故知善知恶是良知，为善去恶是格物。统中人以上、中人以下，循循焉俱由此二言入。教人有序，虽卓立喟叹之颜子不能出其范围，固当以绪山之所守为正矣。致良知实功唯为善去恶，故曰："致知在格物。"其小异于朱子者，正心诚意之事并摄入格致中，举存心、致知不分为二，是固《中庸》"尊德性""道问学"之本旨也。

善乎，郑端简之言曰："王公才高学邃，兼资文武，近世名卿，鲜能及之。特以讲学故，众口交訾。盖公功名昭揭，不可盖覆。唯学术邪正，未易铨测。以是指斥，则谗说易行，媚心称快尔。"今人咸谓公异端陆子静之流。嗟乎，子静岂异端乎。以异端视子静，则游、夏纯于颜、曾，而思、孟劣于雄、况矣。公所论叙《古本大学则言》《传习录》诸书具在，学者虚心平气，反复融玩，久当见之。宁庶人反时，又能不顾九族，身任其事，不逾旬朔，卒平大难。宣德、乐安之变有如公者，景陵无羁靮之劳矣。

万历十二年十月，大学士申时行等疏曰：

前御史、詹事建白先臣王守仁、陈献章从祀学宫，下九卿、科道官议。诸臣不能深唯德意，杂举多端，或且诋訾守仁。奉旨："王守仁学术原与宋儒朱熹互相发明，何尝因此废彼。"大哉王言。亦既明示之矣。而议者纷纷，迄无定论，又命廷议归一具奏。

仰唯王上重道崇儒，德旨屡下，深切著明。今覆议乃请独祀布衣胡居仁，臣等窃以为未尽也。彼诋訾守仁、献章者，谓之"伪学""伯术"，原未知守仁，不足深辨。

其谓各立门户者，必离经叛圣，如老、佛、庄、列之徒而后可。若守仁，言"致知"出于《大学》，言"良知"本于《孟子》。献章言"主静"，沿于宋儒周敦颐、程颢。皆阐述经训，羽翼圣真，岂其自创一门户耶？事理浩繁，茫无下手，必于其中提示切要以启关钥，在宋儒已然。故其为教，曰"仁"曰"敬"，亦各有主。独守仁、献章为有门户哉。

其谓禅家宗旨者，必外伦理、遗世务而后可。今孝友如献章，出处如献章，而谓之禅，可乎？

气节如守仁，文章如守仁，功业如守仁，而谓之禅，可乎？其谓无功圣门者，岂必著述而后为功耶？盖孔子尝删述《六经》矣，然又曰"予欲无言"，曰"吾无行而不与二三子"。门人颜渊最称好学矣，然于道有以身发明者，比于以言发明，功尤大也。

其谓崇王则废朱者，不知道固相成，并行不悖。盖在朱时，朱与陆辩，盛气相攻，两家弟子有如仇敌；今并祀学宫。朱氏之学，昔既不以陆废，今独以王废乎？

大抵近世儒臣，褒衣博带以为容，而究其日用，往往病于拘曲而无所建树；博览洽闻以为学，而究其实得，往往狃于见闻而无所体验。习俗之沉锢，久矣。今诚祀守仁、献章，一以明真儒之有用，而不安于拘曲；一以明实学之自得，而不专于见闻。斯于圣化，岂不大有裨乎。若居仁之纯心笃行，众议所归，亦宜并祀。我国家二百余年，理学名臣，后贤辈出，不减宋朝。至于从祀，乃止薛瑄一人，殊为阙典。昔人有云："众言淆乱，折诸圣。"伏唯圣明裁断，益此三贤，列于薛瑄之次，以昭熙代文运之隆。

制曰："可"。

康熙某年，汤斌答陆陇其书曰：

手教：孔、孟之道，至朱子而大明。学者但患其不行，不患其不明；但当求入其堂奥，不当又自辟门户。再读《学术辨》云："天下有立教之弊，有末学之辨。"又云"泾阳、景逸未能尽脱姚江之藩篱"，圣人复起，不能易也。独谓弟不欲学者诋毁先儒，是诚有之，然有说焉。

弟少无师承，长而荒废，茫然无所知。窃尝泛滥诸家，妄有论说。其后学稍进，心稍细，甚悔之。反复审择，知程、朱为吾儒正宗，欲求孔、孟之道而不由程、朱，犹航断港绝潢，而望至于海也。

若夫姚江之学，嘉、隆以来，几遍天下矣。近有一二巨公昌言排之，不遗余力，姚江之学遂衰，可谓有功圣道。然海内学术，浇漓日甚，其故何欤？盖天下相尚以伪久矣。今天下深明理学者固众，随声附和者实多。更有沉溺利欲之场、毁弃坊隅、节行亏丧者，亦皆著书镂板，肆口讥弹，曰"吾以趋时局"也。亦有心未究程、朱之理，目不见姚江之书，连篇累牍无一字发明学述，但抉摘其居乡居家隐微之私，以自居卫道闭邪之功。夫讦以为直，圣贤恶之，唯学术所关。不容不辨。如孟子所谓"不得已"者可也。今舍其学术而毁其功业，更舍其功业而讦其隐私，岂非以学术精微未尝深讨，功业昭著未易诋诬，而发隐微无据之私，可以自快其笔舌？此其用心亦未光明矣。在当年，桂文襄之流不过同时忌其功名，今何为也？责人者，贵服人之心。自古讲学，未有如今日之专以谩骂为能者也。

或曰："孟子尝辟杨、墨矣，杨、墨何至"无父无君"？孟子必究其流弊而极言之。此圣贤卫道之苦心也，何怪今之君子欤？

窃以为不然。孟子得孔子之心传者，以其知言、养气、性善、尽心之学，为能发明圣人之蕴也。盖有所以为孟子者，而后能辟杨、墨，息邪说，闲先圣之道；若学术不足继孔子，而徒日告于人曰："杨、墨无父无君也"，

"率兽食人也"恐无以服杨、默之心而熄其方张之焰矣。孟子曰："今之与杨、墨辩者，如追放豚，既入其苙，又从而招之。"则知当日之与杨、墨辩者亦不乏人矣，今无片言只字之存，则其不足为轻重可知也。然则杨、墨之道不传于今者，独赖有孟子耳。今不务为孟子之知言、养气、崇仁义、贱功利，而但与"如追放豚"之流相颉颃焉，其亦不自重也已。

台谕云：阳明尝比朱子于洪水猛兽，是诋毁先儒莫阳明若也。今亦黜夫诋毁先儒者耳，庸何伤。

窃谓阳明之诋朱子也，阳明之大罪过也，于朱子何损？今人功业文章未能望阳明之万一，而止效法其罪过，如两口角骂，何益之有？恐朱子亦不乐有此报复矣。故弟之不敢诋斥阳明者，非笃信阳明之学也，非博长厚之誉也，以为欲明程、朱之道者，当心程、朱之"心"。学程、朱之学，穷理必极其精，居敬必极其至，喜怒哀乐必求中节，视听言动必求合礼，子臣弟友必求尽分。久之，人心咸孚，声应自众。即笃信阳明者，亦晓然知圣学之有真也而翻然从之。若曰能谩骂者即程、朱之徒，则毁弃坊隅、节行亏丧者皆将俎豆洙、泗之堂矣，非弟之所敢信也。

弟年已衰暮而学不加进，唯愿自体勘求，不愧先贤。或天稍假以年，果有所见，然后徐出数言就正海内君子未晚。此时正未敢漫然附和也。

斌号潜庵，睢州人，孙征君钟元门人。

论曰：道固一贯，其流则万析焉。既精，支离是患。

儒者之学，固以经世务为验也。昔孔子作《春秋》，空文当行事；孟子游事梁、齐，阔其言弗用；汉董、贾，宋周、程、张、邵、朱诸贤，未得大展所为；阳明遭际运会，值昏乱之朝，而能以勋名完立，卓然为一代安国家、定社稷元臣。即其初谪龙场，亦有一纸书剪安之烈，使天下见儒者经纶无施不可，盖皆其学之厚积有以发之。忌者顾从而指为伪，甚矣。石齐黄公称先生气象类孟子、明道，而出处建功之迹近于伊尹，知人知言哉。

王文成公全书序

徐阶

《王文成公全书》三十八卷，其首三卷为《语录》，公存时徐子曰仁辑；次二十八卷为《文录》，为《别录》，为《外集》，为《续编》，皆公薨后钱子洪甫辑；最后七卷为《年谱》，为《世德纪》，则近时洪甫与汝中王子辑而附焉者也。

隆庆壬申，侍御新建谢君奉命按浙，首修公祠，置田以供岁祀。已而阅公文，见所谓录若集各自为书，惧夫四方正学者或弗克尽读也，遂汇而寿诸梓，名曰《全书》，属阶序。

阶闻之，道无隐显，无小大。隐也者，其精微之蕴于心者也，体也；显也者，其光华之著于外者也，用也；小也者，其用之散而为川流者也；大也者，其体之敛而为敦化者也。譬之天然不已之妙，默运于于穆之中，而日月星辰之丽，四时之行，百物之生，灿然呈露而不可掩，是道之全也。古昔圣人具是道于心而以时出之，或为文章，或为勋业。至其所谓文者，或施之朝廷，或用之邦国，或形诸家庭，或见诸师弟子之问答，与其日用应酬之常，虽制以事殊，语因人异，然莫非道之用也。故在言道者必该体用之全，斯谓之善言；在学道者亦必得体用之全，斯谓之善学。尝观《论语》述孔子心法之传，曰"一贯"。既已一言尽之，而其纪孔子之文，则自告时君，告列国之卿大夫，告诸弟子，告避世之徒，以及对阳货询厩人，答问馈之使，无一弗录，将使学者由显与小以得其隐与大焉；是善言道者之准也，而其为学固亦可以见矣。唯文成公奋起圣远之后，慨世之言致知者求知于见闻。而不可与酬酢、不可与佑神，于是取《孟子》所谓"良知"合诸《大学》，以为"致良知"之说。其大要以谓人心虚灵莫不有知，唯不以私欲蔽塞其虚灵者，则不假外索，而于天下之事自无所感而不通，无所措而不当。盖诚意、正心、修身、齐家、治国、平天下必先致知之本旨，而千变万化，一以贯之之道也。故尝语门人云："良知之外更无知，致知之外更无学。"于时曰仁最称高第弟子，其录《传习》，公微言精义率已具其中。乃若公他所为文，则是所谓制殊语异莫非道之用者，汇而梓之，岂唯公之书于是乎全，固读焉者所由以睹道之全也。谢君之为此，其嘉惠后学不已至欤？虽然，谢君所望于后学非徒读其书已也。凡读书者以身践之，则书与我为一；以言视之，则判然二耳。《论语》之为书，世未尝有不读，然而一贯之，唯自曾子以后无闻焉。岂以言视之之过乎？自公"致良知"之说兴，士之获闻者众矣，其果能自致其良知，卓然践之以身否也？夫能践之以身，则于公所垂训，诵其一言而已足，参诸《传习录》而已繁；否则虽尽读公之书无益也。阶不敏，愿相与戒之。

谢君名廷杰，字宗圣。其为政崇节义，育人才，立保甲，厚风俗，动以公为师，盖非徒读公书者也。

赐进士及第、特进光禄大夫、柱国、少师兼太子太师、吏部尚书、建极殿大学士、知制诰、知经筵事、国史总裁致仕，后学华亭徐阶序。

传习录序

徐爱

门人有私录阳明先生之言者。先生闻之，谓之曰："圣贤教人如医用药，皆因病立方，酌其虚实温凉阴阳内外而时时加减之，要在去病，初无定说。若拘执一方，鲜不杀人矣。今某与诸君不过各就偏蔽箴切砥砺，但能改化，即吾言已为赘疣。若遂守为成训，他日误己误人，某之罪过可复追赎乎？"爱既备录先生之教，同门之友有以是相规者。爱因谓之曰："如子之言，即又拘执一方，复失先生之意矣。孔子谓子贡，尝曰'予欲无言'，他日则曰'吾与回言终日'，又何言之不一邪？盖子贡专求圣人于言语之间，故孔予以无言警之，使之实体诸心，以求自得；颜子于孔子之言，默识心通无不在己，故与之言终日，若决江河而之海也。故孔子于子贡之无言不为少，于颜子之终日言不为多，各当其可而已。今备录先生之语，固非先生之所欲，使吾侪常在先生之门，亦何事于此，惟或有时而去侧，同门之友又皆离群索居。当是之时，仪刑既远而规切无闻，如爱之驽劣，非得先生之言时时对越警发之，其不摧堕靡废者几希矣。吾侪于先生之言，苟徒入耳出口，不体诸身，则爱之录此，实先生之罪人矣；使能得之言意之表，而诚诸践履之实，则斯录也，固先生终日言之之心也，可少乎哉？"录成，因复识此于首篇以告同志。门人徐爱序。

续刻传习录序

钱德洪

　　古人立教，皆为未悟者设法，故其言简易明白，人人可以与知而与能。而究极所止，虽圣人终身用之，有所未尽。盖其见道明彻，先知进学之难易，故其为教也循循善诱，使人悦其近而不觉其入。喜其易而各极所趋。

　　夫人之良知一也，而领悟不能以皆齐。有言下即能了悟者矣；有良知虽明，不能无间，必有待于修治之功者矣；有修治之功百倍于人，而后其知始彻者矣。善教者不语之以其所悟，而惟视其所入，如大匠之作室然，规矩虽一，而因物曲成，故中材上下，皆可与入道。若不顾其所安，而概欲强之以其所未及教者，曰："斯道之妙也如是。"学者亦曰："斯道之妙也如是。"彼以言授，此以言接；融释于声闻，悬解于测意，而遂谓道固如是矣，宁不几于狂且惑乎？

　　吾师阳明先生，平时论学，未尝立一言，惟揭《大学》宗旨，以指示人心。谓大学之教，自帝尧明德睦族以降，至孔门而复明。其为道也，由一身以至家国天下，由初学以至圣人；彻上彻下，通物通我，无不具足。此性命之真，几圣学之规矩也。然规矩陈矣。而运用之妙，则由乎人。故及门之士，各得所趋，而莫知其所由入，吾师既没，不肖如洪，领悟未彻，又不肯加百倍之功。同志归散四方，各以所得引接来学，而四方学者渐觉头绪太多。执规矩者，滞于形器，而无言外之得；语妙悟者，又超于规矩之外，而不切事理之实；愿学者病焉。年来同志亟图为会，互相劘切，各极所诣，渐有合异同归之机。始思师门立教，良工苦心。盖其见道明彻之后，能不以其所悟示人，而为未悟者设法，故其高不至于凌虚，卑不至于执有，而人人善入。此师门之宗旨，所以未易与绎也。

洪在吴时，为先师衷刻《文录》。《传习录》所载下卷，皆先师书也。既以次入《文录》书类矣，乃摘录中问答语，仍书南大吉所录以补下卷。复采陈惟浚诸同志所录，得二卷焉，附为续录，以合成书。适遭内艰，不克终事。去年秋，会同志于南畿，吉阳何子迁、初泉刘子起宗，相与商订旧学，谓师门之教，使学者趋专归一，莫善于《传习录》。于是刘子归宁国，谋诸泾尹丘时庸，相与捐俸，刻诸水西精舍。使学者各得所入，庶不疑其所行云。时嘉靖甲寅夏六月，门人钱德洪序。

重刻传习录序

聂豹

《传习录》者，门人录阳明先生之所传者而习之，盖取孔门"传不习乎"之义也。匪师弗传，匪传弗觉，先生之所以觉天下者，其于孔门何以异哉？夫传不习，孔犹弗传也。

孔门之传，求仁而已矣。孟子曰："仁，人心也。"孟子之求心，即孔门之求心也。然心无形而有知也。知外无心，惟知为心；物外无知，何知非物？

予尝闻先生之教矣。学本良知，致知为学。格物者，致知之功也。学致良知，万物皆备，神而明之，广矣，大矣。故曰："知皆扩而充之，足以保四海，无他，达之天下也。"孟子之学孔子者，其在兹乎？

祖述孔、孟，宪章周、程，先生之所得亦深矣。而或者犹异之，云其殆于仁，心、知、物之义有未达欤。

盖仁即心也，心即知也，知即物也。外物以求知者，为虚寂；外知以求心者，为枯槁；外心以求仁者，为袭取；外仁以求学者，为泛滥灭裂，此二氏、五伯、百家之学所以毒天下。如以文辞而已者，今之陋也，去益远矣，毒滋甚焉。

良知者，通天地万物为一体也。忍其毒而弗之觉，犹弗知也。此先生之传，殆有不容已焉者耳。

是录也，答述异时，杂记于门人之手，故亦有屡见而复出者。间尝与陈友惟浚，重加校正，删复纂要，总为六卷，刻之于闽，以广先生之觉焉。

刻阳明先生传习录序

孙应奎

学以尽性也。性者存发而无内外，故博文约礼，集义养气之训，孔、孟之所以教万世学之者。而或少异焉，是外性也，斯异端矣。应奎不敏，弱冠如知有所谓圣贤之学。时先生倡道东南，因获师事焉。忆是时先生独引之天泉楼口，授大学首章，至"致知格物"曰："知者，良知也，天然自有即至善也。物者，良知所知之事也。格者，格其不正以归于正也。格之，斯实致之矣。"及再见，又手授二书。其一《传习录》。且曰："是《录》吾之所为学者，尔勿徒深藏之可也。"应奎请事于斯几三十年，每思讲授至意，恐卒为先生罪人，故有独苦心而莫敢以语人者。然间尝以其所见一斑参之孔、孟。夫心之纯粹以精森然而条理者，非礼乎？即此礼之见于日用而有度数之可纪，谓之"文"，然以其体事而无不在，故曰"博"。心之刚大，配天地而不御者，非"气"乎？即此气之流行当其可，谓之"义"，然以其无时无处而可失，故曰"集"。心之虚明灵觉洞然而不昧者，非"知"乎？即此知之应感而该乎人伦事变，谓之"物"，然以其有物有则而不可有过不及之差，故曰"格"。故致其知于格物也。养其气于集义也，约其礼于博文也，皆理其性之发者，而非外也。博文以约此礼也，集义以养此气也，格物以致此知也，皆体其性之存者，而非内也。盖自其敛于无，似存而常体未常息；自其章于有，似发而常体未常易。存发无先后，体用无内外，斯性之妙也。故先生之所自得，虽未敢辄拟其所至，而先生之学则断然信其为上接孔、孟，而以俟后圣于不惑者也。

兹应奎较艺衡水，涉洞庭，登祝融，访石鼓，跂乎濂溪之上，有余慨焉。道不加闻而年则逮矣，固愿窃有豪杰者出，以翼吾之往也。同志蔡子子木守衡，则已群多士，而摩之以性命之学，亦浸浸乎有兴矣。应奎因乐与成之，乃出先生旧所手授《传习录》，俾刻置石鼓书院。

噫。性灵在人，得无有默契斯旨而成之德行者乎？则于先生之道亦庶几焉，又何憾矣。嘉靖三十年夏五月壬寅，同邑门人孙应奎谨序。

叙传习录后

蔡汝楠

《传习录》者，阳明先生之门人录师传之指，图相与习之者也。先生曾以是录手授今文宗蒙泉孙公，公按部至衡，令汝楠刻置石鼓书院，而公为之序，概括学以尽性之一言。盖先生之学，致知而已矣。今发明之曰"学以尽性"，何也？曰：人之有心，性即吾心之体也；心之有性，知即吾性之灵也。自此知杂揉，或虑真妄决择之难，不知本然之体昭明灵觉，本无所昧，动于意而知能杂揉，亦即此体足以自知而决择之，著诚去伪，不容不力至于无有乎弗良，则无有乎弗诚。故知也者，诚之源也。自此知渺微，或虑酬酢变化之难，不知本然之体圆莹洞彻，本无所遗，交乎物而客形变化，亦即此体足以尽物而精察之，博学切问，不容不至，至于无有乎弗格，则无有乎弗良。故知也者，物之则也。同此知谓之性，致此知谓之学。周旋物则，充积诚意，发之肫肫然不可已，极于高高乎不可尚。合内外，一寂感，是谓天性之尽而至善之止也。以此而质于往圣：其曰："道心之微"，即良知之发也；其曰"惟精惟一"，一此道心，即致知而诚也。"博文"，则知贯乎物而无有不格；"约礼"，则知皆天理而无有不诚。固质之而不谬。以此而证之前贤，"未发之中"，此知之中涵；"即发之和"，此知之贯彻。义而曰"集"，即物无不正；配义与道，即意无不诚。亦参之而不惑。故致知尽性之说，传而习之，及门之徒不能不录。而蒙泉孙公广先生手授之泽，亦自恶可已也。惟《录》名"传习"，则传习之指非曾子独得孔氏之宗者乎？尝观圣门之宗独归曾氏，而曾子称服吾友则惟颜子。二贤之在当时，颜子尝识圣道之高深变化矣，曾子尝亲受大学、孝经之指矣，然所谓传习者，岂在是哉？颜子之学，博我之文，约我之礼，竭吾之才，然后卓见圣道至，虽欲从圣人而求之亦自无由。曾子之学，自察自欺，自求自慊，必慎独知，然后竟以鲁得之至，虽欲媲有若之似圣人，亦不可得传而习之，斯其至矣。然则斯录盛传海内，君子以能演先生良知之训为传习乎？抑自信自知，何者为良，先明乎善，益进于诚，凡功利之溺此良知，夸门之障此良知，意见之害此良知，皆如自治病养，自致其力，以自有之知，尽自有之性，以此尊其所闻为传习矣乎？呜呼。先生之学，真孔氏秘传，而以先生之道，反身而自得之，如颜、曾之善习者谁也？敢告同志相最善习，庶无负先生传教之意云尔。时嘉靖辛亥夏日，门下后学德清蔡汝楠谨书。

刻传习录序

焦竑

国朝理学，开于阳明先生。当时法席盛行海内，谈学者无不禀为楷模，至今称有闻者，皆其支裔也。然先生既没，传者浸失其真，或以知解自多而实际未诣，或以放旷自恣而检柙不修，或以良知为未尽而言寂言修，画蛇添足。呜呼，未实致其力而藉为争名挟胜之资者，比比皆是。今《传习录》具在，学者试虚心读之，于今之学者为异为同，居可见矣。此不独征之庶民难于信从，而反于良知必有不自安者。杨侯为翼州夺，修政之暇，思进厥士民于学，而刻是编，以嘉惠之。语云："君子学道则爱人，小人学道则易使也。"自是四方之观者，以爱人验侯，而又以易使验州人，令先生之道大光于信都，而一洗承学者之谬，余之愿也。乃不揆而序以贻之。

重刻王阳明先生传习录序

刘宗周

良知之教，如日中天。昔人谓："天不生仲尼，万古如长夜。"然使三千年而后，不复生先生，又谁与取日虞渊，洗光咸池乎？

盖人皆有是心也，天之所以与我者，本如是。其虚灵不昧，以具众理而应万事，而不能不蔽于物欲之私，学则所以去蔽而已矣。故《大学》首揭"明明德"为复性之本，而其功要之"知止"。又曰："致知在格物。"致知之知，不离本明；格物之至，祇是知止。即本体即工夫。故孟子遂言"良知"云。

孔、孟既殁，心学不传，浸淫而为佛、老、荀、杨之说；虽经程、朱诸大儒讲明教正，不遗余力，而其后复束于训诂，转入支离，往往析心与理而二之；求道愈难，而去道愈远，圣学遂为绝德。于是先生特本程、朱之说，而求之以直接孔、孟之传，曰"致良知"，可谓良工苦心。自此人皆知吾之心即圣人之心，吾心之知则圣人之无不知，而作圣之功初非有加于此心、此知之毫末也。则先生恢复本心之功，岂在孟子道性善后欤？

《传习录》一书，得于门人之所睹记语。语三字，符也。学者亦既家传而户诵之。以迄于今，百有余年，宗风渐替。宗周妄不自揣，窃尝掇拾绪言，日与乡之学先生之道者，群居而讲求之，亦既有年所矣。

裔孙士美，锐志绳武，爱取旧本，稍为订正，而以亲经先生裁定者四卷为《正录》。先生没后，钱洪甫增入一卷为《附录》，重梓之，以惠吾党，且以请于余曰："良知之说，以救宋人之训诂，亦因病立方耳。及其弊也，往往看良知太见成，用良知太活变；高者玄虚，卑者诞妄。其病反甚于训诂，则前辈已开此逗漏。《附录》一卷，僭有删削，如苏、张得良知妙用等语，讵可重令后人见乎？总之，不执方而善用药，期于中病而止，惟吾子有赐言。"余闻其说而韪之，果若所云，即请药之以先生之教。

盖先生所病于宋人者，以其求理于心之外也。故先生言理曰天理，一则曰天理，再则曰存天理而遏人欲，且累言之而不足，实为此篇真骨脉。

而后之言良知者，或指理为障，几欲求心于理之外矣。夫既求心于理之外，则见成活变之弊，亦将何所不至乎。夫良知本是见成，而先生自谓"从万死中得来"，何也？亦本是变动不居，而先生云"能戒慎恐惧者"，是又何也？先生盖曰"吾学以存天理而遏人欲"云尔，故又曰"良知即天理"。其于学者直下顶门处，可为深切著明。程伯子曰："吾学虽有所受，然天理二字却是自家体认出来。"至朱子解"至善"，亦云："尽乎天理之极，而无一毫人欲之私者。"先生于此亟首肯。则先生之言，固孔、孟之言，程、朱之言也。而一时株守旧闻者，骤诋之曰"禅"。后人因其禅也，而禅之转借先生立帜。自此大道中分门别户，反成燕越。而至于人禽之几，辄喜混作一团，不容分疏，以为良知中本无一切对待。由其说，将不率天下而禽兽，食人不已。甚矣。先生之不幸也。

斯编出，而吾党之学先生者，当不难晓然自得其心，以求进于圣人之道。果非异端曲学之可几，则道术亦终归于一，而先生之教所谓亘万古而尝新也。遂书之简末，并以告之同志。愧斤斤不脱训诂之见，有负先生苦心，姑藉手为就正有道地云。

重刻传习录序

朱衡

昔濂溪周子倡独悟之学于天下，当其时乃有疑其所自出者，至于久而后定。宋儒既远，经生牵制文义久矣。阳明先生揭良知之旨，力拯群迷，而四方之人始而骇，继而疑，至呶呶以相訾，先生处群猜众咻之中而不自恤，于是疑信者相半之。夫周子之学，后世所宗，奚独疑于当时之人哉？

彼人之情，胶于故而又伐乎异也。无极之极自柳子言之，以其出自柳子而疑之也，固宜。乃若良知之学，根诸孟氏，而《大学》以致知为教，此不可以信哉？先生之学，简易直截，然非径造者所能至。其为教也，神机无方，然要其宗旨，则一言之垂于世者伙矣。而其剖析精明，读之而易入，触之而易从，自谓无意中得此一助者，即今所传传习录是已。晚年揭良知二字，直指本体，使学者自察自融，一切翳蔽之私，莫可遁焉，则

青花缠枝莲纹玉壶春瓶

《大学问》致知之说悉之。今去先生之世余二纪，读其书者，靡不悦而宗之，私淑之士多于及门之徒，则先生之学，人固翕然信矣。虽然，微言日湮，中行复鲜，士往往以资之所近，见之所及以为学。故有厌物情之纷挠，惩训述之支离，而遗境言心，任识作悟，恣意为率性者。而又或求先生于无不知不能之中，揣靡凑合，自以为道在是矣。嗟乎。心之本体，虚灵变化，至神至易，而范围曲成，通知之道寓乎其中。戒慎恐惧，全此本体，三千三百，悉自此而出之，初无寂感内外可言，而可歧而二之，袭而取之也乎。故昔之学者，古训是式，择准绳而蹈之，然犹有执古而行，行不越轨之士，其究也迂曲而不遁，方今也或是之亡也。昔之人，其学未必是，而其人则可信；今之人，其学未必非，而问其人则不然矣。故曰贤不肖者，道不明之端也。子夏□圣人之一体，乃流之为□□□师□而□□老佛者，非程氏之门人□圣贤之学，何尝弊哉？不由心得其流则然。□□□□有作圣之志，从心悟入，既□□□□□天则，取先生之言而显证焉，可

□□□□□言而爽焉。失其故，毅然自任，行著习察，则不失为缘，闻入悟之士，是之曰"躬行心得之学"；而合异坚离，相应相求，使风俗莫不一于正，以助国家元气，则先生之学大明于世，其谁不信之哉？

侍御古林沈君，学先生之学者也。按闽之暇，取《传习录》《大学问》《朱子晚年定论》，手订付梓，播诸学宫弟子员。噫。君之嘉惠多士至矣哉。濂溪之学，扩大于程氏，乃有载之而南者，遂开八闽道学之盛，至方以邹、鲁。先生之学，今既南矣，古林□□明而振道之，豪杰林立，夫非昔之闽与。笃信力行，自成自道，引先生之绪，而遂濂洛之源，俾邹、鲁之盛复见于今日，兹非所望于多士者乎？某不敏，媿无以光之，敬书简末，用申告焉。

刻传习全录序

查铎

昔阳明先生倡明绝学，单提致良知以立教，一时学者狃于旧说，且信且疑，自《传习录》一出，信从者始众。先生自谓无意中得此一助。今读其书，因病用药，虽人人殊，然简易平寔，直指人心之同然。如布帛粟菽，不离日用，众人皆可以与能而求其至，虽圣人有不能尽者，真圣学正脉也。但世之学者多未知，"知"字下落，又未知"致"字工夫。故以闻见求知者失则浅，以了悟求知者失则难，随事照管者失则离根，缶内寻求者失则厌动。至其学之而不得力，遂疑其说之为虚，而先生之传始失其真矣。铎习闻师友之教有年矣，支离影响，竟无所得，仕楚以来，稍稍收敛精神，默识而体验之，始知所谓良知即此心之觉，所谓致知即此心之常觉也。随人各足，原无欠缺，有感即通，原无等待，虽当昏迷之时，此知自不能息，忽焉有觉，则本体洞然。故此一觉真如大梦之得醒也，如太阳一出魍魉潜消也，如出诸罟获陷阱而登之中庸之坦途也。此人心本然之良，天之所以与我者，本如是也。但不能常觉，则旋入于迷耳。迷觉之间虽微，而圣狂之分，生死之几，寔系于此不可以不慎也。苟能自此一觉而继续之，时时见得有过可改，有善可迁，彻底扫荡以收廓清之功，不徒旋觉而旋迷，是谓缉熙□□，是谓致知之实功也。间以是语诸同志，无不跃然而兴起者，以是益信良知之同然，而圣学之正脉在是也。醴陵曾学博，盖尝实致其知而有得者，余奉委过星沙，得与尽论，又见一时从者，皆知所向□，盖真处感人自不同也。因共议□赀，刻《传习全录》于学，以为致知之一助。刻既成，索余言以叙诸首。

读传习录有言

唐尧臣

阳明先生之学，得徐曰仁而后同志之习始专，得钱洪甫、王汝中而后先生之传愈益不匮，格物致知之论，百世以俟圣人而不惑者也。补亡于误本，胶固于成心，功利于科目之资，门墙之内，且有疑而未信者，况其他乎？曰仁首编是录，开厥来人，于是朋至斯孚，而良知之说达之天下无间也。不然，管斑改睫，瓦缶盈聪，入闻而乐，出见而悦者，世岂无人哉？故曰："得徐曰仁而后同志之习始专。"先生没，距今三十年，有志之士闻风而兴起焉者相踵也。然岂无因歧泣路，舍辙寻途，索肖于言行气象之似者乎？而良知宗旨几谢前人矣。洪甫、汝中力赞而允，终之归守天真，瞻依俎豆，于是后进之士，日信日真，而贞明不眩。不然，河上谈玄，漆园说梦，起斯作用，陆、郑名家，不必求之异代也。故曰："得钱洪甫、王汝中而后先生之传愈益不匮。"虽然，先生之教，录可得而载也，其所以为教，录不可得而载也。信以不言，成之默契，传必求其可习，习不失其所传，存乎人焉耳。噫。微斯人，吾谁与归？嘉靖三十有七年戊午人日，门人南昌唐尧臣顿首百拜，谨书于天真书院之云泉楼。

王阳明先生传习录集评序

孙锵

古之立德、立功、立言于天下者，是谓三不朽，然求其能兼是三者，其惟我姚江王先生乎。先生经济文章，震铄今古，无不本学问而出，故其言学之书，莫粹于《传习录》。是录刻于其门人徐爱、钱德洪、南大吉辈，今皆无传本单行。近世湖南有《全集》本，浙江有《全书》本，若江南制造局本，则由黔本翻出，而上海明明学社、成都文伦书局，又从制造局本翻印，皆所谓《集要三种》本也。顾《集要》本，选自余姚施忠愍公邦曜，其中王嘉秀、梁日孚、冀惟乾三条，皆错简相沿，久未更正。成都国学研究会刻有单行《传习录》，虽前三条不误，而讹别尚多。近于申江购得江汉书院旧刻本，尚称完善。鄞县张咏霓君，以《集要》本可以此正误也，遂怂恿付印。余又将余姚施公邦曜、山阴刘公宗周、容城孙公奇逢、余姚黄公宗羲、浏阳陶公浔霍，以及近人新会梁启超君等各家总评散评，汇录书内，虽详略不同，其足为是书启发一也。

昔孟子有曰："上无礼，下无学；贼民兴，丧无日矣。"夫礼乐由政府出，非人民所敢议；若学也者，固古之人所谓化民成俗，其必由是焉者也。然以下之无学，故而即有贼民之兴，即有丧亡之惨，则可见救亡之必以学也明矣。窃维古来言学之书，其为深切著明、易知易从者，循其本，惟《大学》《中庸》；救其末，则王子《传习录》其尤要也。《录》之言"致良知"也，言"知行合一"也，言"必有事而勿忘勿助"也，亦惟曰"慎独"，曰"戒慎恐惧"而已矣。自维桑海余生，分当蜷伏牖下，独念顾亭林氏有"天下兴亡，匹夫与责"之语，用是昕夕冰兢，不自暇逸，亲与抄纂，校付手民，亦欲俾天下学子，分科学之力，致力于此，他日处为纯儒，出为循吏，其于世人所希冀愿望于国利民福者，不将有大慰之一日矣乎。中华民国三年甲寅夏至日，后学奉化孙锵玉叟甫识于甬上君子营之旅遁轩。

再版传习录集评序

孙锵

去年余校印王阳明先生《传习录集评》，其本文惟据武昌江汉书院藏版，刷印未久，颇已风行海内矣。旋由日本留学界寄来云井龙雄氏之《传习录》手抄本，观所采用，有井上氏、吉村氏、三轮氏、高濑氏诸说，始知日本王学之盛胜我中华远甚。至今年岁初，有事东渡，得游其京都图书馆，检阅存目，有《日本阳明学派之哲学》，则井上哲次郎著也；《阳明学真髓》，则春日升一郎也；《王阳明人物养成谈》，则木村鹰次郎也；《精神教育阳明学阶梯》，则高濑武次郎也；《阳明学一种》，则吉本襄也；《王学提纲》，则吉村晋也；《传习录写本》，则三轮执斋也。余于是就图书馆之目，求之其书肆，除井上、春日、高濑诸书各有购获外，又购有三轮希贤之《传习录标注》、佐藤坦之《传习录栏外书》、东敬治之《传习录讲义》与《阳明学要义》，又有三宅雄二郎与亘理章三郎之《王阳明书》，又宫内默藏之《王学指南》、高濑武次郎之《阳明学新论》与《日本之阳明学》，凡一十二种，其所谓《养成谈》《王学阶梯》及《王阳明活眼》等目，则未见者尚多也。六月暑假，余第三子河环归自神户商校，又购有高濑氏新著之《王阳明详传》。呜呼美哉。何日本王学之盛有如此欤。人徒见海东三岛数十年来，骤跻于欧美诸大国之列，以为其富且强焉若是，而不知其得力于阳明学者，乃直认而不讳，且《祥传》初版在今岁大正四年六月，则日本之王学固方兴而未艾也。

夫阳明先生，吾浙之先儒也，其所提倡学说，吾国孔孟以来相传之学说也，非如各种新科学，必移译东西洋各国新书，始能输进文明者。比而中国顾积弱不振，况而愈下，未见有崇拜阳明，如日本西乡隆盛者，抑又何也？盖自有明亡国，归狱东林，清初诸儒兢以排斥王学为正派，遂使通国举子讳言王学，其可惜也。中国通使日本已四五十年，唐宋古本多所采辑，加古逸丛书诸刻，而于日本之王学，未见有归饷国人，以为国家根本之计者，则爱国心之薄弱亦可见矣。虽新会梁氏著有《节本明儒学案》及《德育鉴》一书，亦日因其为国事逋亡，而惧购其书，则清国之亡也忽焉，亦固其宜耳。吾观日本所出之《传习录》，前后卷帙，大都循用旧本次第，且多所考证以征其实。故今亦不用江汉书院之本，仍分上中下三卷，而末卷之附录亦各择要采辑年谱，今并补入，则《明儒学案》之略传亦不复赘焉。世有维持国运、保存国粹之君子，将无于此而加之意耶？中华民国四年腊八前五日，后学奉化孙锵书于杭垣南屏重建两浙节孝总祠事务所中。

卷一 语录一

《传习录》上

徐爱录

先生于《大学》"格物"诸说，悉以旧本为正，盖先儒所谓误本者也。爱始闻而骇，既而疑，已而殚精竭思，参互错综，以质于先生，然后知先生之说，若水之寒，若火之热，断断乎百世以俟圣人而不惑者也。先生明睿天授，然和乐坦易，不事边幅。人见其少时豪迈不羁，又尝泛滥于词章，出入二氏之学，骤闻是说，皆目以为立异好奇，漫不省究。不知先生居夷三载，处困养静，精一之功，固已超入圣域，粹然大中至正之归矣。

爱朝夕炙门下，但见先生之道，即之若易，而仰之愈高；见之若粗，而探之愈精，就之若近，而造之愈益无穷。十余年来，竟未能窥其藩篱。世之君子，或与先生仅交一面，或犹未闻其謦欬，或先怀忽易愤激之心，而遽欲于立谈之间，传闻之说，臆断悬度。如之何其可得也？从游之士，闻先生之教，往往得一而遗二。见其牝牡骊黄而弃其所谓千里者。故爱备录平日之所闻，私以示夫同志，相与考而正之，庶无负先生之教云。门人徐爱书。

爱问："'在亲民'，朱子谓当作'新民'。后章'作新民'之文似亦有据。先生以为宜从旧本作'亲民'，亦有所据否？"

先生曰："'作新民'之'新'是自新之民，与'在新民'之'新'不同，此岂足为据？'作'字却与'亲'字相对，然非'新'字义。下面'治国平天下'处，皆于'新'字无发明，如云'君子贤其贤而亲其亲，小人乐其乐而利其利'；'如保赤子'；'民之所好好之，民之所恶恶之，此之谓民之父母'之类，皆是'亲'字意。'亲民'犹如《孟子》'亲亲仁民'之谓，'亲之'即'仁之'也。'百姓不亲'，舜使契为司徒，'敬敷五教'，所以亲之也。《尧典》'克明峻德'便是'明明德'。'以亲九族'至'平章'、'协和'，便是'亲民'，便是'明明德于天下'。又如孔子言'修己以安百姓'，'修己'便是'明明德'，'安百姓'便是'亲民'。说'亲民'便是兼教养意，说'新民'便觉偏了。"

爱问："知止而后有定'，朱子以为'事事物物皆有定理'，似与先生之说相戾。"

先生曰："于事事物物上求至善，却是义外也。至善是心之本体，只是'明明德'到'至精至一'处便是，然亦未尝离却事物，本注所谓'尽夫天理之极，而无一毫人欲之私'者得之。"

爱问："至善只求诸心，恐于天下事理，有不能尽。"

先生曰："心即理也。天下又有心外之事，心外之理乎？"

爱曰："如事父之孝，事君之忠，交友之信，治民之仁，其间有许多理在，恐亦不可不察。"

先生叹曰："此说之蔽久矣，岂一语所能悟？今姑就所问者言之。且如事父，不成去父上求个孝的理；事君，不成去君上求个忠的理；交友、治民，不成去友上、民上求个信与仁的理。都只在此心。心即理也。此心无私欲之蔽，即是天理，不须外面添一分。以此纯乎天理之心，发之事父便是孝，发之事君便是忠，发之交友、治民便是信与仁。只在此心去人欲、存天理上用功便是。"

爱曰："闻先生如此说，爱已觉有省悟处。但旧说缠于胸中，尚有未脱然者。如事父一事，其间温凊定省之类，有许多节目，不亦须请求否？"

先生曰："如何不请求？只是有个头脑，只是就此心去人欲、存天理上请求。就如讲求冬温，也只是要尽此心之孝，恐怕有一毫人欲间杂；讲求夏凊，也只是要尽此心之孝，恐怕有一毫人欲间杂；只是讲求得此心。此心若无人欲，纯是天理，是个诚于孝亲的心，冬时自然思量父母的寒，便自要去求个温的道理；夏时自然思量父母的热，便自要去求个凊的道理。这都是那诚孝的心发出来的条件。却是须有这诚孝的心，然后有这条件发出来。譬之树木，这诚孝的心便是根，许多条件便是枝叶，须先有根，然后有枝叶，不是先寻了枝叶，然后去种根。《礼记》言：'孝子之有深爱者，必有和气；有和气者，必有愉色；有愉色者，必有婉容。'须是有个深爱做根，便自然如此。"

郑朝朔问："至善亦须有从事物上求者？"

先生曰："至善只是此心纯乎天理之极便是，更于事物上怎生求？且试说几件看。"

朝朔曰："且如事亲，如何而为温凊之节，如何而为奉养之宜，须求个是当，方是至善。所以有学问思辩之功。"

先生曰："若只是温清之节、奉养之宜，可一日二日讲之而尽，用得甚学问思辩？惟于温清时也只要此心纯乎天理之极；奉养时也只要此心纯乎天理之极，此则非有学问思辩之功，将不免于毫厘千里之谬。所以虽在圣人，犹加'精一'之训。若只是那些仪节求得是当，便谓至善，即如今扮戏子，扮得许多温清奉养的仪节是当，亦可谓之至善矣。"

爱于是日又有省。

爱因未会先生"知行合一"之训，与宗贤、惟贤往复辩论，未能决，以问于先生。先生曰："试举看。"

爱曰："如今人尽有知得父当孝、兄当弟者，却不能孝、不能弟，便是知与行分明是两件。"

先生曰："此已被私欲隔断，不是知行的本体了。未有知而不行者。知而不行，只是未知。圣贤教人知行，正是要复那本体，不是着你只恁的便罢。故《大学》指个真知行与人看，说'如好好色，如恶恶臭'。见好色属知，好好色属行。只见那好色时已自好了，不是见了后又立个心去好。闻恶臭属知，恶恶臭属行。只闻那恶臭时已自恶了，不是闻了后别立个心去恶。如鼻塞人虽见恶臭在前，鼻中不曾闻得，便亦不甚恶，亦只是不曾知臭。就如称某人知孝、某人知弟，必是其人已曾行孝行弟，方可称他知孝知弟，不成只是晓得说些孝弟的话，便可称为知孝弟。又如知痛，必已自痛了方知痛；知寒，必已自寒了；知饥，必已自饥了。知行如何分得开？此便是知行的本体，不曾有私意隔断的。圣人教人，必要是如此，方可谓之知。不然，只是不曾知。此却是何等紧切着实的功夫！如今苦苦定要说知行做两个，是甚么意？某要说做一个，是甚么意？若不知立言宗旨，只管说一个两个，亦有甚用？"

爱曰："古人说知行做两个，亦是要人见个分晓，一行做知的功夫，一行做行的功夫，即功夫始有下落。"

先生曰："此却失了古人宗旨也。某尝说知是行的主意，行是知的功夫；知是行之始，行是知之成。若会得时，只说一个知，已自有行在；只说一个行，已自有知在。古人所以既说一个知又说一个行者，只为世间有一种人，懵懵懂懂的任意去做，全不解思惟省察，也只是个冥行妄作，所以必说个知，方才行得是。又有一种人，茫茫荡荡悬空去思索，全不肯着实躬行，也只是个揣摸影响，所以必说一个行，方才知得真。此是古人不得已补偏救弊的说话，若见得这个意时，即一言而足，今人却就将知行分作两件去做，以为必先知了，然后能行。我如今且去讲习讨论做知的功夫，待知得真了，方去做行的功夫。故遂终身不行，亦遂终身不知。此不是小病痛，其来已非一日矣。某今说个知行合一，正是对病的药。又不是某凿空杜撰，知行本体原是如此。今若知得宗旨时，即说两个亦不妨，亦只是一个。若不会宗旨，便说一个，亦济得甚事？只是闲说话。"

爱问："昨闻先生'止至善'之教，已觉功夫有用力处。但与朱子'格物'之训，思之终不能合。"

先生曰："'格物'是'止至善'之功，即知'至善'即知'格物'矣。"

爱曰："昨以先生之教推之格物之说，似亦见得大略。但朱子之训，其于《书》之'精一'，《论语》之'博约'，《孟子》之'尽心知性'，皆有所证据，以是未能释然。"

先生曰："子夏笃信圣人，曾子反求诸己。笃信固亦是，然不如反求之切。今既不得于心，安可狃于旧闻，不求是当？就如朱子，亦尊信程子，至其不得于心处，亦何尝苟从？'精一'、'博约'、'尽心'本自与吾说吻合，但未之思耳。朱子'格物'之训，未免牵合附会，非其本旨。精是一之功，博是约之功。曰仁既明知行合一之说，此可一言而喻。'尽心、知性、知天'是'生知安行'事；'存心、养性、事天'是'学知利行'事。'夭寿不贰，修身以俟'是'困知勉行'事。朱子错训'格物'，只为倒看了此意，以'尽心知性'为'物格知至'，要初学便去做'生知安行'事，如何做得？"

爱问："'尽心知性'何以为'生知安行'？"

先生曰："性是心之体，天是性之原，尽心即是尽性。'惟天下至诚为能尽其性，知天地之化育'，存心者，心有未尽也。知天，如知州、知县之'知'，是自己分上事，已与天为一；事天，如子之事父，臣之事君，须是恭敬奉承，然后能无失，尚与天为二，此便是圣贤之别。至于'夭寿不贰'其心，乃是教学者一心为善，不可以穷通夭寿之故，便把为善的心变动了。只去修身以俟命，见得穷通寿夭有个命在，我亦不必以此动心。'事天'虽与天为二，已自见得个天在面前；'俟命'便是未曾见面，在此等候相似。此便是初学立心之始，有个困勉的意在。今却倒做了，所以使学者无下手处。"

爱曰："昨闻先生之教，亦影影见得功夫须是如此。今闻此说，益无可疑。爱昨晚思'格物'的'物'字即是'事'字，皆从心上说。"

先生曰："然。身之主宰便是心，心之所发便是意，意之本体便是知，意之所在便是物。如意在于事亲，即事亲便是一物；意在于事君，即事君便是一物；意在于仁民爱物，即仁民爱物便是一物；意在于视听言动，即视听言动便是一物。所以某说无心外之理，无心外之物。《中庸》言'不诚无物’，《大学》‘明明德’之功，只是个诚意，诚意之功，只是个格物。”

先生又曰：“‘格物’如《孟子》‘大人格君心’之‘格’，是去其心之不正，以全其本体之正。但意念所在，即要去其不正以全其正，即无时无处不是存天理，即是穷理。‘天理’即是‘明德’，穷理即是‘明明德’。”

又曰：“知是心之本体，心自然会知。见父自然知孝，见兄自然知弟，见孺子入井自然知恻隐，此便是良知，不假外求。若良知之发，更无私意障碍，即所谓‘充其恻隐之心，而仁不可胜用矣’。然在常人，不能无私意障碍，所以须用‘致知’‘格物’之功。胜私复理，即心之良知更无障碍，得以充塞流行，便是致其知。知致则意诚。”

爱问：“先生以‘博文’为‘约礼’功夫，深思之未能得，略请开示。”

先生曰：“‘礼’字即是‘理’字。‘理’之发见可见者谓之‘文’；‘文’之隐微不可见者谓之‘理’，只是一物。‘约礼’只是要此心纯是一个天理。要此心纯是天理，须就‘理’之发见处用功。如发见于事亲时，就在事亲上学存此天理；发现于事君时，就在事君上学存此天理；发见于处富贵、贫贱时，就在处富贵、贫贱上学存此天理；发见于处患难、夷狄时，就在处患难、夷狄上学存此天理。至于作止语默，无处不然，随他发见处，即就那上面学个存天理。这便是‘博学之于文’，便是‘约礼’的功夫。‘博文’即是‘惟精’，‘约礼’即是‘惟一’。”

爱问：“‘道心常为一身之主，而人心每听命。’以先生‘精一’之训推之，此语似有弊。”

先生曰：“然。心一也，未杂于人谓之道心，杂以人伪谓之人心。人心之得其正者即道心，道心之失其正者即人心，初非有二心也。程子谓‘人心即人欲，道心即天理'，语若分析而意实得之。今曰'道心为主，而人心听命'，是二心也。天理人欲不并立，安有天理为主，人欲又从而听命者？"

爱问文中子、韩退之。先生曰："退之，文人之雄耳。文中子，贤儒也。后人徒以文词之故，推尊退之，其实退之去文中子远甚。"

爱问："何以有拟经之失？"

先生曰："拟经恐未可尽非。且说后世儒者著述之意，与拟经如何？"

爱曰："世儒著述，近名之意不无，然期以明道。拟经纯若为名。"

先生曰："著述以明道，亦何所效法？"

曰："孔子删述'六经'，以明道也。"

先生曰："然则拟经独非效法孔子乎？"

爱曰："著述，即于道有所发明。拟经，似徒拟其迹，恐于道无补。"

先生曰："子以明道者，使其反朴还淳而见诸行事之实乎？抑将美其言辞而徒以说说于世也？天下之大乱，由虚文胜而实行衰也。使道明于天下，则'六经'不必述。删述'六经'，孔子不得已也。自伏羲画卦，至于文王、周公，其间言《易》，如《连山》《归藏》之属，纷纷籍籍，不知其几，《易》道大乱。孔子以天下好文之风日盛，知其说之将无纪极，于是取文王、周公之说而赞之，以为惟此为得其宗。于是纷纷之说尽废，而天下之言《易》者始一。《书》《诗》《礼》《乐》《春秋》皆然。《书》自《典》《谟》以后，《诗》自《二南》以降，如《九丘》《八索》，一切淫哇逸荡之词，盖不知其几千百篇；《礼》《乐》之名物度数，至是亦不可胜穷。孔子皆删削而述正之，然后其说始废。如《书》《诗》《礼》《乐》中，孔子何尝加一语？今之《礼记》诸说，皆后儒附会而成，已非孔子之旧。至于《春秋》，虽称孔子作之，其实皆鲁史旧文。所谓'笔'者，笔其旧；所谓'削'者，削其繁，是有减无增。孔子述'六经'，惧繁文之乱天下，惟简之而不得，使天下务去其文以求其实，非以文教之也。《春秋》以后，繁文益盛，天下益乱。始皇焚书得罪，是出于私意，又不合焚'六经'。若当时志在明道，其诸反经叛理之说，悉取而焚之，亦正暗合删述之意。自秦、汉以降，文又日盛，若欲尽去之，断不能去。只宜取法孔子，录其近是者而表章之，则其诸怪悖之说，亦宜渐渐自废。不知文中子当时拟经之意如何？某切深有取于其事，以为圣人复起，不能易也。天下所以不治，只因文盛实衰。人出己见，新奇相高，以眩俗取誉，徒以乱天下之聪明，涂天下之耳目，使天下靡然争务修饰文词，以求知于世，而不复知有敦本尚实、反朴还淳之行，是皆著述者有以启之。"

爱曰："著述亦有不可缺者，如《春秋》一经，若无《左传》，恐亦难晓。"

先生曰："《春秋》必待《传》而后明，是歇后谜语矣。圣人何苦为此艰深隐晦之词？《左传》多是《鲁史》旧文，若《春秋》须此而后明，孔子何必削之？"

爱曰："伊川亦云'传是案，经是断'。如书弑某君、伐某国，若不明其事，恐亦难断。"

先生曰："伊川此言，恐亦是相沿世儒之说，未得圣人作经之意。如书'弑君'，即弑君便是罪，何必更问其弑君之详？征伐当自天子出，书'伐国'，即伐国便是罪，何必更问其伐国之详？圣人述'六经'，只是要正人心，只是要存天理、去人欲，于存天理、去人欲之事，则尝言之。或因人请问，各随分量而说，亦不肯多道，恐人专求之言语，故曰'予欲无言'。若是一切纵人欲、灭天理的事，又安肯详以示人？是长乱导奸也。故孟子云：'仲尼之门，无道桓、文之事者，是以后世无传焉。'此便是孔门家法。世儒只讲得一个伯者的学问，所以要知得许多阴谋诡计，纯是一片功利的心，与圣人作经的意思正相反，如何思量得通？"因叹曰："此非达天德者，未易与言此也。"

又曰："孔子云'吾犹及史之阙文也'；孟子云'尽信《书》不如无《书》，吾于《武成》取二三策而已'。孔子删《书》，于唐、虞、夏四五百年间不过数篇，岂更无一事？而所述止此，圣人之意可知矣。圣人只是要删去繁文，后儒却只要添上。"

爱曰："圣人作经，只是要去人欲、存天理。如五伯以下事，圣人不欲详以示人，则诚然矣。至如尧、舜以前事，如何略不少见？"

先生曰："羲、黄之世，其事阔疏，传之者鲜矣。此亦可以想见。其时全是淳庞朴素，略无文采的气象。此便是太古之治，非后世可及。"

爱曰："如《三坟》之类，亦有传者，孔子何以删之？"

先生曰："纵有传者，亦于世变渐非所宜。风气益开，文采日胜，至于周末，虽欲变以夏、商之俗，已不可挽，况唐、虞乎！又况羲、黄之世乎！然其治不同，其道则一。孔子于尧、舜则祖述之，于文、武则宪章之。文、武之法，即是尧、舜之道。但因时致治，其设施政令，已自不同。即夏、商事业施之于周，已有不合，故周公思兼三王，其有不合，仰而思之，夜以继日。况太古之治，岂复能行？斯固圣人之所可略也。"

又曰："专事无为，不能如三王之因时致治，而必欲行以太古之俗，即是佛、老的学术。因时致治，不能如三王之一本于道，而以功利之心行之，即是伯者以下事业。后世儒者许多讲来讲去，只是讲得个伯术。"

又曰："唐、虞以上之治，后世不可复也，略之可也；三代以下之治，后世不可法也，削之可也。惟三代之治可行。然而世之论三代者，不明其本，而徒事其末，则亦不可复矣！"

爱曰："先儒论'六经'，以《春秋》为史。史专记事，恐与'五经'事体终或稍异。"

先生曰："以事言谓之史，以道言谓之经。事即道，道即事。《春秋》亦经，'五经'亦史。《易》是庖牺氏之史，《书》是尧、舜以下史，《礼》《乐》是三代史。其事同，其道同，安有所谓异？"

又曰："'五经'亦只是史。史以明善恶，示训戒。善可为训者，时存其迹以示法；恶可为戒者，存其戒而削其事以杜奸。"

爱曰："存其迹以示法，亦是存天理之本然。削其事以杜奸，亦是遏人欲于将萌否？"

先生曰："圣人作经，固无非是此意，然又不必泥着文句。"

爱又问："恶可为戒者，存其戒而削其事以杜奸，何独于《诗》而不删郑、卫？先儒谓'恶者可以惩创人之逸志'，然否？"

先生曰："《诗》非孔门之旧本矣。孔子云'放郑声，郑声淫'。又曰'恶郑声之乱雅乐也'。'郑卫之音，亡国之音也'。此本是孔门家法。孔子所定三百篇，皆所谓雅乐，皆可秦之郊庙，奏之乡党，皆所以宣畅和平，涵泳德性，移风易俗，安得有此？是长淫导奸矣。此必秦火之后，世儒附会，以足三百篇之数。盖淫泆之词，世俗多所喜传，如今间巷皆然。'恶者可以惩创人之逸志'，是求其说而不得，从而为之辞。"

徐爱跋

爱因旧说汨没，始闻先生之教，实是骇愕不定，无入头处。其后闻之既久，渐知反身实践，然后始信先生之学为孔门嫡传，舍是皆傍蹊小径、断港绝河矣！如说"格物"是"诚意"的功夫，"明善"是"诚身"的功夫，"穷理"是"尽性"的功夫，"道问学"是"尊德性"的功夫，"博文"是"约礼"的功夫，"惟精"是"惟一"的功夫。诸如此类，始皆落落难合，其后思之既久，不觉手舞足蹈。

右曰仁所录。

陆澄录

陆澄问："主一之功，如读书则一心在读书上，接客则一心在接客上，可以为主一乎？"

先生曰："好色则一心在好色上，好货则一心在好货上，可以为主一乎？是所谓逐物，非主一也。主一是专主一个大理。"

问立志。先生曰："只念念要存天理，即是立志。能不忘乎此，久则自然心中凝聚，犹道家所谓'结圣胎'也。此天理之念常存，驯至于美大圣神，亦只从此一念存养扩充去耳。"

"日间功夫，觉纷扰则静坐，觉懒看书则且看书。是亦因病而药。"

"处朋友，务相下则得益，相上则损。"

孟源有自是好名之病，先生屡责之。一日，警责方已，一友自陈日来功夫请正。源从旁曰："此方是寻着源旧时家当。"

先生曰："尔病又发。"

源色变，议拟欲有所辨，先生曰："尔病又发。"因喻之曰："此是汝一生大病根。譬如方丈地内，种此一大树，雨露之滋，土脉之力，只滋养得这个大根。四傍纵要种些嘉谷，上面被此树叶遮覆，下面被此树根盘结，如何生长得成？须用伐去此树，纤根勿留，方可种植嘉种。不然，任汝耕耘培壅，只是滋养得此根。"

问："后世著述之多，恐亦有乱正学？"

先生曰："人心天理浑然，圣贤笔之书，如写真传神，不过示人以形状大略，使之因此而讨求其真耳。其精神意气，言笑动止，固有所不能传也。后世著述，是又将圣人所画，摹仿誊写，而妄自分析加增，以逞其技，其失真愈远矣。"

问："圣人应变不穷，莫亦是预先讲求否？"

先生曰："如何讲求得许多？圣人之心如明镜，只是一个明，则随感而应，无物不照，未有已往之形尚在，未照之形先具者。若后世所讲，却是如此，是以与圣人之学大背。周公制礼作乐以示天下，皆圣人所能为，尧、舜何不尽为之而待于周公？孔子删述'六经'以诏万世，亦圣人所能为，周公何不先为之而有待于孔子？是知圣人遇此时，方有此事。只怕镜不明，不怕物来不能照。讲求事变，亦是照时事，然学者却须先有个明的功夫。学者惟患此心之未能明，不患事变之不能尽。"

曰："然则所谓'冲漠无朕，而万象森然已具'者，其言如何？"

曰："是说本自好，只不善看，亦便有病痛。"

"义理无定在，无穷尽。吾与子言，不可以少有所得而遂谓止此也。再言之十年、二十年、五十年，未有止也。"他日又曰："圣如尧、舜，然尧、舜之上，善无尽；恶如桀、纣，然桀、纣之下，恶无尽。使桀、纣未死，恶宁止此乎？使善有尽时，文王何以'望道而未之见'？"

问："静时亦觉意思好，才遇事便不同，如何？"

先生曰：“是徒知静养而不用克己功夫也。如此，临事便要倾倒。人须在事上磨，方能立得住；方能‘静亦定、动亦定’。”

问上达功夫。先生曰：“后儒教人，才涉精微，便谓‘上达’，未当学，且说‘下学’。是分‘下学’、‘上达’为二也。夫目可得见，耳可得闻，口可得言，心可得思者，皆‘下学’也。目不可得见，耳不可得闻，口不可得言，心不可得思者，‘上达’也。如木之栽培灌溉，是‘下学’也；至于日夜之所息，条达畅茂，乃是‘上达’，人安能预其力哉？故凡可用功、可告语者，皆‘下学’，‘上达’只在‘下学’里。凡圣人所说，虽极精微，俱是‘下学’。学者只从‘下学’里用功，自然‘上达’去，不必别寻个‘上达’的功夫。”

“持志如心痛。一心在痛上，岂有功夫说闲话、管闲事。”

问：“‘惟精’、‘惟一’是如何用功？”

先生曰：“‘惟一’是‘惟精’主意，‘惟精’是‘惟一’功夫，非‘惟精’之外复有‘惟一’也。‘精’字从‘米’，姑以‘米’譬之。要得此米纯然洁白，便是‘惟一’意；然非加舂簸筛拣‘惟精’之功，则不能纯然洁白也。舂簸筛拣是‘惟精’之功，然亦不过要此米到纯然洁白而已。博学、审问、慎思、明辨、笃行者，皆所以为‘惟精’而求‘惟一’也。他如‘博文’者，即‘约礼’之功；‘格物致’知者，即‘诚意’之功；‘道问学’即‘尊德性’之功；‘明善’即‘诚身’之功。无二说也。”

“知者行之始，行者知之成。圣学只一个功夫，知行不可分作两事。”

“漆雕开曰：‘吾斯之未能信。’夫子说之。子路使子羔为费宰。子曰：‘贼夫人之子’。曾点言志，夫子许之。圣人之意可见矣。”

问：“宁静存心时，可为‘未发之中’否？”

先生曰："今人存心，只定得气。当其宁静时，亦只是气宁静，不可以为'未发之中'。"

曰："'未'便是'中'，莫亦是求'中'功夫？"

曰："只要去人欲、存天理，方是功夫。静时念念去人欲、存天理，动时念念去人欲、存天理，不管宁静不宁静。若靠那宁静，不惟渐有喜静厌动之弊，中间许多病痛，只是潜伏在，终不能绝去，遇事依旧滋长。以循理为主，何尝不宁静？以宁静为主，未必能循理。"

问："孔门言志，由、求任政事，公西赤任礼乐，多少实用。及曾皙说来，却似耍的事，圣人却许他，是意何如？"

曰："三子是有意必，有意必便偏着一边，能此未必能彼。曾点这意思却无意必，便是'素其位而行，不愿乎其外'、'素夷狄行乎夷狄，素患难行乎患难，无入而不自得'矣。三子所谓'汝器也'，曾点便有'不器'意。然三子之才，各卓然成章，非若世之空言无实者，故夫子亦皆许之。"

问："知识不长进，如何？"

先生曰："为学须有本原，须从本原上用力，渐渐'盈科而进'。仙家说婴儿，亦善譬。婴儿在母腹时，只是纯气，有何知识？出胎后方始能啼，既而后能笑，又既而后能识认其父母兄弟，又既而后能立、能行、能持、能负，卒乃天下之事无不可能。皆是精气日足，则筋力日强，聪明日开，不是出胎日便讲求推寻得来。故须有个本原。圣人到'位天地，育万物'，也只从'喜怒哀乐未发之中'上养来。后儒不明格物之说，见圣人无不知、无不能，便欲于初下手时讲求得尽，岂有此理？"

又曰："立志用功，如种树然。方其根芽，犹未有干；及其有干，尚未有枝；枝而后叶，叶而后花、实。初种根时，只管栽培灌溉，勿作枝想，勿作叶想，勿作花想，勿作实想。悬想何益！但不忘栽培之功，怕没有枝叶花实？"

问："看书不能明，如何？"

先生曰："此只是在文义上穿求，故不明。如此，又不如为旧时学问，他到看得多，解得去。只是他为学虽极解得明晓，亦终身无得，须于心体上用功。凡明不得，行不去，须反在自心上体当，即可通。盖《四书》《五经》不过说这心体，这心体即所谓道心。体明即是道明，更无二。此是为学头脑处。"

"'虚灵不昧，众理具而万事出。'心外无理，心外无事。"

或问："晦庵先生曰：'人之所以为学者，心与理而已。'此语如何？"

曰："心即性，性即理，下一'与'字，恐未免为二。此在学者善观之。"

或曰："人皆有是心。心即理，何以有为善，有为不善？"

先生曰："恶人之心，失其本体。"

问："'析之有以极其精而不乱，然后合之有以尽其大而无余'，此言如何？"

先生曰："恐亦未尽。此理岂容分析，又何须凑合得？圣人说'精一'自是尽。"

"省察是有事时存养，存养是无事时省察。"

澄尝问象山在人情事变上做功夫之说。先生曰："除了人情事变，则无事矣。喜怒哀乐非人情乎？自视听言动，以至富贵、贫贱、患难、死生，皆事变也。事变亦只在人情里。其要只在'致中和'；'致中和'只在'谨独'。"

澄问："仁、义、礼、智之名，因已发而有？"

曰："然。"

他日，澄曰："恻隐、羞恶、辞让、是非，是性之表德邪？"

曰："仁、义、礼、智也是表德。性一而已，自其形体也谓之天，主宰也谓之帝，流行也谓之命，赋于人也谓之性，主于身也谓之心。心之发也，遇父便谓之教，遇君便谓之忠，自此以往，名至于无穷，只一性而已。犹人一而已，对父谓之子，对子谓之父，自此以往，至于无穷，只一人而已。人只要在性上用功，看得一性字分明，即万理灿然。"

一日，论为学功夫。先生曰："教人为学，不可执一偏。初学时心猿意马，拴缚不定，其所思虑，多是人欲一边，故且教之静坐、息思虑。久之，俟其心意稍定，只悬空静守，如槁木死灰，亦无用，须教他省察克治。省察克治之功，则无时而可间，如去盗贼，须有个扫除廓清之意。无事时，将好色、好货、好名等私逐一追究搜寻出来，定要拔去病根，永不复起，方始为快。常如猫之捕鼠，一眼看着，一耳听着，才有一念萌动，即与克去，斩钉截铁，不可姑容与他方便，不可窝藏，不可放他出路，方是真实用功，方能扫除廓清。到得无私可克，自有端拱时在。虽曰'何思何虑'，非初学时事。初学必须思省察克治，即是思诚，只思一个天理，到得天理纯全，便是'何思何虑'矣。"

澄问："有人夜怕鬼者，奈何？"

先生曰："只是平时不能'集义'，而心有所慊，故怕。若素行合于神明，何怕之有？"

子莘曰："正直之鬼，不须怕；恐邪鬼不管人善恶，故未免怕。"

先生曰："岂有邪鬼能迷正人乎？只此一怕，即是心邪，故有迷之者，非鬼迷也，心自迷耳。如人好色，即是色鬼迷；好货，即是货鬼迷；怒所不当怒，是怒鬼迷；惧所不当惧，是惧鬼迷也。"

"定者，心之本体，天理也。动静，所遇之时也。"

澄问《学》《庸》同异。先生曰："子思括《大学》一书之义为《中庸》首章。"

问："孔子正名，先儒说'上告天子，下告方伯，废辄立郢'。此意如何？"

先生曰："恐难如此。岂有一人致敬尽礼待我而为政，我就先去废他？岂人情天理？孔子既肯与辄为政，必已是他能倾心委国而听。圣人盛德至诚，必已感化卫辄，使知无父之不可以为人，必将痛哭奔走，往迎其父。父子之爱，本于天性，辄能悔痛真切如此，蒯聩岂不感动底豫。蒯聩既还，辄乃致国请戮，聩已见化于子，又有夫子至诚调和其间，当亦决不肯受，仍以命辄。群臣百姓又必欲得辄为君，辄乃自暴其罪恶，请于天子，告于方伯诸侯，而必欲致国于父。聩与群臣百姓亦皆表辄悔悟仁孝之美，请于天子，告于方伯诸侯，必欲得辄而为之君。于是集命于辄，使之复君卫国。辄不得已，乃如后世上皇故事，率群臣百姓尊聩为太公，备物致养，而始退复其位焉。则君君、臣臣、父父、子子，名正言顺，一举而可为政于天下矣！孔子正名，或是如此。"

澄在鸿胪寺仓居，忽家信至，言儿病危。澄心甚忧闷，不能堪。先生曰："此时正宜用功。若此时放过，闲时讲学何用？人正要在此等时磨炼。父之爱子，自是至情。然天理亦自有个中和处，过即是私意。人于此处多认做天理当忧，则一向忧苦，不知已是'有所忧患，不得其正'。大抵七情所感，多只是过，少不及者。才过，便非心之本体，必须调停适中始得。

就如父母之丧，人子岂不欲一哭便死，方快于心？然却曰'毁不灭性'，非圣人强制之也，天理本体自有分限，不可过也。人但要识得心体，自然增减分毫不得。"

"不可谓'未发之中'常人俱有。盖'体用一源'，有是体即有是用，有'未发之中'，即有'发而皆中节之和'。今人未能有'发而皆中节之和'，须知是他'未发之中'亦未能全得。"

"《易》之辞，是'初九，潜龙勿用'六字；《易》之象，是初书画；《易》之变，是值其画；《易》之占，是用其辞。"

"夜气，是就常人说。学者能用功，则日间有事无事，皆是此气翕聚发生处。圣人则不消说夜气。"

澄问"操存舍亡"章。曰："'出入无时，莫知其乡'。此虽就常人心说，学者亦须是知得心之本体亦元是如此，则操存功夫，始没病痛。不可便谓出为亡，入为存。若论本体，元是无出入的。若论出入，则其思虑运用是出。然主宰常昭昭在此，何出之有？既无所出，何人之有？程子所谓'腔子'，亦只是天理而已。虽终日应酬而不出天理，即是在腔子里。若出天理，斯谓之放，斯谓之亡。"

又曰："出入亦只是动静，动静无端，岂有乡邪？"

王嘉秀问："佛以出离生死诱人入道，仙以长生久视诱人入道，其心亦不是要人做不好，究其极至，亦是见得圣人上一截，然非入道正路。如今仕者，有由科，有由贡，有由传奉，一般做到大官，毕竟非入仕正路，君子不由也。仙、佛到极处，与儒者略同，但有了上一截，遗了下一截，终不似圣人之全；然其上一截同者，不可诬也。后世儒者，又只得圣人下一截，分裂失真，流而为记诵词章，功利训诂，亦卒不免为异端。是四家者终身劳苦，于身心无分毫益。视彼仙、佛之徒，清心寡欲，超然于世累之外者，反若有所不及矣。今学者不必先排仙、佛，且当笃志为圣人之学。圣人之学明，则仙、佛自泯。不然，则此之所学，恐彼或有不屑，而反欲其俯就，不亦难乎？鄙见如此，先生以为何如？"

先生曰："所论大略亦是。但谓上一截、下一截，亦是人见偏了如此。若论圣人大中至正之道，彻上彻下，只是一贯，更有甚上一截、下一截？'一阴一阳之谓道'，但'仁者见之便谓之仁，智者见之便谓之智，百姓又日用而不知，故君子之道鲜矣'。仁、智可岂不谓之道？但见得偏了，便有弊病。"

青花牵牛花纹倭角瓶

"蓍固是《易》，龟亦是《易》。"

问："孔子谓武王未尽善，恐亦有不满意？"

先生曰："在武王自合如此。"

曰："使文王未没，毕竟如何？"

曰："文王在时，天下三分已有其二。若到武王伐商之时，文王若在，或者不致兴兵，必然这一分亦来归了。文王只善处纣，使不得纵恶而已。"

问：孟子言"执中无权犹执一"。

先生曰："中只是天理，只是易。随时变易，如何执得？须是因时制宜，难预先定一个规矩在。如后世儒者要将道理一一说得无罅漏，立定个

王阳明全集

《王阳明全集》原典

格式，此正是执一。"

唐诩问："立志是常存个善念，要为善去恶否？"

曰："善念存时，即是天理。此念即善，更思何善？此念非恶，更去何恶？此念如树之根芽，立志者长立此善念而已。'从心所欲，不逾矩'，只是志到熟处。"

"精神、道德、言动，大率收敛为主，发散是不得已。天地人物皆然。"

问："文中子是如何人？"

先生曰："文中子庶几'具体而微'，惜其蚤死！"

问："如何却有'续经'之非？"

曰："'续经'亦未可尽非。"

请问。良久，曰："更觉'良工心独苦'。"

"许鲁齐谓儒者以治生为先之说，亦误人。"

问仙家元气、元神、元精。先生曰："只是一件。流行为气，凝聚为精，妙用为神。"

"喜怒哀乐，本体自是中和的。才自家着些意思，便过不及，便是私。"

问"哭则不歌"。先生曰："圣人心体自然如此。"

"克己须要扫除廓清，一毫不存，方是。有一毫在，则众恶相引而来。"

问《律吕新书》。先生曰："学者当务为急。算得此数熟亦恐未有用，必须心中先具礼乐之本方可。且如其书说，多用管以候气，然至冬至那一刻时，管灰之飞，或有先后，须臾之间，焉知那管正值冬至之刻？须自中心先晓得冬至之刻始得。此便有不通处。学者须先后礼乐本原上用功。"

曰仁云："心犹镜也。圣人心如明镜，常人心如昏镜。近世格物之说，如以镜照物，照上用功，不知镜尚昏在，何能照！先生之格物，如磨镜而使之明，磨上用功，明了后亦未尝废照。"

问道之精粗。先生曰："道无精粗，人之所见有精粗。如这一间房，人初进来，只见一个大规模如此。处久，便柱壁之类，一一看得明白。再久，如柱上有些文藻，细细都看出来。然只是一间房。"

先生曰："诸公近见时，少疑问，何也？人不用功，莫不自以为已知为学，只循而行之是矣。殊不知私欲日生，如地上尘，一日不扫，便又有一层。着实用功，便见道无终穷，愈探愈深，必使精白无一毫不彻方可。"

问："知至然后可以言诚意。今天理人欲，知之未尽，如何用得克己功夫？"

先生曰："人若真实切己用功不已，则于此心天理之精微，日见一日，私欲之细微，亦日见一日。若不用克己功夫，终日只是说话而已，天理终不自见，私欲亦终不自见。如人走路一般，走得一段，方认得一段；走到歧路处，有疑便问，问了又走，方渐能到得欲到之处。今人于已知之天理不肯存，已知之人欲不肯去，且只管愁不能尽知。只管闲讲，何益之有？且待克得自己无私可克，方愁不能尽知，亦未迟在。"

问："道一而已。古人论道往往不同，求之亦有要乎？"

先生曰："道无方体，不可执著。却拘滞于文义上求道，远矣。如今人只说天，其实何尝见天？谓日月风雷即天，不可；谓人物草木不是天，亦不可。道即是天。若识得时，何莫而非道？人但各以其一隅之见认定，以为道止如此，所以不同。若解向里寻求，见得自己心体，即无时无处不是此道。亘古亘今，无终无始，更有甚同异？心即道，道即天。知心则知道、知天。"

又曰："诸君要实见此道，须从自己心上体认，不假外求，始得。"

问：“名物度数，亦须先讲求否？”

先生曰：“人只要成就自家心体，则用在其中。如养得心体，果有未发之中，自然有发而中节之和，自然无施不可。苟无是心，虽预先讲得世上许多名物度数，与己原不相干，只是装缀，临时自行不去，亦不是将名物度数全然不理，只要‘知所先后，则近道’。”

又曰：“人要随才成就，才是其所能为。如夔之乐，稷之种，是他资性合下便如此。成就之者，亦只是要他心体纯乎天理。其运用处，皆从天理上发来，然后谓之才。到得纯乎天理处，亦能‘不器’。使夔、稷易艺而为，当亦能之。”

又曰：“如‘素富贵，行乎富贵。素患难，行乎患难’，皆是‘不器’，此惟养得心体正者能之。”

“与其为数顷无源之塘水，不若为数尺有源之井水，生意不穷。”时先生在塘边坐，傍有井，故以之喻学云。

问：“世道日降，太古时气象，如何复见得？”

先生曰：“一日便是一元。人平旦时起坐。未与物接，此心清明景象，便如在伏羲时游一般。”

问：“心要逐物，如何则可？”

先生曰：“人君端拱清穆，六卿分职，天下乃治。心统五官，亦要如此。今眼要视时，心便逐在色上；耳要听时，心便逐在声上。如人君要选官时，便自去坐在吏部；要调军时，便自去坐在兵部。如此岂惟失却君体，六卿亦皆不得其职。”

“善念发而知之，而充之；恶念发而知之，而遏之。知与充与遏者，志也，天聪明也。圣人只有此，学者当存此。”

澄曰："好色、好利、好名等心，固是私欲。如闲思杂虑，如何亦谓之私欲？"

先生曰："毕竟从好色、好利、好名等根上起，自寻其根便见。如汝心中决知是无有做劫盗的思虑，何也？以汝元无是心也。汝若于货色名利等心，一切皆如不做劫盗之心一般，都消灭了，光光只是心之本体，看有甚闲思虑？此便是'寂然不动'，便是'未发之中'，便是'廓然大公'。自然'感而遂通'，自然'发而中节'，自然'物来顺应'。"

问"志至气次"。先生曰："'志之所至，气亦至焉'之谓，非极至、次贰之谓。'持其志'，则养气在其中，'无暴其气'，则亦持其志矣。孟子救告子之偏，故如此夹持说。"

问："先儒曰：'圣人之道，必降而自卑；贤人之言，则引而自高。'如何？"

先生曰："不然。如此却乃伪也。圣人如天，无往而非天，三光之上天也，九地之下亦天也，天何尝有降而自卑？此所谓'大而化之'也。贤人如山岳，守其高而已。然百仞者不能引而为千仞，千仞者不能引而为万仞。是贤人未尝引而自高也，引而自高则伪矣。"

问："伊川谓'不当于喜怒哀乐未发之前求中'，延平却教学者'看未发之前气象'，何如？"

先生曰："皆是也。伊川恐人于未发前讨个中，把中做一物看，如吾所谓认气定时做中，故令只于涵养省察上用功。延平恐人未便有下手处，故令人时时刻刻求未发前气象，使人正目而视惟此，倾耳而听惟此，即是'戒慎不睹，恐惧不闻'的功夫。皆古人不得已诱人之言也。"

澄问："喜怒哀乐之中和，其全体常人固不能有。如一件小事当喜怒者，平时无有喜怒之心，至其临时，亦能中节，亦可谓之中和乎？"

先生曰："在一时一事，固亦可谓之中和，然未可谓之'大本'、'达道'。人性皆善，中和是人人原有的，岂可谓无？但常人之心既有所昏蔽，则其本体虽亦时时发见，终是暂明暂灭，非其全体大用矣。无所不中，然后谓之'大本'；无所不和，然后谓之'达道'。惟天下之至诚，然后能立天下之'大本'。"

曰："澄于'中'字之义尚未明。"

曰："此须自心体认出来，非言语所能喻。中只是天理。"

曰："何者为天理？"

曰："去得人欲，便识天理。"

曰："天理何以谓之中？"

曰："无所偏倚。"

曰："无所偏倚是何等气象？"

曰："如明镜然，全体莹彻，略无纤尘染着。"

曰："偏倚是有所染着。如着在好色、好利、好名等项上，方见得偏倚；若未发时，美色名利皆未相着，何以便知其有所偏倚？"

曰："虽未相着，然平日好色、好利、好名之心，原未尝无。既未尝无，即谓之有；既谓之有，则亦不可谓无偏倚。譬之病疟之人，虽有时不发，而病根原不曾除，则亦不得谓之无病之人矣。须是平日好色、好利、好名等项一应私心扫除荡涤，无复纤毫留滞，而此心全体廓然，纯是天理，方可谓之喜怒哀乐'未发之中'，方是天下之'大本'。"

问："'颜子没而圣学亡'，此语不能无疑。"

先生曰："见圣道之全者惟颜子。观'喟然一叹'可见，其谓'夫子循循然善诱人，博我以文，约我以礼'，是见破后如此说。博文、约礼，如何是善诱人？学者须思之。道之全体，圣人亦难以语人，须是学者自修自悟。颜子'虽欲从之，未由也已'，即文王'望道未见'意。望道未见，乃是真见。颜子没而圣学之正派遂不尽传矣。"

问："身之主为心，心之灵明是知，知之发动是意，意之所着为物，是如此否？"

先生曰："亦是。"

"只存得此心常见在，便是学。过去未来事，思之何益？徒放心耳！"

"言语无序，亦足以见心之不存。"

尚谦问孟子之"不动心"与告子异。先生曰："告子是硬把捉着此心，要他不动；孟子却是集义到自然不动。"

又曰："心之本体原自不动。心之本体即是性，性即是理，性元不动，理元不动。集义是复其心之本体。"

"'万象森然'时，亦冲漠无朕；冲漠无朕，即万象森然。冲漠无朕者，'一'之父，万象森然者，'精'之母。'一'中有'精'，'精'中有'一'。"

"心外无物。如吾心发一念孝亲，即孝亲便是物。"

先生曰："今为吾所谓格物之学者，尚多流于口耳。况为口耳之学者，能反于此乎？天理人欲，其精微必时时用力省察克治，方日渐有见。如今一说话之间，虽只讲天理，不知心中倏忽之间已有其多少私欲。盖有窃发而不知者，虽用力察之，尚不易见，况徒口讲而可得尽知乎？今只管讲天理来顿放着不循；讲人欲来顿放着不去。岂格物致知之学？后世之学，其极至，只做得个'义袭而取'的功夫。"

问格物。先生曰："格者，正也。正其不正以归于正也。"

问："知止者，知至善只在吾心，元不在外也，而后志定？"

曰："然。"

问："格物于动处用功否？"

先生曰："格物无间动静，静亦物也。孟子谓'必有事焉'，是动静皆有事。"

"功夫难处，全在格物致知上，此即诚意之事。意既诚，大段心亦自正，身亦自修。但正心、修身功夫，亦各有用力处，修身是已发边，正心是未发边。心正则中，身修则和。"

"自'格物''致知'至'平天下'，只是一个'明明德'。虽'亲民'，亦'明德'事也。'明德'是此心之德，即是仁。'仁者以天地万物为一体'，使有一物失所，便是吾仁有未尽处。"

"只说'明明德'而不说'亲民'，便似老、佛。"

"至善者性也，性元无一毫之恶，故曰'至善'。止之，是复其本然而已。"

问："知至善即吾性，吾性具吾心，吾心乃至善所止之地，则不为向时之纷然外求，而志定矣。定则不扰扰而静，静而不妄动则安，安则一心一意只在此处。千思万想，务求必得此至善，是能虑而得矣。如此说是否？"

先生曰："大略亦是。"

问："程子云'仁者以天地万物为一体'，何墨氏'兼爱'反不得谓之仁？"

先生曰："此亦甚难言，须是诸君自体认出来始得。仁是造化生生不息之理，虽弥漫周遍，无处不是，然其流行发生，亦只有个渐，所以生生不息。如冬至一阳生，必自一阳生而后渐渐至于六阳。若无一阳之生，岂有六阳？阴亦然。惟其渐，所以便有个发端处；惟其有个发端处，所以生；惟其生，所以不息。譬之木，其始抽芽，便是木之生意发端处；抽芽然后发干，发干然后生枝生叶，然后是生生不息。若无芽，何以有干有枝叶？能抽芽，必是下面有个根在。有根方生，无根便死。无根何从抽芽？父子、兄弟之爱，便是人心生意发端处，如木之抽芽。自此而仁民，而爱物，便是发干生枝生叶。墨氏兼爱无差等，将自家父子、兄弟与途人一般看，便自没了发端处。不抽芽便知得他无根，便不是生生不息，安得谓之仁？孝弟为仁之本，却是仁理从里面发生出来。"

问："延平云：'当理而无私心。''当理'与'无私心'如何分别？"

先生曰："心即理也，'无私心'即是'当理'，未'当理'便是私心。若析心与理言之，恐亦未善。"

又问："释氏于世间一切情欲之私都不染着，似无私心。但外弃人伦，却似未'当理'。"

曰："亦只是一统事，都只是成就他一个私己的心。"

薛侃录

侃问："持志如心痛，一心在痛上，安有功夫说闲语，管闲事？"

先生曰："初学功夫，如此用亦好，但要使知'出入无时，莫知其向'。心之神明，原是如此，功夫方有着落。若只死死守着，恐于功夫上又发病。"

侃问："专涵养而不务讲求，将认欲作理，则如之何？"

先生曰："人须是知学，讲求亦只是涵养，不讲求只是涵养之志不切。"

曰："何谓知学？"

曰："且道为何而学？学个甚？"

曰："尝闻先生教，学是学存天理。心之本体即是天理，体认天理只要自心地无私意。"

曰："如此则只须克去私意便是，又愁甚理欲不明？"

曰："正恐这些私意认不真。"

曰："总是志未切。志切，目视耳听皆在此，安有认不真的道理？'是非之心，人皆有之'，不假外求。请求亦只是体当自心所见，不成去心外别有个见。"

先生问在坐之友："比来功夫何似？"

一友举虚明意思。先生曰："此是说光景。"

一友叙今昔异同。先生曰："此是说效验。"

二友惘然，请是。先生曰："吾辈今日用功，只是要为善之心真切。此心真切，见善即迁，有过即改，方是真切功夫。如此，则人欲日消，天理日明。若只管求光景，说效验，却是助长外驰病痛，不是功夫。"

朋友观书，多有摘议晦庵者。先生曰："是有心求异，即不是。吾说与晦庵时有不同者，为入门下手处有毫厘千里之分，不得不辩。然吾之心与晦庵之心未尝异也。若其余文义解得明当处，如何动得一字？"

希渊问："圣人可学而至。然伯夷、伊尹于孔子才力终不同，其同谓之圣者安在？"

先生曰："圣人之所以为圣，只是其心纯乎天理，而无人欲之杂。犹精金之所以为精，但以其成色足而无铜铅之杂也。人到纯乎天理方是圣，金到足色方是精。然圣人之才力亦是大小不同，犹金之分两有轻重。尧、舜犹万镒，文王、孔子有九千镒，禹、汤、武王犹七八千镒，伯夷、伊尹犹四五千镒。才力不同而纯乎天理则同，皆可谓之圣人。犹分两虽不同，而足色则同，皆可谓之精金。以五千镒者而入于万镒之中，其足色同也；以夷、尹而厕之尧、孔之间，其纯乎天理同也。盖所以为精金者，在足色而不在分两；所以为圣者，在纯乎天理而不在才力也。故虽凡人而肯为学，使此心纯乎天理，则亦可为圣人。犹一两之金比之万镒，分两虽悬绝，而其到足色处，可以无愧。故曰'人皆可以为尧舜'者以此。学者学圣人，不过是去人欲而存天理耳，犹炼金而求其足色。金之成色所争不多，则锻炼之工省而功易成，成色愈下则锻炼愈难。人之气质清浊粹驳，有中人以上、中人以下，其于道有生知安行、学知利行，其下者必须人一己百，人十己千，及其成功则一。后世不知作圣之本是纯乎天理，却专去知识才能上求圣人，以为圣人无所不知，无所不能，我须是将圣人许多知识才能逐一理会始得。故不务去天理上着功夫，徒弊精竭力，从册子上钻研，名物上考索，形迹上比拟，知识愈广而人欲愈滋，才力愈多而天理愈蔽。正如见人有万镒精金，不务锻炼成色，求无愧于彼之精纯，而乃妄希分两，务同彼之万镒，锡、铅、铜、铁杂然而投，分两愈增而成色愈下，既其梢末，无复有金矣。"

时曰仁在旁，曰："先生此喻足以破世儒支离之惑，大有功于后学。"

先生又曰："吾辈用功只求日减，不求日增。减得一分人欲，便是复得一分天理。何等轻快脱洒！何等简易！"

士德问曰："格物之说如先生所教，明白简易，人人见得。文公聪明绝世，于此反有未审，何也？"

先生曰："文公精神气魄大，是他早年合下便要继往开来，故一向只就考索著述上用功。若先切己自修，自然不暇及此。到得德盛后，果忧道之不明。如孔子退修六籍，删繁就简，开示来学，亦大段不费甚考索。文公早岁便著许多书，晚年方悔，是倒做了。"

士德曰："晚年之悔，如谓'向来定本之悟'，又谓'虽读得书，何益于吾事'，又谓'此与守书籍，泥言语，全无交涉'，是他到此方悔从前用功之错，方去切己自修矣。"

曰："然。此是文公不可及处。他力量大，一悔便转，可惜不久即去世，平日许多错处，皆不及改正。"

侃去花间草，因曰："天地间何善难培，恶难去？"

先生曰："未培未去耳。"

少间，曰："此等看善恶，皆从躯壳起念，便会错。"

侃未达。

曰："天地生意，花草一般，何曾有善恶之分？子欲观花，则以花为善，以草为恶；如欲用草时，复以草为善矣。此等善恶，皆由汝心好恶所生，故知是错。"

曰："然则无善无恶乎？"

曰："无善无恶者理之静，有善有恶者气之动。不动于气，即无善无恶，是渭至善。"

曰："佛氏亦无善无恶，何以异？"

曰："佛氏着在无善无恶上，便一切都不管，不可以治天下。圣人无善无恶，只是'无有作好'，'无有作恶'，不动于气。然'遵王之道'，'会其有极'，便自'一循天理'，便有个'裁成辅相'。"

曰："草既非恶，即草不宜去矣。"

曰："如此却是佛、老意见。草若有碍，何妨汝去?"

曰："如此又是作好作恶?"

曰："不作好恶，非是全无好恶，却是无知觉的人。谓之不作者，只是好恶一循于理，不去又着一分意思。如此，即是不曾好恶一般。"

曰："去草如何是一循于理，不着意思?"

曰："草有妨碍，理亦宜去，去之而已。偶未即去，亦不累心。若着了一分意思，即心体便有贻累，便有许多动气处。"

曰："然则善恶全不在物?"

曰："只在汝心。循理便是善，动气便是恶。"

曰："毕竟物无善恶。"

曰："在心如此，在物亦然。世儒惟不知此，舍心逐物，将格物之学错看了，终日驰求于外，只做得个'义袭而取'，终身行不著，习不察。"

曰"'如好好色，如恶恶臭'，则如何?"

曰："此正是一循于理。是天理合如此，本无私意作好作恶。"

曰："'如好好色，如恶恶臭'，安得非意?"

曰："却是诚意，不是私意。诚意只是循天理。虽是循天理，亦着不得一分意，故有所忿。懥好乐则不得其正，须是廓然大公，方是心之本体。知此即知未发之中。"

伯生曰："先生云：'草有妨碍，理亦宜去。'缘何又是躯壳起念?"

曰："此须汝心自体当。汝要去草，是甚么心? 周茂叔窗前草不除，是甚么心?"

先生谓学者曰："为学须得个头脑，功夫方有着落。纵未能无间，如舟之有舵，一提便醒。不然，虽从事于学，只做个'义袭而取'，只是行不著，习不察，非大本达道也。"又曰："见得时，横说竖说皆是。若此处通，彼处不通，只是未见得。"

或问为学以亲故，不免业举之累。先生曰："以亲之故而业举，为累于学，则治田以养其亲者，亦有累于学乎？先正云：'惟患夺志'，但恐为学之志不真切耳。"

崇一问："寻常意思多忙，有事固忙。无事亦忙，何也？"

先生曰："天地气机，元无一息之停。然有个主宰，故不先不后，不急不缓，虽千变万化，而主宰常定，人得此而生。若主宰定时，与天运一般不息，虽酬酢万变，常是从容自在，所谓'天君泰然，百体从令'。若无主宰，便只是这气奔放，如何不忙？"

先生曰："为学大病在好名。"

侃曰："从前岁，自谓此病已轻，比来精察，乃知全未，岂必务外为人？只闻誉而喜，闻毁而闷，即是此病发来。"

曰："最是。名与实对，务实之心重一分，则务名之心轻一分；全是务实之心，即全无务名之心；若务实之心如饥之求食，渴之求饮，安得更有功夫好名？"

又曰："'疾没世而名不称'，'称'字去声读，亦'声闻过情，君子耻之'之意。实不称名，生犹可补，没则无及矣。'四十五十而无闻'，是不闻道，非无声闻也。孔子云：'是闻也，非达也。'安肯以此望人？"

侃多悔。先生曰："悔悟是去病之药，然以改之为贵。若留滞于中，则又因药发病。"

德章曰："闻先生以精金喻圣，以分两喻圣人之分量，以锻炼喻学者之功夫，最为深切。惟谓尧、舜为万镒，孔子为九千镒，疑未安。"

先生曰："此又是躯壳上起念，故替圣人争分两。若不从躯壳上起念，即尧、舜万镒不为多，孔子九千镒不为少。尧、舜万镒只是孔子的，孔子九千镒只是尧、舜的，原无彼我。所以谓之圣，只论精一，不论多寡。只要此心纯乎天理处同，便同谓之圣。若是力量气魄，如何尽同得？后儒只在分两上较量，所以流入功利。若除去了比较分两的心，各人尽着自己力量精神，只在此心纯天理上用功，即人人自有，个个圆成，便能大以成大，小以成小，不假外慕，无不具足。此便是实实落落明善诚身的事。后儒不明圣学，不知就自己心地良知良能上体认扩充，却去求知其所不知，求能其所不能，一味只是希高慕大，不知自己是桀、纣心地，动辄要做尧、舜事业，如何做得？终年碌碌，至于老死，竟不知成就了个甚么，可哀也已！"

侃问："先儒以心之静为体，心之动为用，如何？"

先生曰："心不可以动静为体用。动静，时也。即体而言，用在体，即用而言，体在用，是谓'体用一源'。若说静可以见其体，动可以见其用，却不妨。"

问："上智、下愚如何不可移？"

先生曰："不是不可移，只是不肯移。"

问"子夏门人问交"章。先生曰："子夏是言小子之交，子张是言成人之交。若善用之，亦俱是。"

子仁问："'学而时习之，不亦说乎'，先儒以学为效先觉之所为，如何？"

先生曰："学是学去人欲，存天理。从事于去人欲，存天理，则自正。

诸先觉考诸古训，自下许多问辨、思索、存省、克治功夫。然不过欲去此心之人欲，存吾心之天理耳。若曰效先觉之所为，则只说得学中一件事，亦似专求诸外了。'时习'者，'坐如尸'，非专习坐也，坐时习此心也；'立如斋'，非专习立也，立时习此心也。'说'是'理义之说我心'之'说'，人心本自说理义，如目本说色，耳本说声。惟为人欲所蔽所累，始有不说。今人欲日去，则理义日洽浃，安得不说？"

国英问："曾子'三省'虽切，恐是未闻'一贯'时功夫？"

先生曰："'一贯'是夫子见曾子未得用功之要，故告之。学者果能忠恕上用功，岂不是'一贯'？'一'如树之根本，'贯'如树之枝叶。未种根，何枝叶之可得？'体用一源'，体未立，用安从生？谓'曾子于其用处，盖已随事精察而力行之。但未知其体之一'。此恐未尽。"

黄诚甫问"汝与回也，孰愈"章。先生曰："子贡多学而识，在闻见上用功，颜子在心地上用功。故圣人问以启之。而子贡所对又只在知见上，故圣人叹惜之，非许之也。"

"颜子不迁怒，不贰过，亦是有未发之中始能。"

"种树者必培其根，种德者必养其心。欲树之长，必于始生时删其繁枝；欲德之盛，必于始学时去夫外好。如外好诗文，则精神日渐漏泄在诗文上去。凡百外好皆然。"

又曰："我此论学是无中生有的功夫，诸公须要信得及，只是立志。学者一念为善之志，如树之种，但勿助勿忘，只管培植将去，自然日夜滋长，生气日完，枝叶日茂。树初生时，便抽繁枝，亦须刊落，然后根干能大。初学时亦然。故立志贵专一。"

因论先生之门，某人在涵养上用功，某人在识见上用功。先生曰："专涵养者，日见其不足；专识见者，见其有余。日不足者，日有余矣；日有余者，日不足矣。"

梁日孚问："居敬穷理是两事，先生以为一事，何如？"

先生曰："天地间只有此一事，安有两事？若论万殊，礼仪三百，威仪三千，又何止两？公且道居敬是如何？穷理是如何？"

曰："居敬是存养功夫，穷理是穷事物之理。"

曰："存养个甚？"

曰："是存养此心之天理。"

曰："如此，亦只是穷理矣。"

曰："且道如何穷事物之理？"

曰："如事亲，便要穷孝之理，事君，便要穷忠之理。"

曰："忠与孝之理，在君亲身上？在自己心上？若在自己心上，亦只是穷此心之理矣。且道如何是敬？"

曰："只是主一。"

"如何是主一？"

曰："如读书，便一心在读书上；接事，便一心在接事上。"

曰："如此，则饮酒，便一心在饮酒上；好色，便一心在好色上。却是逐物，成甚居敬功夫？"

日孚请问。曰："一者，天理，主一是一心在天理上。若只知主一，不知一即是理，有事时便是逐物，无事时便是着空。惟其有事无事，一心皆在天理上用功，所以居敬亦即是穷理。就穷理专一处说，便谓之居敬；就居敬精密处说，便谓之穷理。却不是居敬了，别有个心穷理；穷理时别有个心居敬。名虽不同，功夫只是一事。就如《易》言'敬以直内，义以方外'。敬即是无事时义，义即是有事时敬，两句合说一件。如孔子言'修己以敬'，即不须言义。孟子言'集义'即不须言敬，会得时，横说竖说，功夫总是一般。若泥文逐句，不识本领，即支离决裂，功夫都无下落。"

问："穷理何以即是尽性？"

曰："心之体，性也，性即理也。穷仁之理，真要仁极仁，穷义之理，真要义极义。仁、义只是吾性，故穷理即是尽性。如孟子说'充其恻隐之心，至仁不可胜用'，这便是穷理功夫。"

日孚曰："先儒谓'一草一木亦皆有理，不可不察'，如何？"

先生曰："夫我则不暇。公且先去理会自己性情，须能尽人之性，然后能尽物之性。"

日孚悚然有悟。

惟乾问："知如何是心之本体？"

先生曰："知是理之灵处。就其主宰处说，便谓之心；就其禀赋处说，便谓之性。孩提之童，无不知爱其亲，无不知敬其兄。只是这个灵能不为私欲遮隔，充拓得尽，便完；完是他本体，便与天地合德。自圣人以下，不能无蔽，故须格物以致其知。"

守衡问："《大学》功夫只是诚意，诚意功夫只是格物。修、齐、治、平，只诚意尽矣。又有'正心之功，有所忿懥好乐则不得其正'，何也？"

先生曰："此要自思得之，知此则知未发之中矣。"

守衡再三请。曰："为学功夫有浅深。初时若不着实用意去好善恶恶，如何能为善去恶？这着实用意便是诚意。然不知心之本体原无一物，一向着意去好善恶恶，便又多了这分意思，便不是廓然大公。《书》所谓'无有作好作恶'，方是本体。所以说'有所忿懥好乐，则不得其正'。正心只是诚意功夫。里面体当自家心体，常要鉴空衡平，这便是未发之中。"

正之问："'戒惧是己所不知时功夫，慎独是己所独知时功夫'，此说如何？"

先生曰："只是一个功夫，无事时固是独知，有事时亦是独知。人若不知于此独知之地用力，只在人所共知处用功，便是作伪，便是'见君子而后厌然'。此独知处便是诚的萌芽，此处不论善念恶念，更无虚假，一是百是，一错百错，正是王霸、义利、诚伪、善恶界头。于此一立立定，便是端本澄源，便是立诚。古人许多诚身的功夫，精神命脉，全体只在此处。真是莫见莫显，无时无处，无终无始，只是此个功夫。今若又分戒惧为己所不知，即功夫便支离，亦有间断。既戒惧即是知，己若不知，是谁戒惧？如此见解，便要流入断灭禅定。"

曰："不论善念恶念，更无虚假，则独知之地，更无无念时邪？"

曰："戒惧亦是念。戒惧之念，无时可息。若戒惧之心稍有不存，不是昏聩，更已流入恶念。自朝至暮，自少至老，若要无念，即是已不知，此除是昏睡，除是槁木死灰。"

志道问："荀子云'养心莫善于诚'，先儒非之，何也？"

先生曰："此亦未可便以为非。诚字有以功夫说者。'诚'是心之本体，求复其本体，便是思诚的功夫。明道说'以诚敬存之'，亦是此意。《大学》'欲正其心，先诚其意'。荀子之言固多病，然不可一例吹毛求疵。大凡看人言语，若先有个意见，便有过当处。'为富不仁'之言，孟子有取于阳虎，此便见圣贤大公之心。"

萧惠问："己私难克，奈何？"

先生曰："将汝己私来，替汝克。"

先生曰："人须有为己之心，方能克己；能克己，方能成己。"

萧惠曰："惠亦颇有为己之心，不知缘何不能克己？"

先生曰："且说汝有为己之心是如何？"

惠良久曰："惠亦一心要做好人，便自谓颇有为己之心。今思之，看来亦只是为得个躯壳的己，不曾为个真己。"

先生曰："真己何曾离着躯壳？恐汝连那躯壳的己也不曾为。且道汝所谓躯壳的己，岂不是耳目口鼻四肢？"

惠曰："正是。为此，目便要色，耳便要声，口便要味，四肢便要逸乐，所以不能克。"

先生曰："'美色令人目盲，美声令人耳聋，美味令人口爽，驰骋田猎令人发狂'，这都是害汝耳目口鼻四肢的，岂得是为汝耳目口鼻四肢？若为着耳目口鼻四肢时，便须思量耳如何听，目如何视，口如何言，四肢如何动。必须非礼勿视听言动，方才成得个耳目口鼻四肢，这个才是为着耳目口鼻四肢。汝今终日向外驰求，为名为利，这都是为着躯壳外面的物事。汝若为着耳目口鼻四肢，要非礼勿视听言动时，岂是汝之耳目口鼻四肢自能勿视听言动，须由汝心。这视听言动皆是汝心。汝心之视，发窍于目；汝心之听，发窍于耳；汝心之言，发窍于口；汝心之动，发窍于四肢。若无汝心，便无耳目口鼻。所谓汝心，亦不专是那一团血肉。若是那一团血肉，如今已死的人，那一团血肉还在，缘何不能视听言动？所谓汝心，却是那能视听言动的，这个便是性，便是天理。有这个性，才能生这性之生理，便谓之仁。这性之生理，发在目便会视，发在耳便会听，发在口便会言，发在四肢便会动，都只是那天理发生，以其主宰一身，故谓之心。这心之本体，原只是个天理，原无非礼，这个便是汝之真己。这个真己，是躯壳的主宰。若无真己，便无躯壳，真是有之即生，无之即死。汝若真为那个躯壳的己，必须用着这个真己，便须常常保守着这个真己的本体。戒慎不睹，恐惧不闻，惟恐亏损了他一些，才有一毫非礼萌动，便如刀割，如针刺，忍耐不过，必须去了刀，拔了针，这才是有为己之心，方能克己。汝今正是认贼作子，缘何却说有为己之心，不能克己？"

有一学者病目，戚戚甚忧。先生曰："尔乃贵目贱心。"

萧惠好仙、释。先生警之曰："吾亦自幼笃志二氏，自谓既有所得，谓儒者为不足学。其后居夷三载，见得圣人之学若是其简易广大，始自叹悔错用了三十年气力。大抵二氏之学，其妙与圣人只有毫厘之间。汝今所学，乃其土苴，辄自信自好若此，真鸱鸮窃腐鼠耳！"

惠请问二氏之妙。先生曰："向汝说圣人之学简易广大，汝却不问我悟的，只问我悔的！"

惠惭谢，请问圣人之学。

先生曰："汝今只是了人事问，待汝办个真要求为圣人的心，来与汝说。"惠再三请。先生曰："已与汝一句道尽，汝尚自不会。"

刘观时问："'未发之中'是如何？"

先生曰："汝但戒慎不睹，恐惧不闻，养得此心纯是天理，便自然见。"

观时请略示气象。先生曰："哑子吃苦瓜，与你说不得。你要知此苦，还须你自吃。"

时曰仁在傍，曰："如此才是真知即是行矣。"一时在座诸友皆有省。

萧惠问死生之道。先生曰："知昼夜即知死生。"

问昼夜之道。曰："知昼则知夜。"

曰："昼亦有所不知乎？"

先生曰："汝能知昼？懵懵而兴，蠢蠢而食，行不著，习不察，终日昏昏，只是梦昼。惟'息有养，瞬有存'，此心惺惺明明，天理无一息间断，才是能知昼。这便是天德，便是通乎昼夜之道，而知更有甚么死生？"

马子莘问："'修道之教'，旧说谓'圣人品节，吾性之固有，以为法于天下，若礼、乐、刑、政之属'。此意如何？"

先生曰："道即性即命，本是完完全全，增减不得，不假修饰的，何须要圣人品节？却是不完全的物件。礼、乐、刑、政是治天下之法，固亦可谓之教，但不是子思本旨。若如先儒之说，下面由教入道的，缘何舍了圣人礼、乐、刑、政之教，别说出一段戒慎恐惧功夫？却是圣人之教为虚设矣。"

子莘请问。先生曰："子思性、道、教，皆从本原上说。天命于人，则命便谓之性；率性而行，则性便谓之道；修道而学，则道便谓之教。率性是诚者事，所谓'自诚明，谓之性'也。修道是诚之者事，所谓'自明诚，谓之教'也。圣人率性而行，即是道。圣人以下，未能率性，于道未免有过不及，故须修道。修道则贤知者不得而过，愚不肖者不得而不及，都要循着这个道，则道便是个教。此'教'字与'天道至教'、'风雨霜露无非教也'之'教'同。'修道'字与'修道以仁'同。人能修道，然后能不违于道，以复其性之本体，则亦是圣人率性之道矣。下面'戒慎恐惧'便是修道的功夫，'中和'便是复其性之本体，如《易》所谓'穷理尽性，以至于命'，'中和'、'位育'便是尽性至命。"

黄诚甫问："先儒以孔子告颜渊为邦之问，是立万世常行之道，如何？"

先生曰："颜子具体圣人，其于为邦的大本大原都已完备。夫子平日知之已深，到此都不必言，只就制度文为上说。此等处亦不可忽略，须要是如此方尽善。又不可因自己本领是当了，便于防范上疏阔，须是要‘放郑声，达佞人’。盖颜子是个克己向里、德上用心的人，孔子恐其外面末节或有疏略，故就他不足处帮补说。若在他人，须告以‘为政在人，取人以身，修身以道，修道以仁’，‘达道’，‘九经’及‘诚身’许多功夫，方始做得。这个方是万世常行之道。不然，只去行了夏时，乘了殷辂，服了周冕，作了《韶》舞，天下便治得？后人但见颜子是孔门第一人，又问个‘为邦’，便把做天下事看了。”

青花岁寒三友纹三足香炉

蔡希渊问：“文公《大学》新本，先格致而后诚意功夫，似与首章次第相合。若如先生从旧本之说，即诚意反在格致之前，于此尚未释然。”

先生曰：“《大学》功夫即是‘明明德’，‘明明德’只是个‘诚意’，‘诚意’的功夫只是‘格物’‘致知’。若以‘诚意为’主，去用‘格物’‘致知’的功夫，即功夫始有下落，即为善去恶无非是‘诚意’的事。如新本先去穷格事物之理，即茫茫荡荡，都无着落处，须用添个‘敬’字方才牵扯得向身心上来。然终是没根源。若须用添个‘敬’字，缘何孔门倒将一个最紧要的字落了，直待千余年后要人来补出？正谓以‘诚意’为主，即不须添‘敬’字，所以提出个‘诚意’来说，正是学问的大头脑处。于此不察，直所谓毫厘之差，千里之谬。大抵《中庸》功夫只是‘诚身’，‘诚身’之极便是‘至诚’。《大学》功夫只是‘诚意’，‘诚意’之极便是‘至善’。功夫总是一般。今说这里补个‘敬’字，那里补个‘诚’字，未免画蛇添足。”

附：《传习录》上今译

徐爱录

徐爱（1488～1517 年）字曰仁，号横山，浙江余杭人，是王阳明最早的入室弟子之一，也是王守仁的妹夫。徐爱是一个典型的内圣型人才，可以说是阳明的颜回。正德七年（1512 年）徐爱开始陆续记录先生论学的谈话，并编纂成本。但徐爱英年早逝，终年三十一岁。他生前一直期望为王阳明出《传习录》，后钱洪德完成其遗愿。

先生对于《大学》中"格物"等各种说法，都是以"旧本"为准，即程颢、程颐和朱熹所说的有许多错误的那个版本。我刚听说时非常吃惊，进而有点怀疑，后来，我竭尽全力，相互比较分析，又向先生本人请教。经先生悉心指教，我才明白先生的学说如同水性清寒、火性炽热一样，绝对是《中庸》中所说的，即使百代之后圣人出现也不会怀疑的真理。先生天资聪颖，但是和蔼可亲，为人坦诚，平素不修边幅。早年，先生性格豪迈洒脱，曾热衷于赋诗作文，并广泛深入研究佛道两家的经典之作。所以，时人初听他的主张，都自认为是异端邪说，不予深入研究。但是他们不知道，在贬居贵州龙场的三年中，先生处困养静，唯精唯一的功夫，已入圣贤之列，达到炉火纯青之境界。

我有幸经常接受先生的教诲，才知先生所求的"道"，接触到它好像很容易，但思量仰望它又愈见其高妙；表面看好像很粗浅，可是探讨起来，又是那么精深；学习掌握的时候好像就在眼前，可是发现完善起来又是那么无止境。跟随先生十多年来，竟然没有能理解先生思想的精髓。当今的学者，有的仅与先生有一面之交，有的从未听过先生的教诲，有的先入为主地怀有轻蔑、愤怒而激动的情绪，没谈上几句就急于根据传闻臆说，妄加揣度，这样怎能真正理解先生的学说呢？跟随先生的学生们，聆听先生的教诲，经常是学到的少而遗漏的多，如同相马时，只看到了马的雌雄黑黄而忽略了千里马的特征。因此，我把平时听到的教诲全部记录下来，私下里给同学们看，相互考核订正，以不负先生的谆谆教诲。

学生徐爱书。以下内容为门人徐爱录。

徐爱问："'在亲民'，朱熹说当做'新民'理解。书后面'作新民'一文似乎也有这方面的证据。先生却认为宜当听从旧本的'作亲民'，也有什么证据吗？"

先生说："'作新民'中的'新'字，是自新之民的意思，和'在新民'的'新'不同，'作新民'怎么能作为'在新民'的根据呢？'作'与'亲'相对应，但不是'亲'的意思。下面'治国平天下'等处，对于'新'字都毫无阐发，如：'君子贤其贤而亲其亲，小人乐其乐而利其利''如保赤子''民之所好好之，民之所恶恶之，此之谓民之父母'等，这些都是'亲'的意思。'亲民'就像《孟子》中所说的'亲亲仁民'，'亲之'就是仁爱的意思。百姓不仁爱，舜就让契担任司徒，'敬敷五教'，让他们互相亲近。《尧典》中说的'克明峻德'就是'明明德'，'以亲九族'到'平章''协和'就是'亲民'，就是'明明德于天下'。又如孔子说'修己以安百姓'，'修己'便是'明明德'，'安百姓'便是'亲民'，说亲民便是兼有教养的意思，说新民便觉得意思偏了。"

徐爱问道："《大学》之中'知止而后有定'，朱熹认为是指事事物物都有定理，这好像与您的看法不一致。"

先生说："从事事物物上去探求至善，是在本体之外。至善是属于内心本体的。只是彰显人人本有的内心的光明德行到了至精的地步便能做到至善。然也没有离开事物。这个注所说的'穷尽天理，不带一丝一毫的私欲'，说对了。"

徐爱又问："至善只从心中寻求，大概不能穷尽天下所有的事理。"

先生说道："心即理。天下哪里有心外之事，心外之理呢？"

徐爱说："像事父之孝，事君之忠，交友之信，治民之仁，这里边就有许多理在，恐怕不可不细察。"

先生感叹地说："世人被这种观点蒙蔽很久了，不是一两句话就能使人们清醒的。现仅就你的问题来谈一谈。比如事父，不是从父亲那里求得孝的道理；事君，不是从君主那里求得忠的道理；交友、治理百姓，不是从朋友和百姓那里求得信和仁的道理。孝、忠、信、仁在各自心中。心即理。没有被私欲迷惑的心，就是天理，不用到心外强加一点一滴。以这颗纯洁无私的心，去做任何事都是天理，事父便孝，事君则忠，交友则信，治民则仁。所以只要在心上修习，去私欲、存天理就行了。"

徐爱说："听了先生这番话，我觉得获益匪浅。但以前的旧说仍然纠缠于胸，没有完全去除。例如事父，那些嘘寒问暖、早晚请安的细节，不也需要讲求吗？"

先生说："怎能不讲求？但要分清主次，在自己心中去私欲、存天理的前提下去讲求。比如讲究冬温，只要是尽心去尽孝，就怕有个私心杂念去做；讲究夏清，也只是要尽心之孝，就怕有一丝一毫的私欲夹杂。所以凡事讲究就是要讲究内心的纯洁。如果己心没有私欲，天理至纯，是颗诚恳孝敬父母的心，冬天自然会想到为父母防寒，会主动去掌握保暖的技巧；夏天自然会想到为父母消暑，会主动去掌握消暑的技巧。防寒消暑正是孝心的表现，但这颗孝心必是至诚至敬的。有了这诚孝的心，就好比有了根本，比如树木，心为根，许多的事情为枝叶，有根才有枝叶，不是先寻枝叶，然后去种根。《礼记》上说：'有深爱的孝子，一定有和气；有和气的人，一定有愉悦的心情和脸色；有愉悦心情和脸色的人，一定有美丽的容貌。'必须有深爱之心作为根本，便自然会这样了。"

郑朝朔问："至善也必须从事物上探求吗？"

先生说："己心纯为天理就是至善。怎么从外物上探求呢？你且说几件看看。"

朝朔说："比方孝敬父母，怎样才能保暖避暑，怎样才能奉养正恰，这是必须有个标准的，符合标准了才是至善。所以需要学问思辨去知晓标准。"

先生说："假若孝敬父母只讲求保暖避暑和奉养正恰，可以一天两天就讲完了，哪里用得着学问思辨？侍奉父母双亲时只要内心纯于天理。这不是什么学问思辨的事，否则一字之差谬于千里。所以即使是圣人，都要加上内心要精纯一致的训条。倘若认为把那些礼节讲求得适宜了就是至善，那么，现在请些戏子来扮些得当的仪节，也可说是至善吗。"

我（徐爱）在这天又有所省悟。

徐爱由于没听到先生说知行合一的讲座，与宗贤和唯贤再三讨论，不能取得一致的意见。于是向先生请教。

先生说："不妨举个例子听听。"

　　徐爱说："现在人都知道孝父敬兄的道理，行动上却不能孝敬。可见知与行分明是两码事。"

　　先生说："这种情况就是已被私欲隔断了，不属于知行的本体。没有知而不行的事。知而不行，是因为不符合圣人所教导的知行。圣贤教人知和行，正是要恢复原本的知与行，并非随便地告诉怎样去知与行便了事。所以《大学》指出真知真行给人看，说喜欢好的颜色，厌恶恶的坏臭。看见好的颜色属于知，喜欢好的颜色属于行。看见了好的颜色时，心里便已觉得喜好了；不是见了以后，另外再起个心意去喜好。闻到恶臭属于知，厌恶恶臭属于行。闻到恶臭时，已经觉得厌恶了；不是闻了以后，再起个心意去厌恶它。一个人如果鼻塞，就是发现恶臭在跟前，鼻子没有闻到，根本不会特别讨厌了。这只是因为不知臭。这就好像说某人知孝知悌，一定是这个人已经行孝行悌了，才可以称他知孝知悌，不可能只是会说说孝悌的话，便可称为知孝悌。再如知痛，绝对是他自己痛了，才知痛。知寒，绝对是自己觉得寒冷。知饥，绝对是自己肚子饥饿了。知行怎么分得开呢？这便是知行的本体。不曾被私意隔断过的。圣人教人，一定要这样，才可以说是知了，不然，都是不曾知。这都是多么重要的功夫呀。如今，非要把知行说成是两回事，是什么用意呀？我要把知行说成是一回事，是什么用意？若不懂得我立言的宗旨，只管说一码事两码事，又有什么用呢？"

　　徐爱说："古人把知行说成两回事，也只是让人弄个明白。一边做认识的功夫，一边做实践的功夫，这样功夫才能落到实处。"

　　先生说："这样做就丢失了古人的宗旨了。我曾说知是行的主意，行是知的功夫。知是行的初始，行是知的结果。如果深谙知行之理，若说知，行已自在其中了；若说行，知也自在其中了。古人之所以分开说，是因为有一种人，稀里糊涂去做，全然不理解这样做的原因和道理，也只是冥行妄作。所以说，有了认知，然后才有行动。还有一种人，异想天开，只会空想，全然不肯亲自行动，也只是靠主观猜测；因此你必须跟他讲行的道理，他才能知得正确。这是古人不得已，补偏救弊的说法。如果认识到了这一点，说一下就明白了。现今的人非要把知行分为两件事去做，认为是先知后行。因此，我就先去讲习讨论做知的功夫，等知得真切，再去做行的功夫。所以一辈子不能行，也不知。这不是简单的事情，这种事情也不是一天两天了，我现在说知行合一，正是对着这种病症下的药。这不是我杜撰的，知行本体，本来就是这样。即使把两个分开说也无妨，仍然是一回事。如果没领会知行合一的宗旨，即便说是一个，又有什么用呢？只能是瞎说瞎想。"

徐爱问："昨天闻听先生'止至善'的教导，我感到已经有用功的方向了。但是，我始终觉得您的见解和朱熹对格物的阐述无法达到一致。"

先生说："'格物'正是'止至善'的功夫。既然明白'至善'，也就明白了'格物'。"

徐爱说："昨天用先生的观点推究朱熹的'格物'学说，看起来也大致上理解了。但朱子的训导里，有《尚书》中的'精一'，《论语》中的'博约'，《孟子》中的'尽心知性'，都有证据，因此我内心不能释然。"

先生说："子夏笃信圣人，曾子却会求之于自己，笃信固然好，然后不如反求于自己来得恰当。现在既然心里没有搞清楚，怎么可以因循守旧，而不去探求真理呢？就像朱子本来也是尊重笃信程子的，但朱子对程子学说里不能符合自己内心的，却不会去苟从。'精一''博约''尽心'，本来就与我的学说相吻合，只是你没有认真思考罢了。朱子格物的训条，未免有些牵强附会，并不是四书的原意。精是一的功，博是约的功，说到仁，就已经是明了知行合一的说法，这些一句话就可以说通。'尽心知性知天'是'生知安行'的人能够做的事；'存心养性事天'是'学知利行'的人能够做的事；'夭寿不贰，修身以俟'是'困知勉行'的人能够做的事。朱熹对'格物'理解错误，只是由于他把前后因果关系看颠倒了，认为'尽心知性'是'格物知至'，要求初学者去为'生知安行'的事情，如何能为之？"

徐爱问："'尽心知性'怎么会是'生知安行'的人才能够做的事呢？"

先生说："性是心的本体，天是性的根源。尽心也就是尽性。《中庸》上说：'只有天下最虔诚的人才能彻底地发挥人性，知道天地万物的变化发展，所谓'存心'，就是没有'尽心'。'知天'中的'知'就像知州、知府中的'知'，州官、县官对于州县的治理是他们分内的事，人知晓天理也应当是自然而然的事，通晓天理就是已经与天合为一体。'事天'，如同儿子服侍父亲、大臣辅佐君王一样，必须恭敬奉承，然后才能万无一失。'事天'就是还没有与天合二为一，这就是圣人和贤人的区别。至于'夭寿不贰'，它是教育人们一心向善，不能因环境优劣或寿命长短而把为善的心改变了。知道穷困通达、寿命长短都由上天注定，所以我们也不必因此而动摇了行善的心。'事天'虽然与天是两回事，但自己已有个天在面前；待命，便是未曾见面，在此等候的意思。这便是初学的人立心的开始，有个勉励的意思。现在呢却倒过来做，所以让初学的人感到无从下手。"

徐爱说："昨天闻听先生的教导，我也隐约觉得功夫理当如此。现在听先生一说，更加没有疑问了。昨天清早我这样想，'格物'的'物'，也就是'事'，都是从心上来说的。"

先生说："说得好。身的主宰就是心，心之触发就是意，意的本源就是知，意之所在就是物。譬如，意在事亲上，那么事亲就是一物；意在事君上，那么事君就是一物；意在仁民爱物上，仁民爱物便是一物；意在视听言行上，那么视听言行便是一物。所以我说没有心外之理，没有心外之物。《中庸》上说'不诚无物'，《大学》中的'明明德'的功夫只是一个诚意，诚意的功夫，只是一个格物。"

先生又说："'格物'的'格'有如孟子所谓的'大人格君心'的'格'，是去掉不正心术，用来保全本体的纯正。一旦有意念产生，就要去掉其中的邪念，以保全心体的纯正，也就是时时处处都要存养天理，即穷尽天理。'天理'即'明德'，'穷理'即'明明德'。"

先生又说："知是心的本源，心自然能知。看见父母自然知道孝顺，看见兄长自然知道恭敬，看见小孩落井自然有同情之心。这便是良知，不借助于外界去求得。如果良知生发开来，又无私欲迷惑，正是《孟子·尽心上》所谓'充其恻隐之心，而仁不可胜用矣'。但是作为一般人不可能没有私心阻碍，所以就需要用'致知''格物'的功夫，战胜私心恢复天理。如此，人心的良知就再无什么障碍了，得到充分地发扬流传，这就是致良知。能致其知定可诚其意。"

徐爱问："先生说'博文'为'约礼'之功夫，我思虑再三终不能解，请先生明示。"

先生说："'礼'即'理'。'理'显示可见的为'文'，'文'隐蔽不能见的为'理'，原本是一物。'约礼'仅要己心完全是一个天理。要内收只存天理，就需要在发现理上用功。比如表现在侍奉双亲上，就在侍奉双亲上学习存养天理；表现在辅佐君王上，就在辅佐君王上学习存养天理；

表现在身处富贵贫贱时，就在富贵贫贱上学习存养天理；表现在身处患难、陷入夷狄之邦时，就在患难中、夷狄之邦学习存养天理。至于其他的作止语默也是一样，随发现处存天理，这就是'博学之于文'，就是'约礼'的功夫。'博文'就是'唯精'，就是要广泛地在万事万物上学习存养天理的办法，其目的就是要求得至精至纯。'约礼'就是'唯一'，就是用礼的精神来约束人的思想以达到与天理的统一，就是天理只要一个。"

徐爱问："《朱熹章句·序》中'道心常为一身之主，而人心每听命'，若以先生精一的教训推演，此话似乎不妥当。"

先生说："正是。心亦一个心。没有夹杂人为因素的称道心，夹杂人为因素的称人心。人心正了就是道心，道心最初是人心。最初不是人有二心，程子说人心就是私欲，道心就是天理。这话要分析起来，好像把道心人心分离开来，但他的意思实际上是一体的。而朱熹说：'道心是主宰，人心听从它的命令。'这就成为两个心了。天理私欲不一起存在，哪有天理为主，私欲又听命于天理的呢？"

徐爱请先生比较一下王通和韩愈两个人。

先生说："韩愈是文人中的英才，王通是一位贤能大儒。后人仅仅因为文章诗词的缘故，就十分推崇韩愈，其实韩愈比王通差得多。"

徐爱问道："为什么王通有模拟经书的错误？"

先生说："拟经之事恐怕也不能全部否定，你先说说后代儒者写作的东西与拟经比起来怎么样？"

徐爱说："后世儒者的编著不是没有求名之意，但明道是最终目的。而模拟经书完全是为了求名。"

先生说："著书讲经以阐明圣道，仿效的又是什么呢？"

徐爱说："仿效孔子删改六经，以阐明圣道。"

先生说："既然如此，模拟经书不就是仿效孔子吗？"

徐爱说："编著须对道有所发明阐释，模拟经书仿佛只是仿照经书的形式，大概于明道无补。"

先生说："你所谓的明道，是指返璞归真，使道在平常生活中落实呢？还是指华而不实，借此哗众取宠呢？天下纷乱，主要是因为重虚文、轻实行。假如道明于天下了，那么六经不必著述。删节编著六经，孔子是不得已而为之呀。自从伏羲演卦，到文公、周公，其中论《易》的如《连山》《归藏》等著述纷纭繁复，种类数不胜数，《易》道因此乱作一团。孔子发现天下一天天盛行文饰之风，认为如此延伸只会目无纲纪，所以效法文王、周公关于《易》的论述，觉着只有他们的主张才把握了《易》的宗旨。于是那些纷纷扰扰的学说都废掉了，天下关于易经的说法开始归一。《诗》《书》《礼》《乐》《春秋》也是这样。《尚书》自《典》《谟》之后，《诗经》自《周南》《召南》之后，如《九丘》《八索》，许多淫邪妖冶之句，达成百上千篇。《礼》《乐》名义下的物数，到这时也是不可胜数，孔子都删节削减，然后编著归正，自此其他说法才终止。在《书》《诗》《礼》《乐》之中，孔子何尝加过一句多余的话呢？现今《礼记》中的解释之词，大多是后来的儒生自己牵强附会硬凑的，不再是孔子当时所编著的原本了。至于《春秋》虽然大家也说是孔子编著了，实际上是鲁国的旧史旧文，人们说孔子写，其实写的就是旧史旧文，人们说孔子削减过，其实就是把繁杂的东西削减掉了，是有减而无增。孔子编著《六经》，是害怕繁杂的文章搅乱了天下，所以只要简易些，使天下人从此务必去掉华丽的文饰而追求文章的实质内容，并不是以文教导人们。春秋之后，繁文更加多了，天下更加混乱了，秦始皇焚书得罪天下，是因为他出于一己之私意，加上又焚了《六经》，如果当时他志向只在于明道的话，把那些反经叛理的书全焚烧掉，这也正暗合了孔子删节削减再编著的意思。《春秋》之后，繁文日益盛行，天下一团漆黑。秦始皇焚毁经书得罪了天下士人，是出于私心，更不该焚毁《六经》。秦始皇当时若志在明道，把那些背经叛道的书全拿来烧掉，那么正暗合了孔子删改《六经》的本意。从秦汉以来，文辞华丽的风气又一天天兴盛起来了，要想彻底废止根本不可能了。只得效仿孔子的做法，对那些与《六经》的阐释相接近的进行宣传表彰，那么其他的怪理悖论也就慢慢消失了。我不知道文中子王通当初模拟经书是何意图，但我体会到他的做法有可取之处。我认为，即便圣人重生，也是不会否认这种观点的。天下之所以混乱不堪，是因为华丽的文饰兴盛，而求实之风衰败。人们各抒己见，争奇斗异，以迷惑世俗取得功名，这只会混淆人们的视听，蒙蔽世人的耳目，使天下人崇尚华丽，争相追求文饰，以求在社会上出名，而不再懂得还有崇尚真实、返朴归淳的切行。这些都是那些著书立说的人所导致的。"

徐爱说："有些时候，著述是不能缺少的。比如《春秋》这本书，如果没有《左传》做解，恐怕世人也难以读懂。"

先生说："《春秋》必须有《左传》才能明白，这样，《春秋》不就成为歇后谜语了。圣人何苦写这些艰深隐晦的词句呢？《左传》大多是《鲁史》的原文，如果《春秋》要凭借《左传》才可读懂，那么，孔子又何必把鲁史删改成《春秋》呢？"

徐爱说："程颐先生（人称伊川先生）也认为'《传》是案，《经》是断。'比如，《春秋》上记载弑某君、伐某国，如果不知道事情的原委，大概也难以做出确切的判断。"

先生说:"程颐先生的这种观点,差不多也是承袭后世儒生的说法,没有明白圣人做经的本意。比如写'弑君',弑君是罪过,何必去了解弑君的详细过程呢?讨伐的命令该天子发布,写'伐国',伐国就是罪,为什么去问征伐别国的详细情况?圣人阐述《六经》,只是要纠正人心,只是为了存养天理、去除私欲。关于存养天理、去除私欲的事,孔子曾经就说过。孔子常依据人们的问题,对各自的程度与性质做不同的回答。但他也不会说很多,恐怕人们专门在语言上纠缠而忽略了学说的本质,所以他对子贡说:'我不想说什么了'。如果是些灭天理、纵人欲的事,又怎么能够详细地给人们看呢,这不是要助长乱象、引导奸恶吗!所以《孟子·梁惠王上》讲道:'孔子的门生没有记载齐桓公、晋文公的事迹的,所以他们杀伐征讨的事就没有流传后世。'这就是孔门家法。世儒只讲究做广博的学问,因而他们要精通许多阴谋诡计。这完全是一种功利心态,与圣人写作经书的宗旨正好相反,所以伊川这话怎么说得通呢?"

先生因此感叹地说:"不能通达天理的人,很难和他说清楚这事的!"

他接着说:"孔子曾说:'吾犹及史之阙文也。'孟子也说:'尽信书,不如无书。吾于《武成》取二三策而已。'孔子删除《尚书》,即使是尧、舜、禹这四五百年间的历史,保留的不过几篇。除此之外,难道是其中没有别的事发生,而所著述却仅仅止此。圣人的本意由此可知了。圣人仅是剔除繁文,后儒却只要添上。"

徐爱说:"圣人著经,只是要去人欲、存天理。像春秋五霸之后的事,圣人不想详细地给人们看,确实是这样的。那么,尧舜之前的事,为什么也那么笼统呢?"

先生说："伏羲、黄帝的时代，发生的事情淡而少，能记下来流传的就更少了，这是可以想见的。当时世风淳朴，大概没有华丽修辞、注重文饰的风气，全是淳厚朴素、全无文采的社会气象。这就太古的时代，非后世所能比拟。"

徐爱说："像《三坟》之类的书，也有流传下来的，为什么孔子也要删掉它呢？"

先生说："即使有流传下来的，也因为世道变化而不再适宜了。社会风气日益开放，文采日渐兴盛。到了周朝末年，就算想用夏商的风俗来改变，也是不可挽回了。何况伏羲、黄帝时的世风呢？又何况炎黄朝代呢？各朝代治世的表现不同，但遵循的仍是一个道。孔子效法尧、舜和周文王、周武王。周文王、周武王时的制度也就是尧、舜时的道。只不过是因时而实施不同的政治。他们的设施政令，和其他时代自然不同，把夏、商的制度政令施行于周朝，已经不合时宜。所以，周公想并采禹、汤、文王的举措，碰到不合适的地方，还需夜以继日地深入研究。何况太古时的制度政令，难道还能实行吗？这正是孔子删略前代之事的原因。"

先生接着说："专门从事无为而治，不能像禹、汤、文王那样因时机环境适宜而采取政治策略，而非要去实行远古的风俗，这是佛教、老庄的主张。根据时代的变化对社会进行治理，却不能像禹、汤、文王那样以道为本，而以功利之心来实行，这正是五霸以后治世的情形。后来的世儒们诸多人讲来讲去，其实只讲了个关于眼前功名利禄的一些术。"

先生又说："唐虞以上的太平之世，后世不可能恢复，省略不谈它可以。尧舜禹三位贤君之后的治世方法，后世不可仿效，可以把它删除。只有三位贤君执政之时的太平之世，是可以去借鉴实行的。然而，世上议论三代的人，对三代治理天下的根本视而不见，仅注意到一些细枝末节。如此一来，三代治理天下的方法也不能恢复了。"

徐爱问："朱熹论述《六经》，把《春秋》作为史书，史书专门记事的。恐怕和《五经》的体例宗旨稍有出入。"

先生说："记述事的为史，记述道的为经。其实事即是道，所以《春秋》也是经，《五经》也是史。《易》是伏羲氏时的史，《尚书》是尧、舜以后的史，《礼》《乐》是三代时的史。他们记述的事相同，记述的道相同，哪里有所谓的不同呢？"

先生又说："《五经》也是史书，史就是辨明善恶以示训诫。善可以用来教化，因而特别保存善的事迹让人仿效；恶可以作为戒条，保存戒条删去具体的恶行，来杜绝奸邪之人模仿。"

徐爱问："保存善的事迹让后人仿效，也是存天理之本。删减恶行，保存戒条，也是想将私欲抑制在萌芽阶段遏吗？"

先生说："孔子做《六经》，本来就是这个本意，但是也不必局限于文句，要掌握其宗旨。"

徐爱又问："恶可以作为戒条，保留戒条而省去事情经过，以杜绝奸邪之人模仿。然而，为什么独独在《诗经》中不将'郑风'和'卫风'省略呢？先儒认为是'恶者可以惩创人之逸志'，是这样的吗？"

先生说："现在的《诗经》已不是孔门编著的版本了。孔子说：'禁绝郑国的音乐，郑国的音乐淫靡放荡。'孔子又说：'厌恶郑国的音乐扰乱了高雅的音乐。''郑国、卫国的音乐是亡国的音乐。'这是孔门家法。孔子所选定的三百篇，都是雅乐之作，都可在祭祀天地祖先的场合和乡村郊庙中演奏，都是用来畅和平之气，涵拯心性，移风易俗，哪里会有郑、卫之声呢？这是助长淫风导引奸恶呀。这一定是秦代焚书坑儒之后，世儒牵强附会，凑足三百篇的数目而加上去的。而淫邪之辞，世俗也喜欢传播，如今街头里巷都是这样了。朱熹所谓的'记录恶事可以惩戒人们贪图安逸的思想'，这话是因为想求孔子的真学说而得不到，不得已而说的言辞。"

徐爱跋

我因为沉溺在宋儒旧学之中，最初听到先生的教诲，真是惊骇不已，不得其门而入。之后听的时间长了，逐渐认识到要自我审视亲自践行。之后才坚信先生的学说，是孔门正宗，余者都是歧途小路，断港绝河。比如说格物是诚意的功夫，明善是诚身的功夫，穷理是尽性的功夫，道问学是尊德性的功夫，博文是约礼的功夫，惟精是惟一的功夫。诸如此类，最初的时候都觉得不能理解。之后思考的时间长了，就不觉兴奋得手舞足蹈了。

我（徐爱）因为受旧的学说（程朱学说）的影响较深，刚开始听到先生的教诲，实在有点惊骇不定，找不到头绪。后来听得时间久了，渐渐知道躬身践行，然后才开始相信先生的学说是孔门的真传，其他的皆为旁门左道、断港绝河。比如先生说格物是诚意的功夫，明善是诚身的功夫，穷理是尽性的功夫，道问学是尊德性的功夫，博文是约礼的功夫，唯精是唯一的功夫，诸如此类。我刚开始觉得难以理解，后来思考的时间久了，才发觉其精妙之处，高兴得不禁手舞足蹈。

陆澄录

王阳明的第一位爱徒徐爱英年早逝后，他就把弘扬心学的期望寄托于陆澄。陆澄字原静，又字清伯，湖之归安人（今浙江吴兴）。进士。官至刑部主事。陆澄对阳明学说理解得很深刻。王阳明曾经叹曰："曰仁（徐爱）殁，吾道益孤，至望原静者不浅。"

陆澄问："什么才算是专注的功夫？就像读书就一心在读书上用功夫，接客就一心在接客上用功夫，这能否称为专注呢？"

先生回答说："贪色就一心在美色上，贪财就一心用在财物上，这能称专注吗？这只叫逐物，不叫专注。专注，是指一心只在天理上。"

陆澄向先生请教怎样立志。

先生说："只要念念不忘存天理就是立志。如果能时刻不忘这一点，日子一久，心自然会在天理上凝聚，这就像道家所说的'把凡胎修炼成了圣胎'。天理意念常存，逐渐能达到孟子讲的精美、宏大、神圣的境界，而且也只能从这一意念存养扩充延伸。"

如果白天做功夫觉得太过于纷扰，就静坐；觉得不愿去看书，就要去看书，这也是对症下药地修炼自己。

与朋友相处，务必谦虚甘拜下风，这样就能得到益处；如果相互争高低就会带来损失。

孟源有自以为是、贪图虚名的毛病，先生多次批评他。一天，先生刚刚责备过他，有位朋友谈了他近来的功夫，请先生指正。孟源在旁边说："这事正是我以前最在行的。"

先生说："你的毛病又犯了。"

孟源听了脸色就变了，想为自己辩解。

先生接着说："你的毛病又犯了。"并且打一个比方给孟源听："这正是你人生中最大的缺点。比如在一块一丈见方的地里种一棵大树，那么平时雨露的滋养，土地上的肥料，都用来滋养这个树根了，如果你想在旁边种些有用的谷物，上面被树叶遮蔽，下面被树根盘结缺乏营养，它又怎能生长成熟呢？必须砍去这棵树，连须根也不留，这样才可以种植谷物。否则，任凭你耕耘培土，也只是在滋养这个树根罢了。"

我问先生说："圣人随机应变的能力无穷无尽，莫非也都是事前预先研究过了吗？"

先生回答说："哪里需要预先研究那么多呢？圣人的内心如同明镜，只要有这种澄明，就能随着感觉应变，没有什么事物不能被映照。没有过去映照过的形态一直存在的，也没有未经过映照就先具备形体的。但是像后世人所说的那些言论，却恰恰是这样的。因此就与圣人的学说背道而驰了。周公设置礼仪、创立乐制，用来规范天下，这些都是前代的圣人们能够做到的，但尧、舜为什么不全都做完，而是等待周公来完成呢？孔子删改评述六经，用来教化千秋万代，这也是前代圣人们能做到的，为什么还要等待孔子来实现？由此可知，圣人只有遇到具体的时代，才会做出相应的事情。只怕镜子不够明澈，不怕事物不能被映照出来。讲求遇事随机应变，也好比映照时事，但治学之人要首先下功夫使自己明澈。只怕治学之人内心尚未明澈，不怕遇事随机应变的能力不能穷尽。"

我又问道："既然这么说，那么所谓的'冲漠无朕，而万象森然已具'这种话，也有道理吗？"

先生回答说："这话本来是很好的，但如果不好好体会，也会引发弊病。"

先生说："义理并不是一成不变的，是无穷无尽的。我跟你说，不可以因为小有成就，就马上觉得可以停止求索了。就算再说上个十年、二十年、五十年，都停不下来。"过了几天，他又说道："尧舜那样的人算是圣人吧，但是无论赶过尧舜之上多少都可以，因为善是没有止境的。桀纣那样的人算是恶人了吧，但是无论低于桀纣多少，都不算罪大恶极，因为恶也是没有极致的。假如桀纣没有死去，恶难道就到此为止了吗？如果善有止境的话，那为什么文王会'望道而未之见'呢？"

我问先生说："在心静的时候，我觉得自己的想法还算好，但是一遇到具体的事情，就感觉不一样了，这是为什么呢？"

先生回答说："这是只知道修养入静，却不在超越自己的方面下功夫的原因。这样一来，面临具体的事情便稳不住了。做人一定要经受具体事情的打磨，才能站得稳，才能做到'静时能安定，动时也能安定。'"

我向先生请教"上达"的功夫。

先生说："后世儒家教导弟子，才刚刚涉及一些精妙幽微的内容，就说这是'上达'，不应当学习，接着就继续说'下学'。这种做法是将'下学'与'上达'一分为二的做法。一般来说，凡是眼睛看得见的，耳朵听得着的，嘴里能说出来的，心里能思索考虑的，都是'下学'。凡是眼睛看不见的，耳朵听不着的，嘴里说不出来的，心里也不能思索考虑的东西，就是'上达'。好比种树时栽培灌溉，就是'下学'。至于每天每夜的生长繁衍，枝叶生长得茂盛顺畅，就是'上达'。人哪能干预这种自然的力量呢？所以只要是可以用功的方面，可以跟别人说的内容，都是'下学'。'上达'只是被蕴涵在'下学'之中。凡是圣人所说的话，即使极为精微，全都是'下学'。治学之人只要在'下学'方面下功夫，便自然而然地进入'上达'的境界，不必格外下功夫另辟道路的寻求'上达'。

"保持心志就像心痛。心里一直在痛，怎么还能有工夫说闲话、管我问先生说："像'惟精'和'惟一'这样的，要如何下功夫？"

先生说："'惟一'是'惟精'的主旨，'惟精'是'惟一'的功夫，除了'惟精'以外，也就没有'惟一'。'精'字从'米'，我姑且拿米来作个譬喻。想得到这米纯然洁白的结果，就是说的'惟一'。然而不经过春、簸、筛、拣这些步骤的加工，就不能得到纯然洁白的米。春、簸、筛、拣这些步骤，就是在下'惟精'的功夫。然而也不过是想要得到使米纯然洁白的结果而已。例如博学、审问、慎思、明辨、笃行这些方法，都是通过'惟精'的方式取得'惟一'的结果。别的事情，比如'博文'是在下'约礼'的功夫；'格物致知'是在下'诚意'的功夫；'道问学'是在下'尊德性'的功夫；'明善'就是在下'诚身'的功夫。没有什么不一样的说法。"

知为行的开始，行为知的结果。圣学只有一个功夫，知行不能分开当做两码事。

孔子的学生漆雕开说："我对做官还没有自信。"孔子听后十分满意。子路指使子羔做费城的邑宰，孔子认为是害人子弟。曾点谈论自己的志向，得到孔子的称赞，圣人之意一目了然啊！

陆澄问："当心存宁静时，可否称为'未发之中'？"

先生说："现在的人净心时，只不过是为了平定气息。当他宁静时，也只是气息的宁静，不能称为未发之中。"

陆澄说："未发就是中，宁静是求中的功夫吗？"

先生说："只要是去人欲，存天理，才是真正的功夫所在，静时念念不忘去人欲、存天理，动时也想着去人欲、存天理。无论宁静与否。如果只靠静，那么就会逐渐产生喜静厌动的毛病，而且里面有许多缺点暗藏下来不能够除去，当人遇事时这些毛病仍旧会滋长。如果以遵循天理为重，何尝会不宁静呢？但以宁静作为主修的形式，却不一定能遵循天理。”

陆澄问："孔门弟子共聚一堂，畅谈志向。子路、冉求想从政，公西赤想从事礼乐，这些多多少少还有点实际用处。而曾皙所说的，似乎是玩耍之类的事，却得到孔圣人的称许，这又是怎么回事呢？"

先生说："子路、冉求、公西赤三个人的志向都有点主观猜测、武断绝对，有了这两种倾向，就会偏执一边，顾此失彼。曾皙的志向却没有这两种倾向，正合《中庸》中所说的'安于现在的条件而行事，不做超出条件的事。处在夷狄的位置，就做夷狄该做的事；处在患难的处境，就做患难当做的事。随着时间和地理位置的改变而改变自己，这样无论在什么情况下都能怡然自得'。前三个人是孔子所说的那种'有某种才能的人'，而曾皙是孔子所说的'具备多种才能的人'。但是前三个人各有独特才干，不像世上空谈不实的人，所以孔子也赞许他们。"

陆澄问："知识得不到长进，怎么办？"

先生说："做学问必须有基础，必须从基础上下功夫，循序渐进，才能有进步。道家用婴儿打比方，说得非常精辟。婴儿在母腹中时纯粹是一团气，有什么知识？出生后，方能啼哭，尔后会笑，后来又能认识父母兄弟，逐渐能站、能走、能拿、能背，最后天下的事无所不能。这都是精气神日渐充足，筋骨力气渐强，智慧日渐提高的结果，而不是自出娘胎之日起琢磨知识的缘故。所以学习必须从基础上来进步。圣人达到了"天地位焉，万物育焉"的程度，也不过是从"喜怒哀乐之未发，谓之中"上慢慢培养起来的。后世儒生不理解格物的学说，看到圣人无所不知、无所不能，于是就想要在刚开始时就学会所有的学问，哪里有这种道理！"

先生又说："学子立志用功，就如同种树。刚开始只有根芽还没长出树干来，等长出了树干还没长枝，长了树枝之后长叶子，叶子长好后开花、结果。刚种上树根时，你只管培土灌溉，不要想着生枝、长叶、开花、结果。空想那些有什么用？只要不忘了培土灌溉的功夫，何愁没有枝叶和花果？"

陆澄问："看书看不明白怎么办？"

先生说："看不明白的原因是你只局限在字的表面意思上下功夫了，要是这样还不如看程朱的学问。他们的学问倒是看得多了，自然就会理解，只是他们做学问虽然极其清楚明白，但这样你能真正学到什么呐？想学明白，必须得从自己的内心去用功，凡是不明白的、解释不通的，你就换位思考，从自己的内心去体会，就一定能学明白、解释得通畅。所谓的四书五经，不过是讲心体的，这心体即所说的道心。体明即是道明，没有二法，这是学习的关键。"

《大学》集注说："让心体空灵而不愚昧，各种道理具备，那么万事万物就会显现出来。"这句话更加印证了老师关于除心而外再无真理，再无他事。

有人问："晦庵先生（朱熹）说：'人们学习的东西，心和理而已。'这话说得对吗？"

先生说："心即是性，性即是理。他说的'与'字，恐怕就把两者作为两物来对待了，这点求学的人要善于观察发现。"

有人说："人都有这颗心，既然心即是理，那为什么有的为善有的却为恶呢？"

先生说"恶人的心失去了心之本体。"

陆澄问："朱熹先生在《大学或问》中说：'分析可以使天理非常精确而不混乱，然后综合天理的各方面使其包罗万象。'这话说得怎么样？

先生回答说："恐怕不对，天理岂容分析，又怎么会是凑合得了的？孔子说"精一"，其实已经是把做学问的事说尽了。"

反省自察是有事时的修炼，修炼是无事时的反省自察。

陆澄曾经就陆九渊（号象山，字子静，书斋名"存"，世人称存斋先生）关于在人情事变上下功夫的观点请教于先生。

斗彩莲托兽纹高足碗

先生回答说："除了人情事变，就没有什么是事了。喜怒哀乐难道不是人情吗？除了自身的视听言动外象富贵、贫贱、患难、生死，这些都是事变。事变含在人情中，关键在于'致中和'，'致中和'要靠慎独的功夫来修炼。"

陆澄问："仁、义、礼、智的名称，是因为表现出来了才获得的吗？"

先生说："是的。"

另一天陆澄问："恻隐、羞恶、辞让、是非之心，都是本性的表现出来的德行吗？"

先生说："仁、义、礼、智也是本性表现出来的德行。天性是唯一的，就形体而言为天，就主宰而言为帝，就流行而言为命，就赋予人而言为性，就主宰人身而言为心。心的表现，遇到父亲便孝；遇到国君便忠。以此类推，名称可达无数之多，但仅一个性而已。就好像人就是一个，对父亲，这个就是儿子，对儿子，这个就是父亲。以此类推，名称可以无穷尽，但就是这个人而已。所以人只要在天性上用功，把人的天性看分明知清楚了，参悟透彻了，那么世上的一切道理便豁然开朗了。"

有一天，师生共同探讨做学问的功夫。

先生说："教人做学问，不能偏执于一种教法。人在刚开始学习时心猿意马，不能集中精力，其心中所考虑的大多是人欲方面的事。所以，姑且先教他静坐，以安定思绪。久而久之，等到他心能安定的时候，如果还只是教他悬空静处，以至于像槁木死灰一般，也就没有什么用了。此时必须教他反省自察克己修身。这种功夫从来不能间断，好比铲除盗贼，要有一个彻底清除的决心。无事时，把好色、贪财、慕名等私欲统统搜寻出来，拔去病根，让它们永不再起，才算痛快。就像猫捉老鼠，眼睛盯着，耳朵听着，才有一丝萌动，就立刻去掉，态度坚决，不能姑息迁就，给它喘息的机会，不能窝藏它，不能放它生路，这才是真正的功夫，如此才能扫尽心中的私欲。等到心中没有私欲可除，自然能做到端身拱手。虽然孔子说过'天下的事物有什么可思考和忧虑的？'，但那不是初学时可以理解的。不过，初学时也必须想着内省自察克制私欲。这就是思'诚'。只思一个天理。等到天理完全纯正时，就是'何思何虑'的境界了。"

陆澄问："有人夜里怕鬼怎么办？"

先生说："那是因为他平日里不能做到完全出于公义而心中有愧，所以才会怕鬼。如果平时的行为不违神灵，坦荡光明，何怕之有？"

马子莘（陆澄学友）说："正直的鬼不可怕，只恐怕邪恶的鬼就不管你是好人还是坏人，所以难免有些害怕。"

先生说："哪有邪恶的鬼能迷惑正人君子的？只怕是人自己心邪，才有能迷惑你的鬼，那就不是鬼迷惑你，而是你的心已自迷了。例如，人好色，就是色鬼迷；贪财，就是贪财鬼迷；不该怒而怒，就是被怒鬼迷；不该怕而怕，就是被惧鬼迷。"

"定为心之本体，即天理。动与静，只是天理在不同时间、不同环境下的表现。"

陆澄向先生请教《大学》《中庸》两书有何异同。

先生说："子思总结概括了《大学》一书的要义，作为《中庸》的第一章。"

陆澄问："孔子正名的事迹，按照朱熹先生的说法，孔子是'要对上报告天子，对下告诉诸侯，废除公子辄而拥立公子郢'。朱子的这种说法对吗？

先生说："恐怕不是这个样子的吧！一个人在位时对我恭敬尽礼，要求辅佐从政，我却先废除他，这难道符合人情天理吗？孔子既然答应出山替卫国国君理政，必定是卫国国君百分之百的信任他，也能听进去他的劝诫。孔圣人的感召力那可是超一流的，必定是感化了卫辄，让他知道了没有父亲不可以成为人，卫辄一定将痛哭奔跑，去迎回他的父亲。父子之爱源于人之本性，辄能反省悔痛的这样真切，他的父亲蒯聩难道不被感动吗？蒯聩回来后，卫辄把国家交给父亲治理，并以此请罪。蒯聩已被儿子深深打动，又有孔子在中间诚心调解，蒯聩当然不会接受，依然让儿子治理国政，群臣百姓也必定会愿意卫辄为国君。卫辄自我检讨自己的罪过，向天子请罪，向各方诸侯公布，表示一定要把位子给父亲。而蒯聩与群臣百姓都说姬辄已经悔悟了且具备了仁孝的美德，也打报告给天子，向各方诸侯公布，一定要让辄成为卫君。于是天命集于卫辄，让他重新做卫国的国君。卫辄不得已，于是像后世太上皇的故事那样，率领群臣百姓尊奉父亲蒯聩为太公，极尽孝养，卫辄才重新做了卫国的国君。这样国君、大臣、父亲、儿子都恪守自己的身份，名正言顺，从此天下就好治理了。大概这才是孔子正名事迹的本来面目吧。"

陆澄跟随先生在南京鸿胪寺居住，忽收家信一封，说儿子病危，他心里万分忧愁，不能忍受。

先生知道后说："这时候正应该在修身养性上下功夫，如果放过这个机会，平时学习有什么用呢？人就是要在艰难时刻才能得到意志的磨炼。父亲关爱儿子，是最自然的感情流露，但天理也有个中正适度，超过这个限度就是私欲。人在这个时候大多认为按照天理应当是一副忧戚状，便一味地悲怆起来，而不知道自己已经是'过度悲伤以至于不能保持天理中正平和'。一般来说，七情六欲一旦发作，往往过分的多，很少有不及的。然而稍稍有点过分，便不是心的本体，必须进行调节直到适中才好。比如父母去世，作为人子难道不想一下子哭死，才能化解心中的悲痛？然而《孝经》却说：'孝子哀伤不能伤害性命。'这并非圣人要强人所难，而是因为天理本体自有限度，不可过度。人只要认识了心本，自然不能增减分毫。"

先生说："不能说'情感未发时的中正状态'一般人都有。因为'本体和应用是同源的'，有这样的体，就有这样的用。有'情感未发时的中正'，就有'情感发出来符合中正的平和'。现在的人都没有做到'情感发出来符合中正的平和'，应当知道是因为他'情感未发时的中正状态'还没能完全得到。"

先生说："'初九潜龙勿用'六个字是《易经》乾卦的初爻爻辞。其卦象是早晨，其变化是遇到白天，其占卜用的是卦辞和爻辞。"

先生说："存养'夜气'（指夜晚静思所产生的良知善念）是就普通人而言的。求学的人能在本心修养功夫，无论日间有事无事，心中都有清明和善的心气聚敛。圣人则不必说夜气。"

陆澄问《孟子》中"操存舍亡"一章之事。

先生说："'出入没有固定时间，不知道方向。'这话虽然是就平常人的心来说的，求学的人也应当知道心之本体也是这样。如此，修炼存天理的功夫才能没有缺陷。不可随便说，善念出就是天理亡，善念入就是天理存。若要说本体，本源是无出无入的，如果论及出入，那么思考运用就是出，然而人的主宰明明就在心里，哪里会有出？既然无所出，又有什么入呢？程子所说的'心要在腔子里'的腔子，也只是天理而已，虽然终日应酬不止，也不会跑出天理的框架，也就是在心胸里。若是超出了天理，这才叫作放，这才叫作亡。"

先生又说："心的出和入也只是动和静，动静是无端的，哪有方向呢？"

王嘉秀问："佛家用'超脱生死'来诱使人入佛道，仙家用'长生不老'来诱使人入道教，它们的用心也不是要人做坏事。推究到根本上来说，他们也只是看到了圣人学问的上一截，而并非进入圣道的正路。如今做官的人，有的由科，有的由贡，有的由传奉做到大官，毕竟也不是做官的正道，君子不会这样去做。仙佛修炼到了至高的境界，与儒者大致相同，但只是有了上半部分，丢了下半部分，最终不像圣人那样全面。然而仙佛看到的上半截和儒教的上半截是相同的，这一点不可否认。后世的儒者，却又只学得了圣人之教的下半部分，并且还分流失真了圣人之学，渐变成记诵、词章、功利、训诂之学，最终免不了变成异端，背诵、词章、功利、训诂四家学者，虽终身苦读，但于身心却没有半分的益处。反而那些仙佛的弟子们，清心寡欲，超然于世俗的负累之外，儒家子弟反而不如他们了。今日的儒学之士不必去排斥仙佛，还是先笃志于圣人之学吧，圣人之学学明白了，那么仙佛之诱自然会在心中泯灭。不然的话，儒生之所学怕是要被仙佛之徒所不屑，想让二道俯首称臣，不是很难吗？我粗浅的想法就是这样，先生认为我说得对吗？"

先生说："你所讲的大体上是对的，但所谓上半部分下半部分，也是人们理解有失偏颇。至于说到圣人大中至正的道，首尾相连，是连贯的一个整体，哪有上半部分下半部分？《易·系辞》上说的'一阴一阳谓之道'，阴阳结合就是天理，然而'仁者见仁，智者见智，老百姓又光知道怎么做却讲不出其中的道理，所以如何成为君子的道理很少有人懂了'。仁与智怎么能不称作道，但认识片面了，难免就成了邪说。"

用蓍草占卜固然是《易》，但用龟甲占卜也是《易》。

陆澄问："孔子说周武王没有达到尽善，恐怕他对武王也有不满意的地方吧。"

先生说："对武王来说，得到这样的评价已不错了。"

再问："假如文王没死，结果会怎么样？"

先生说："文王在世时，天下的三分之二已归文王，如果等到武王讨伐商纣时，文王如果还在，或许就不用兴兵了，剩下那一份也自然会来归顺。剩下的事儿只是如何妥善处置商纣王，使他不能再放纵作恶罢了。"

唯乾问："孟子说'执中无权犹执一'是什么含义？"

先生答："中就是天理，就是个变化。天理是随时间的变化而变化的，怎么能固执不变呢？因此必须因地因时制宜，很难预先给中确定一个标准。比如后世儒者总是琢磨着要将中的道理阐述得完美无缺，便先确定个固定的规范放在前面，而这样做恰恰是偏执。"

唐诩问："立志就是心中常存一个善念，就是要行善去恶吗？"

先生说："善念存在心中，就是天理。这个意念就是善，还去想别的什么善呢？这个意念不是恶，还要除去什么恶呢？这个意念就像树的根芽。立志的人永远确立这个善念就行了。《论语·为政》篇中说'从心所欲，不逾矩'，这就是志向达到成熟的程度了。"

先生说："精神、道德、言行，常常以收敛为主，向外扩散是出于无奈。天地、人物都是这样。"

陆澄问："文中子（王通）是个什么样的人？"

先生说："文中子差不多已经具备了《孟子·公孙丑上》所说的'具体而微'，只可惜他早早地死了。"

陆澄问："可是他怎么会做出仿造经典这样的事呢？"

先生说："仿造经典也不都是错误的。"

陆澄问先生原因。

过了很久先生才说："我更能体会到杜甫所说的'优秀的工匠内心都是很煎熬的'这句话的意思了。"

先生说："许鲁斋说的'儒者以谋生为先'的说法也是误人子弟的。"

陆澄向先生请教道家所谓的元气、元神、元精是指什么？

先生说："这三者是同一件事物，气即运行，精即凝聚，神即妙用。"

先生说："喜怒哀乐这几种情感的本体自然是中和的，只是人们人为地加了一些别的意念，就会过度或不足，于是就成了私欲。"

陆澄问："为什么会哭则不歌。"

先生说："圣人的心体本来就是这样的。"

先生说："克制自己的私欲一定要彻底清除，一丝一毫不留存才行；有一点私欲存在，那么各种各样的罪恶便会接踵而至。"

陆澄询问《律吕新书》内容怎么样？

先生说："求学的人应当学习那些急需学习的，把律吕之数算得再熟悉，恐怕也没有用。心中必须有礼乐的根本方可。比如，《律吕新书》上讲常用律管看节气的变化。然而到冬至那一刻，律管中的芦苇灰的飞扬或许先后有短暂的差别，又怎么知道哪个是冬至正点？必须在自己心中有一个冬至时刻才行。此处就有个说不通的问题。所以，求学的人必须先从礼乐的根本上用功。"

徐爱（字曰仁）说："人心犹如镜子。圣人的心就像明亮的镜子，普通人的心就像锈蚀的昏镜。朱熹的格物的学说，如同用镜子照物体，只在照上下功夫，而不知道镜子还是昏暗的，怎么能照清楚呢？先生的格物的学说，正如磨镜子使之变得明亮，先在细磨上下功夫，镜子光亮之后，是不会耽误照的。"

陆澄向先生请教道的精深、粗浅。

先生说："圣道本身没有精粗之分，只是人们对圣道的认识有精粗之分罢了。这就如同一间房子，人刚进来住的时候，见到的只是一个大轮廓；在里面待久了，于是房柱、墙壁等也就一一看得清楚明白了；再过得久些，连柱子上的细碎花纹，都看得清清楚楚。然而房子还是这一个房子。"

先生说："各位近来看见我很少有问题问，这是为什么呢？人不下工夫，都满以为已知怎样做学问了，只要循着已知的方法去做就行了。却不知道私欲日渐滋长，像地上的灰尘，一天不打扫就会又多一层。真正踏实用功，就能发现圣道是永无止境的，越挖掘越深奥，必须做到精通明白，无一丝一毫不透彻的境界才行。"

陆澄问："《大学》中说'彻底认识了才能讲诚意'。现在对天理私欲还没有完全弄明白呢，怎么能用克己功夫呢？"

先生说："人要是时时告诫自己不断用功修炼，那么他对天理的精微的认识就会一天比一天深刻，对私欲的细巧的认识也一天比一天透彻。如果不在克制私欲上下功夫，整天只是说说而已，终究不会认识清楚天理和私欲。这就像人走路一样，走了一段才能认识一段，走到岔路口时，有疑惑就问，问了再走，才能渐渐到达目的地。今天的人对已经认识到的天理不肯存养，对已经知晓到的私欲不肯去除，只在那发愁不能完全认识天理人欲，只知道嘴里闲讲讲，有什么用处呢？其实只要去克己克得自己无私欲可克，再去忧愁自己不能尽知，也不迟呀。"

陆澄问："道只有一个，可是古人论道时却个个说的不一样，那么求道也有关键吗？"

先生说："道是没固定模式的，求道的人不能偏执。如果仅局限于某种文字的表述，那样求道就越求越远了。譬如今人说天，其实他们何尝知道哪个才是真正的天？认为日月风雷是天，不行；说人物草木非天，也不行。其实道才是真正的天！如果认识到这一点，那什么不是道？先人只是各自把自己所认识的道一个方面认做了无所不包的道，以为道仅此而已，所以才会有不同的道出来。如果明白向心里寻求，认识了己心本体，那么，无时无处不是道。从古至今，无始无终，哪有什么异同？心即是道。道即是天。认识了心体就认识了道，就认识了天。"

先生又说："诸位如果确实想认识道，务必从自己的心上体会，不要借助外物去探求才行。"

陆澄问："事物的名称、用处和数量这世间百般的学问，也必须预先学习吗？"

先生说："人只要能成就自己的心体，那么运用就包含在其中了。倘若把心体修养得真有一个未发之中，情欲发出来自然会符合中正平和，自然是做什么都没有问题。如果没有这颗心，即使事先学得了许多名物度数，与自己却毫不相干，仅是临时撑撑门面，自然不能处事应物。当然，这并不是说不要去学好名物度数，只是要'知道做事的先后顺序，这就接近圣道了'。"

先生接着说："人要根据自己的才性成就自己，这才是他所能做到的。例如，夔（舜的乐官）精通音乐，稷（尧舜时主管农事的官）擅长种植，是他们的才性符合，所以如此。成就一个人，也只是要他的心体纯正地合乎天理就行。他做事都是对天理的自然运用，然后称他为有才能的人。达到纯天理的境界，也就能成为'不器'之才。假如让羲和稷改变角色，夔种谷，稷作乐，照样能行。"

先生又说："《中庸》中说的'处于富贵，就做富贵时能做的事。处于患难，就做患难中能做的事'，都属于'不器'。干什么都能成功，这只有把心体修养得纯正的人方可做到。"

先生说："与其掘一个数顷大而没有源泉的池塘，不如挖一口数尺深而有源泉的井，井里的水源源不断，有生机而不会枯竭。"

当时先生正坐在池塘边，旁边有一口井，所以他就用井和池塘来比喻做学问。

陆澄问："如今世风日下，伏羲以前远古时期人类淳朴的景象如何才能再现？"

先生说："一天就好比是世界从开始到消灭的一个周期——一元。人从清晨起床后坐着，还未应事接物，此时心中的清明景象，好像在伏羲时代遨游一般。"问："心要追求外物，怎么办？"

先生说："国君庄重肃穆地坐在朝堂上，六卿分别履行不同的职责，天下才能治理得好。人的心统治五官，也要这样。现在眼睛要看时，心便去逐色；耳朵要听时，心便去逐声。如果国君要选拔官吏时，亲自坐到吏部去忙活；要调大军时，自己跑去兵部。这样的话，难道仅仅是有损君王的身份吗？六卿也都不能很好地履行自己的职责呀。"

先生说："善念萌发时，认识到了，就去充实它发扬它。恶念萌发时，认识到了，就去遏止它。知道扩充善念、遏止恶念，就是心志，是上天赋予人的智慧。圣人只不过是拥有这种智慧，而学做圣人的人，则要时时刻刻，把这放在心上。"

陆澄问："好色、贪财、务名等心，固然该算是私欲，但像那些闲思杂念，为什么也被叫作私欲呢？"

先生说："闲思杂念归根结底还是从好色、贪财、务名等这些病根上滋生的，你自己寻根溯源时定会发现。这就像你发自内心的绝无干些个抢劫、盗窃的想法，什么原因？因为你根本就没有这份心思。你如果对财色、名利等心思像不做盗贼的心一样，都铲除了，只剩下完完全全的心之本体，还有什么闲思杂念呢？这便是'心本身的宁静不动'，便是'感情的未发之中'，便是'心胸宽广，大公无私'。到此地步，自然会'与万事万物感应相通'，自然'感情发出来时中正平和'，自然可以'遇到不同事情时坦然自如地应对'。"

陆澄而先生请教"志至气次"的问题。

先生说："这说的是志到了一定程度，气也就到了相同程度。并不是像朱熹所说的，必须先立志向，然后才能存养意气。'坚持志向'，那么养气就在其中。'不随便意气用事'，也就是坚持志向。孟子为了纠正告子的偏执，才一分为二来说的。"

陆澄问："程子说：'圣人之道，必然自降身份让自己卑微，贤人说话则抬高自己。'这话说得如何？"

先生说："不对，如果这样就虚伪了。圣人就像天，没有到哪里不是天的。在日月星之上它是天，在九泉之下它也是天，天什么时候自降身份让自己卑微了？这就是孟子所说的'大而化之'。贤人像高山的大岳，坚守着自己的高度罢了。但是百仞高的山不能自拔为千仞，同样千仞高的山不能自拔为万仞。所以贤人并没有夸耀抬高自己，抬高自己的，就虚伪了。"

陆澄问："程颐先生认为'不应当在喜怒哀乐还没表现出来之前就讲求中正平和'，李延平先生却教育学生观察感情未发之前的各种情形。他们二人谁说得对？"

先生说："都对。程颐先生怕常人在未表现出来之前就去追求中正平和，从而把中正看作一件事物，如我先前曾说的把气定当做中，所以让人们只在涵养反省体察上下功夫。李延平先生担心学生找不到下手处，所以让人时时刻刻去求未发之前的各种情形，让人眼看的、耳听的都只是这个，这就是《中庸》所说的'戒慎不睹。恐惧不闻'的功夫。都是古人不得已诱导人们存养天理才说的话呀。"

陆澄问："喜、怒、哀、乐等感情的'中正''平和'，就总体来说，普通人不能都具有。比如遇到一件应当感到高兴或者愤怒的小事，如果平素没有喜怒之心，等到事情发生时，表现出来的也就很平和，这也可以称为'中正''平和'吗？"

先生说："在这一时刻这一件事上，虽然可说是中和，然而还不能说通达大道得到本源了。人本性善良，'中正''平和'是人人原本就有的，怎么可以说没有呢？但是平常人的心体已经有所昏蔽，那么本体也就不能时时表现出来，终究是时断时续，并非是心的全体作用。无时无处不'中正'的，才称之为'大本'；时刻'平和'的，才能称作'达道'。只有天下至诚的人，才能确立天下的大本。"

陆澄说："我对于'中'字的意义还是没有弄明白。"

先生说："这必须从自己的心体上才能认识清楚，只可意会无法言传。'中'就是天理。"

陆澄问："何谓天理？"

先生说："只要能剔除所有的私欲，就能认识到天理。"

陆澄问："那天理为什么又叫作中呢？"

先生说："因为天理不偏不倚。"

陆澄说："那不偏不倚是怎样的一种情景呢？"

先生说："就像明镜一样，通体晶莹透彻，一尘不染。"

陆澄说："那么偏倚就是有所玷污了，比如表现在好色、追逐名利上方可看得出来偏倚。如果感情没有发出来，也没有表现在美色、名利上，又怎么知道有所偏倚呢？"

先生说："虽未显现，但平时好色、好名、好利的心不会没有。既然不会没有，就是有；既然有这些念头，就不能说没有偏倚。譬如患有疟疾的人，即使有时候不会发作，但是病根不曾被清除，那么就不能说他是没病的人。必须把平时好色、好名、好利的私心杂念彻底清除干净，没有丝毫留存，此时心才是坦坦荡荡的，纯是天理，才称得上是喜、怒、哀、乐没有发出来时的中正，这才是天下的大本。"

陆澄问："先生说'颜回死后孔子的学说就走向衰亡了'，我对这句话存有疑惑。"

先生说："认识孔子圣道最全面的只有颜回一个人，看颜回逝后孔子的喟然叹息就知道了。他说'孔子教学循循善诱，用广博的知识教育我，用合乎礼节的思想来约束我'，这是他看透、学透后才能说出的话。博文约礼，哪里善于诱人呢。学者必须细细思量。圣道的全部，圣人也难以用言语表达给人，必须是求学的自我修行自己感悟出来的。颜回'虽然我想追随天理，但还不曾找到突破口'，也就是周文王所说的'远远地望着天理却从来没有真正见到过'的意思。望道未见，才是真见识。所以颜回死后，正宗的孔子学说就不能全部流传下来了。"

陆澄问："身体的主宰是心，心的灵明是知，知发动出来表现为意，意所看到的是物，是这样吗?"

先生答："这样说也对。"

先生说："只要经常存养本心，就是学习。过去未来的那些事，想它有什么好处? 只不过失落本心而已!"

先生说："言语没有伦次，也可看出没有存养本心。"

薛侃（字尚谦）向先生请教，孟子讲的"不动心"与告子讲的有什么区别。

先生说;"告子是硬捉着心不让它动；孟子是集义到自然不动。"

先生又说："心之本体，原本就是不动的。心的本体就是性，性即理。性原本就是不动的，理也是不动的。聚集正义就是恢复心的本体。"

先生说："森然万象，就是冲漠无朕。冲漠无朕，亦为森然万象。冲漠无朕是'唯一'之父；万象森然是'唯精'之母。'唯一'中有'唯精'，'唯精'中有'唯一'。

先生说："本心之外没有物，譬如，我的心中产生了孝敬父母之念头，那么，孝敬父母就为物。"

先生说："现在和我学格物学说的人，大多只限于口耳相传的方式。更何况从事口耳之学的人，能不这样吗？存养天理去除私欲，其精微之处必须时刻反省体察克制，要有日子才能逐渐领悟。现在人们在言谈之中，虽然嘴里讲着天理，不知道心中刹那间藏着多少私欲！还有私欲潜滋暗长但不自知的情况，即使用功去体察尚且发现不了，更何况仅仅在口头上说说，怎么能全部认识呢？现在只管讲着天理，却不去遵循，谈着私欲而任其留存不知道去除，难道这是我格物致知的学说吗？后世的学子，顶多也是做得个'用偶然合乎天理的举动而博得个好名声'的功夫。"

陆澄问："做到'大学之道'中的'知止'，就是明白至善只存在于我们的心中，原本就不在外物，然后志向才能坚定。是这样吗？"

先生说："是的。"

陆澄向先生请教格物的含义。

先生说："格是纠正的意思，纠正不正确的使它正确。"

陆澄问："格物是在动的方面下功夫吧？"

先生说："格物不分动与静，静也是事物。孟子说'必有事焉'，说的就是不论动静要用功。"

先生说："功夫最难的就是格物致知，这就是诚意的事情，意诚了，大部分的心也自然正了，身也自然修了。但是端正心性、修身的功夫也各有各的用功之处。修身是感情发出后的功夫，正心是感情没有发出来时的功夫。心性端正就是中正，修身就是平和。"

先生说："从'格物''致知'到'平天下'，只是一个'明明德'的过程。即使是'亲民'也是'明明德'的事情。'明德'是本心的德行，也是仁爱的表现。程颢说'仁爱的人把天地万物包括自己都视作一个整体'，假如天下有一人一物的损失，就是我心中的仁爱还有没有到达的地方。"

先生说："只说'明明德'而不说'亲民'，就和道佛两家学说没什么区别了。"

先生说："至善是人的天性，天性本来没有丝毫的恶，因此称至善。停止在至善上，只是恢复天性的本来面目而已。"

陆澄问："我总算是明白了至善乃是我的本性，我的本性就是我的心，我的心就是至善所要归复的地方。明白了这些我就不会像原来那样急着向外求取，志也就安定了。而定力一旦有了则可摆脱心之扰扰，不扰扰了就能安静下来，安静而不妄动就能安；安就能专心致志在至善处。万虑千思，最终一定是要通过上面这些方法达到至善境地的，这都是我静下来思考的结果。我这样说是否正确？"

先生答："大致如此。"

陆澄问："程子说'仁者以天地万物为一体'，那为什么墨家说兼爱反而被说成是不仁呢？"

先生说："这个很难解释。必须是你们自己体察出来才能得出答案。仁是天地造化生生不息的天理，它弥漫宇宙天边，无处不在，然而它的流行发展，也是有个渐进的过程的，所以才能生生不息。比如每年十一月冬至的一阳初动，一直到来年四月谷雨的六阳生发，都是从初级到高级，从一才能走到六。阴也是这样。因为渐进，所以就有个发端之处。因为有个发端处，所以会生长。因为生长，所以生生不息。譬如树木，开始发芽便是树木生成的发端处。发芽后长干，长完干又开始抽枝生叶，然后就繁衍生长永不停止。如果无芽，哪有干有枝叶？能发芽必然是下面有根，有根才能活，没根就死了，无根哪里去抽芽？父子兄弟之爱，便是人心生之意的发端处，像树木的发芽。从这里开始而仁爱百姓，泽及万物，便是抽枝生叶。而墨家的'兼爱''无差'等思想，将自家父子兄弟与陌生人一般看待，就没有了发端处，不抽芽，便知它是无根的，便不是生生不息的。哪里谈得上仁？孝、悌是仁的根本，仁理就是从孝悌中产生出来的。"

陆澄问："延平先生说：'当理而无私心。'符合天理和没有私心，怎样区别？"

先生说："心即理。没有私心，就是合于理；不合于理，就是有私心。若分开心与理来谈论，恐怕不妥当。"

陆澄又问："佛家对于人世间的一切私欲都不沾染，这应该是无私心吧？但他们抛弃人伦，却似乎不符合天理。"

先生答："佛家和世人其实是一回事，两者都是成就他个人的私心。"

薛侃录

薛侃（1486—1545 年），字尚谦，号中离，人称中离先生，明代揭阳县龙溪都（今广东潮安区庵埠镇薛陇乡）人。薛侃富有文才，明武宗正德丁丑二年（1517 年）考中进士。考中进士后，即以侍养归，与长兄薛俊谈及阳明先生之学，薛俊听后大为赞赏，同薛侃携弟薛侨和子薛宗铠等到江西赣州拜王阳明为师。薛侃落职回乡后，于嘉靖十一年到中离溪畔的中离山办学。他在山中建中离书院，讲授王阳明之学，南方各省共有百余士子闻风而至。由于薛侃积极传播，使阳明之学在岭南有更大的影响。

薛侃我问："坚守心志就像心痛一样，一心只在疼痛上，人还哪里有工夫说闲话，管闲事呢？"

先生说："开始学的时候这样下功夫也不错，但是要明白'出入无时，莫知其乡'。内心的神明原本如此，这样功夫才会有处落实。如果只是死守心志，恐怕会在下功夫时又出问题。"

薛侃我问："专注于德性的涵养而不讲习求学，将人的私欲看作天理。该拿这些人怎么办？"

先生说："人应当知学，讲习求学也只是在涵养德性，不讲习求学，只是涵养德性的心志不真切。"

我问："什么是知学？"

先生说："先说说是为什么而学？学的是什么？"

我说："曾经听到先生教诲。学的是存天理。心的根本，就是天理。体悟天理，只要自己心中没有私意。"

先生说："这样的话就只要克除私意就行了。还愁什么天理和人欲分辨不清？"

我说："怕的就是分辨不清这些私意。"

先生说："还是心志不真切。心志真切，眼睛看到的耳朵听到的都在这里，哪有分辨不清的道理？是非之心，人皆有之，不需要借助外界寻求。讲习求学也只是体悟自己心中所见，难道还要去心外另寻他见？"

先生问在座的友人，近来修为到了什么地步。

一位友人用清澈空明来形容。

先生说："这是在说表面情况。"

一位友人诉说现在和过去的异同。

先生说："这是在说最终效果。"

两位友人很茫然，向先生请教。

先生说："我们今天下功夫，只是要让为善之心真切。为善之心真切，见到善行就向往，有了过错就改正，才是真切的功夫。这样的话私欲就会日渐消除，天理也会逐渐明朗。如果只顾追求表面，讲求结果，却是助长了向外寻求的弊病，不是真正该下的功夫。"

朋友们读书后，有很多人指摘非议朱熹。

先生说："这样有意吹毛求疵，就不对了。我的观点和朱熹常有不同的地方，这是因为不同学说入门下手的地方失之毫厘差之千里，不能不分辨明确。但是我的心意和朱熹的心意，是从来都没有不同之处的。比方他对经义解释得明确恰当的地方，哪里还能改动一个字？"

蔡宗兖问："人可以通过学习成为圣人。但是伯夷、伊尹与孔子相比，才智能力始终有差别，他们同为圣人的原因是什么？"

先生说："圣人之所以是圣人，只是因为他们的内心是纯粹一片天理，而没有人的私欲。就好像纯金之所以纯，只是因为它的成色没有铜铅之类的杂质。人到了内心纯粹是一片天理的境界才是圣人，金到了没有杂质的程度才是纯金。但是圣人的才智能力，也有大小的区别，就好像金的分量有轻重。尧舜如同万镒，文王和孔子如同九千镒，大禹、商汤和武王如同七八千镒，伯夷、伊尹如同四五千镒。才智能力不同，而心中纯粹的天理是相同的，都可以称为圣人。就好像分量虽然不同，而纯度是相同的，都可以称为纯金。把五千镒的放在万镒当中，它们的纯度是相同的。把伯夷和伊尹放在帝尧和孔子之间，他们心中纯粹的天理是相同的。之所以称为纯金，关键在于纯度，而不在于分量。所以成为圣人，关键在于心中有纯粹的天理，而不在于才智能力的大小。所以即使是平常人，只要肯学习，使内心纯粹是一片天理，那么也可以成为圣人。就好像一两黄金，和万镒黄金相比，分量虽然悬殊，但是在纯度方面，却毫不逊色，所以孟子认为'人皆可以为尧舜'就是这个原因。学者学习圣人，不过是去除私欲存留天理。就像炼金追求其纯度。黄金的纯度差不多，那么就省下一些锻炼的功夫，也容易成功。成色越差，那么锻炼也就越难。人的气质清浊繁杂，有超出一般人的，也有不如一般人的，他们对于道有生知安行的，也有学知利行的，资质低的必须要付出别人百倍、千倍的努力，而最终的成就却是一样的。后人不知道成为圣人的关键是心中的纯粹天理，却专门在知识才能上追求圣人，认为圣人无所不知，无所不能，我要把圣人的那么多知识才能逐一学习到才能有所成就，所以不专心在天理上下功夫。白白花费心思，钻研书本，考究名物，模仿行为。知识越多人的私欲就越重，才智越多天理被蒙蔽得越厉害。正像看见别人有万镒纯金，自己不顾在成色上下功夫以求不逊于他们的精纯，而却妄求分量和对方相等。锡铅铜铁，混在一起投入熔炉。分量越是加重，纯度就越低。等到了最后，就不再有黄金了。"

当时徐爱在一旁说："先生的这个比喻，足以打破当世儒者支离纷纭的困惑，对后世学人大有帮助。"

先生又说："我们下功夫，只求日减，不求日增。减少一分私欲，就是恢复了一分天理。这是怎样的轻快洒脱？又是怎样的简单易行？"

杨骥问："格物的学说，就像先生所教诲的一样，明了简单，每个人都能理解。朱熹聪明绝顶，对这点却不能明了，这是为什么呢？"

先生说："朱熹精神气魄宏大，所以他早年的时候就下决心要继往开来，所以一直在考证探究和著述上下功夫。如果当初先切实地修养自心，自然没时间顾及这些，到了修为高深之后，果然担忧大道不明，于是像孔子那样静下心来编修六经，删繁就简，开导后世的学者，也没有花费多少考证探究的功夫。朱熹早年就写了很多书，到了晚年才悔悟，觉得自己做反了。"

杨骥说："朱熹晚年的悔悟，比如说'向来定本之悟'，又说'虽读得书，何益于吾事'，又说'此与守书籍，泥言语，全无交涉'，这说明他是到了晚年才悔悟从前下错了功夫，才开始切实地修养自心。"

先生说："是啊，这也正是人们不如朱熹的地方。他有魄力，一旦悔悟就转变。可惜不久之后就去世了，平日里的很多问题都没来得及改正。"

薛侃我除去花间的杂草，于是问："为什么天地之间的善难以养护，而恶难以除去？"

先生说："因为人没有去养护，也没有去根除。"

一会儿又说："这样看待善恶，都是从表面着眼，自然会错。"

薛侃我没能理解，先生说："天地生发，花与草是一样的。哪里有善恶之分？你想要看花，那就认为花是好的，认为草是不好的。如果想要草的时候，又会认为草是好的了。这样的善恶之分，都是因心中的喜好所产生的。所以知道从表面看是错的。"

我说："那么就没有善恶之分了吗？"

先生说："无善无恶是理的静态表现；有善有恶是由于气的变动。气没有变动，就没有善恶的区别，就是至善。"

我说："佛教也主张无善无恶，有什么区别？"

先生说："佛教专注于无善无恶，其他的一切都不在意，不能够治理天下。圣人无善无恶，只是不有意为善，不有意为恶，不会为气所动。但是遵循先王之道，到达极致，就自然能因循天理，就能'裁成天地之道，辅相天地之宜'。"

我说："杂草既然不是恶，那么杂草就不应该除去了？"

先生说："这样的话就是佛道的观点了。杂草如果碍事，为何不将其除去？"

我说："这样不又是有意为善为恶了吗？"

先生说："不有意为善为恶，并非完全没有好恶，如果那样就是个全无知觉的人了。说是不着意，只是任凭好恶因循天理，而不再添加别的用意。这样就如同没有好恶一样。"

我说："除去杂草怎么是因循天理，而不添加别的用意？"

先生说："杂草造成妨碍，按理应当除去，那就除去好了，偶尔有没被除净的，也不必介意。如果是多了一分在意，那么内心和身体就都有了牵累，就会为气所动。"

我说："那么善恶全不关乎外物？"

先生说："只在于你的内心，因循天理就是善，为气所动就是恶。"

我说："物的本身没有善恶。"

先生说："内心如此，外物也是如此。世间的儒者唯独不知道这点，舍弃内心去追寻外物，将格物之学理解错了，整天忙碌着追求外物，只能依靠偶然有所获取，终生做了也不明白，习以为常也不知道。"

我说："如好好色，如恶恶臭，该怎么理解？"

先生说："这样正是因循天理，天理就本该如此，本来就不该有意为善为恶。"

我说："如好好色，如恶恶臭，怎么会不是有意为之？"

先生说："这是诚意，而不是私意。诚意只是在因循天理。虽然是在因循天理，也不能添加一分用意。所以有一丝的怒气或欢乐，内心就不能保持中正。需要做到公正无私，才是心的根本。知道这一点，也就了解了喜怒哀乐在心中含而未发的状态如何。"

孟源说："先生说：'杂草造成妨碍，按理应当除去。'为什么又是从表面着眼呢？"

先生说："这需要你自己用心体悟。

你要除草，内心如何？周敦颐不除窗前杂草，内心又如何？"

先生对从学的人说："学习要先有个主旨，下功夫才能踏踏实实。即使不能从不间断，也会像有舵的船一样，一经提点就会醒悟。不这样的话，虽然努力学习，也只能偶尔获得一些成就。只是做过了却不明白，习以为常却不知道，并非大本达道。"

又说："知道主旨，怎样说都可以。如果说在这里透彻了，别处却不能透彻，那就是因为没有主旨。"

有人问："为了双亲而求学，难免会受到科举的牵累。"

先生说："认为由于双亲的原因参加科举而牵累了求学，那么务农奉养双亲的不也牵累了求学吗？先贤说'惟患夺志'，只怕求学的志向不够真切罢了。"

欧阳德问："平时心意总是忙乱，有事的时候自然忙，没事的时候也忙，为什么呢？"

先生说："天地之间的气，本来就没有一刻停下来，但是有个主宰，所以能够不先不后、不急不缓。即使有万千变化，主宰也是不会变的，人因这个主宰而生。如果主宰恒定，像天地一样运行不息，即使交往处世千变万化，也能够从容应对，正所谓'天君泰然，百体从令'。如果没有主宰，只是任凭气四处流荡，怎么会不忙？"

先生说："为学的最大弊病就是好名。"

薛侃我说："从前年开始，自己觉得这个问题已经减轻。现在仔细考察，才知道完全不是这样。好名岂止是在别人面前争强？只要听到赞誉就欣喜，听到毁谤就愤懑，这就是好名之病发作了。"

先生说："正是如此。名与实相对，务实之心重一分，那么求名之心就轻一分。全部是务实之心，那么就全然没有求名之心。如果内心求务实像饥饿时求食物，口渴时求饮水，哪还有功夫求名誉？"

先生又说："孔子'疾没世而名不称'，称字读第四声，也就是'声闻过情，君子耻之'的意思。实际情况与名声不相称，活着的时候还可以补救，死后就来不及了。'四十五十而无闻'说的是不闻道，而不是名声无所闻，孔子说'是闻也，非达也'，他哪能单以名声而评价别人？"

薛侃我经常后悔。

先生说："悔悟是去病的良药，贵在能够改正。如果让悔悟滞留在心中，却又是因用药过度而再生新病了。"

刘德章说："听先生用纯金来比喻圣人，用分量来比喻圣人之量，用锻炼比喻学者所下的功夫，真是深刻贴切。只是说尧舜相当于万镒，孔子相当于九千镒，恐怕不太妥当。"

先生说："这又是从表面上着眼的，所以替圣人争轻重。如果不是从表面着眼，那么尧舜万镒也不会认为多，孔子九千镒也不会觉得少。尧舜万镒，也就是孔子的；孔子九千镒，也就是尧舜的，本来彼此没有差别。之所以称其为圣人，只看其功夫的精一，而不看其才智的多寡。只要内心纯然天理这点是相同的，就可以同称圣人。如果根据才力气魄来决定，哪能都一样呢？后世的儒者只知道计较分量，所以失之于功利。如果去除计较分量之心，各人根据自己的才力精神，只在追求纯然天理上下功夫，那么人人都会有所圆满，就会大有大的成就，小有小的成就。不凭借向外求索，没有不具备的。这就是实实在在明善诚身的事。后世儒者不理解圣人之学，不知道从自己内心的良知良能上去体悟充实。却去想要了解他所不知道的，却去掌握他所不能做的。一味地好高骛远，不知道自己是用桀纣的心思，妄图去做尧舜的大业，怎么能成功？始终碌碌无为，直至老死，终究不知道有什么成就，真是可悲啊。"

薛侃我问："程颐说心在静的时候就是体，心在动的时候就是用。这话怎样？"

先生说："心不能靠动静来分体用。动与静只是在某一时的状态，从本体来说作用决定于本体，从作用来说本体体现于作用，这就是'体用一源'。如果说在静的时候可以凸显其本体，在动的时候可以凸显其作用，倒也没有问题。"

我问："上等的智者和下等的愚昧的人，为什么都不可改变？"

先生说："不是不可改变，只是都不愿改变。"

我向先生请教《论语》中"子夏门人问交"这一章。

先生说："子夏所说的是小孩子之间的交往，子张说的是成人之间的交往。如果能妥善运用，都是可以的。"

冯思问："'学而时习之，不亦说乎？'朱熹认为学是效仿先觉者的做法，这一说法怎样？"

先生说："学是学习去除私欲存留天理。专注于去除私欲存留天理，自然会以先觉者为榜样，向古训做求证，自然会下很多问辨、思索、存省、克治的功夫。这样不过是想要去除人心私欲，存留我心中的天理而已。如果说效仿先觉者的行为，那只是说了学中的一件事，而这事也似乎倾向于向外寻求了。所谓'时习'、'坐如尸'，并非专针对于学习端坐，是要在坐的时候体悟本心。'立如斋'，并非专针对于学习肃立，是要在肃立时体悟本心。'说'是'理义之说我心'中的那个喜悦。人心本就喜欢理义，就像眼睛本来就喜欢美色，耳朵本来就喜欢音乐一样。只是被人的私欲所蒙蔽、所牵累，才出现了不悦。现在私欲一天天减少，那么理义就会一天天与身心融洽，怎么会不喜悦？"

陈桀问："曾子所说的'三省吾身'虽然切实，但恐怕还是没有听到孔子说'一以贯之'时所下的功夫。"

先生说："'一以贯之'是孔夫子见曾子不知道用功的要领，所以才告诉他的。学者倘若真能在忠恕上用功夫，难道不是一贯？一就像是树根，贯就像是树的枝叶。没种下树根，哪里会有枝叶？体用一源，体没有确立，用从哪里来？朱熹说'曾子对于用这一点，应该已经审查践行了，但是还没有悟到体中之一'，这话恐怕不尽然。"

黄诚甫向先生请教"汝与回也孰愈"这一章。

先生说："子贡博学多识，对外在的见闻上下功夫。颜回在内心上用功。所以孔子通过提问来加以启发。而子贡的对答，又只是局限在识见上。所以圣人对此叹息，而不是赞许他。"

"颜回不迁怒于人，不重复犯同样的错误，也是因为有'未发之中'才能做到。"

"种树要对树根培土养护，修养德性要对自心善加养护。希望树生得高大，一定要在开始生长时剔除其多余的枝干；希望德性盛大，一定要在开始时去除对外物的喜好。比如说喜好诗文，那么精神就会逐渐转移到诗文上。所有对外物的喜好都是这样。"

又说："我在这里讲述的是从无中生出来的功夫。各位需要相信的，就只是立志。学者存有一丝向善之心，就像埋下树的种子，只要不揠苗助长，不置之不理，只要培植下去，自然日夜都在增长，生机日渐充沛，枝叶日渐茂盛。树刚生长时，就会抽出分枝余叶，也都要修剪掉，然后主干才能长高。开始学习的时候也是如此，所以立志贵在专一。"

顺便谈到了先生的门人，说某人在涵养上下功夫，某人在识见上下功夫。

先生说："专注于涵养的，会日渐看到自己的不足。专注于识见的，会日渐看到自己的收益。日渐看到自己不足的，会日渐获得收益。日渐看到自己收益的，会日渐认识自己的不足。"

梁焯问："居敬穷理是两件事，先生认为是一件事，这是为什么？"

先生说："世上只有这一件事，怎么会是两件？如果说万物之间有差异，那么礼仪成百，威仪上千，又何止两件？你试着说居敬是怎样的？穷理是怎样的？"

梁焯说："居敬是存养自心的功夫，穷理是穷究万物之理。"

先生问："存养的是什么？"

梁焯答："存养的是自心的天理。"

先生说："这样的话也还是穷究事理。"

先生又问："再试着说说怎样才是穷究事理？"

梁焯说："比如说侍奉双亲，就要穷究孝道之理；侍奉君主，就要穷究忠信之理。"

先生说："忠孝之理，在君主和双亲身上？在自己心中？如果是在自己心中，也还是穷究自心之理。再试着说说什么是敬？"

梁焯说："就是专一。"

"怎样是专一？"

梁焯说："譬如说读书，就一心专注读书；做事，就一心专注做事。"

先生说："这样的话那么喝酒就一心专注于喝酒，好色就一心专注于美色。这却成了追求外物，哪里是居敬的功夫？"

梁焯便向先生请教。先生说："所谓'一'，就是天理。专一是一心放在天理上。如果只知专一，却不知道'一'就是天理，有事时就成了追求外物，无事时就陷于空想。只有无论有事无事，一心在天理上下功夫，这样居敬就是穷理。从穷理的专一方面看，就可以称之为居敬。从居敬的精密方面看，就可以称之为穷理。而不是在居敬的时候，还另外有穷理之心。穷理的时候，还另外有个居敬之心。称呼虽然不同，所下的是同一个功夫。就像《易经》所说'敬以直内，义以方外。'居敬是无事时的义，义就是有事时的敬，两句合起来是在说一件事。就像孔子所说'修己以敬'，就不用再说义。孟子说集义，就不用再说敬。领会这点之后，无论怎样说，所下的功夫都是一样的。如果拘泥于书本，而不知道根本问题，就会支离破碎，使功夫无处可下。"

梁焯问："为什么说穷理就是尽性呢？"

先生说："心的根本，就是性，性就是理。穷究仁的理，就当真要探求仁，并要探求到极致。穷究义的理，就当真要探求义，并要探求到极致。仁义都只是我的本性，所以说穷理就是尽性。就像孟子说的'充其恻隐之心，至仁不可胜用'，这就是穷理的功夫。"

梁焯说："前代的大儒说'一草一木亦皆有理，不可不察'，这是为什么？"

先生说："我倒是没有这种闲暇，你要前去体会自己的性情，必须穷究人的本性，之后才能穷究万物的本性。"

梁焯幡然醒悟。

冀元亨问："为什么说知是心的本体？"

先生说："知是理的灵性所在，从其主宰方面说，就称之为心，从其秉性天赋上说，就称之为性。两三岁的幼童，没有不知道爱他们的双亲的，没有不知道敬重他们的兄长的，这是因为它们的灵性还没有被私欲所遮蔽、阻隔。如果能继续发展充实，就完全成为其本体，就能与天地之德合而为一。从圣人以下，没有人能够不被私欲蒙蔽的，所以需要通过格物来获得良知。"

守衡问："《大学》中所说的功夫就是诚意。诚意的功夫就是格物、修身、齐家、治国、平天下，只要用诚意概括就够了。另外还有正心的功夫，有所怨恨和喜好，心就不能中正。这是为什么呢？"

先生说："这需要自己思考才能领悟。领悟了这一点就知道什么是未发之中了。"

守衡再三请教。

先生说："为学的功夫有深浅之分，初学时如果不切实专心为善去恶，怎么能做到为善去恶？这切实专心就是诚意。但是还不了解心的本体原本是无物的，一心专注于为善去恶，就又多了一分执着，就不是廓然大公了。《尚书》所说的'无有作好作恶'才是根本。所以说，有所怨恨和喜好，自心就做不到中正。正心只是诚意体悟端正自心的功夫，要经常保持空灵，使之平衡，这就是未发之中了。"

黄宏纲问："戒惧是自己不知时的功夫，慎独是自己独知时的功夫，这种说法怎样？"

先生说："都只是一种功夫。没有事时固然是独知，有事的时候也是独知。学人如果不知道在这独知上下功夫，只在人所共知的地方下功夫，就是作伪，就是'见君子而后厌然'。这独知就是诚意的萌芽。这里无论善恶，都没有虚假。一对百对，一错百错，这是王道与霸道、义与利、诚与伪、善与恶的交界点。在这里站稳脚跟，就是端正根本、澄清源头，就是立诚。古人很多诚身的功夫，以及精神命脉，都在这里。真正是不见不显，无时无处，无始无终，都只在这个功夫上。现在如果把戒惧分离出来，当成自己不知时的功夫，那么功夫就会支离破碎，就会中断。既然有了戒惧，那就是知。自己如果不知，那么是谁戒惧？这样的见解就难免沦为凭空臆想了。"

黄宏纲问："无论善恶，都没有虚假。那么独知的时候，也没有无念吗?"

先生说:"戒惧也是念。戒惧的念,是没有什么时候会停息的。如果戒惧之心稍有差错,那么不是不明是非,就是已经沦为恶念。从早到晚,从年少到年老,如果没有此念,就是自己不知。除非是人在昏睡,除非是心如枯木死灰。"

志道问:"荀子说:'养心莫善于诚。'程氏兄弟对此有非议,为什么呢?"

先生说:"这一说法不能轻易就否定。有人是从功夫的角度理解'诚'的。诚是心的本体,返回来追求本体,就是思诚的功夫。明道先生程颢说的'以诚敬存之',也是这个意思。《大学》里说'欲正其心,先诚其意'。荀子的观点固然有很多问题,但是不能一概吹毛求疵。大凡观察一个人的言语,如果带有先入为主的偏见,就会有失当的地方。'为富不仁'这句话,是孟子引用阳虎的。由此可见圣贤是具有公正无私之心的。"

萧惠问:"私欲难以克除,该怎么办?"

先生说:"把你的私欲说出来,我替你克除。"

又说:"人要有为自己的心,才能克除私欲。能够克除私欲,才能成就自己。"

萧惠说:"我也很有为自己的心,不知道为什么不能克除私欲?"

先生说:"先说说你为自己的心是怎样的。"

萧惠过了很久才说:"我也是一心想要做好人,就自觉很有为自己的心。现在想来,看来也只是为躯壳意义上的自己,而不是为真正的自己。"

先生说:"真正的自己何尝脱离过躯壳?恐怕你连那躯壳部分的自己也不曾为过。先说说你所谓躯壳意义上的自己,是耳、目、口、鼻、四肢吗？"

萧惠说："正是为的这些，眼睛喜好美色，耳朵喜好音乐，嘴巴喜好美味，四肢喜好安逸享乐，所以无法克除私欲。"

先生说："美色令人眼花，音乐令人耳聋，美味令人无法分辨味道，驰骋打猎令人发狂。这些都是损害你耳、目、口、鼻、四肢的，哪是为你耳、目、口、鼻、四肢着想？如果是为耳、目、口、鼻、四肢着想，就应该想想耳朵该怎样听，眼睛该怎样看，嘴该怎样说，四肢该怎样动。必须非礼勿视、非礼勿听、非礼勿言、非礼勿动，才能够成全耳、目、口、鼻、四肢。这才是为耳、目、口、鼻、四肢着想。你现在整天追求外物享受，为名、为利都是为躯壳之外的事物。你如果想为耳、目、口、鼻、四肢着想，在需要非礼勿视、非礼勿听、非礼勿言、非礼勿动时，难道是你的耳、目、口、鼻、四肢能够自己勿视、勿听、勿言、勿动的？这都是你的心在控制。视、听、言、动，都是发自你的内心。你的心在看，表现在眼睛上；心在听，表现在耳朵上；心里有话，表现在嘴上；心动，表现在四肢上。如果没有你的心，就没有耳、目、口、鼻。所说的你的心，也不是指那团血肉。如果专指那一团血肉，现在已死的人，那团血肉还在，为什么不能视、听、言、动？所谓你的心，正是那能视、听、言、动的。这就是性，这就是天理。有了这个性，才有了这生生不息之理，就是仁。这性的生生不息之理，表现在眼睛上就是看，表现在耳朵上就是听，表现在嘴上就是说，表现在四肢上就是动，都只是天理的表现，因为能够主宰全身，所以称之为心。这心的本体，原本就是天理，原本没有违礼之事，这就是你真正的自己。这个真正的自己，是你躯壳的主宰。如果没有真正的自己，就没有躯壳。确实是，有了就得生，没有就会死。你如果真是为躯壳意义上的自己，必须要依靠真正的自己，需要常常守护这个真正的自己的本体。在别人看不到的时候就有所戒惧，在别人听不到的时候就有所恐惧，唯恐有所亏损，只要有一丝违礼之心萌动，就像刀割针刺一样不能忍受。必须要去了刀，拔了针，这才是有为自己的心，才能克除私欲。你现在正是将虚妄认作现实，为什么还说有为自己的心，而不能克除私欲？”

有位学者患了眼疾，非常忧愁。

先生说：“你是看重眼睛却轻视了自心。”

萧惠喜好道教和佛教。

先生告诫他说：“我在年少的时候也专心致志信奉两教，自以为有所体悟，认为儒者不足效法。后来谪居贵州三年，才知道圣人之学是那么简易宏大，于是开始叹息悔恨三十年都用错了力气。大体上两教学说的精妙之处与圣人之学只有毫厘的差别。你现在所学的，不过是些粪土糟粕，就如此自信，如此自满，真是像鸱鸮偷到了死老鼠一样可笑。”

萧惠请教两教学说的精妙之处。

先生说：“我向你说圣人之学的简易宏大。你却不问我领悟的，只问我悔恨的。”

萧惠惭愧认错，请教圣人之学。

先生说：“你现在只是因为不得已才敷衍了事地请教，等你分清楚真的有了要追求圣人之道的心时，我再告诉你。”

萧惠再三请教。

先生说：“已经和你一句话说尽了，你还是不明白。”

刘观时问：“什么是未发之中？”

先生说：“你只要在看不到的时候就有所警惕，在听不到的时候就有所恐惧，养护自心纯然一片天理，就自然可以得见了。"

刘观时请先生大致谈谈这种情况。

先生说："哑巴吃了苦瓜，是对你说不出来的，你要知道苦瓜的滋味，还得你自己去尝一尝。"

当时徐爱在一旁说："这样才是真知，才是行了。"

一时间在座诸人都有所醒悟。

萧惠问生死之道。

先生说："知道了昼夜就知道了生死。"

萧惠又请教昼夜之道。

先生说："知道了昼就知道了夜。"

萧惠问："白昼还有什么不知道的？"

先生说："你也算知道白昼？迷迷糊糊起床，稀里糊涂吃东西，做了却不明白，习以为常却不能察觉，整天浑浑噩噩，就像做白日梦一样。只有'息有养，瞬有存'，使得自心清楚明白，天理绝无一刻间断，才算得上是知道白昼。这就是天德，就是通晓昼夜之道，还要说什么生死？"

马子莘问："'修道之教'，前人认为是指圣人根据常人固有的品级而节制其性，并以此为天下的法则，就像礼、乐、刑、政这些，这种说法正确吗？"

先生说："道就是性，就是命。原本是完完全全，不能增减，无须修饰的。何必要圣人来区分等级加以节制？那就成了不完全的物件了。礼、乐、刑、政是治理天下的法则，固然可以称之为教，但这不是子思的本意。如果像前代儒者讲的，那么《中庸》后面所说的由道入教，为什么舍弃了圣人的礼、乐、刑、政之教，又另外讲出一段戒慎恐惧的功夫？那圣人之教反倒成了虚设了。"

马子莘再次请教。

先生说："子思的性、道、教都是从本原上说起。天命在人身上体现，那么命就称之为性；率性而为，那么性就称之为道；通过修道来学习，那么道就称之为教。率性是'诚者'的事，就是所谓的'自诚明，谓之性'。修道是'诚之者'的事，就是所谓的'自明诚，谓之教'。圣人率性而为就是道。圣人以下的人不能做到率性而合乎道义，所以难免有过度或不及之处，所以需要修道，修道后贤人和智者就不会过度，愚昧和不成材者就不会赶不上，都要遵循此道，那么道就是教，这个'教'和'天道至教'、'风雨霜露，无非教也'的'教'是一样的。'修道'和'修道以仁'是相同的。人能够修道，然后能够不违背于道，然后恢复天性的本体，那么也就是圣人率性而合乎道义了。后面所说的'戒慎恐惧'就是修道的功夫，'中和'就是恢复天性的本体。像《易经》中所说的'穷理尽性以至于命'、'中和'、'位育'，都是尽性知命。"

黄诚甫问："程朱认为孔子回答颜回治国之道的提问，是确立了万世常行之道，是这样吗？"

先生说："颜回大体已经具备了圣人的面貌，他对于治国的主要根本也已经掌握。孔子平日对他非常了解，此时就没有必要再说，只从典章制度上来说。这些地方也不能忽略，应该要这样才能尽善尽美。又不能因为自己的本领够用了，就疏于防范，应该要'放郑声，远佞人'。大概因为颜回是个恪守自心，能够在德性上用功修养的人，孔子担心他在对外物的细枝末节上有所疏忽，所以在他的不足之处上帮忙补充。如果是别人，就会告诫'为政在人，取人以身，修身以道，修道以仁'、'达道'、'九经'和

'诚身'很多功夫，才能够治理国家。这些才是万世常行之道。不然的话只去用夏代历法，乘殷商车舆，戴周朝冠冕，操舜时韶乐，天下就会得到治理？后世之人只是因为颜回是孔门第一弟子，又问如何治国，就将这事看得无比重大了。"

蔡宗衮问："朱文公编订的新本《大学》，格致在前而诚意在后，好像和首章的次序吻合。如果按照先生旧本的说法，那么诚意反倒是在格致之前，我对这个问题十分不解。"

先生说："《大学》所讲的功夫就是'明明德'。'明明德'只是个'诚意'，'诚意'的功夫就是'格物'和'致知'。如果以'诚意'为主，用'格物'、'致知'的功夫，那么功夫才会有所着落。这样为善去恶无非是'诚意'的事，如果像新本那样先穷究事物之理，那就茫茫然没有着落，需要添加个'敬'字，才能与身心联系起来。但是也终究是没有根源。如果需要添加个'敬'字，为什么孔门反倒把最要紧的这个字忘掉了，一直等到千年之后才要后人补上？正是因为如果以'诚意'为主，就不需要添加'敬'字。所以推出'诚意'之说，正是做学问的根本所在。不明察这一点，就真可谓是差之毫厘谬以千里了。大抵《中庸》所说的功夫就是'诚身'，'诚身'的极致就是'至诚'。《大学》所说的功夫就是'诚意'，'诚意'的极致就是'至善'。功夫总是一样的。如今在这里添加个'敬'字，在那里补上个'诚'字，就未免是画蛇添足了。"

卷二 语录二

《传习录》中

钱德洪序

德洪曰：昔南元善刻《传习录》于越，凡二册。下册摘录先师手书，凡八篇。其答徐成之二书，吾师自谓"天下是朱非陆，论定既久，一旦反之为难"。二书姑为调停两可之说，使人自思得之。故元善录为下册之首者，意亦以是欤。今朱、陆之辨明于天下久矣。洪刻先师《文录》，置二书于外集者，示未全也，故今不复录。

其余指知行之本体，莫详于答人论学与答周道通、陆清伯、欧阳崇一四书。而谓格物为学者用力日可见之地，莫详于答罗整庵一书。平生冒天下之非诋推陷，万死一生，遑遑然不忘讲学。唯恐吾人不闻斯道，流于功利机智，以日堕于夷狄禽兽而不觉。其一体同物之心，诚诚终身，至于毙而后已。此孔孟以来贤圣苦心，虽门人子弟未足以慰其情也。是情也，莫见于答聂文蔚之第一书。此皆仍元善所录之旧。而揭"必有事焉"即"致良知"功夫，明白简洁，使人言下即得入手，此又莫详于答文蔚之第二书，故增录之。

元善当时汹汹，乃能以身明斯道，卒至遭奸被斥，油油然惟以此生得闻斯学为庆，而绝无有纤芥愤郁不平之气。斯录之刻，人见其有功于同志甚大，而不知其处时之甚艰也。今所去取，裁之时义则然，非忍有所加损于其间也。

答顾东桥书

来书云："近时学者，务外遗内，博而寡要。故先生特倡'诚意'一义，针砭膏肓，诚大惠也。"

吾子洞见时弊如此矣，亦将何以救之乎？然则鄙人之心，吾子固已一句道尽，复何言哉？复何言哉？若诚意之说，自是圣门教人用功第一义，但近世学者乃作第二义看，故稍与提掇紧要出来，非鄙人所能特倡也。

来书云："但恐立说太高，用功太捷，后生师传，影响谬误，未免坠于佛氏明心见性、定慧顿悟之机，无怪闻者见疑。"

区区格、致、诚、正之说，是就学者本心、日用事为间，体究践履，实地用功，是多少次第、多少积累在。正与空虚顿悟之说相反。闻者本无求为圣人之志，又未尝讲究其祥，遂以见疑，亦无足怪。若吾子之高明，自当一语之下便了然矣，乃亦谓立说太高，用功太捷，何邪？

来书云："所喻知行并进，不宜分别前后，即《中庸》'尊德性而道问学'之功，交养互发，内外本末，一以贯之之道。然功夫次第，不能无先后之差。如知食乃食，知汤乃饮，知衣乃服，知路乃行，未有不见是物，先有是事。此亦毫厘倏忽之间，非谓有等今日知之，而明日乃行也。"

　　既云"交养互发，内外本末，一以贯之"，则知行并进之说无复可疑矣。又云"功夫次第，不能无先后之差。"无乃自相矛盾已乎？知食乃食等说，此尤明白易见。但吾子为近闻障蔽，自不察耳。夫人必有欲食之心，然后知食，欲食之心即是意，即是行之始矣。食味之美恶，必待入口而后知，岂有不待入口而已先知食味之美恶者邪？必有欲行之心，然后知路，欲行之心即是意，即是行之始矣。路歧之险夷，必待身亲履历而后知，岂有不待身亲履历而已先知路歧之险夷者邪？知汤乃饮，知衣乃服，以此例之，皆无可疑。若如吾子之喻，是乃所谓不见是物而先有是事者矣。吾子又谓"此亦毫厘倏忽之间，非谓截然有等今日知之，而明日乃行也。"是亦察之尚有未精。然就如吾子之说，则知行之为合一并进，亦自断无可疑矣。

　　来书云："真知即所以为行，不行不足谓之知。此为学者吃紧立教，俾务躬行则可。若真谓行即是知，恐其专求本心，遂遗物理，必有暗而不达之处，抑岂圣门知行并进之成法哉？"

　　知之真切笃实处即是行，行之明觉精察处即是知。知行功夫，本不可离。只为后世学者分作两截用功，失却知行本体，故有合一并进之说。真知即所以为行，不行不足谓之知。即如来书所云知食乃等说可见，前已略言之矣。此虽吃紧救弊而发，然知行之体本来如是，非以己意抑扬其间，姑为是说，以苟一时之效者也。专求本心，遂遗物理，此盖失其本心者也。夫物理不外于吾心，外吾心而求物理，无物理矣。遗物理而求吾心，吾心又何物邪？心之体，性也，性即理也。故有孝亲之心，即有孝之理；无孝亲之心，即无孝之理矣。有忠君之心，即有忠君之理；无忠君之心，即无忠君之理矣。理岂外于吾心邪？晦庵谓"人之所以为学者，心与理而已。

心虽主乎一身，而实管乎天下之理。理虽散在万事，而实不外乎一人之心。"是其一分一合之间，而未免已启学者心、理为二之弊。此后世所以有专求本心，遂遗物理之患。正由不知心即理耳。夫外心以求物理，是以有暗而不达之处。此告子义外之说，孟子所以谓之不知义也。心一而已，以其全体恻怛而言谓之仁，以其得宜而言谓之义，以其条理而言谓之理。不可外心以求仁，不可外心以求义，独可外心以求理乎？外心以求理，此知行之所以二也。求理于吾心，此圣门知行合一之教，吾子又何疑乎？

来书云："所释《大学》古本，谓致其本体之知，此固孟子尽心之旨。朱子亦以虚灵知觉为此心之量。然尽心由于知性，致知在于格物。"

尽心由于知性，致知在于格物，此语然矣。然而推本吾子之意，则其所以为是语者，尚有未明也。朱子以"尽心、知性、知天"为格物、知致，以"存心、养性、事天"为诚意、正心、修身，以"夭寿不二、修身以俟"为知至、仁尽，圣人之事。若鄙人之见，则与朱子正相反矣。夫"尽心、知性、知天"者，生知安行，圣人之事也；"存心、养性、事天"者，学知利行，贤人之事也；"夭寿不二、修身以俟"者，困知勉行，学者之事也。岂可专以"尽心知性"为知，"存心养性"为行乎？吾子骤闻此言，必又以为大骇矣。然其间实无可疑者，一为吾子言之。夫心之体，性也；性也原，天也。能尽其心，是能尽其性矣。《中庸》云："惟天下至诚为能尽其性。"又云："知天地之化育，质诸鬼神而无疑，知天也。"此惟圣人而后能然。故曰：此生知安行，圣人之事也。存其心者，未能尽其心者也，故须加存之之功；必存之既久，不待于存而自无不存，然后可以进而言尽。盖"知天"之"知"，如"知州""知县"之"知"，知州则一州之事皆己事也，知县则一县之事皆己事也，是与天为一者也。"事天"则如子之事父，臣之事君，犹与天为二也。天之所以命于我者，心也，性也，吾但存之而不敢失，养之而不敢害，如"父母全而生之，子全而归之"者也。故曰：此学知利行，贤人之事也。至于"夭寿不二"，则与存其心者又有间矣。存其心者虽未能尽其心，固已一心于为善，时有不存，则存之而已。今使之"夭寿不二"，是犹以夭寿二其心者也。犹以夭寿二其心，是其为善之心犹未能一也，存之尚有所未可，而何尽之可云乎？今且使之不以夭寿二其为善之心，若曰死去夭寿皆有定命，吾但一心于为善，修吾之身以俟天命而已，是其平日尚未知有天命也。事天虽与天为二，然已真知天命之所在，但惟恭敬奉承之而已耳。若俟之云者，则尚未能真知天命之所在，犹有所俟者也，故曰"所以立命"。立者"创立"之"立"，如"立德""立言""立功""立名"之类。凡言立者，皆是昔未尝有而今始建立之谓，孔子所谓"不知命，无以为君子"者也。故曰：此困知勉行，学者之事也。今以"尽心、知性、知天"为格物致知，使初学之士尚未能不二其心者，而遽责之以圣人之生知安行之事，如捕风捉影，茫然莫知所措其心，几何而不至于"率天下而路"也？今世致知格物之弊，亦居然可见矣。吾子所谓务外遗内，博而寡要者，无乃亦是过欤？此学问最紧要处，于此而差，将无往而不差矣。此鄙人之所以冒天下之非笑，忘其身之陷于罪戮，呶呶其言有不容已者也。

来书云："闻语学者，乃谓即物穷理之说亦是玩物丧志，又取其厌繁就约涵养本原数说标示学者，指为晚年定论，此亦恐非。"

朱子所谓格物云者，在即物而穷其理也。即物穷理是就事事物物上求其所谓定理者也，是以吾心而求理于事事物物之中，析心与之理为二矣。夫求理于事事物物者，如求孝之理于其亲之谓也。求孝之理于其亲，则孝之理其果在于吾之心邪？抑果在于亲之身邪？假而果在于亲之身，则亲没之后，吾心遂无孝之理钦？见孺子之入井，必有恻隐之理。是恻隐之理果在于孺子之身钦？抑在于吾心之良知钦？其或不可以从之于井钦？其或可以手而援之钦？是皆所谓理也。是果在于孺子身钦？抑果出于吾心之良知钦？以是例之，万事万物之理莫不皆然，是可以知析心与理为二之非矣。夫析心与理而为二，此告子义外之说，孟子之所深辟也。务外遗内，博而寡要，吾子既已知之矣，是果何谓而然哉？谓之玩物丧志，尚犹以为不可钦？若鄙人所谓致知格物者，致吾心之良知于事事物物也。吾心之良知，即所谓天理也。致吾心良知之天理于事事物物，则事事物物皆得其理矣。致吾心之良知者，致知也。事事物物皆得其理者，格物也。是合心与理而为一者也。合心与理而为一，则凡区区前之所云，与朱子晚年之论，皆可以不言而喻矣。

来书云："人之心体，本无不明，而气拘物蔽，鲜有不昏。非学、问、思、辨以明天下之理，则善恶之机，真妄之辨，不能自觉，任情恣意，其害有不可胜言者矣。"

此段大略似是而非，盖承沿旧说之弊，不可以不辨也。夫学、问、思、辨、行皆所以为学，未有学而不行者也。如言学孝，则必服劳奉养，躬身孝道，然后谓之学。岂徒悬空口耳讲说，而遂可以谓之学孝乎？学射则必张弓挟矢，引满中的。学书则必伸纸执笔，操觚染翰。尽天下之学，无有不行而可以言学者。则学之始，固已即是行矣。笃者，敦实笃厚之意。已行矣，而敦笃其行，不息其功之谓尔。盖学之不能以无疑，则有问，问即学也，即行也。又不能无疑，则有思，思即学也，即行也。又不能无疑，则有辨，辨即学也，即行也。辨既明矣，思既慎矣，问既审矣，学既能矣，又从而不息其功焉，斯之谓笃行。非谓学问思辨之后，而始措之于行也。是故以求能其事而言谓之学，以求解其惑而言谓之问，以求通其说而言谓之恩，以求精其察而言谓之辨，以求履其实而言谓之行。盖析其功而言则有五，合其事而言则一而已。此区区心理合一之体，知行并进之功，所以异于后世之说者，正在于是。今吾子特举学、问、思、辨以穷天下之理，而不及笃行，是专以学、问、思、辨为知，而谓穷理为无行也已。天下岂有不行而学者邪？岂有不行而遂可谓之穷理者邪？明道云："只穷理，便尽性至命。"故必仁极仁而后谓之能穷仁之理，义极义而后谓之能穷义之理。仁极仁则尽仁之性矣，义极义则尽义之性矣。学至于穷理至矣，而尚未措之于行，天下宁有是邪？是故知不行之不可以为学，则知不行之不可以为穷理矣。知不行之不可以为穷理，则知知行之合一并进，而不可以分为两节事矣。夫万事万物之理，不外于吾心。而必曰穷天下之理，是殆以吾心之良知为未足，而必外求天下之广，以裨补增益之，是犹析心与理而为二也。夫学、问、思、辨、笃行之功，虽其困勉至于人一己百，而扩充之极，至于尽性知天，亦不过致吾心之良知而已。良知之外，岂复有加于毫末乎？今必曰穷天下之理，而不知反求诸其心，则凡所谓善恶之机，真妄之辨者，舍吾心之良知，亦将何所致其体察乎？吾子所谓气拘物蔽者，拘此蔽此而已。今欲去此之蔽，不知致力于此，而欲以外求，是犹目之不明者，不务服药调理以治其目，而徒怅怅然求明于其外。明岂可以自外而得哉？任情恣意之害，亦以不能精察天理于此心之良知而已。此诚毫厘千里之谬者，不容于不辨。吾子毋谓其论之太刻也。

　　来书云："教人以致知、明德，而戒其即物穷理，诚使昏暗之士，深居端坐，不闻教告，遂能至于知致而德明乎？纵令静而有觉，稍悟本性，则亦定慧无用之见。果能知古今，达事变而致用于天下国家之实否乎？其曰：'知者意之体，物者意之用'，'格物如格君心之非之格'。语虽超悟，独得不蹈陈见，抑恐于道未相吻合？"

区区论致知格物，正所以穷理，未尝戒人穷理，使之深居端坐而一无所事也。若谓即物穷理，如前所云务外而遗内者，则有所不可耳。昏暗之士，果能随事随物精察此心之天理，以致其本然之良知，则虽愚必明，虽柔必强。大本立而达道行，九经之属，可一以贯之而无遗矣。尚何患其无致用之实乎？彼顽空虚静之徒，正惟不能随事随物精察此心之天理，以致其本然之良知，而遗弃伦理，寂灭虚无以为常，是以要之不可以治家国天下。孰谓圣人穷理尽性之学，而亦有是弊哉？心者，身之主也，而心之虚灵明觉，即所谓本然之良知也。其虚灵明觉之良知应感而动者，谓之意。有知而后有意，无知则无意矣。知非意之体乎？意之所用，必有其物，物即事也。如意用于事亲，即事亲为一物，意用于治民，即治民为一物，意用于读书，即读书为一物，意用于听讼，即听讼为一物。凡意之所用，无有无物者。有是意即有是物，无是意即无是物矣。物非意之用乎？"格"字之义，有以"至"字训者，如"格于文祖""有苗来格"，是以"至"训者也。然"格于文祖"，必纯孝诚敬，幽明之间，无一不得其理，而后谓之"格"。有苗之顽，实以文德诞敷而后格，则亦兼有"正"字之义在其间，未可专以"至"字尽之也。如"格其非心""大臣格君心之非"之类，是则一皆"正其不正以归于正"之义，而不可以"至"字为训矣。且《大学》"格物"之训，又安知其不以"正"字为训，而必以"至"字为义乎？如以"至"字为义者，必曰"穷至事物之理"，而后其说始通，是其用功之要，全在一"穷"字，用力之地，全在一"理"字也。若上去一"穷"，下去一"理"字，而直曰"致知在至物"，其可通乎？夫"穷理尽性"，圣人之成训，见于《系辞》者也。苟格物之说而果即穷理之义，则圣人何不直曰"致知在穷理"，而必为此转折不完之语，以启后世之弊邪？盖《大学》"格物"之说，自与《系辞》"穷理"

大旨虽同，而微有分辨。穷理者，兼格、致、诚、正而为功也。故言穷理，则格、致、诚、正之功皆在其中。言格物，则必兼举致知、诚意、正心，而后其功始备而密。今偏举格物而遂谓之穷理，止所以专以穷理属知，而谓格物未常有行。非惟不得格物之旨，并穷理之义而失之矣。此后世之学所以析知行为先后两截，日以支离决裂，而圣学益以残晦者，其端实始于此。吾子盖亦未免承沿积习，则见以为于道未相吻合，不为过矣。

来书云："谓致知之功，将如何为温清，如何为奉养，即是诚意，非别有所谓格物，此亦恐非。"

此乃吾子自己意揣度鄙见而为是说，非鄙人之所以告吾子者矣。若果如吾子之言，宁复有可通乎？盖鄙人之见，则谓意欲温清，意欲奉养者，所谓意也，而未可谓之诚意。必实行其温清奉养之意，务求自慊而无自欺，然后谓之诚意。知如何而为温清之节、知如何而为奉养之宜者，所谓知也，而未可谓之致知。必致其知如何为温清之节者之知，而实以之温清；致其知如何为奉养之宜者之知，而实以之奉养，然后谓之致知。温清之事，奉养之事，所谓物也，而未可谓之格物。必其于温清之事也，一如其良知之所知当如何为温清之节者而为之，无一毫之不尽；于奉养之事也，一如其良知之所知当如何为奉养之宜者而为之，无一毫之不尽，然后谓之格物。温清之物格，然后知奉养之良知始致；奉养之物格，然后知奉养之良知始致。故曰"物格而后知至"。致其知温清之良知，而后温清之意始诚；致其知奉养之良知，而后奉养之意始诚。故曰"知至而后意诚"。此区区诚意、致知、格物之说盖如此。吾子更熟思之，将亦无可疑者矣。

来书云："道之大端，易于明白，所谓良知良能，愚夫愚妇可与及者。至于节目时变之详，毫厘千里之谬，必待学而后知。今语孝于温清定省，孰不知之。至于舜之不告而娶，武之不葬而兴师，养志、养口、小杖、大杖，割股，庐墓等事，处常处变，过与不及之间，必须讨论是非，以为制事之本。然后心体无蔽，临事无失。"

道之大端易于明白，此语诚然。顾后之学者忽其易于明白者而弗由，而求其难于明白者以为学，此其所以"道在迩而求诸远，事在易而求诸难"也。孟子云："夫道若大路然，岂难知哉？人病不由耳。"良知良能，愚夫愚妇与圣人同。但惟圣人能致其良知，而愚夫愚妇不能致，此圣愚之所由分也。节目时变，圣人夫岂不知，但不专以此为学。而其所谓学者，正惟致其良知，以精审此心之天理，而与后世之学不同耳。吾子未暇良知之致，而汲汲焉顾是之忧，此正求其难于明白者以为学之弊也。夫良知之于节目时变，犹规矩尺度之于方圆长短也。节目时变之不可预定，犹方圆长短之不可胜穷也。故规矩诚立，则不可欺以方圆，而天下之方圆不可胜用矣；尺度诚陈，则不可欺以长短，而天下之长短不可胜用矣；良知诚致，则不可欺以节目时变，而天下之节目时变不可胜应矣。毫厘千里之谬，不于吾心良知一念之微而察之，亦将何所用其学乎？是不以规矩而欲定天下之方圆，不以尺度而欲尽天下之长短，吾见其乖张谬戾，日劳而无成也已。吾子谓语孝于温清定省，孰不知之。然而能致其知者鲜矣。若谓粗知温清定省之仪节，而遂谓之能致其知，则凡知君之当仁者，皆可谓之能致其仁之知，知臣之当忠者，皆可谓之能致其忠之知，则天下孰非致知者邪？以是而言可以知致知之必在于行，而不行之不可以为致知也，明矣。知行合一之体，不益较然矣乎？夫舜之不告而娶，岂舜之前已有不告而娶者为之准则，故舜得以考之何典，问诸何人，而为此邪？抑亦求诸其心一念之良知，权轻重之宜，不得已而为此邪？武之不葬而兴师，岂武之前已有不葬而兴师者为之准则，故武得以考之何典，问诸何人，而为此邪？抑示求诸其心一念之良知，权轻重之宜，不得已而为此邪？使舜之心而非诚于为无后，武之心而非诚于为救民，则其不告而娶与不葬而兴师，乃不忠不孝之大者。而后之人不务致其电知，以精察义理于些心感应酬酢之间，顾欲悬空讨论此等变常之事，执之以为制事之本，以求临事之无失，其亦远矣。其余数端，皆可类推，则古人致知之学，从可知矣。

来书云："谓《大学》格物之说，专求本心，犹可牵合。至于《六经》《四书》所载"多闻多见""前言往行""好古敏求""博学审问""温故知新""博学详说""好问好察"，是皆明白求于事为之际，资于论说之间者。用功节目固不容紊矣。"

格物之义，前已详悉，牵合之疑，想已不俟复解矣。至于多闻多见，乃孔子因子张之务外好高，徒欲以多闻多见为学，而不能求诸其心，以阙疑殆，此其言行所以不免于尤悔，而所谓见闻者，适以资其务外好高而已。盖所以救子张多闻多见之病，而非以是教之为学也。夫子尝曰："盖有不知而作者，我无是也。"是犹孟子"是非之心，人皆有之"之义也。此言正所以明德性之良知非由于闻见耳。若曰"多闻择其善者而从之，多见而识之”，则是专求诸见闻之末，而已落在第二义矣，故曰“知之次也”。夫以见闻之知为次，则所谓知之上者果安所指乎？是可以窥圣门致知用力之地矣。夫子谓子贡曰：“赐也，汝以予为多学而识之者欤？非也，予一以贯之。”使诚在于多学而识，则夫子胡乃谬为是说，以欺子贡者邪？一以贯之，非致其良知而何？《易》曰：“君子多识前言往行，以畜其德。”夫以畜其德为心，则凡多识前言往行者，孰非畜德之事。此正知行合一之功矣。好古敏求者，好古人之学，而敏求此之心理耳。心即理也。学者，学此心也。求者，求此心也。孟子云：“学问之道无他，求其放心而已矣。”非若后世广记博诵古人之言词，以为好古，而汲汲然惟以求功名利达之具于外者也。博学审问，前言已尽。温故知新，朱子亦以温故属之尊德性矣。德性岂可以外求哉？惟夫知新必由于温故，而温故乃所以知新，则亦可以验知行之非两节矣。“博学而详说之”者，将以反说约也。若无反约之云，则博学详说者，果何事邪？舜之好问好察，惟以用中而致其精一于道心耳。道心者，良知之谓也。君子之学，何尝离去事为而废论说。但其从事于事为论说者，要皆知行合一之功，正所以致其本心之良知，而非若世之徒事口耳谈说以为知者，分知行为两事，而果有节目先后之可言也。

来书云：“杨、墨之为仁义，乡愿之辞忠信，尧、舜、于之之禅让，汤、武、楚项之放伐，周公、莽、操之摄辅，漫无印证，又焉适从？且于古今事变、礼乐名物，未尝考识，使国家欲兴明堂，建辟雍，制历律，草封禅，又将何所致其用乎？故《论语》曰‘生而知之者，义理耳。若夫礼乐名物，古今事变，亦必待学而后有以验其行事之实’。此则可谓定论矣。”

所喻杨、墨、乡愿、尧、舜、子之、汤、武、楚项、周公、莽、操之辨，与前舜、武之论，大略可以类推。古今事变之疑，前于良知之说，已有规矩尺度之喻，当亦无俟多赘矣。至于明堂、辟雍诸事，似尚未容于无言者。然其说甚长，姑就吾子之言而取正焉，则吾子之惑将亦可少释矣。夫明堂、辟雍之制，始见于吕氏之《月令》，汉儒之训疏。《六经》、《四书》之中，未尝详及也。岂吕氏、汉儒之知，乃贤于三代之贤圣乎？齐宣之时，明堂尚有未毁，则幽、厉之世，周之明堂皆无恙也。尧、舜茅茨土阶，明堂之制未必备，而不害其为治。幽、厉之明堂，固犹文、武、成、康之旧，而无救于其乱。何邪？岂能以不忍人之心，而行不忍人之政，则虽茅茨土阶，固亦明堂也；以幽、厉之心，而行幽、厉之政，则虽明堂，亦暴政所自出之地邪？武帝肇讲于汉，而武后盛用于唐，其治乱何如邪？天子之学曰辟雍，诸侯之学曰泮宫，皆象地形而为之名耳。然三代之学，其要皆所以明人伦，非以辟不辟、泮不泮为重轻也。

孔子云："人而不仁，如礼何？人而不仁，如乐何？"制礼作乐，必具中和之德，声为律而身为度者，然后可以语此。若夫器数之末，乐工之事，祝史之守。故曾子曰："君子所贵乎道者三，笾豆之事则有司存也。"尧"命羲和，钦若昊天，历象日月星辰"，其重在于"敬授人时"也。舜"在璇玑玉衡"，其重在于"以齐七政"也。是皆汲汲然以仁民之心而行其养民之政。治历明时之本，固在于此也。羲和历数之学，皋、契未必能之也，禹、稷未必能之也，尧、舜之知而不偏物，虽尧、舜亦未必能之也。然至于今循羲和之法而世修之，虽曲知小慧之人，星术浅陋之士，亦能推步占候而无所忒。则是后世曲知小慧之人，反贤于禹、稷、尧、舜者邪？

封禅之说尤为不经，是乃后世佞人谀士所以求媚于其上，倡为夸侈，以荡君心而靡国费。盖欺天罔人无耻之大者，君子之所不道，司马相如之所以见讥于天下后世也。吾子乃以是为儒者所宜学，殆亦未之思邪？夫圣人之所以为圣者，以其生而知之也。而释《论语》者曰："生而知之，义理耳。若夫礼乐名物，古今事变，亦必待学而后有以验其行事之实。"夫礼乐名物之类，果有关于作圣之功也，而圣人亦必待学而后能知焉，则是圣人亦不可以谓之生知矣。谓圣人为生知者，专指义理而言，而不以礼乐名物之类。则是礼乐名物之类无关于作圣之功矣。

圣人之所以谓之生知者，专指义理而不以礼乐名物之类，则是学而知之者。亦惟当学知此义理而已。困而知之者，亦惟当困知此义理而已。今学者之学圣人，于圣人之所能知者，未能学而知之，而顾汲汲焉求知圣人之所不能知者以为学，无乃失其所以希圣之方欤？凡此皆就吾子之所惑者而稍为之分释，未及乎拔本塞源之论也。

夫拔本塞源之论不明于天下，则天下之学圣人者，将日繁日难，斯人沦于禽兽夷狄，而犹自以为圣人之学。吾之说虽或暂明于一时，终将冻解于西而冰坚于东，雾释于前而云滃于后，呶呶焉危困以死，而卒无救于天下之分毫也已。

夫圣人之心，以天地万物为一体，其视天下之人，无外内远近。凡有血气，皆其昆弟赤子之亲，莫不欲安全而教养之，以遂其万物一体之念。天下之人心，其始亦非有异于圣人也，特其间于有我之私，隔于物欲之蔽，大者以小，通者以塞。人各有心，至有视其父、子、兄、弟如仇雠者。圣人有忧之，是以推其天地万物一体之仁以教天下，使之皆有以克其私，去其蔽，以复其心体之同然。其教之大端，则尧、舜、禹之相授受，所谓"道心惟微，惟精惟一，允执厥中"。而其节目，则舜之命契，所谓"父子有亲，君臣有义，夫妇有别，长幼有序，朋友有信"五者而已。唐、虞、三代之世，教者惟以此为教，而学者惟以此为学。当是之时，人无异见，家无异习，安此者谓之圣，勉此者谓之贤，而背此者，虽其启明如朱，亦谓之不肖。下至闾井田野，农、工、商、贾之贱，莫不皆有是学，而惟以成其德行为务。何者？无有闻见之杂，记诵之烦，辞章之靡滥，功利之驰逐，而但使孝其亲，弟其长，信其朋友，以复其心体之同然。是盖性分之所固有，而非有假于外者，则人亦孰不能之乎？

学校之中，惟以成德为事。而才能之异，或有长于礼乐，长于政教，长于水土播植者，则就其成德，而因使益精其能于学校之中。迨夫举德而任，则使之终身居其职而不易。用之者惟知同心一德，以共安天下之民，视才之称否，而不以崇卑为轻重，劳逸为美恶。效用者亦惟知同心一德，以共安天下之民，苟当其能，则终身处于烦剧而不以为劳，安于卑琐而不以为贱。当是之时，天下之人熙熙皞皞，皆相视如一家之亲。其才质之下者，则安其农、工、商、贾之分，各勤其业，以相生相养，而无有乎希高慕外之心。其才能之异，若皋、夔稷、契者，则出而各效其能。若一家之务，或营其衣食，或通其有无，或备其器用，集谋并力，以求遂其仰事育之愿，惟恐当其事者之或怠而重己之累也。故稷勤其稼，而不耻其不知教，视契之善教，即己之善教也；夔司其乐，而不耻于明礼，视夷之通礼，即己之通礼也。盖其心学纯明，而有以全其万物一体之仁。故其精神流贯，志气通达，而无有乎人己之分，物我之间。譬之一人之身，目视、耳听、手持、足行，以济一身之用。目不耻其无聪，而耳之所涉，目必营焉。足不耻其无执，而手之所探，足必前焉。盖其元气充周，血脉条畅，是以痒疴呼吸，感触神应，有不言而喻之妙。此圣人之学所以至易至简，易知易从，学易能而才易成者，正以大端惟在复心体之同然，而知识技能非所与论也。

　　三代之衰，王道熄而霸术昌。孔孟既没，圣学晦而邪说横，教者不复以此为教，而学者不复以此为学。霸者之徒，窃取先王之近似者，假之于外以内济其私己之欲，天下靡然而宗之，圣人之道遂以芜塞。相仿相效，日求所以富强之说，倾诈之谋，攻伐之计。一切欺天罔人，苟一时之得，以猎取声利之术，若管、商、苏、张之属者，至不可名数。既其久也，斗争劫夺，不胜其祸，斯人沦于禽兽夷狄，而霸术亦有所不能行矣。

　　世之儒者慨然悲伤，蒐猎先圣王之典章法制，而掇拾修补于煨烬之余，盖其为心、良亦欲以抚回以先王之道。圣学既远，霸术之传，积渍已深，虽在贤知，皆不免于习染，其所以讲明修饰，以求宣畅光复于世者，仅足以增霸者之藩篱，而圣学之门墙，遂不复可堵。于是乎有训诂之学，而传之以为名；有记诵之学，而言之以为尊；有词章之学，而侈之以为丽。若是者，纷纷藉藉，群起角立于天下，又不知其几家。万径千蹊，莫知所适。世之学者如入百戏之场，戏谑跳踉，聘奇斗巧，献笑争妍者，四面而竞出，前瞻后盼，应接不遑，而耳目眩瞀，精神恍惑，日夜遨游淹息其间，如病狂丧心之人，莫自知其家业之所归。时君世主亦皆昏迷颠倒于其说，而终身从事于无用之虚文，莫自知其所谓。间有觉其空疏谬妄，支离牵滞，而卓然自奋，欲以见诸行事之实者，极其所抵，亦不过为富强功利，五霸之事业而止。

　　圣人之学日远日晦，而功利之习愈趋愈下。其间虽尝瞀惑于佛老，而佛老之说卒亦未能有以胜其功利之心。虽又尝折衷于群儒，而群儒之论终亦未能有以破其功利之见。盖至于今，功利之毒沦浃于人之心髓，而习以成性也，几千年矣。相矜以知，相轧以势，相争以利，相高以技能，相取以声誉。其出而仕也，理钱谷者则欲兼夫兵刑，典礼乐者又欲与于铨轴，处郡县则思藩臬之高，居台谏则望宰执之要。故不能其事则不得以兼其官，不通其说则不可以要其誉。记诵之广，适以长其敖也；知识之多，适以行其恶也；闻见之博，适以肆其辨也；辞章之富，适以饰其伪也。是以皋、夔、稷、契所不能兼之事，而今之初学小生皆欲通其说，究其术。其称名僭号，未尝不曰吾欲以共成天下之务，而其诚心实意之所在，以为不如是则无以济其私而满其欲也。

呜呼。以若是之积染，以若是之心志，而又讲之以若是之学术，宜其闻吾圣人之教，而视之以为赘疣枘凿；则其以良知为未足，而谓圣人之学为无所用，亦其势有所必至矣。

呜呼。士生斯世，而尚何以求圣人之学乎？尚何以论圣人之学乎？士生斯世，而欲以为学者，不亦劳苦而繁难乎？不亦拘滞而险艰乎？呜呼，可悲也已。所幸天理之在人心，终有所不可泯，而良知之明，万古一日，则其闻吾拔本塞源之论，必有恻然而悲，戚然而痛，愤然而起。沛然若决江河，而有所不可御者矣。非夫豪杰之士，无所待而兴起者，于谁与望乎？

答周道通书

吴、曾两生至，备道道通恳切为道之意，殊慰相念。若道通真可谓笃信好学者矣。忧病中会不能与两生细论，然两生亦自有志向肯用功者，每见辄觉有进，在区区诚不能无负于两生之远来，在两生则亦庶几无负其远来之意矣。临别以此册致道通意，请书数语。荒惯无可言者，辄以道通来书中所问数节，略下转语。奉酬草草，殊不详细。两生当亦自能口悉也。

来信云："日用功夫只是立志，近来于先生诲言，时时体验，愈益明白。然于朋友不能一时相离。若得朋友讲习，则此志才精健阔大，才有生意。若三五日不得朋友相讲，便觉微弱，遇事便会困，亦时会忘。乃今无朋友相讲之日，还只静坐，或看书，或游衍经行。凡寓目措身，悉取以培养此志，颇觉意思和适。然终不如朋友讲聚，精神流动，生意更多也。离群索居之人，当更有何法以处之？"

此段足验道通日用功夫所得。功夫大略亦只是如此用，只要无间断，到得纯熟后，意思又自不同矣。大抵吾人为学，紧要大头脑，只是立志。所谓困、忘之病，亦只是志欠真切。今好色之人，未尝病于困忘，只是一真切耳。自家痛痒，自家须会知得，自家须会搔摩得。既自知得痛痒，自家须不能不搔摩得。佛家谓之"方便法门"，须是自家调停斟酌，他人总难与力，亦更无别法可设也。

来书云："上蔡尝问天下何思何虑。伊川云：'有此理，只是发得太早。'在学者功夫，固是'必有事焉而勿忘'，然亦须识得'何思何虑'的气象，一并看为是。若不识得这气象，便有正与助长之病；若认得'何思何虑'，而忘'必有事焉'功夫，恐又堕于无也。须是不滞有，不堕于无。然乎否也？"

所论亦相去不远矣，只是契悟未尽。上蔡之问，与伊川之答，亦只是上蔡、伊川之意，与孔子《系辞》原旨稍有不同。《系》言"何思何虑"，是言所思所虑只是一个天理，更无别思别虑耳，非谓无思无虑也。故曰："同归而殊途，一致而百虑，天下何思何虑。"云殊途，云百虑，则岂谓无思无虑邪？心之本体即是天理。天理只是一个，更有何可思虑得？天理原自寂然不动，原自感而遂通。学者用功，虽千思万虑，只是要复他本来体用而已，不是以私意去安排思索出来。故明道云："君子之学，莫若廓然而大公，物来而顺应。"若以私意去安排思索便是用智自私矣。"何思何虑"正是功夫。在圣人分上，便是自然的；在学者分上，便是勉然的。伊川却是把作效验看了，所以有"发得太早"之说。既而云："却好用功"，则已自觉其前言之有未尽矣。濂溪主静之论亦是此意。今道通之言，虽已不为无见，然亦未免尚有两事也。

来书云："凡学者才晓得做功夫，便要识得圣人气象。盖认得圣人气象，把做准的，乃就实地做功夫去，才不会差，才是作圣功夫。未知是否？"

先认圣人气象，昔人尝有是言矣，然亦欠有头脑，圣人气象自是圣人的，我从何处识认？若不就自己良知上真切体认，如此无星之称而权轻重，未开之镜而照妍媸，真所谓以小人之腹，而度君子之心矣。圣人气象，何由认得？自己良知，原与圣人一般。若体认得自己良知明白，即圣人气象不在圣人而在我矣。程子尝云："觑著尧，学他行事，无他许多聪明睿智，安能如彼之动容周旋中礼？"又云："心通于道，然后能辨是非。"今且说通于道在何处？聪明睿智从何处出来？

来书云："事上磨练，一日之内，不管有事无事，只一意培养本原。若遇事来感，或自己有感，心上既有觉，安可谓无事？但因事凝心一会，大段觉得事理当如此，只如无事处之，尽吾心而已。然仍有处得善与未善，何也？又或事来得多，须要次弟与处，每因才力不足，辄为所困，虽极力扶起而精神已觉衰弱。遇此未免要十分退省。宁不了事，不可不加培养。如何？"

所说功夫，就道通分上也只是如此用，然未免有出入在。凡人为学，终身只为这一事。自少至老，自朝至暮，不论有事无事，只是做得这一件，所谓"必有事焉"者也。若说宁不了事，不可不加培养，却是尚为两事也。"必有事焉而勿忘勿助"，事物之来，但尽吾心之良知以应之，所谓"忠恕违道不远"矣。凡处得有善有未善，及有困顿失次之患者，皆是牵于毁誉得丧，不能实致其良知耳。若能实致其良知，然后见得平日所谓善者未必是善，所谓未善者，却恐正是牵于毁誉得丧，自贼其良知者也。

来书云："致知之说，春间再承诲益，已颇知用力，觉得比旧尤为简易。但鄙心则谓与初学言之，还须带格物意思，使之知下手处。本来致知格物一并下，但在初学未知下手用功，还说与格物，方晓得致知。"云云。

格物是致知功夫，知得致知便已知得格物。若是未知格物，则是致知功夫亦未尝知也。近有一书与友人论此颇悉，今往一通细观之，当自见矣。

来书云："今之为朱、陆之辩者尚未已。每对朋友言，正学不明已久，且不须枉费心力为朱、陆争是非。只依先生'立志'二字点化人，若其人果能辨得此志来，决意要知此学，已是大段明白了。朱、陆虽不辩，彼自能觉得。又尝见朋友中见有人议先生之言者，辄为动气。昔在朱、陆二先生所以遗后世纷纷之议者，亦见二先生功夫有未纯熟，分明亦有动气之病。若明道则无此矣。观其与吴涉礼论介甫之学云：'为我尽达诸介甫，不有益于他，必有益于我也。'气象何等从容。尝见先生与人书中亦引此言，愿朋友皆如此，如何？"

此节议论得极是极是。愿道通遍以告于同志，各自且论自己是非，莫论朱、陆是非也。以言语谤人，其谤浅。若自己不能身体实践，而徒入耳出口，呶呶度日，是以身谤也，其谤深矣。凡今天下之论议我者，苟能取以为善，皆是砥砺切磋我也，则在我无非警惕修省进德之地矣。昔人谓"攻吾之短者是吾师"，师又可恶乎？

来书云："有引程子'人生而静，以上不容说，才说性便已不是性。'何故不容说？何故不是性？晦庵答云：'不容说者，未有性之可言。不是性者，已不能无气质之杂矣。'二先生之言皆未能晓，每看书至此，辄为一惑，请问。"

"生之谓性"，"生"字即是"气"字，犹言气即是性也。气即是性。人生而静以上不容说，才说"气即是性"，即已落在一边，不是性之本原矣。孟子性善，是从本原上说。然性善之端，须在气上始见得，若无气亦无可见矣。恻隐、羞恶、辞让、是非即是气。程子谓"论性不论气，不备；论气不论性，不明。"亦是为学者各认一边，只得如此说。若见得自性明白时，气即是性，性即是气，原无性气之可分也。

答陆原静书（一）

来书云："下手功夫，觉此心无时宁静，妄心固动也，照心亦动也。心既恒动，则无刻暂停也。"

是有意于求宁静，是以愈不宁静耳。夫妄心则动也，照心非动也。恒照则恒动恒静，天地之所以恒久而不久也。照心固照也，妄心亦照也。"其为物不贰，则其生物不息。"有刻暂停，则息矣，非至诚无息之学矣。

来信云："良知亦有起处。"云云。

此或听之未审。良知者，心之本体，即前所谓恒照者也。心之本体，无起无不起。虽妄念之发，而良知未尝不在。但人不知存，则有时而或放耳。虽昏塞之极，而良知未尝不明，但人不知察，则有时而或蔽耳。虽有时而或放，其体实未尝不在也，存之而已耳。虽有时而或蔽，其体实未尝不明也，察之而已耳。若谓良知亦有起处，则是有时而不在也，非其本体之谓矣。

来书云："前日"精一"之论，即作圣之功否？"

"精一"之"精"以理言，"精神"之"精"以气言。理者，气之条理；气者，理之运用。无条理则不能运用；无运用则亦无以见其所谓条理者矣。精则精，精则明，精则一，精则神，精则诚。一则精，一则明，一则神，一则诚，原非有二事也。但后世儒者之说与养生之说各滞于一偏，是以不相为用。前日"精一"之论，虽为原静爱养精神而发，然而作圣之功，实亦不外是矣。

来书云："元神、元气、元精，必各有寄藏发生之处。又有真阴之精，真阳之气。"云云。

夫良知一也，以其妙用而言谓之神，以其流行而言谓之气，以其凝聚而言谓之精，安可形象方所求哉？真阴之精，即真阳之气之母。真阳之气，即真阴之精之父。阴根阳，阳根阴，亦非有二也。苟吾良知之说明，即凡若此类，皆可以不言而喻。不然，则如来书所云三关、七返、九还之属，尚有无穷可疑者也。

答陆原静书（二）

来书云："良知，心之本体，即所谓性善也，未发之中也，寂然不动之体也，廓然大公也，何常人皆不能而必待于学邪？中也，寂也，公也，既以属心之体，则良知是矣。今验之于心，知无不良，而中、寂、大公实未有也，岂良知复超然于体用之外乎？"

性无不善，故知无不良。良知即是未发之中，即是廓然大公、寂然不动之本体，人人之所同具者也。但不能不昏蔽于物欲，故须学以去其昏蔽。然于良知之本体，初不能有加损于毫末也。知无不良，而中、寂、大公未能全者，是昏蔽之未尽去，而存之未纯耳。体即良知之体，用即良知之用，宁复有超然于体用之外者乎？

来书云："周子曰'主静'，程子曰'动亦定，静亦定'，先生曰'定者，心之本体'，是静定也，决非不睹不闻、无思无为之谓。必常知、常存、常主于理之谓也。夫常知、常存、常主于理，明是动也，已发也，何以谓之静？何以谓之本体？岂是静定也，又有以贯乎心之动静者邪？"

理无动者也。常知、常存、常主于理，即不睹不闻、无思无为之谓也。不睹不闻、无思无为，非槁木死灰之谓也。睹闻思为一于理，而未尝有所睹闻思为，即是动而未尝动也。所谓"动亦定，静亦定"，体用一原者也。

来书云："此心未发之体，其在已发之前乎？其在已发之中而为之主乎？其无前后、内外而浑然之体者乎？今谓心之动静者，其主有事无事而言乎？其主寂然、感通而言乎？其主循理、从欲而言乎？若以循理为静，从欲为动，则于所谓'动中有静，静中有动'，'动极而静，静极而动'者，不可通矣。若以有事而感通为动，无事而寂然为静，则于所谓'动而无动，静而无静'者，不可通矣。若谓未发在已发之先，静而生动，是至诚有息也，圣人有复也，又不可矣。若谓未发在已发之中，则不知未发、已发俱当主静乎？抑未发为静而已发为动乎？抑未发、已发俱无动无静乎？俱有动有静乎？幸教。"

"未发之中"，即良知也，无前后内外，而浑然一体者也。有事、无事可以言动、静，而良知无分于有事、无事也。寂然、感通可以言动、静，而良知无分于寂然、感通也。动静者，所遇之时。心之本体，固无分于动静也。理无动者也，动即为欲。循理则虽酬酢万变，而未尝动也；从欲则虽槁心一念，而未尝静也。"动中有静，静中有动"，又何疑乎？有事而感通，固可以言动，然而寂然者未尝有增也；无事而寂然，固可以言静，然而感通者未尝有减也。"动而无动，静而无静"，又何疑乎？无前后内外而浑然一体，则至诚有息之疑，不待解矣。未发在已发之中，而已发之中未尝别有未发者在，已发在未发之中，而未发之中未尝别有已发者存。是未尝无动、静，而不可以动、静分者也。

凡观古人言语，在以意逆志而得其大旨。若必拘滞于文义，则"靡有孑遗"者，是周果无遗民也。周子"静极而动"之说，苟不善观，亦未免有病。盖其意从太极"动而生阳，静而生阴"说来。太极生生之理，妙用无息，而常体不易。太极之生生，即阴阳之生生。就其生生之中，指其妙用无息者而谓之动，谓之阳之生，非谓动而后生阳也；就其生生之中，指其常体不易者而谓之静，谓之阴之生，非谓静而后生阴也。若果静而后生阴，动而后生阳，则是阴阳、动静，截然各自为一物矣。阴阳一气也，一气屈伸而为阴阳。动静一理也，一理隐显而为动静。春夏可以为阳为动，而未尝无阴与静也；秋冬可以为阴为静，而未尝无阳与动也。春夏此不息，秋冬此不息，皆可谓之阳、谓之动也。春夏此常体，秋冬此常体，皆可谓之阴、谓之静也。自元、会、运、世、岁、月、日、时以至刻、秒、忽、微，莫不皆然。所谓动静无端，阴阳无始，在知道者默而识之，非可以言语穷也。若只牵文泥句，此拟仿像，则所谓"心从《法华》转，非是转《法华》"矣。

来书云："尝试于心，喜、怒、忧、惧之感发也，虽动气之极，而吾心良知一觉，即罔然消阻，或遏于初，或制于中，或悔于后。然则良知常若居优闲无事之地而为之主，于喜、怒、忧、惧若不与焉者，何欤？"

知此，则知未发之中、寂然不动之体，而有发而中节之和、感而遂通之妙矣。然谓良知常若居于优闲无事之地，语尚有病。盖良知虽不滞于喜、怒、忧、惧，而喜、怒、忧、惧亦不外于良知也。

来书云："夫子昨以良知为照心。窃谓良知，心之本体也。照心，人所用功，乃戒慎恐惧之心也，犹思也。而遂以戒慎恐惧为良知，何欤？"

能戒慎恐惧者，是良知也。

来书云："先生又曰：'照心非动也。'岂以其循理而谓之静欤？'妄心亦照也。'岂以其良知未尝不在于其中、未尝不明于其中，而视听言动之不过则者皆天理欤？且既曰妄心，则在妄心可谓之照，而在照心则谓之妄矣。妄与息何异？今假妄之照以续至诚之无息，窃所未明，幸再启蒙。"

"照心非动"者，以其发于本体明觉之自然，而未尝有所动也。有所动即妄矣。"妄心亦照"者，以其本体明觉之自然者，未尝不在于其中，但有所动耳。无所动即照矣。无妄、无照，非以妄为照，以照为妄也。照心为照，妄心为妄，是犹有妄、有照也。有妄、有照，则犹二也，二则息矣。无妄、无照则不二，不二则不息矣。

来书云："养生以清心寡欲为要。夫清心寡欲，作圣之功毕矣。然欲寡则心自清，清心非舍弃人事而独居求静之谓也。盖欲使此心纯乎天理，而无一毫人欲之私耳。今欲为此之功，而随人欲生而克之，则病根常在，未免灭于东而生于西。若欲刊剥洗荡于众欲未萌之先，则又无所用其力，徒使此心之不清。且欲未萌而搜剔以求去之，是犹引犬上堂而遂之也，愈不可矣。"

必欲此心纯乎天理，而无一毫人欲之私，此作圣之功也。必欲此心纯乎天理，而无一毫人欲之私，非防于未萌之先而克于人萌之际不能也。防于未萌之先而克于方萌之际，此正《中庸》"戒慎恐惧"、《大学》"致知格物"之功。舍此之外，无别功矣。夫谓灭于东而生于西、引犬上堂而逐之者，是自私自利、将迎意必之为累，而非克治洗荡之为患也。今曰养生以清心寡欲为要，只"养生"二字，便是自私自利、将迎意必之根。有此病根潜伏于中，宜其有灭于东而生于西、引犬上堂而逐之之患也。

来书云："佛氏于'不思善、不思恶时，认本来面目'，于吾儒随物而格之功不同。吾若于不思善、不思恶时用致知之功，则已涉于思善矣。欲善恶不思，而心之良知清静自在，惟有寐而方醒之时耳。斯正孟子'夜气'之说。但于斯光景不能久，倏忽之际，思虑已生。不知用功久者，其常寐初醒而思未起之时否乎？今澄欲求宁静，愈不宁静，欲念无生，则念愈生。如之何而能使此心前念易灭，后念不生，良知独显，而与造物者游乎？"

不思善不思恶时认本来面目。此佛氏为未识本来面目者设此方便。本来面目即吾圣门所谓良知。今既认得良知明白，即已不消如此说矣。随物而格，是致知之功，即佛氏之"常惺惺"，亦是常存他本来面目耳。体段功夫大略相似。但佛氏有个自私自利之心，所以便有不同耳。今欲善恶不思，而心之良知清静自在，此便有自私自利、将迎意必之心，所以有"不思善、不思恶时，用致知之功，则已涉于思善"之患。孟子说"夜气"，亦只是为失其良心之人，指出个良心萌动处，使他从此培养将去。今已知得良知明白，常用致知之功，即已不消说"夜气"。却是得兔后不知守兔，而仍去守株，兔将复失之矣。欲求宁静，欲念无生，此正是自私自利、将迎意必之病，是以念愈生而愈不宁静。良知只是一个良知，而善恶自辨，更有何善何恶可思？良知之体本自宁静，今却又添一个求宁静，本自生生，今却又添一个欲无生，非独圣门致知之功不如此，虽佛氏之学亦未如此将迎意必也。只是一念良知，彻头彻尾，无始无终，即是前念不灭，后念不生。今却欲前念易灭，而后念不生，是佛氏所谓"断灭种性"，入于槁木死灰之谓矣。

来书云："佛氏又有'常提念头'之说，其犹孟子所谓'必有事'，夫子所谓'致良知'之说乎？其即'常惺惺'、常记得、常知得、常存得者乎？于此念头提在之时，而事至物来，应之必有其道。但恐此念头提起时少，放下时多，则功夫间断耳。且念头放失，多因私欲客气之动而始，忽然惊醒而后提，其放而未提之间，心之昏杂多不自觉。今欲日精日明，常提不放，以何道乎？只此常提不放，即全功乎？抑于常提不放之中，更宜加省克之功乎？虽曰常提不放，而不加戒惧克治之功，恐私欲不去；若加戒惧克治之功焉，又为'思善'之事，而于本来面目又未达一间也。如之何则可？"

刻花青瓷龙泉窑梅子青大瓷缸

戒惧克治即是常提不放之功，即是"必有事焉"，岂有两事邪？此节所问，前一段已自说得分晓，末后却是自生迷惑，说得支离，及有本来面目未达一间之疑，都是自私自利、将迎意必之为病，去此病自无此疑矣。

来书云："'质美者明得尽，渣滓便浑化'。如何谓明得尽？如何而能便浑化？"

良知本来自明。气质不美者，渣滓多，障蔽厚，不易开明。质美者，渣滓原少，无多障蔽，略加致知之功，此良知便自莹彻，些少渣滓，如汤中浮雪，如何能作障蔽。此本不甚难晓，原静所以致疑于此，想是因一"明"字不明白，亦是稍有欲速之心。向曾面论明善之义，"明则诚矣"，非若后儒所谓明善之浅也。

来书云："聪明睿知，果质乎？仁义礼智，果性乎？喜怒哀乐，果情乎？私欲客气，果一物乎？二物乎？古之英才，若子房、仲舒、叔度、孔明、文中、韩、范诸公，德业表著，皆良知中所发也，而不得谓之闻道者，果何在乎？苟曰此特生质之美耳，则生知安行者，不愈于学知、困勉者乎？愚者窃云，谓诸公见道偏则可，谓全无闻，则恐后儒崇尚记诵训诂之过也。然乎否乎？"

性一而已。仁、义、礼、知，性之性也。聪、明、睿、知，性之质也。喜、怒、哀、乐，性之情也。私欲、客气，性之蔽也。质有清浊，故情有过不及，而蔽有浅深也。私欲、客气，一病两痛，非二物也。张、黄、诸葛及韩、范诸公，皆天质之美，自多暗合道妙，虽未可尽谓之知学，尽谓之闻道，然亦自有其学违道不远者也。使其闻学知道，即伊、傅、周、召矣。若文中子则又不可谓之不知学者，其书虽多出于其徒，亦多有未是处，然其大略，则亦居然可见。但今相去辽远，无有的然凭证，不可悬断其所至矣。夫良知即是道，良知之在人心，不但圣贤，虽常人亦无不如此。若无有物欲牵蔽，但循著良知发用流行将去，即无不是道。但在常人多为物欲牵蔽，不能循得良知。如数公者，天质既自清明，自少物欲为之牵蔽，则其良知之发用流行处，自然是多，自然违道不远。学者学循此良知而已。谓之知学，只是知得专在学循良知。数公虽未知专在良知上用功，而或泛滥于多歧，疑迷于影响，是以或离或合而未纯。若知得时，便是圣人矣。

后儒尝以数子者尚皆是气质用事，未免于行不著，习不察。此亦未为过论。但后儒之所谓著、察者，亦是狃于闻见之狭，蔽于沿习之非，而依拟仿像于影响形迹之间，尚非圣门之所谓著、察者也。则亦安得以己之昏昏，而求人之昭昭也乎？所谓生知安行，"知行"二字亦是就用功上说。若是知行本体，即是良知良能。虽在困勉之人，亦皆可谓之生知安行矣。"知行"二字更宜精察。

来书云："昔周茂叔每令伯淳寻仲尼、颜子乐处。敢问是乐也，与七情之乐同乎？否乎？若同，则常人之一遂所欲，皆能乐矣，何必圣贤？若别有真乐，则圣贤之遇大忧、大怒、大惊、大惧之事，此乐亦在否乎？且君子之心常存戒惧，是盖终身之忧也，恶得乐？澄平生多闷，未尝见真乐之趣，今切愿寻之。"

乐是心之本体，虽不同于七情之乐，而亦不外于七情之乐。虽则圣贤别有真乐，而亦常人之所同有，但常人有之而不自知，反自求许多忧苦，自加迷弃。虽在忧苦迷弃之中，而此乐又未尝不存，但一念开明，反身而诚，则即此而在矣。每与原静论，无非此意，而原静尚有何道可得之问，是犹未免于骑驴觅驴之蔽也。

来书云："《大学》以心有好乐、忿懥、忧患、恐惧为不得其正，而程子亦谓'圣人情顺万事而无情'。所谓有者，《传习录》中以病疟譬之，极精切矣。若程子之言，则是圣人之情不生于心而生于物也。何谓耶？且事感而情应，则是是非非可以就格。事或未感时，谓之有则未形也，谓之无则病根在有无之间，何以致吾知乎？学务无情，累虽轻，而出儒入佛矣，可乎？"

圣人致知之功，至诚无息。其良知之体，皦如明镜，略无纤翳，妍媸之来，随物见形，而明镜曾无留染：所谓情顺万事而无情也。"无所住而生其心"，佛氏曾有是言，未为非也。明镜之应物，妍者妍，媸者媸，一照而皆真，即是生其心处。妍者妍，媸者媸，一过而不留，即是无所住处。病疟之喻，既已见其精切，则此节所问可以释然。病疟之人，疟虽未发，而病根自在，则亦安可以其疟之未发，而遂忘其服药调理之功乎？若必待疟发而服药调理，则既晚矣。致知之功，无闲于有事无事，而岂论于病之已发未发邪？大抵原静所疑，前后虽若不一，然皆起于自私自利、将迎意必之为祟。此根一去，则前后所疑，自将冰消雾释，有不待于问辨者矣。

德洪曰：答原静书出，读者皆喜澄善问，师善答，皆得闻所未闻。师曰："原静所问只是知解上转，不得已与逐节分疏。若信得良知，只在良知上用功，虽千经万典无不吻合，异端曲学一勘尽破矣，何必如此节节分解？佛家有扑人逐块之喻，见块扑人，则得人矣，见块逐块，于块奚得哉？"在座诸友闻之，惕然皆有惺悟。此学贵反求，非知解可入也。

答欧阳崇一

崇一来书云："师云：'德性之良知，非由于闻见，若曰多闻择其善者而从之，多见而识之，则是专求之见闻之末，而已落在第二义。'窃意良知虽不由见闻而有，然学者之知，未尝不由见闻而发。滞于见闻固非，而见闻亦良知之用也。今曰落在第二义，恐为专以见闻为学者而言，若致其良知而求之见闻，似亦知行合一之功矣。如何？"

良知不由见闻而有，而见闻莫非良知之用。故良知不滞于见闻，而亦不离于见闻。孔子云："吾有知乎哉？无知也。"良知之外，别无知矣。故致良知是学问大头脑，是圣人教人第一义。今云专求之见闻之末，则是失却头脑，而已落在第二义矣。近时同志中，盖已莫不知有致良知之说，然其功夫尚多鹘突者，正是欠此一问。

大抵学问功夫只要主意头脑是当。若主意头脑专以致良知为事，则凡多闻多见，莫非致良知之功。盖日用之间，见闻酬酢，虽千头万绪，莫非良知之发用流行。除却见闻酬酢，亦无良知可致矣。故只是一事。若日致其良知而求之见闻，则语意之间未免为二。此与专求之见闻之末者虽稍不同，其为未得精一之旨，则一而已。"多闻，择其善者而从之，多见而识之。"既云"择"，又云"识"，其良知亦未尝不行于其间。但其用意乃专在多闻多见上去择识，则已失却头脑矣。崇一于此等语见得当已分晓，今日之问，正为发明此学，于同志中极有益。但处意未莹，则毫厘千里，亦不容不精察之也。

来书云："师云：'《系》言"何思何虑"，是言所思所虑只是天理，更无别思别虑耳，非谓无思无虑也。心之本体即是天理，有何可思虑得？学者用功，虽千思万虑，只是要复他本体，不是以私意去安排思索出来。若安排思索，便是自私用智矣。'学者之蔽，大率非沉空守寂，则安排思索。德辛壬之岁著前一病，近又著后一病。但思索亦是良知发用，并与私意安排者何所取别？恐认贼作子，惑而不知也。"

"思曰睿，睿作圣。""心之官则思，思则得之。"思其可少乎？沈空守寂，与安排思索，正是自私用智，其为丧失良知一也。良智是天理之昭明灵觉处，故良知即是天理，思是良知之发用。若是良知发用之思，则所思莫非天理矣。良知发用之思，自然明白简易，良知亦自能知得。若是私意安排之思，自是纷纭劳扰，良知亦自会分别得。盖思之是非邪正，良知无有不自知者。所以认贼作子，正为致知之学不明，不知在良知上体认之耳。

来书又云："师云：'为学终身只是一事，不论有事无事，只是这一件。若说宁不了事，不可不加培养，却是分为两事也。'窃意觉精力衰弱，不足以终事者，良知也。宁不了事，且加体养，致知也。如何却为两事？若事变之来，有事势不容不了，而精力虽衰，稍鼓舞亦能支持。则持志以帅气可矣。然言动终无气力，毕事则困惫已甚，不几于暴其气已乎？此其轻重缓急，良知固未尝不知，然或迫于事势，安能顾精力？或困于精力，安能顾事势？如之何则可？"

宁不了事，不可不加培养之意，且与初学如此说亦不为无益。但作两事看了，便有病痛。在孟子言"必有事焉。"则君子之学终身只是"集义"一事。义者，宜也，心得其宜之谓义。能致良知则心得其宜矣，故集义亦只是致良知，君子之酬酢万变，当行则行，当止则止，当生则生，当死则死，斟酌调停，无非是致其良知，以求自慊而已。故"君子素其位而行"，"思不出其位"。凡谋其力之所不及，而强其知之所不能者，皆不得为致良知。而凡"劳其筋骨，饿其体肤，空乏其身，行拂乱其所为，动心忍性以增益其所不能"者，皆所以致其良知也。若云宁不了事，不可不加培养者，亦是先有功利之心，计较成败利钝而爱憎取舍于其间，是以将了事自作一事，而培养又别作一事，此便有是内非外之意，便是自私用智，便是义外，便有"不得于心，勿求于气"之病，便不是致良知以求自慊之功矣。

所云鼓舞支持，毕事则困惫已甚，又云迫于事势，困于精力，皆是把作两事做了，所以有此。凡学问之功，一则诚，二则伪。凡此皆是致良知之意，欠诚一真切之故。《大学》言"诚其意者，如恶恶臭，如好好色，此之谓自慊。"曾见有恶恶臭，好好色，而须鼓舞支持者乎？曾见毕事则困惫已甚者乎？曾有迫于事势，困于精力者乎？此可以知其受病之所从来矣。

来书又有云："人情机诈百出，御之以不疑，往往为所欺。觉则自入于逆、臆。夫逆诈，即诈也。臆不信，即非信也。为人欺，又非觉也。不逆不臆，而常先觉，其惟良知莹彻乎。然而出入毫忽之间，背觉合诈者多矣。"

不逆不臆而先觉，此孔子因当时人专以逆诈、臆不信为心，而自陷于诈与不信。又有不逆、不臆者，然不知致良知之功，而往往又为人所欺诈，故有是言。非教人以是存心，而专欲先觉人之诈与不信也。以是存心，即是后世猜忌险薄者之事。而只此一念，已不可与入尧、舜之道矣。不逆、不臆而为人所欺者，尚亦不失为善。但不如能致其良知，而自然先觉者之尤为贤耳。崇一谓其惟良知莹彻者，盖已得其旨矣。然亦颖悟所及，恐未实际也。

盖良知之在人心，亘万古、塞宇宙而无不同。"不虑而知"，"恒易以知险"，"不学而能"，"恒简以知阻"，"先天而天不违，天且不违，而况于人乎？况于鬼神乎？"夫谓背觉合诈者，是虽不逆人，而或未能无自欺也。虽不臆人，而或未能果自信也。是或常有先觉之心，而未能常自觉也。常有求先觉之心，即已流于逆、臆，而足以自蔽其良知矣。此背觉合诈之所以未免也。

君子学以为己，未尝虞人之欺己也，恒不自欺其良知而已。是故不欺则良知无所伪而诚，诚则明矣。自信则良知无所惑而明，明则诚矣。明、诚相生，是故良知常觉、常照。常觉、常照则如明镜之悬，而物之来者自不能遁其妍媸矣。何者？不欺而诚，则无所容其欺，苟有欺焉而觉矣。自信而明，则无所容其不信，苟不信焉而觉矣。是谓"易以知险"，"简以知阻",子思所谓"至诚如神,可以前知"者也。然子思谓"如神",谓"可以前知",犹二而言之,是盖推言思诚者之功效,是犹为不能先觉者说也。若就至诚而言,则至诚之妙用,即谓之"神",不必言"如神"。至诚则无知而无不知,不必言"可以前知"矣。

答罗整庵少宰书

某顿首启:昨承教及《大学》,发舟匆匆,未能奉答。晓来江行稍暇,复取手教而读之。恐至赣后人事复纷沓,先具其略以请。

来教云:"见道固难,而体道尤难。道诚未易明,而学诚不可不讲。恐未可安于听见而遂以为极则也。"

幸甚幸甚。何以得闻斯言乎?其敢自以为极则而安之乎?正思就天下之道以讲明之耳。而数年以来,闻其说而非笑之者有矣,诟訾之者有矣,置之不足较量辨议之者有矣,其肯遂以教我乎?其肯遂以教我,而反复晓喻,恻然惟恐不及救正之乎?然则天下之爱我者,固莫有如执事之心深且至矣,感激当何如哉。夫"德之不修,学之不讲",孔子以为忧。而世之学者稍能传习训诂,即皆自以为知学,不复有所谓讲学之求,可悲矣。夫道必体而后见,非已见道而后加体道之功也。道必学而后明,非外讲学而复有所谓明道之事也。然世之讲学者有二,有讲之以身心者,有讲之以口耳者。讲之以口耳,揣摸测度,求之影响者也。讲之以身心,行著习察,实有诸己者也。知此,则知孔门之学矣。

来教谓某"《大学》古本之复,以人之为学但当求之于内,而程、朱格物之说不免求之于外,遂去朱子之分章,而削其所补之传"。

非敢然也。学岂有内外乎？《大学》古本乃孔门相传旧本耳，朱子疑其有所脱误而改正补缉之，在某则谓其本无脱误，悉从其旧而已矣。失在于过信孔子则有之，非故去朱子之分章而削其传也。夫学贵得之心，求之于心而非也，虽其言之出于孔子，不敢以为是也，而况其未及孔子者乎？求之于心而是也，虽其言之出于庸常，不敢以为非也，而况其出于孔子者乎？且旧本之传数千载矣，今读其文词，即明白而可通，论其功夫，又易简而可入。亦何所按据而断其此段之必在于彼，彼段之必在于此，与此之如何而缺，彼之如何而补？而遂改正补缉之，无乃重于背朱而轻于叛孔已乎？

来教谓："如必以学不资于外求，但当反观内省以为务，则正心诚意四字亦何不尽之有，何必于入门之际，便困以格物一段功夫也？"

诚然诚然。若语其要，则"修身"二字亦足矣，何必又言"正心"？"正心"二字亦足矣，何必又言"诚意"？"诚意"二字亦足矣，何必又言"致知"，又言"格物"？惟其功夫之详密，而要之只是一事，此所以为"精一"之学，此正不可不思者也。夫理无内外，性无内外，故学无内外。讲习讨论，未尝非内也；反观内省，未尝遗外也。夫谓学必资于外求，是以己性为有外也，是"义外"也，"用智"者也。谓反观内省为求之于内，是以己性为有内也，是有我也，自私者也。是皆不知性之无内外也。故曰："精义入神，以致用也；利用安身，以崇德也"；"性之德也，合内外之道也。"此可以知"格物"之学矣。

"格物"者，《大学》之实下手处，彻首彻尾，自始学至圣人，只此功夫而已，非但入门之际有此一段也。夫正心、诚意、致知、格物，皆所以修身。而格物者，其所用力，口可见之地。故格物者，格其心之物也，格其意之物也，格其知之物也。正心者，正其物之心也。诚意者，诚其物之意也。致知者，致其物之知也。此岂有内外彼此之分哉？理一而已。以其理之凝聚而言则谓之性，以其凝聚之主宰而言则谓之心，以其主宰之发动而言则谓之意，以其发动之明觉而言则谓之知，以其明觉之感而言则谓之物。故就物而言谓之格，就知而言谓之致，就意而言谓之诚，就心而言谓之正。正者，正此也：诚者，诚此也；致者，致此也；格者，格此也。皆所谓穷理以尽性也。天下无性外之理，无性外之物。学之不明，皆由世之儒者认理为外，认物为外，而不知义外之说，孟子盖尝辟之。乃至袭陷其内而不觉，岂非亦有似是而难明者欤？不可以不察也。

凡执事所以致疑于格物之说者，必谓其是内而非外也；必谓其专事于反观内省之为，而遗弃其讲习讨论之功也；必谓其一意于纲领本原之约，而脱略于支条节目之详也；必谓其沉溺于枯槁虚寂之偏，而不尽于物理人事之变也。审如是，岂但获罪于圣门，获罪于朱子？是邪说诬民，叛道乱正，人得而诛之也。而况于执事之正直哉？审如是，世之稍明训诂，闻先哲之绪论者，皆知其非也。而况执事之高明哉？凡事之所谓格物，其于朱子九条之说，皆包罗统括于其中。但为之有要，作用不同，正所谓毫厘之差耳。无毫厘之差，而千里之谬，实起于此，不可不辨。

孟子辟杨、墨至于无父、无君。二子亦当时之贤者，使与孟子并世而生，未必不以之为贤。墨子兼爱，行仁而过耳。杨子为我，行义而过耳。此其为说，亦岂灭理乱常之甚而足以眩天下哉？而其流之弊，孟子则比于禽兽、夷狄，所谓以学术杀天下后世也。

今世学术之弊，其谓之学仁而过者乎？谓之学义而过者乎？抑谓之学不仁、不义而过者乎？吾不知其于洪水、猛兽何如也。孟子云："予岂好辨哉？予不得已也。"杨、墨之道塞天下。孟子之时，天下尊信杨、墨，当不下于今日之崇尚朱说。而孟子独以一人呶呶于其间。噫。可哀矣。韩氏云：
"佛、老之害，甚于杨墨。"韩愈之贤，不及孟子。孟子不能救之于未坏之
先，而韩愈乃欲全之于已坏之后。其亦不量其力，果见其身之危，莫之救
以死也。呜呼。若某者，其尤不量其力，果见其身之危，莫之救以死也矣。
夫众方嘻嘻之中，而犹出涕嗟若；举世恬然以趋，而独疾首蹙额以为忧。
此其非病狂丧心，殆必诚有大苦者隐于其中，而非天下之至仁，其孰能
察之。

　　某为《朱子晚年定论》，盖亦不得已而然。中间年岁早晚，诚有所未
考，虽不必尽出于晚年，固多出于晚年者矣。然大意在委曲调停，以明此
学为重。平生于朱子之说，如神明蓍龟，一旦与之背驰，心诚有所未忍，
故不得已而为此。"知我者谓我心忧，不知我者谓我何求。"盖不忍牴牾朱
子者，其本心也。不得已而与之牴牾者，道固如是，不直则道不见也。执
事所谓决与朱子异者，仆敢自欺其心哉？夫道，天下之公道也；学，天下
之公学也。非朱子可得而私也，非孔子可得而私也。天下之公也，公言之
而已矣。故言之而是，虽异于己，乃益于己也；言之而非，虽同于己，适
损于己也。益于己者，己必喜之；损于己者，己必恶之。然则某今日之论，
虽或于朱子异，未必非其所喜也。"君子之过，如日月之食。其更也，人皆
仰之"。而"小人之过也必文"。某虽不肖，固不敢以小人之心事朱子也。

　　执事所以教，反复数百言，皆以未悉鄙人格物之说。若鄙说一明，则
此数百言皆可以不待辩说而释然无滞，故今不敢缕缕，以滋琐屑之渎。然
鄙说非面陈口析，断亦未能了了于纸笔间也。嗟乎。执事所以开导启迪于
我者，可谓恳到详切矣。人之爱我，宁有如执事者乎？仆虽甚愚下，宁不
知所感刻佩服？然而不敢遽舍其中心之诚，然而姑以听受云者，正不敢有

负于深爱，亦思有以报之耳。秋尽东还，必求一面，以卒所请，千万终教。

答聂文蔚（一）

春间远劳迁途枉顾，问证惓惓，此情何可当也？己期二三同志，更处静地，扳留旬日，少效其鄙见，以求切靡之益。而公期俗绊，势有不能，别去极怏怏如有所失。忽承笺惠，反复千余言，读之无甚浣慰。中间推许太过，盖亦奖掖之盛心。而规砺真切，思欲纳之于贤圣之域。又托诸崇一以致其勤勤恳恳之怀，此非深交笃爱何以及是？知感知愧，且惧其无以堪之也。虽然，仆亦何敢不自鞭勉，而徒以感愧辞让为乎哉？其谓"思、孟、周、程无意相遭于千载之下，与其尽信于天下，不若真信于一人。道固自在，学亦自在，天下信之不为多，一人信之不为少"者，斯固君子"不见是而无闷"之心。岂世之谆谆屑屑者知足以及之乎？乃仆之情，则有大不得已者存乎其间。而非以计人之信与不信也。

夫人者，天地之心。天地万物本吾一体者也。生民之困苦荼毒，孰非疾痛之切于吾身者乎？不知吾身之疾痛，无是非之心者也。是非之心，不虑而知，不学而能，所谓良知也。良知之在人心，无间于圣愚，天下古今之所同也。世之君子惟务致其良知，则自能公是非，同好恶，视人犹己，视国犹家，而以天地万物为一体。求天下无治，不可得矣。古之人所以能见善不啻若己出，见恶不啻若己入，视民之饥溺，犹己之饥溺，而一夫不获，若己推而纳诸沟中者。非故为是而以薪天下之信己也，务致其良知求自慊而已矣。尧、舜、三王之圣，言而民莫不信者，致其良知而言之也。行而民莫不说者，致其良知而行之也。是以其民熙熙皞皞，杀之不怨，利之不庸，施及蛮貊，而凡有血气者莫不尊亲，为其良知之同也。呜呼。圣人之治天下，何其简且易哉。

后世良知之学不明，天下之人用其私智以相比轧，是以人各有心，而偏琐僻陋之见，狡伪阴邪之术，至于不可胜说。外假仁义之名，而内以行其自私自利之实，诡辞以阿俗，矫行以干誉。损人之善而袭以为己长，讦人之私而窃以为己直。忿以相胜而犹谓之徇义。险以相倾而犹谓之疾恶，妒贤嫉能而犹自以为公是非，恣情纵欲而犹自以为同好恶。相陵相贼，自其一家骨肉之亲，已不能无尔我胜负之意，彼此藩篱之形，而况于天下之大，民物之众，又何能一体而视之？则无怪于纷纷籍籍而祸乱相寻于无穷矣。

仆诚赖天之灵，偶有见于良知之学，以为必由此而后天下可得而治。是以每念斯民之陷溺，则为之戚然痛心，忘其身之不肖，而思以此救之，亦不自知其量者。天下之人见其若是，遂相与非笑而诋斥之，以为是病狂丧心之人耳。呜呼，是奚足恤哉？吾方疾痛之切体，而暇计人之非笑呼？人固有见其父子兄弟之坠溺于深渊者，呼号匍匐，裸跣颠顿，扳悬崖壁而下拯之。士之见者，方相与揖让谈笑于其旁，以为是弃其礼貌衣冠而呼号颠顿若此，是病狂丧心者也。故夫揖让谈笑于溺人之旁而不知救，此惟行路之人，无亲戚骨肉之情者能之。然已谓之无恻隐之心，非人矣。若夫在父子兄弟之爱者，则固未有不痛心疾首，狂奔尽气，匍匐而拯之，彼将陷溺于祸而不顾，而况于病狂丧心之讥乎？而又况于蕲人信与不信乎。呜呼。今之人虽谓仆为病狂丧心之人，亦无不可矣。天下之人，皆吾之心也。天下之人犹有病狂者矣，吾安得而非病狂乎？犹有丧心者矣，吾安得而非丧心乎？

　　昔者孔子之在当时，有议其为陷者，有讥其为佞者，有毁其未贤，诋其为不知礼，而侮之以为"东家丘"者，有嫉且诅之者，有恶而欲杀之者，晨门、荷蒉之徒，皆当时之贤士，且曰"是知其不可而为之者欤。""鄙哉。硁硁乎。莫己知也，斯已而已矣。"虽子路在升堂之列，尚不能无疑于其所见，不悦于其所欲往，而且以之为迂，则当时之不信夫子者，岂特十之二三而已乎？然而夫子汲汲遑遑，若求亡子于道路，而不暇于暖席者，宁以蕲人之知我、信我而已哉？盖其天地万物一体之仁，疾痛迫切，虽欲己之而自有所不容己，故其曰言："吾非斯人之徒与而谁与？""欲洁其身而乱大伦。""果哉，末之难矣。"呜呼。此非诚以天地万物者为一体者，孰能以知夫子之心乎？若其"遁世无闷"，"乐天知命"者，则固"无入而自得"，"道并行而不相悖"也。

　　仆之不肖，何敢以夫子之道为己任。顾其心亦已稍知疾痛之在身，是以徬徨四顾，将求其有助于我者，相与讲去其病耳。今诚得豪杰同志之士，扶持匡翼，共明良知之学于天下，使天下之人皆知自致其良知，以相安相养，去共自私自利之蔽，一洗谗妒胜忿之习，以济于大同。则仆之狂病固将脱然以愈，而终免于丧心之患矣。岂不快哉。嗟乎。今诚欲求豪杰同志之士于天下，非如吾文蔚者，而谁望之乎？如吾文蔚之才与志，诚足以援天下之溺者，今又既知其具之在我，而无假于外求矣，循是而充，若决河注海，孰得而御哉？文蔚所谓一人信之不为少，其又能逊以委之何人乎？

　　会稽素处山水之区。深林长谷，信步皆是，寒暑晦明，无时不宜，安居饱食，尘嚣无扰，良朋四集，道义日新，优哉游哉。天地之间宁复有乐于是者？孔子云："不怨天，不尤人，下学而上达。"仆与二三同志方将请事斯语，奚暇外慕？独其切肤之痛，乃有未能恝然者，辄复云云尔。咳疾暑毒，书札绝懒，盛使远来，迟留经月，临歧执笔，又不觉累纸，盖于相知之深，虽已缕缕至此，殊觉有所未能尽也。

答聂文蔚（二）

得书，见近来所学之骤进，喜慰不可言。谛视数过，其间虽亦有一二未莹彻处，却是致良知之功尚未纯熟，到纯熟时自无此矣。譬之驱车，既已由于康庄大道之中，或时横斜迂曲者，乃马性未调，衔勒不齐之故，然已只在康庄大道中，决不赚入旁蹊曲径矣。近时海内同志，到此地位者曾未多见，喜慰不可言，斯道之幸也。

贱躯旧有咳嗽畏热之病，近入炎方，辄复大作。主上圣明洞察，责付甚重，不敢遽辞。地方军务冗沓，皆舆疾从事。今却幸已平定，已具本乞回养病，得在林下稍就清凉，或可廖耳。人还，伏枕草草，不尽倾企。外惟浚一简，幸达致之。

来书所询，草草奉复一二。近岁来山中讲学者，往往多说勿忘勿助功夫甚难。问之，则云才著意便是助，才不著意便是忘，所以甚难。区区因问之云"忘是忘个甚么？助是助个甚么？"其人默然无对，始请问。区区因与说，我此间讲学，却只说个"必有事焉"，不说勿忘勿助。"必有事焉"者只是时时去"集义"。若时时去用"必有事"的功夫。而或有时间断，此便是忘了，即须"勿忘"。时时去用"必有事"的功夫，而或有时欲速求效，此便是助了，即须"勿助"。其功夫全在"必有事焉"上用；"勿忘勿助"，只就其间提撕警觉而已。若是功夫原不间断，即不须更说勿忘；原不欲速求效，即不须更说勿助。此其功夫何等明白简易。何等洒脱自在。今却不去"必有事"上用功，而乃悬空守著一个"勿忘勿助"，此正如烧锅煮饭，锅内不曾渍水下米，而乃专去添柴放火，不知毕竟煮出个甚么物来。吾恐火候未及调停，而锅已先破裂矣。近日，一种专在勿忘勿助上用功者，其病正是如此。终日悬空去做个勿忘，又悬空去做个勿助，济济荡荡，全无实落下手处，究竟功夫，只做得个沉空守寂，学成一个痴呆汉。才遇些子事来，即便牵滞纷扰，不复能经纶宰制。此皆有志之士，而乃使之劳苦缠缚，耽搁一生，皆由学术误人之故，甚可悯矣。

夫"必有事焉"只是"集义"，集义只是致良知。说集义则一时未见头脑，说致良知即当下便有实地步可用功。故区区专说致其良知。随时就事上致其良知，便是格物。著实去致良知，便是诚意，著实致其良知，而无一毫意必固我，便是正心。著实致良知，则自无忘之病。无一毫意必固我，则自无助之病。故说格、致、诚、正，则不必更说个忘助。孟子说忘助，亦就告子得病处立方。告子强制其心，是助的病痛，故孟子号说助长之害。告子助长，亦是他以义为外，不知就自心上"集义"，在"必有事焉"上用功，是以如此。若时时刻刻就自心上"集义"，则良知之体洞然明白，自然是是非非纤毫莫遁，又焉"不得于言，勿求于心；不得于心，勿求于气"之弊乎？孟子"集义""养气"之说，固大有功于后学，然亦是因病立方，说得大段，不若《大学》格、致、诚、正之功，尤极精一简易，为彻上彻下，万世无弊者也。

圣贤论学，多是随时就事，虽言若人殊，而要其功夫头脑，若合符节。缘天地之间，原只有此性，只有此理，只有此良知，只有此一件事耳。故凡就古人论学处说功夫，更不必揽和兼搭而说，自然无不吻合贯通者。才须揽和兼搭而说，即是自己功夫未明彻也。

近时有谓集义之功，必须兼搭个致良知而后备者，则是集义之功尚未了彻也。集义之功尚未了彻，适足以为致良知之累而已矣。谓致良知之功，必须兼搭一个勿忘勿助而后明者，则是致良知之功尚未了彻也。致良知之功尚未了彻也，适足以为勿忘、勿助之累而已矣。若此者，皆是就文义上解释牵附，以求混融凑泊，而不曾就自己实功夫上体验，是以论之愈精，而去之愈远。

文蔚之论，其于"大本达道"既已沛然无疑，至于致知、穷理及忘助等说，时亦有搀和兼搭处，却是区区所谓康庄大道之中，或时横斜迂曲者，到得功夫熟后，自将释然矣。

文蔚谓"致知之说，求之事亲、从兄之间，便觉有所持循"者，此段最见近来真切笃实之功。但以此自为不妨，自有得力处。以此遂为定说教人，却未免又有因药发病之忠，亦不可不一讲也。

盖良知只是一个天理。自然明觉发见处，只是一个真诚恻怛，便是他本体。故致此良知之真诚恻怛以事亲便是孝，致此良知之真诚恻怛以从兄便是弟，致此良知之真诚恻怛以事君使是忠，只是一个良知，一个真诚恻怛。若是从兄的良知不能致其真诚恻怛，即是事亲的良知不能致其真诚恻怛矣；事君的良知不能致其真诚恻怛，即是从兄的良知不能致其真诚恻怛矣。故致得事君的良知，便是致却从兄的良知。致得从兄的良知，便是致却事亲的良知。不是事君的良知不能致，却须又从事亲的良知上去扩充将来。如此，又是脱却本原，著在支节上求了。良知只是一个，随他发见流行处，当下具足，更无去来，不须假借。然其发见流行处，却自有轻重厚薄，毫发不容增减者，所谓天然自有之中也。虽则轻重厚薄，毫发不容增减，而原又只是一个。虽则只是一个，而其间轻重厚薄，又毫发不容增减。

若可得增减，若须假借，即已非其真诚恻怛之本体矣。此良知之妙用所以无方体，无穷尽，"语大天下莫能载，语小天下莫能破"者也。

孟氏"尧舜之道，孝弟而已"者，是就人之良知发见得真切笃厚、不容蔽昧处提省人，使人于事君、处友、仁民、爱物、与凡动静语默间，皆只是致他那一念事亲从兄真诚恻怛的良知，即自然无不是道。盖天下之事，虽千变万化，至于不可穷诘。而但惟致此事亲从兄一念真诚恻怛之良知以应之，则更无有遗缺渗漏者，正谓其只有此一个良知故也是。事亲从兄一念良知之外，更无有良知可致得者。故曰："尧舜之道，孝弟而已矣。"此所以为"惟精惟一"之学，放之四海而皆准，施诸后世而无朝夕者也。

文蔚云："欲于事亲从兄之间，而求所谓良知之学。"就自己用功得力处如此说，亦无不可。若曰致其良知之真诚恻怛以求尽夫事亲从兄之道焉，亦无不可也。明道云："行仁自孝弟始。孝弟是仁之一事，谓之行仁之本则可，谓是仁之本则不可。"其说是矣。

"臆""逆""先觉"之说，文蔚谓"诚则旁行曲防，皆良知之用"。甚善甚善。间有搀搭处，则前已言之矣。惟浚之言，亦未为不是。在文蔚须有取于惟浚之言而后尽，在惟浚又须有取于文蔚之言而后明。不然，则亦未免各有倚著之病也。舜察迩言而询刍荛，非是以迩言当察，刍荛当询，而后如此。乃良知之发见流行，光明圆莹，更无挂碍遮隔处，此所以谓之大知。才有执著意必，其知便小矣。讲学中自有去取分辨，然就心地上着实用功夫，却须如此方是。

"尽心"三节，区区曾有生知、学知、困知之说。颇已明白，无可疑者。盖尽心、知性、知天者，不必说存心、养性、事天，不必说"夭寿不二、修身以俟"。而存心、养性与"修身以俟"之功已在其中矣。存心、养性、事天者，虽未到得尽心、知天的地位，然已是在那里做个求到尽心、知天的功夫，更不必说"夭寿不二、修身以俟"之功已在其中矣。

譬之行路，尽心、知天者，如年力壮健之人，既能奔走往来于数千里之间者也。存心、事天者，如童稚之年，使之学习步趋于庭除之间者也。"夭寿不二、修身以俟"者，如襁褓之孩，方使之扶墙傍壁，而渐学起立移步者也。既已能奔走往来于千里之间者，则不必更使之于庭除之间而学步趋，而步趋于庭除之间，自无弗能矣。既已能步趋于庭除之间，则不必更使之扶墙傍壁而学起立移步，而起立移步自无弗能矣。然学起立移步，便是学步趋庭除之始，学步趋庭除，便是学奔走往来于数千里之基，固非有二事，但其功夫之难易，则相去悬绝矣。

心也，性也，天也，一也。故及其知之成功则一。然而三者人品力量，自有阶级，不可躐等而能也。细观文蔚之论，其意以恐尽心、知天者，废却存心、修身之功，而反为尽心、知天之病。是盖为圣人忧功夫之或间断，而不知为自己忧功夫之未真切也。吾侪用工，却须专心致志，在"夭寿不二、修身以俟"上做，只此便是做尽心、知天功夫始。正如学期起立移步，便是学奔走千里之始。吾方自虑其不能起立移步，而岂遽其不能奔走千里，又况为奔走千里者而虑其或遗忘于起立移步之习哉？

文蔚识见本自超绝迈往，而所论云然者，亦是未能脱去旧时解说文义之习，是为此三段书分疏比合，以求融合贯通，而自添许多意见缠绕，反使用功不专一也。近时悬空去做勿忘勿助者，其意见正有此病，最能耽误人，不可不涤除耳。

所谓"尊德性而道问学"一节，至当归一，更无可疑。此便是文蔚曾著实用功，然后能为此言。此本不是险僻难见的道理，人或意见不同者，还是良知尚有纤翳潜伏。若除去此纤翳，即自无不洞然矣。

已作书后，移卧檐间，偶遇无事，遂复答此。文蔚之学既已得其大者，此等处久当释然自解，本不必屑屑如此分疏。但承相爱之厚，千里差人远及，谆谆下问，而竟虚来意，又自不能已于言也。然直戆烦缕已甚，恃在信爱，当不为罪。惟浚处及谦之、崇一处，各得转录一通寄视之，尤承一体之好也。

右南大吉灵录。

训蒙大意示教读（刘伯颂等）

古之教者，教以人伦。后世记诵章之习起，而先王之教亡。今教童子，惟当以孝、弟、忠、信、礼、义、廉、耻为专务。其栽培涵养之方，则宜诱之歌诗以发其志意，导之习礼以肃其威仪，讽之读书以开其知觉。今人往往以歌诗、习礼为不切时务，此皆末俗庸鄙之见，乌足以知古人立教之意哉？

大抵童子之情，乐嬉游而惮拘检，如草木之始萌芽，舒畅之则条达，摧挠之则衰痿。今教童子必使其趋向鼓舞，中心喜悦，则其进自不能已。譬之时雨春风，沾被卉木，莫不萌动发越，自然日长月化。若冰霜剥落，则生意萧索，日就枯槁矣。故凡诱之歌诗者，非但发其志意而已，亦所以泄其跳号呼啸于泳歌，宣其幽抑结滞于音节也。导之习礼者，非但肃其威仪而已，亦所以周旋揖让而动荡其血脉，拜起屈伸而固束其筋骸也。讽之读书者，非但开其知觉而已，亦所以沉潜反复而存其心，抑扬讽诵以宣其志也。凡此皆所以顺导其志意，调理其性情，潜消其鄙吝，默化其麤顽。

日使之渐于礼义而不苦其难，入于中和而不知其故，是盖先王立教之微意也。

若近世之训蒙稚者，日惟督以句读课仿，责其检束而不知导之以礼，求其聪明而不知养之以善，鞭挞绳缚，若待拘囚。彼视学舍如囹狱而不肯入，视师长如寇仇而不欲见，窥避掩覆以遂其嬉游，设诈饰诡以肆其顽鄙，偷薄庸劣，日趋下流。是盖驱之于恶而求其为善也，何可得乎？

凡吾所以教，其意实在于此。恐时俗不察，视以为迂，且吾亦将去，故特叮咛以告。尔诸教读其务体吾意，永以为训，毋辄因时俗之言，改废其绳墨，庶成"蒙以养正"之功矣。念之念之。

教约

每日清晨，诸生参揖毕，教读以次遍询诸生：在家所以爱亲敬长之心，得无懈忽未能真切否？温清定省之仪，得无亏缺未能实践否？往来街衢步趋礼节，得无放荡未能谨饬否？一应言行心术，得无欺妄非僻未能忠信笃敬否？诸童子务要各以实对，有则改之，无则加勉。教读复随时就事，曲加诲谕开发，然后各退就席肄业。

凡歌诗，须要整容定气，清朗其声音，均审其节调，毋躁而急，毋荡而嚣，毋馁而慑。久则精神宣畅，心气和平矣。每学量童生多寡分为四班。每日轮一班歌诗，其余皆就席敛容肃听。每五日则总四班递歌于本学。每朔望集各学会歌于书院。

凡习礼需要澄心肃虑，审其仪节，度其容止，毋忽而惰，毋沮而怍，毋径而野，从容而不失之迂缓，修谨而不失之拘局。久则礼貌习熟，德性坚定矣。童生班次皆如歌诗。每间一日则轮一班习礼，其余皆就席敛容肃观。习礼之日，免其课仿。每十日则总四班递习于本学，每朔望则集各学会习于书院。

凡授书不在徒多，但贵精熟。量其资禀，能二百字者止可授以一百字，常使精神力量有余，则无厌苦之患，而有自得之美。讽诵之际，务令专心一志，口诵心惟，字字句句，纳绎反复。抑扬其音节，宽虚其心意。久则义礼浃洽，聪明日开矣。

每日功夫，先考德，次背书诵书，次习礼或作课仿，次复诵书讲书，次歌诗。凡习礼歌诗之数，皆所以常存童子之心，使其乐习不倦，而无暇及于邪僻。教者如此，则知所施矣。虽然，此其大略也。"神而明之，则存乎其人。"

附：《传习录》中今译

钱德洪序

钱德洪我要说的是：昔日南元善在浙江印刻《传习录》，一共有两册，其中下册摘录了先师王阳明的书信，共八篇。其中《答徐成之》的两封信，我的老师自己说："天下褒朱熹贬陆九渊的风气，似乎已经很久了，一旦要翻案是很难的。"这两封信姑且可以作为调停之用，并对两种学说都假意认可，让人们自己去思考。之所以被元善录用为下册的第一篇，用意可能也正是这样吧？现如今，朱、陆之间的论辩已经大白于天下很久了。德洪我便印刻了先生的《文录》，把这两封信收入"外集"中，以表示它们反映先生的思想并不全面，所以现在不再收入"正集"里。其余的谈及知、行本体的文字，没有比《答人论学书》《答周道通书》《答陆清伯书》《答欧阳崇一书》这四封信更详尽的了。而谈到格物是治学之人只要用功就会有所成就的，也没有比《答罗整庵书》更加详尽的了。先生平生冒着全天下人的非议和诋毁，陷入万死一生的危险之中，虽然辛苦匆忙但是从来没有忘记讲学，唯恐我们这些人领悟不到大道，流于功利智巧，从而渐渐堕落与蛮夷、禽兽为伍，而自己还不知道。先生与万物一体同心，一生求索争取，死而后已。这正是孔孟以来圣贤的苦心，就算是我们这些门人弟子也都不足以慰藉先生的苦心。这样的情感，除了《答聂文蔚书》的第一封信之外，别处都领略不到。以上这些在元善所收录的旧本中都有，但是揭示出"必有事焉"就是要下"致良知"的功夫，并且简要真切表述清楚，使人听了就可以着手照做的，没有比《答聂文蔚书》的第二封信更详细的了，所以在这里增录。元善当时情感慷慨激昂，所以能身体力行亲自践行，虽然他最终遭到奸人诬陷，但仍然激情满怀，为今生得以学到王阳明先生的学问而感到庆幸，因而绝没有一丝一毫的郁愤不平之气。《传习录》的印刻，使人们知道他对志同道合之人的功德很大，却未必知道他处世的艰辛。今天，我对他的版本有所取舍，是依照当今人对其中义理的新的理解，并不忍心在他的《传习录》中妄加增减。

答顾东桥书

来信中说："近代的学者，都只是致力于外物而遗失了内心，虽然博学但是缺乏根基。所以先生您特别倡导'诚意'这一要义，针砭世人业已很深的弊病，这诚然是极大的恩惠呀！"

先生您能如此洞见时弊，那打算如何施救呢？既然鄙人的想法，先生您已经一句道尽，我还能再说什么呢？还能怎么说呢？就比如"诚意"的说法，自然是孔子门中教人下功夫的第一要义，但近世的学者却当作次要的事情看待，所以我也只能稍微强调一下，并非我这种鄙陋之人能特别倡导得了的。

青花布袋僧瓷像

来信中说："只是害怕立论太高，用功太快，对后世师徒相传造成影响，产生谬误，就未免堕入佛家宣扬的'明心见性'、'定慧顿悟'的投机方法中，也不怪别人对您的学说产生怀疑。"

我所倡导的微不足道的"格、致、诚、正"的学说，是从学者本心和日常之事出发，通过体悟、探究、实践、履行等方法，实实在在地用功，这中间包括了多少个阶段、多少的积累呀！正好与空虚顿悟的学说相反。道听途说的人本来就没有求索圣人之志的想法，更没有去探究其中的细节，这样轻率地怀疑，也没什么可奇怪的。像先生这样高明的人，自然应该一句话就了然于胸才对。但却也说什么"立论太高""用功太快"的话，这又是为什么呢？

来信中说："您主张的'知、行并进，不应该有先后之分'的说法，也就是将《中庸》中所说的'尊德性而道问学'的功夫，交相进行，相互促进，无论内外本末，一以贯之的方法。然而下功夫应有个阶段性，不能没有先后的差别，就像先知道食物然后食用，知道热水然后才喝，知道衣服然后再穿，知道道路然后才走，没有还没看到这个物，就先做出相关的行为的。不过知和行仅有毫厘倏忽的差别，界限并不清晰，并不是今天知道了，等明天才去做。"

您既然已经说了"交相进行，相互促进，无论内外本末，一以贯之"这样的话，就一定知道"知和行齐头并进"的说法是没必要怀疑的。但是还说"下功夫应有个阶段性，不能没有先后的差别"，这难道不是自相矛盾吗？"先知道食物然后食用"等说法，尤其明白易懂。但先生您被近来的说法所蒙蔽，自己都没有察觉。一般来说，人一定是先有想吃东西的想法，然后才会感知到食物，想吃东西的想法就是意，也就是行为的开端。至于食物味道的好坏，一定要等入口以后才会知道，哪有还没入口就已经预先知道食物味道的好坏的呢？一定是先有想要行走的想法，然后才会感知到道路，想要行走的想法就是意，也就是行的开端。道路是艰险还是平坦，一定要等到亲自走过之后才能知道，哪有还没有亲自身走过就已经预先知道道路是艰险还是平坦的呢？知道热水然后才喝，知道衣服然后再穿，也都是这样的例子，全都不容怀疑，像先生您所打的比方，恰恰就是所谓的"还没看到这个物，就先做出相关的行为"的例子。先生您还说"不过仅有毫厘倏忽的差别，并非界限并不清晰，并不是今天知道了，等明天才去做"。这也是研究还并不精细呀。然而就算按照您的说法来看，那么"知行合一，齐头并进"的观点，也断然是不容怀疑的呀。

来信中说："真知就是知道怎样行的，不行就不算得到真知，这就是督促学者抓紧要点，确立教导，亲自努力实行。如果真的说行就是知，恐怕他们就会一门心思寻求自己的本心，便遗弃了万物中的理，就一定会有蒙昧不达之处，难道这就是孔门'知行并进'的成规吗？"

知的真切笃实之处就是行，行的精察明白之处便是知。知和行的功夫，本来就是不可分离的。只是因为后世学者将其分成两部分来用功，这样便知失去了知和行的本体，所以才有"合二为一，齐头并进"的说法，真知就是指导怎样去行，不行就不算是得到真知。就像您来信所说的"先知道食物然后食用"等比喻就能说明，前面已经大略提过。这虽然是为了抓住要点和挽救时弊，然而知和行的本体本来就是这样，并非用我的一己之见在其中妄加褒贬，或者即兴提出这样的学说，用以制造一时的轰动。"专心寻求自己的本心，便遗弃了万物中的理"，这种行为本来就是失去本心的。一般说来，万物的理并不在我心之外，在我心之外寻求万物之理，便找不到万物之理。如果放弃万物之理去寻求自己的心，那么自己的心又能算是何物呢？心的本体是性，性也就是天理。所以有孝顺双亲的心，就会有尽孝的天理；没有孝顺双亲的心，就没有尽孝的天理了。有忠君的心，就有尽忠的天理；没有忠君的心，也就没有尽忠的天理了。天理难道在自己的心外吗？晦庵先生认为："人能治学的原因，不过是心和理而已。心虽然在身体中，但实际上却掌管着天下的理。理虽然散在万事万物之中，实际上却不外乎在一人心中。"这样，心和理在一分一合之间，便不免已经引发学者将心和理一分为二的弊病。后世有"专心寻求自己的本心，便遗弃了万物中的理"这一弊病的原因，正是不知道心就是理而已。一般说来，在心之外寻求万物之理，就会有蒙昧不通之处，这也就是告子认为义在外，而孟子认为他其实不知道义为何物的原因。心只有一个，从它的全部恻隐之情来看，就称其为"仁"；从它能忖度适宜的方面来看，就称其为"义"；

从它条理清晰的方面来看，就称其为"理"。既然不可能在心以外求索到仁，也不可能在心以外求索到义，难道可能在心以外求索到理吗？在心以外求索理，这就是知和行之所以一分为二的原因。在自己的心中求理，这才是孔门知行合一的教诲，先生您又为何要怀疑呢？

来信中说："您所解释的《大学》古本，认为'致其本体之知'，这固然是《孟子》中'尽心'说的主旨。朱熹先生也认为'虚灵知觉'就是心的本体，但是实现'尽心'是通过'知性'，达到'致知'更在于'格物'。""'尽心'是通过'知性'，达到'致知'更在于'格物'。"这个话没错。然而推究先生您的本意，之所以说出这样的话，是因为还没有完全明白我的话。朱熹先生认为"尽心""知性""知天"就是"物格"和"知致"，将"存心""养性""事天"当作"诚意""正心"和"修身"，把"夭寿不贰，修身以俟"看作"知至"和"仁尽"，这些都是圣人的事业。但是鄙人的见解，与朱先生正好相反。一般来说"尽心""知性""知天"这些，属于"生知安行"的范畴，是圣人的事业；"存心""养性""事天"这些，属于"学知利行"的范畴，是贤人的事业；"夭寿不贰，修身以俟"的情况，属于"困知勉行"的范畴，是求学之人的事业。怎么可以简单地仅仅归结为"尽心知性"为知，"存心养性"为行呢？先生您乍一听这样的话，一定又会大为惊骇！但是其中的确是无可置疑的，我这就一一为先生您道来。心的本体，是性；性的本原，是天。所以说，能够尽心，也就能够尽性。《中庸》中说："惟天下至诚为能尽其性。"还说："知天地之化育，质诸鬼神而无疑，知天也。"这些只有圣人才能发现。所以说"生知安行"是圣人的事业。存养自心的人，未必能尽自己的心，所以一定要多下功夫去存养。一定要存养很久，到一定的时候不需要刻意存养，也能自然而然地存养，再然后才可以继续说"尽心"的事情。这样说吧，"知天"的"知"，就跟"知州""知县"的"知"是一样的。知州要把一州的事情都当作自己的事情，知县要把全县的事情也都当作自己的事情，同样知天就是与天合一。"事天"就如同儿子侍奉父亲，臣子侍奉君主，"事天"意味着与天还是分而为二的。上天之所以赋予我生命，是因为心，也就是因为性。我只能保存而不敢随意失去，保养更不敢有一点损害，就像"父母全而生之，子全而归之"的情况。所以说这种"学知利行"是贤人的事业。至于"夭寿不贰"，与"存心"之间还有不同。存心者即使并不一定能尽心，但已经一心为善，只是有时"存"，有时"不存"而已。现在如果要学者们做到"夭寿不贰"，这还是在用夭折和长寿动摇他们的心呀。用夭折和长寿动摇他们心，是因为他们的为善之心还不能专一，"存心"都还没做好，又怎么能谈"尽心"呢？现在姑且认为他们不会因为夭折和长寿动摇到为善之心。如果说死、生、夭、寿都是命中注定，我只是一心为善，修持我的身体以等待天命到来而已，这是因为平时他们都不知道还有"天命"，"事天"虽然与天是两码事，但是却已经真正知道了天命的所在，只是恭敬的侍奉天而已。像"俟之"一类的话，那是还没有真正地知道天命的所在，所以才要有所等待，所以说"所以立命"，"立"在这里是创立的"立"，比如"立德""立言""立功""立名"之类。但凡说"立"的时候，都是针对过去没有做而在今天才开始建立的事而言的。就像孔子所谓的"不知命，无以为君子"。所以说：困知勉行，是治学之人的事业。今天把"尽心""知性""知天"当作"格物致知"，就致使初学之人，内心还尚未专，就急切地用圣人"生知安行"的观点来苛求自己。就像捕风捉影一样，使人茫然不知道该怎么办。这样怎么不会造成"率天下而路"的后果呢？"致知格物"的弊端，在今天也已经昭然可见了。先生您所谓"致力于外部而遗失了内心，学问广博而缺乏根基"的情况，不也正错在这里吗？这是做学问最要紧之处，在这里出差错，以后就会处处出差错。这就是鄙人之所以冒着被天下非议嘲笑的危险，而忘记自身可能陷入的罪责，翻来覆去地说这些话，不容打断的原因。

来信中说："听学生们说，您所谓的'即物穷理'的说法也是玩物丧志，还取了朱子的'厌繁就约'、'涵养本原'等几种说法标示给学生，认为是朱子晚年的定论，这恐怕也是不对的。"

朱子所谓的"格物"，正在于"即物而穷其理"。"即物穷理"就是从万事万物中寻找所谓的定理，就是用自己的心在万事万物中求取天理，这也就是将心与理一分为二。在万事万物中求取天理，就好比在父母双亲身上求取孝的理，在双亲身上求取孝的理，那么孝的理就果真在自己身上吗？还是在双亲的之身上呢？假使果真在双亲的身上，那么父母去世以后，自己的心中就没有孝的理了吗？看见小孩落到井里，一定会产生恻隐之理。那么恻隐之理到底是在小孩的身上？还是存在于自己心中的良知呢？难道不能跟随小孩一块掉到井里吗？难道不施以援手吗？这些都是所谓的天理。但是天理究竟是在小孩子身上呢？还是出于自己心中的良知呢？用这个来衡量，那么万事万物中的理就没有例外的。从这就能知道将心与理一分为二的错误了。将心与理一分为二，这正是告子的"义在外"的说法，为孟子所深恶痛绝。"致力于外部而遗弃了内心，知识广博但缺乏根基"，先生您既然已经知道这是错误的，那又是否知道为什么错呢？称之为"玩物丧志"，您还认为有什么不对吗？至于鄙人所说的"致知格物"，是指将自己心中的良知天理推及到万事万物。自己心中的良知，就是所谓的"天理"。

将自己心中的良知的"天理"推及到万事万物，那么万事万物就都会得到天理。推广自己心中的良知，就是"致知"。万事万物都得其天理，就是"格物"了。这种做法就是将心与理重新合二为一。将心与理合二为一，那么我之前说的那些话，与"朱子晚年定论"的观点，就都是不言而喻的了。

来信中说："人心的本体，原本就没有不明澈的。只是受到内气的拘束和外物的蒙蔽，很少有不昏昧的。如果不通过学习、提问、思考、辨析，来明了天下的真理，那么善、恶的由来，真切、虚妄的区别，自己便无法发觉，如果纵情恣意，可能造成的危害就说也说不完。"

这段话的意思似是而非，可能是沿袭了旧说的错误，不能不明辨。一般说来学习、提问、思考、辨析和践行，都是为学之道，没有学习了却不践行的。就好比说学孝，就必须服侍奉养、躬行孝道，然后才能称为学。哪里有只夸夸其谈就可以称之为"学孝"的呢？学射箭，就一定要张弓搭箭，拉满弓弦以后射中目标。学书法，就一定要铺好纸张握好笔，操执木简研好墨。天下所有的学问，没有不身体力行就能轻率称之为"学"的。学习从一开始，就已经包含了"行"的内容。"笃"，就是宽厚踏实的意思。这就已经是"行"了，踏实地实践，就是用功不止的意思。学习中不可能没有疑惑，这就需要提问。问也是一种学习，也就是"行"。问过之后还有疑惑，就要思考，思考也是学习的过程，同样也是"行"。思考的时候还是会有疑惑，就会有辨析，辨析也是学习，也同样是"行"。辨析以后明白了，思考要谨慎，提问要审慎，才能学有所成，然后再继续用功不止，这就是所谓的笃行。并不是说学习、提问、思考、辨析之后才开始践行。因此，从亲身实践的角度来说，称为"学习"；从寻求接触疑惑的角度来说，称为"提问"；从希望贯通学问的角度来说，称为"思考"；从追求精确考察的角度而言，称为"辨析"；从落实到实践角度而言，称为"践行"。一般来说，分析学的功能，就是五件事，整合到一块其实是一体的。这就是我微不足道的"心理合一"之说的本体和"知行并进"的功夫，不同于后世的其他说法的原因，也正在这里。现在先生您特地举出学习、提问、思考、辨析的说法，用来穷天下之理，但是却没有提及"笃行"，这就是只把学、问、思、辨当作知，而认为不用通过行也可以穷理。天下哪里有不践行的学习呢？哪里有不践行就可以轻率称之为穷理的呢？明道先生程颢说过："只穷理，便尽性至命。"所以一定要施行仁爱到了极致，然后才能说已经穷尽了仁爱的理；履行道义到了极致，然后才能说已经穷尽道义的理；施行仁爱到了极致，就是尽了仁之性。履行道义到了极致，就是尽了义之性。学习道了穷理的地步，但是却未能付诸行动，天下难会有这样的事情吗？因此"知而不行"就不可以称为学，那么"知而不行"就不可以被归为"穷理"。既然知而不行不可以被归为"穷理"，那么就会知道知和行二者合一并进，是不可以分成前后两个阶段的。万事万物中的天理，没有超出自己心之外的。但是一定说想要穷尽天下之理，这样恐怕是因为自己心中的良知不够，才一定向外面广阔的天地间寻求，以增补自己的不足，其实还是将心与理一分为二。而且学、问、思、辨、笃行的功夫，即使勤奋用功达到别人的一百倍，扩充到极致，甚至到了"尽性知天"的境界，也不过了解到了自己心中的良知而已。良知之外，哪里还能增加一丝一毫呢？现在一定要说穷尽天下的理，却不知道反过来对自己的内心求取，那么所谓的善和恶的来由，真切和虚妄的区别，舍弃了自己心中的良知，又将用什么来体察这些呢？先生您所说的"被内气所拘束，被外物所蒙蔽"，不过是被想穷尽天下的理的想法所拘束、所蒙蔽。现在想要解除这种蒙蔽，不知道致力于内心，却想向外求助，就犹如眼睛看不见的人，不好好服药调理以治疗眼睛，反而无所适从地向身外去求索方法。名目难道可以在身体之外获得吗？任情恣意的危害，也是因为不能精察天理就是自己心中的良知而已。这果真是差之毫厘，谬之千里呀，不容我不与您辩论，还望先生您别认为我的言论太苛刻了。

来信中说："您教导别人致知、明德，又不让他们即物穷理。试想让一个昏庸的人，深居端坐，听不到教诲，这样就能达到知致和德明的境界吗？就算能让他静心自我觉察，稍稍参悟本性，那也是佛门中'定慧'、'无用'之类的见解。难道真能博古通今，明达事变，并以此为天下国家有一些实际的用处吗？您说的'知是意念的体，物是意念的用'，'格物类似于格君心之非的格'。虽说话说得高超独到，也独辟蹊径，没说前人的老话，但恐怕跟大道并不相吻合吧？"

我微不足道的"致知格物"的说法，正是为了穷理，从来没有不准别人穷理，也从来不会让人在那里深居端坐却无所事事。您认为"即物穷理"，就像之前说的"致力于外部却遗弃了内心"，那是不可以的。昏庸之人，如果真能够随着一事一物精心体察自己心中的天理，从而恢复到本来的良知，那么即使愚昧也必然会澄明，即使柔弱也必然会强大，根本确立了以后就能走上大道，《中庸》中所说的"九经"，就可以一次贯通并且不会有遗漏。又何必担心没有实际用途呢？至于那些顽固地想依靠空、虚、静等方法的佛教徒，正是因为不能跟具体的一事一物精心体察自己心中的天理，并且恢复本来的良知，于是就遗弃了伦理，将寂灭虚无当作惯常，所以就算强行要求，他们都不可以治理家国天下。谁说圣人"穷理尽性"的学说，也有这种弊端呢！心，是身体的主宰，而心中虚灵明觉的部分，就是所谓的本来的良知。那种被虚灵明觉的良知的触动而感知到的，就是意。先有感知然后就有意念，没有感知就没有意念。"知"不是"意"的本体吗？意念要发挥作用，一定要有相应的物，物也就是事。如果意念作用于侍奉双亲，侍奉双亲就是相应的物；意念作用于治理百姓，那么治理百姓民就是相应的物；意念作用于读书，那么读书就是相应的物；意念作用于听讼，那么听讼也就是相应的物。只要是意念发生作用的时候，就不会没有相应的物。有这样的意念就会有相应的物，没有这种意念就不会有相应的物了。物难道不是意念的作用吗？"格"字的意义，有人用"至"字来解释，例如"格于文祖""有苗来格"，这些都是用"至"来解释的。但是"格于文祖"，一定要纯孝诚敬，对天地阴阳间的道理应该无所不通，然后才能后称之为"格"，苗人顽固不化，需要先经过"文德诞敷"然后再"格"，所以可以知道其中也包含了"正"的意思，未必可以只用一个"至"字就全都能解释清。又如同"格其非心""大臣格君心之非"之类的情况，这些都是"正其不正以归于正"的意思，就不可以用"至"字来解释。而且对《大学》中"格物"的解释，又哪里能知道它不是按照"正"字来解释的，而一定要用"至"字的意思呢？如果用"至"字为作为"格"的意思，一定要说"穷至事物之理"，然后才解释得通。这里下功夫的要点，全在一个"穷"字，用力之处，全在一个"理"字上。如果前面去掉"穷"字，后面去掉"理"字，就直截了当地说"致知在至物"，难道可以说通吗？要知道"穷理尽性"，是圣人的成训，可以在《系辞》中看到。如果"格物"的说法果真是"穷理"的意思，那么圣人为何不直接说"致知在穷理"，而非要在这里说一句转折而且不完整的话，以此导致后世的弊病？仔细追究一下，《大学》中"格物"的说法，自然与《系辞》中

"穷理"的意思大致相同，但是稍微有一些区别。"穷理"，兼有格、致、诚、正的工夫。所以说到"穷理"的时候，格、致、诚、正的功夫就都提到了。说到"格物"的时候，就一定兼有致知、诚意、正心的意思，然后所下的功夫才开始完备和严密。现在单单举出"格物"，然后就说"穷理"，这就是只把"穷理"归属到"知"中，而认为"格物"中并不包括"行"的部分。这样非但得不到"格物"的要义，并且连"穷理"的意思也丧失了。这就是后世的学者之所以会将知和行分为有先后顺序的两部分，使二者支离破碎的原因，而圣人的学问日益残损晦涩，其发端就在这。先生您大概也未免因袭陈说，于是就认为我"与大道不相吻合"，这就不奇怪了。

来信中说："您认为下致知的功夫，就是对待父母时要做到冬温夏清，如何奉养，就做到诚意，不需要另外去格物，这恐怕也是不对的。"

这是先生您用自己的想法去揣测我短浅的见识，才会有这样的说法，并非是我所要对您说明的情况。如若果真像先生您说的那样，难道还有能说通之处吗？简单说来，鄙人的见解，就是说冬温夏清、想要奉养父母的想法，就是所谓的"意"，但是并不能称为"诚意"。一定要实行冬温夏清的奉养的想法，就一定要讲求内心满足，并且不能自欺欺人，这样才能说是有"诚意"。知道如何才能做到冬温夏清的礼节，知道如何才能恰到好处地奉养父母，才是所谓的"知"，但不可以说是"致知"。一定要实际做到知道如何才是施行了冬温夏清的礼节，并且切实做到了冬温夏清，同时达到知道怎样尽到恰到好处地奉养父母的方式，并且付诸行动去奉养，才能称为"致知"。冬温夏清的事情，奉养父母的方式，还仅仅是所谓的"物"，而并不能称为是"格物"。一定要切实做到冬温夏清的事情，就像自己的良知所指示的应当怎样做到相应的礼仪，没有一丝遗憾；对于奉养父母的方法，也就像是自己的良知所指示的应当怎样做到恰到好处奉养父母的责任，没有一丝遗憾，然后才能说是"格物"。冬温夏清的"物"被"格"之后，才能开始感知到冬温夏清的良知；奉养父母的"物"被"格"以后，才能开始感知到奉养父母的良知。所以说"物格而后知至"。贯彻了自己知道冬温夏清的良知，然后冬温夏清的意念才开始"诚"；懂了自己奉养父母的良知以后，奉养父母的意念才开始"诚"。所以说"知至而后意诚"。这就是我微不足道的诚意、致知、格物等说法的大概意思。请先生您在深入地思考一下，可能也就会没有疑惑之处了。

来信中说："道的主旨，容易明白，所谓的'良知良能'，就算是愚夫愚妇都能与之谈及。至于细节项目方面随着时间而变化的详细内容，在理解上，往往差之毫厘，谬之千里，一定要等到学习以后才能知道。现在您所说的孝仅限于冬温、夏清、昏定、晨省一类，有谁不知道？至于像舜没有禀告父亲就娶妻，武王没有埋葬文王就起兵，曾参顺从父母心意而曾元满足父母口腹，小杖受而大杖逃，割股疗亲，守葬三年等事，或者出于常规，或者出于变通，或者过分，或者不及之间，必须要先讨论出是与非，做出裁定标准。这样心体才不会受到蒙蔽，事到眼前是才不会有过失。"

大道的主旨容易明白，这句话诚然没错，只可惜后世的学者忽略了容易明白的方面不去继承，却偏偏要向那些难于明白的方面去学习，这就是所谓的"道在迩而求诸远，事在易而求诸难"。孟子说过："夫道若大路然，岂难知哉？人病不由耳。"良知良能，愚夫愚妇跟圣人共同具有，但只有圣人能够感知并且持守良知，愚夫愚妇们却做不到，这就是圣明与愚昧的区别。细节项目等会应时而变，圣人怎么能不知道？只是他们并没有一味学习这些而已。而他们所谓的学习，正在于一心一意地追求真知，并从中仔细体察自己心中的天理，这就是与后世学者的不同之处了。先生您还没来得及修持良知，却反倒急急忙忙地忧心细节项目，这正是犯了"把追求难以明白的当作学问的"弊病。一般说来良知对于细节项目应时而变，就如同规矩尺度与方圆长短的关系。细节项目应时而变是无法预先确定的，就如同方圆长短没办精确衡量。所以才立下规矩，这样就无法在方圆上作假了，于是天下方圆发挥的作用才会用之不竭；确定出尺度，就没办法在长短上作假，那么天下的长短所发挥出的作用就无穷无尽了；良知一旦达成，便不可以在细节项目应时而变等方面作假，那么天下的细节项目应时而变就会对应自如了。差之毫厘，谬之千里，不从自己心中良知的一念之差中省察，那学问又有什么用？这就好比不用规矩就想定出天下的方圆，不靠尺量就想测出天下的长短，我看到这种人偏执怪僻、悖谬乖戾，每日辛劳却一事无成，先生您所说的将孝仅限于冬温、夏清、昏定、晨省一类，谁人不知。然而能在此事上致知的人几乎没有。如果说粗略地了解一些温清定省的礼仪，就能说已经致知，那么只要是知道君主应当仁爱的人，就都可以称为在仁爱方面致知了，知道臣子应该忠心的人，就都可以称为在忠心方面致知了，那么天下哪个人不能致知呢？由此来说，可以知道致知一定要有亲自实践，没有亲自实践过就不可以说是致知，这是很明了的。知行合一的问题，不就更加清楚了吗？至于舜没有禀告父亲就娶妻，难道是在舜之前就已经有不禀告父亲就娶妻的标准了，所以舜就考据了某本典籍，询问某个人以后，才这样做的吗？还是向内心寻求一念的良知，权衡轻重，不得已才做的呢？武王没有埋葬文王就起兵，难道说武王之前已经有了不埋葬父亲就起兵的成规，所以武王就考据了某本典籍，询问过某个人以后，就这样做了吗？还是也向内心寻求一念的良知，权衡轻重，不得已才这样做的呢？假使舜心中并非诚挚地担心无后，武王心中并非诚挚地想救民于危难，那么他们不禀告父亲就娶妻和没有埋葬父亲就起兵的做法，无疑是非常不孝不忠的。而后世之人不努力地致力于感知持守自己的良知，仔细的体察义理在自己心中的感应和交流，反而凭空讨论这些非常之时的事情，一次作为处理事情的准则，力求事到临头的时候不违背法度，那就差得太远了。您列举的其余几件事，都可以此类推，那么古人致知的学问，从这就都可以了解到了。

来信中说："您认为《大学》中'格物'的说法，仅指寻求自己的本心，还算勉强说得通。至于'六经'、'四书'中所记载的'多闻多见'、'前言往行'、'好古敏求'、'博学审问'、'温故知新'、'博学详说'、'好问好察'等，都明明白白地说了要在处事中寻求，要在论说中得益。这些下功夫的礼节项目不容混淆。"

我的"格物"的观点，前面都已经详细陈说过，您所谓的"勉强说得通"，想来我已经不必再解释了。至于"多闻多见"，是孔子因为子张致力于外物并且好高骛远，以为只有多闻多见才是学问，却不能向自己的内心寻求，最后不免心存疑惑，所以这样的言行不免会招致过错和悔恨，而且所谓的"见闻"，也只是子张好高骛远的资本。所以孔子这样说其实是为了救治子张"多闻多见"的弊病，而并非以此来教导他学习。孔子曾经说过："盖有不知而作之者，我无是也。"这与孟子"是非之心，人皆有之"的意义相同。这个话正好可以用来说明，德性的良知并不是来自见闻。如果说"多闻择其善者而从之，多见而识之"，那就是专门到见闻的细枝末节上去寻求，就已经落到第二等上了，所以才说是"知之次也"。将从见闻中得来的知识当作次要的，那么所谓的上等的知识又指的是什么呢？从这里可窥探到孔门在"致知"上是如何用功的了。孔子曾对子贡说："赐也，汝以予为多学而识之者欤？非也，予一以贯之。"假如求知真的在多学而识，那么孔子为什么要故意说错，来欺骗子贡呢？"一以贯之"的意思，不是致良知又是什么？《易经》中说："君子多识前言往行，以畜其德。"如果把"畜其德"作为中心，那么"多识前言往行"，怎么会不是"畜德"的事呢？这正是"知行合一"的功夫呀。"好古敏求"的意思，就是喜好古人的学问，尽力去寻求自己心中天理。心，就是理。学习，就是要学习自己的心。寻求，也是要寻求自己的心。孟子曾说："学问之道无他，求其放心而已矣。"并不像后世学者那样，广记博诵古人的言词，并且认为这就是"好古"，而忙忙碌碌地只知道向外寻求功名利禄。"博学审问"，前面已经说得够清楚明白的了。至于"温故知新"，朱熹先生也把"温故"归类到"尊德性"中。德性哪能向外寻求呢？只是"知新"一定要从"温故"开始，而"温故"就是"知新"的方法，也就可以验证出知和行绝对不是两段东西。"博学而详说之"是为了"将以反说约也"。如果没有返归简约这种说法，那么"博学详说"，又说的是什么事呢？舜好问好察，只是用未发之中使道心达到精一。道心，指的就是良知。君子做学问，何尝离开过处事而废弃讨论呢？只是他们处事和讨论等说法，都要旨在下知行合一的功夫，也正是以此实现操执自己心中的良知，并不像世人那样将口耳相传、言谈陈说得来的东西当作知识，将知和行看成两件事，这才造成了礼节项目有先后的说法。

来信中说："杨朱、墨翟也行'仁义'，乡愿也会谈及'忠信'，不但尧、舜，连燕王哙也曾禅让给子之，商汤、周武和项羽都曾被流放和讨伐，周公、王莽还有曹操都曾摄政，如果糊里糊涂地不加以印证，求学之人又将何所适从呢？况且，对于古今事变、礼乐名物等事宜，都从不考证，假使国家想要兴修明堂，修建辟雍，制定历律，草拟封禅祭辞等等，又能发挥什么样的作用呢？所以朱熹在《论语集注》中说：'生而知之者，义理耳。若夫礼乐名物，古今事变，亦必待学而后有以验其行事之实'。这可以说是定论了。"

你所列举的杨朱、墨翟、乡愿、尧、舜、子之、商汤、周武、项羽、周公、王莽、曹操之间的区别，跟我之前提及的"舜不告而娶""武王不葬而兴兵"的情况，可以类推。"古今事变"的疑惑，在前面说起"良知"的时候，已经做了"规矩尺度"的譬喻，也应当不用多说了。至于你提到的"明堂"和"辟雍"的等事情，似乎不说还不行。但是这些事情说来话长，姑且就先生您的话来把此事说清楚，那么先生您的疑惑也将会多少有些释然了。一般说来"明堂""辟雍"的制度，最早见于《吕氏春秋》中的《月令》一篇，无论是汉儒的考据注释，还是"六经""四书"之中，都没有详细论及。难倒说吕不韦和汉儒的学问，要超出夏商周三代的贤人圣人们吗？齐宣王的时候，明堂尚未被毁，那么说即使是周幽王、周厉王时期，周代的明堂都完好无损。尧、舜时建造的房屋还是茅草屋顶和土制台阶，明堂的制度还不完备，却并不影响天下大治。而幽厉二王时期的明堂，固然是承袭了文王、武王、成王、康王的旧制，但仍然没有挽救世道的混乱。这是为什么呢？难道不正是说明"以不忍人之心，而行不忍人之政"的道理吗？即使是茅草屋顶和土制台阶，也能起到名堂的作用；而用幽厉二王的心，来施行幽厉二王的暴政，那么就算有明堂，那也是暴政产生的地方！明堂的制度，是汉武帝最早倡议的，后来武后在唐代使其盛行，但是当时的治乱情况又怎么样呢？天子学习的场所称为"辟雍"，诸侯学习的场所称为"泮宫"，都是因为地形而得名的。但是夏商周三代的学校，其要旨都是教导人明白伦理纲常，并非把"辟雍"是否像玉璧，"泮宫"是否临水看得很重要。孔子曾说过："人而不仁，如礼何！人而不仁，如乐何！"制定礼乐制度，一定要具备"中和"的德性，只有声音符合音律，并且行为符合法度的人，才能说出这样的话。至于乐器、术数等末流，都是乐工和祝史的职责，所以曾子才会说："君子所贵乎道者三，笾豆之事，则有司存也。"尧虽然"命羲和，钦若昊天，历象日月星辰"，但其实他所看重的是"敬授人时"。舜也"在璇玑玉衡"，但是看重的却是"以齐七政"的结果。这都是勤勤恳恳地用爱民之心，去施行养育百姓之政。制定历法、明确时令的根本，就在于此。羲和推演历法的数术，皋陶和契未必会使用，夏禹和后稷也未必能掌握，尧和舜虽然明智，却不一定事事都通晓，即使是他们也未必能推演历法。然而，今天羲和的方法仍然被遵循并且世代相传，哪怕只是有点小聪明的人，仅仅懂得一点占星术的人，也能推演历法、占卜节候，并且毫无差错。但后世要小聪明的人，有贤能超过于夏禹、后稷、尧、舜的吗？您"封禅"的说法尤其荒诞不经，这都是后世奸佞谄媚的小人用来讨好主子时用的手段，夸张浮华，用来迷惑君心，并且浪费国家的财产。这种人应该算作欺天骗人最为无耻之徒，为君子所不齿，这也是司马相如为后世所讥讽的原因。先生您居然认为这是儒生应该学习的内容，大概是没有深入思考吧？圣人之所以成为圣人，那是因为他们生而知之。但是解释《论语》的人却说："生而知之者，义理耳。若夫礼乐名物、古今事变，亦必待学而后有以验其行事之实。"就算礼乐名物这些事情，果真对成为圣人有功用，那么圣人也一定要学过之后才能知道，那么圣人也就不可能被称为"生而知之"了。说圣人"生而知之"的原因，是专指义理而言，不是指的礼乐名物之类。那么说，礼乐名物之类的事情就与下成为圣人的功夫没有关系了。之所以说圣人"生而知之"，是专指义理，而不是指礼乐名物一类。这样说来，"学而知之"的人，也只该去学习这"义"和"理"而已。"困而知之"的人，也只该被困于这"义"和"理"而已。当今的学者学习圣人的学问，对圣人所能知晓的，并不能"学而知之"，只顾埋着头忙忙碌碌地将寻求圣人所不能知晓的东西当做学问，这难道不是与学习圣人背道而驰吗？凡是像这样的，都是先生您稍微有所困惑，还没有释然的，也就是尚未来得及拔去病根、堵住病源的观点。

如果这拔去病根、堵住病源的观点不能显明于天下，那么天下学习圣人学问的人，就会感到学习日益繁杂、也日益困难。这些人就算沦为禽兽或者蛮夷，仍会自认为是在做圣人的学问。这样，即使我的观点一时明确了，最终还是会像冰一样西边解冻而东边又冻结，像云雾一样前面散去而后面又重新聚起。自己就这样喋喋不休地困顿至死，最终也不能对救助天下起到一丝一毫作用。而圣人的心，与天地万物结为一体，他们看待天下人，没有外内远近的区别，只要是有血有气的人，都像对待自己兄弟儿女一样看待，都想让他们得到安全、受到教养，以实现自己万物一体的心愿。天下人的心，一开始也并非与圣人有什么差异，只不过后来产生了利己的私心，被物欲引起的弊病所阻隔，广阔变成了狭小，通达变成了堵塞，人人各自有了私心，甚至有人视自己的父子兄弟如同敌人一样。圣人对此忧心忡忡，所以就推行天地万物一体的仁爱之心来教化天下，使天下人都能克服自己的私心，扫除蒙蔽，以恢复原本所共同拥有的心体。这种教化的要旨，就是尧、舜、禹之间相互传承的道理，也就是所谓的"道心惟微，惟精惟一，允执厥中"。其中的细节项目，就是舜命令契所做的事情，也就是所谓的"父子有亲，君臣有义，夫妇有别，长幼有序，朋友有信"这五个方面而已。从唐尧、虞舜直到夏商周三代，教授者都只是用这些教化，学者也都只以这个作为学问。在这个时候，人与人之间没有不同的见解，每家每户也没有不同的习惯，安于此道的人才能称之为圣，勤勉于此道的人才能称之为贤，而背弃此道的人，即使他像丹朱那么聪明，也称之为不肖。下至市井田间，农工商贾那样下贱的人，没有个不追求这种学问的，都将完善自己的德行视为要务。这又是为什么？因为当时没有杂乱的知识、繁多的记诵、泛滥的辞章和没完没了地追名逐利，只要使他们对父母孝顺，对兄长尊重，对朋友诚信，以恢复自己心中原本一样的心体。这些本该是天性中所固有的，并非需要借助外物，这样的话，谁又做不到呢？学校之中，只以培养道德为目的，而学生们虽然在才能上存在差异，有的人可能长于礼乐，有的人可能长于政教，还有的人长于水土播植，这样就可以在其已经形成的德行的基础上，使其在学校中对所专长的事情精益求精。等到根据德行任命职务的时候，就可以使他们终身做这种职务而不会改变。任用人才的人，只需要要求他们同心同德，共同安定天下百姓，只考察他们是否有才能，而不以身份尊卑划分等级，也不以其职务的劳逸划分好坏。被任用的人，也只是需要知道同心同德，共同安定天下的百姓，如果能胜任，那么就终身从事劳烦的工作也不会认为辛苦，安心地做卑小琐碎的事情也不会自认为下贱。在那个时候，天下人都其乐融融，相视以后都亲如一家。那些才能禀赋低下的人，都会安于其农、工、商、贾的职分，各自勤勉地干好自己的工作，从而互相依存、互相给养，却没有好高骛远、羡慕外物的心思。他们中才能异于常人的人，比如皋陶、夔、后稷、契这样的人，就会脱颖而出，各自贡献自己的才能。就像干家务一样，有人负责经营衣食、有人负责互通有无、有人负责配备工具，就这样同心协力，以求实现孝敬父母、照顾妻子儿女的愿望，唯恐在施行自己的工作时不尽力，从而重视自己的职责。所以后稷勤勉地种植庄稼，而不以自己不知教化而羞耻，视契的善于教化如同自己善于教化；夔主管音乐，但是不以不明白礼仪为羞耻，视伯夷的通晓礼仪如同自己通晓礼仪。这是因为他们内心纯然明澈，所以才能保全其将万物视为一体的仁爱。所以他们精神流畅贯通，志气通畅明达，便没有自己与他人的分别，以及外物与自我的间隔。好比一个人的身体，目视、耳听、手持、足行，都是为了帮助全身的活动，眼睛不耻于听不见，但是耳朵所听之处，眼睛就一定会参与。脚不耻于拿不住东西，但是手触到之处，脚就一定会跟上去，这是因为其元气充沛，血脉畅通，因此病痛、呼吸、感触、反应等，都有不言而喻的妙处。这就是圣人的学问极其简易，也容易理解执行的原因，学起来容易，成才也容易，正是因为主旨只在于恢复心体的同一，而并不在乎知识和技能。

夏商周三代后，王道式微而霸术逐渐昌盛。随着孔子、孟子的相继去世，圣学日渐消隐，异端邪说横行于世，老师不再教授圣学，学生也不再学习圣学。宣扬霸术的人，私自选取了历代先王中类似的想法，借助外在的东西来实现一己私欲，天下人都纷纷群起效仿，于是圣人之道便因此荒芜阻塞。世人相互效仿，每天都在寻求所谓的富国强兵的学说、倾轧狡诈的谋略、攻讨征伐的计策、欺天罔人的手段，为了得到一时的利益而猎取功名的方法，就像管仲、商鞅、苏秦、张仪一类的人，多到数不胜数。等时间一长，他们之间的斗争劫夺造成的祸患使百姓苦不堪言，这些人都已经沦为禽兽蛮夷，而霸道之术也渐渐行不通了。世上的儒生们感慨悲伤，便搜寻先圣、先王的典章法制，在灰烬中捡拾修补。究其用心，也的确是想以此挽回先王之道。但是圣学已经渐行渐远，霸道权术的流传，也已经影响很深，即使是贤人智者，也不免沾染了一些俗习，他们之所以讲明修饰圣道，力求宣扬光复于世的原因，仅仅是为了加固霸道的藩篱，但是圣学的门墙却再也看不到了。于是就有了训诂的学问，是为了传播它们来获取名望；有了记诵的学问，是为了谈论它们来显示博学；有了辞章的学问，是为了炫耀它们来显示华丽的辞藻。诸如此类，纷纷芸芸，在天下蜂拥群起的，甚至都不知道究竟有多少派别。千万条路，令人无所适从。世上的学者就如同进入了表演百戏的场地，欢欣跳跃，争奇斗巧，摆出笑脸争芳斗艳的人，从四面八方涌现出来，前顾后盼，应接不暇，直到耳聋眼花，精神恍惚，整日整夜在其间遨游直到被淹没在其中，好像病倒狂乱精神失常的人，最后连自己的家都找不到了。而当时的君主们也都被这些说法弄得神魂颠倒，而终身沉迷于一些没有用处的空话，说出来的话连自己都不知所云。间或有人会发觉这种学说空洞虚妄、支离破碎、牵强停滞，便自己卓然奋进，想要付诸实践做一些实实在在的事情，但是所能达到的极致，也不过是富国强兵和建功夺利，成就五霸那样的事业而已。圣人的学问日渐远去，也日渐暗淡，但是追逐功利的习惯却越来越流行。其间，虽然佛家和老庄的学说也曾经流行过，但是佛家和老庄的学说最后也没能战胜功利之心。虽然也曾经使儒生们折衷，但是儒生们的观点也始终没能攻破其功利之见。所以说直到今日，追逐功利观念的流毒已经进入世人的内心和骨髓，习以成性几千年了。人们以所知相互轻视，以权势相互倾轧，以利益相互攀比，以技能相互夸耀，以声誉相互交往。他们出仕做官，管理钱粮的却一心想监管军事刑法，管理礼乐的也时刻不忘做中枢要职，管理郡县的在思索如何能成为封疆大吏，管理进谏的还一直都在窥视着宰相的职位。所以说，不能胜任某项事务的人就不能授予某个官职，不通晓学问的人就不能得到荣誉。记诵广泛，正好可以助长他的说教；知识很多，正好可以推行他的罪恶；见闻广博，正好帮助他诡辩；辞章丰富，正好可以修饰他的虚伪。因此皋陶、夔、后稷、契所不具备的能力，当今的初学者们却全都通晓。当说起这些的时候，没有一个人不说："我想以此来成就天下的大事。"但是他们的真实想法，却认为不这样就无法实现自己的私心和满足自己的欲望。哎呀，被这样的积习所沾染，凭这样的心志，还讲着这样的学术，所以当他们听到圣人的教义以后，就顺理成章地视其为多余的和格格不入的，那么他们觉得"良知"还不足以满足自己，因此认为圣人的学问毫无用处，出现这种情况是必然的！哎呀，士人出生在这样的世道中，又该怎样追求圣人的学问呢？又当如何评价圣人的学问呢？士人出生在这样的世道中，却还想着做学问，难道不会因为劳苦而感到困难吗？难道不是因受拘束而感到晦涩艰险吗？哎呀，简直太可悲了！所幸的是天理在人心之中，终究不会泯灭，而且良知的光明，就像亘古不变的太阳，假如有人听到了我的拔去病根、堵住病源的观点，一定会恻然而悲，戚然而痛，愤然而起，就如同江河决堤一样，不可抵挡。除了寄希望于那些没有私心的累赘勇于挺身而出的豪杰之士，我还能寄希望于谁呢？

答周道通书

吴、曾两位学生来我处，详细说了你恳切向圣道的志向，甚觉欣慰，同时也很想念你。你这样的态度真可以称得上是笃信好学的人。由于我正为家父守丧，故无法与吴、曾两位后生深入交谈，但他们两位也是有志向肯用功的人，每次见到他们都会感觉到他们学业上的进步。我实在不能辜负他们远道而来的诚意，在他们来说，也可说是无负于他们远来的意愿。临别之际，他们给了你给我写的信册，并让我据此写些东西。我此时内心荒诞昏乱也无言可讲，只就你信中提到的几个问题略做回答，草草写就，不周之处，他们两位自会向你详细口述。

你信中说："先生说'平常功夫只是立志'，近来对先生的教诲时时加以体察检验，就更加明白了。可是我一向为学总也离不开学友，如果学习时有学友在一块互相探讨，那心中的志向就非常开阔宏大，才思亦且灵动；如果有三五天不和学友探讨，便会觉得志向微弱，遇到事情就会产生困惑，有时还会忘掉志向。现今我在没有学友讨论的时候，要么就是静坐、要么就是看书，或者是浏览一下经传之类的，举手投足间都不忘存养这个心志，深刻感觉到心情平和舒适。然而终究不如和朋友一起讲习时那样思维开动，更有生机。离开朋友隐居的人，还有什么更好的方法来求道呢？"

这段话足以说明你下功夫是有收获的。立志的功夫也大概就是这样，只要每天都坚持，从不间断，等到功夫纯正熟练后自然会感觉不同。大抵我们这些人做学问，最关键的立足点就是立志。之所以会有困惑、遗忘的毛病，也只是志向欠缺，还不真实确切。就像好色的人，从来也不会美人当前感觉困惑与忘记，这就是因为好色已深入他的骨

龙凤五彩陶瓷罐

髓。自己哪里痛哪里痒自己必须知道，自己应会瘙痒按摩，既然自己知道痛痒，自己当然就不能不揉挠了。佛家把这叫"方便法门"。必须是自己调

整琢磨，别人很难帮上忙，也更没有别的什么方法可一借鉴。

你信中说："谢良佐（程门四大弟子之一）曾经问'天下何思何虑'。程颐先生说：'有道理，只是感慨发得太早了。'这放在学者下功夫上来说，固然是'必有事焉而勿忘'，但也必须明白'何思何虑'的景象，并放在一块看才对。如果不明白这种景象，就会有拔苗助长的弊端；可若是只晓得'何思何虑'的是什么，却忘怀了'必有事焉'的功夫，恐怕又会堕入虚无。必须既不滞涩于有，又不堕落于无。这样说对吗？"

你这样说基本上正确，只是深度还不够。谢良佐与程颐的对话，也只是他们两个人的意思，与孔子《易经·系辞传》上说的宗旨稍稍有别。《系辞传》上说"何思何虑"是说所思索考虑的只是一个天理，没有别的可以思虑，并不是说没有任何思虑。所以系辞才会说："同归而殊途，一致而百虑，天下何思何虑。"说"殊途"，说"百虑"，岂是在说"无思无虑"？心的本体就是天理，天理只有一个，还有别的更多的天理可以通过思虑而得吗？天理原本就是寂静而无所变化的，感应后就能通达的。学者用功，即使有千思千虑，但也只是要恢复心体的本原而已，这不是用自己的意志去安排思索出来的。所以程颢说："君子之学，莫若廓然而大公，物来而顺应。"若用私意去安排思考，就是自私弄智。"何思何虑"正是做学问的功夫，在圣人身上是自然而然的，在学生身上必须下功夫去做到。程颐却把它看作功夫的效果，所以才会说出"发得太早"的话来。紧接着他又说："却好用功。"则是他自己已经觉察到前边所说的话尚有欠缺。周敦颐的"主静"说也是这个意思。现在你的看法，虽然有点见地，但仍不免把功夫当两回事看待了。

你信中说；"凡是学者刚刚明白要下功夫开始，就要认识圣人的气象。

只有认识了圣人的气象，把它当作准则，去脚踏实地地用功，这才不会走错了路，也才是成为圣人的根本。这样说对不对？"

先认识圣人气象，以前也有不少人这样说，然而也是缺乏要领，圣人的气象自然是圣人的，我们从何处体认呢？如果不从自己良知上真切体验，不就成了拿没有准星的秤去称轻重，用没有开光的铜镜去照美丑一样，这真是以小人之心度君子之腹。圣人的气象怎样才能体认得到呢？我们每个人的良知原本与圣人是一样的，如果能认清自己的良知，那么就是圣人的气象不在圣人身上而在我们自己身上了。程颐曾经说过："觑着尧学他行事，无他许多聪明睿智，安能如彼之动容周旋中礼？"他又说："心通于道，然后能辨是非。"此刻，你能讲出在哪里可以"通于道"？"聪明睿智"又是从何处来的？

你信中说："先生说'修养要在事上磨炼'，每日里，不管有事没事，只一心一意地培养本体。如果遇到事情有所感触，或自己动了念头，既然心有所动，怎么可以说没事呢？若依循着这些事情认真考虑，就会觉着道理理应如此，只是看作没有什么事一样，尽我们的本心罢了。可即便这样，仍有处理得好与不好之分，这是为什么？又或许是事情太多了，需要分出先后顺序来处理，每每因为我的才智不足，处理起来会觉得很困难。虽极力撑持，但精神早已疲惫。遇到这种情况，难免要经常退下来反省，宁可不把事情处理完，也不能不培养本体。这样做对不对？"

功夫，就你说的而言，也只能是这样做了，但是难免还有些出入。凡是做学问，一辈子也就为这一件事，从小到大，自朝至暮，无论有事没事，只要做这一件事就行了，这就是孟子所说的"必有事焉"。如果像你所说"宁可完不了事，也不能不培养本体"，就是尚且把做事与存养本体看作两件事了。孟子说："必有事焉而勿正，心勿忘，勿助长也。"有事情发生，只要尽我们的本心上的良知去处理就行了，这就是"忠恕违道不远"。但凡处事唯恐不好了或者是遇到困难患得患失的人，都不过是被毁誉得失所牵累，不能真正地致自己的良知罢了。如果能真正地致良知，就会发现平常所谓的处理好的事情未必就是好的，处理得不好的，却恐怕正是受到外在的毁誉得失所累，而自己丢掉了良知吧！

你信中说："关于致知的学说，春天承蒙你再次教诲，已经深知用功之处了，觉得比以前容易多了。但是我心中则认为对于初学的人来说，最好还是讲讲格物，使他们知道下功夫的切入点。本来致知和格物就是一体的，但在初学者还不知道从何处下手用功时，还是该给他们讲讲格物，这样他们才能懂得致知。"等等。

格物是致知的功夫，知晓致知也就知晓了格物。如果不知晓格物，那就是致知的功夫还未曾弄明白。我最近写了一封信给朋友，详细讨论了这个问题，现在也给你寄去，你仔细看看自然就全明白了。

你信中说："目前，分别为朱熹、陆九渊争辩的人还很多。我常常对朋友说，正统儒学晦暗不明的日子已经很久了，大家没必要枉费心机去替朱、陆两派争是非，只依据先生'立志'两个字来点化人，如果这个人果真能吃透这个志向来，决意要弄明白你的学术，那么他就等于走了一大段光明心路了。即使不去刻意争辩朱、陆二人的是是非非，他自己也能感觉得到。我也曾经看到，朋友中有人非议先生言论的人，还很动气的样子。以前朱、陆两位先生之所以给后世留下了很多争议，可见二位先生的功夫还不纯熟，分明有意气用事的毛病。像程颢先生就不这样，他在与吴师礼谈介甫（王安石的字）之学的错处时对吴师礼说：'请替我向介甫先生转达我的全部观点，如果对他没有益处，则一定对我有益。'气度是何等从容淡定！我曾经看到先生写给朋友的信函中也常常引用此言论，是希望朋友们都能这样，是吧？"

你这段话说得非常好。希望你告诉所有志同道合的人，大家还是先各自反省自己的对错，不要谈论朱、陆二人的是与非。用言语诽谤别人，这种诽谤还不算严重；如果自己不能亲身实践，而只是从耳朵进又马上从嘴巴出，终日喋喋不休，就是自己在诽谤自己，这种诽谤就很严重了！凡是现在议论我的世人，假如其出发点是为善，那他们就是在跟我切磋磨砺，那么对我来说无非是更加警惕反省自己、增进品德的地方。荀子说"给我挑出毛病来的人就是我的老师"，老师还有什么可恶的吗？

你信中说："有人引用程颐先生的'人天生就能静，以上境界不容说，才说性已不是性'这句话来反问朱熹，为什么不容说，又为什么不是性。朱熹答：'不容说是因为没有性可言；不是性，是指说了之后就不可能没有气夹杂在里边。'两位先生的话我都不大懂，每次看书看到这里，便感疑虑丛生，就会有困惑，想请先生给我解释一下。"

"生之谓性"的"生"字就是"气"字，就如同说"气即是性"。气就是性。"人天生就能静"这以上就不容说的，刚说"气就是性"时，性就已偏向一边了，就不是性的本来面目了。孟子认为人性本善，是从本原上说的。但性本善的开端，则必须是在气上才能寻到根儿，如果没有气也就无处可见。像恻隐之心、羞恶之念、辞让之德、是非之辩就都是气的表征。程颐认为："论性不论气，就不全面；论气不论性，也不明确。"这是由于做学问的人各执一词，他只能这么说。如果人能够清楚地认识到自己的性，那么气就是性，性就是气，原本是没有性和气之分的。

答陆原静书（一）

你信中说："在用功的时候，感觉心中没有平静下来的时候，妄心固然在动，照心也在动。心既然是恒久运动的，那么就没有停下来的片刻。"

这是因为你刻意追求心静，所以就越发地静不下来了。你的妄心本来就是活动的，照心本来就是不动的。良知永远处于既运动又静止的状态，天地万物因此就永远运动不止。照心的本体就是良知，妄心的本体也是良知。《中庸》中说："其为物不二，则其生物不息。"有片刻的停息，就会死亡，就不是至诚而毫不停止地实现人心本体的学问了。

你信中说："良知也有它开始的地方。"等等。

也许你听讲但没仔细思量。良知乃人心的本体，就是前面所讲的恒照。心的本体无所谓开始不开始。人即使生发了贪婪的念头，但此时良知也未曾泯灭，只不过是他不知道该时时存养良知，于是有时就会失去良知；人虽然有昏庸闭塞到了极点的时候，其良知未尝不是明亮的，只是人们不能体察它，有时就会被蒙蔽。虽然有时失去了它，但良知的本体并未消失，存养它就行了；虽然有时受到蒙蔽，但良知的本体仍旧光明，体察它就行了。如果说良知也有个开始的地方，那么就是认为它有时不存在，这样说良知就不为心之本体了。

你信中说："先生前段时间所提到的'精一'的论断，是不是成为圣人的功夫？"

"精一"的"精"是从理上来说的，"精神"的"精"是从气上来说的。理为气的条理，气为理的运用。没有条理就不能运用，不运用也就看不出所谓的条理来。做到了精，就可以精细，可以澄明，可以专一，可以神奇，可以至诚；做到了一，就可以精细，可以澄明，可以专一，可以神奇，可以至诚，精与一原本就不能当两件事看。但是后世儒生的学说同道家的养生的学说却各执一词，不能相互促进。前些天我关于"精一"的论断，虽然是针对你喜欢存养自己的精神才说的，然而对于希求成长为圣人的功夫，其实就在于此。

你信中说："元神、元气、元精一定各有寄藏、生发的地方。又有真阴之精，真阳之气。"等等。

良知只有一个，以它的奇妙的作用而言叫作"神"，以它的运行而言叫做"气"，以它的凝聚而言叫作"精"，怎么可以从它的形象、处所、方位上求得良知呢？真阴之精是真阳之气的母体；真阳之气是真阴之精的父体。阴的根是阳，阳的根是阴，阴阳也是一个统一的整体。假如能理解我的良知主张，那么，只要是与此类似的，都可以不言自明。如果不能，那么你信中所提到的那些三关、七返、九还之类，都会有无穷的疑惑。

答陆原静书（二）

你信中说："良知是心的本体，也就是所谓的'性善''未发之中''寂然不动'的本体，就是'廓然大公'，为什么寻常人都不明白而必须学而知之呢？中、寂、公，既然属于心的本体，那么就是良知了。现在在心中检验，知没有不是良的，而中、寂、公却没有感觉到，难道良知是超然于体用之外吗？"

性没有不是善的，所以知就没有不良的。良知就是"未发之中"，就是

"廓然大公"之本体，人人都具有。但是良知很容易被物欲所蒙蔽，所以必须通过学习去除这种蒙蔽。可是对于良知的本体，刚开始时不能有丝毫损害。知没有不良的，但中、寂、公没有完全呈现，是因为私欲的蒙蔽还没有被完全去除，良知的存养还不够纯正罢了。体就是良知的本体，用就是良知的运用，又怎么会有超然于体用之外的良知呢？

你信中说："周敦颐先生主张'主静'，程颢先生主张'动亦定，静亦定'，先生主张'定者，心之本体'，这里的静和定，绝非不看不听、不思不做的意思。它一定是指经常认知、经常存养、经常遵循天理。经常认知、经常存养、经常遵循天理，明明就是动，就不是未发之中，这还怎么能称为静呢？还怎么能称为心的本体呢？这个静定难道又贯穿到本心的动静之中了吗？"

天理是不动的。经常认知、经常存养、经常遵循天理，也就是不看不听、不思不做的意思。不看不听、不思不做，不是形同槁木、心如死灰。看、听、思关键是要趋于天理，而不曾有其他的看、听、思、做，这也就是动而未曾动。程颐先生所说的"动亦定，静亦定"，也就是指体用一源。

你信中说："人心未发的本体，具体是指在'已发'之前呢？还是在'已发'之中并主宰着'已发'呢？或者是'未发''已发'不分前后内外而浑然一体呢？现在谈论心是动或是静，主要是从有事无事来说的，还是从寂然不动、感应相通上来说的呢？或者是从遵循天理、顺从欲望上来说的呢？如果说循理就是静，从欲就是动，那么所谓的'动中有静，静中有动，动极而静，静极而动'就说不通了。如果有事感应相通为动，无事寂然不动为静，那么对于所谓的'动而无动，静而无静'，就说不通了。如果说'未发'在'已发'之前，静而产生动，那么，至诚就要停息，圣人也需要复性了。这样说也不对。如果说'未发'在'已发'之中，那么不知道'未发''已发'都主静呢？还是'未发'主静，而'已发'主动呢？或是'未发''已发'既不是动也不是静？还是它们既是动也是静？请先生指教。"

"未发之中"就是良知，良知是没有前后内外之分的，是浑然一体的。有事、无事可以用动、静来说，而良知不能分有事、无事。寂然不动、感应相通你可以说它是动也可以说是静，而良知是不分寂然时或是感通时才有的。动、静只是描述了人所遭遇那一刻的状态，心的本体原本就没有动、静之分。天理是静止不动的，如果动了就是私欲。遵循天理就算是酬酢万变，心也是不动的；顺从私欲即使心中只有一丝杂念也不是静。"动中有静，静中有动"，又有什么可以怀疑的呢？有事而感应相通固然可以说是动，但是寂然也未尝有丝毫增长啊！无事而寂然不动固然可以说是静，但是感通也未尝有丝毫减少啊！"动而无动，静而无静"又有什么可疑惑的呢？良知无前后内外之别而浑然一体，那么对于至诚有息的疑惑就不用再解释了。

"未发"在"已发"之中，但"已发"之中未尝另有"未发"存在；"已发"在"未发"之中，但"未发"之中未尝另有个"已发"存在。心未尝没有动与静的状态，而是不能事先分什么时候是动什么时候是静的状态。凡是看古人的言论，关键在于用心猜测古人的心思从而理解其主旨，如果只是死扣表面字义，那么"靡有孑遗"就是周朝果真没有遗民的意思了。周敦颐先生的"静极而动"的学说，如果你不善于观察，未免会出现理解错误。这是因为他的意思是从"太极动而生阳，静而生阴"上来说的。太极的生生不息之理，妙用无穷，但其本体是永恒不变的。太极的生生不息其实就是阴与阳的不停转换。在这生生不息的过程中，就其妙用无穷而言就是动，就是阳的产生，并非运动之后才产生阳；在这生生不息的过程中，就其本体永恒不变而言就是静，就是阴的产生，并非静止之后才产生阴的。如果果真是静止之后才产生阴的，运动之后才产生阳的，那么阴、阳、动、静就被分割成截然不同的物事了。阴阳是一种气，这种气的伸缩产生阴阳；动静是一个理，这一理的隐显就是动静。

春夏可以说是阳是动，但并非没有阴与静；秋冬可以说是阴是静，但也并非没有阳与动。春夏不会停止不变，秋冬也不会停止不变，都同时可称为阳，都同时可称为动；春夏有这不变的常体，秋冬也有这不变的常体，都可以称作阴与静。从时间单位上说，元、会、运、世、岁、月、日、时一直到刻、秒、忽、微，无不是这样。所谓的"动静没有开端，阴阳没有起始"，明白的人默而识之，不是用言语可以完全表述的。如果只拘泥于文言字面，打比方用比喻，那么就是所谓"心跟随着《法华经》转，而不是《法华经》跟随着心转"了。

你信中说："我曾经在心中尝试过，在喜、怒、忧、惧这些情绪有感而发时，即使特别生气，但是只要我们心中良知一发现，就会慢慢缓和消解，或者是遏制于初始阶段，或者是阻滞于中间阶段，或者是悔悟于最后阶段。但是良知好像经常在悠闲无事的地方主宰着人的感情，与喜、怒、忧、惧好像没有关系，这是为什么？"

你明白这一点，就能明白"未发之中""寂然不动"的本体了，就能体悟到发而皆中节的和、感而遂通的妙。但是说"良知经常在悠闲无事的地方"，这话还是有问题的。良知虽不停滞在喜、怒、忧、惧的感情之中，但喜、怒、忧、惧也不会存在于良知之外。

你来信说："先生昨天讲良知即为照心。我私下里认为良知是心的本体；照心是人所用的功夫，就是戒慎恐惧之心，和"思"相类似。而先生却把戒慎恐惧当作良知，这是为什么？"

能让人戒慎恐惧的，就是良知。

你信中说："先生又说：'照心非动也。'难道是因为它遵循天理而就它的静的吗？'妄心亦照也。'难道是因为良知不是不在妄心中，不是不明于其中，而人的视听言动能够不违背原则的，都是天理吗？但是既然说是妄心，那么妄心也可说是照，而照心也可称之为妄了。妄与息有什么不同？现在把妄心之照与至诚无息联系起来，我还是不明白，请先生再启发我一下。"

"照心非动"，是指本体自然明觉，不曾有所动，有所动即是妄；"妄心亦照"，指它的本体自然明觉，未尝不在其中，只是有所动罢了。无所动就是照了。说"无妄无照"，并非是说妄等于照，照就是妄。如果说照心为照，妄心为妄，这还是有妄有照。认为有妄有照，就依然还是两个心，一心分为二，那么良知就息了。认为无妄无照就是把心视作一个统一的整体，这样就不存在良知停息的情况了。

你信中说："养生最关键的就是清心寡欲。真能做到清心寡欲，那么做圣人的功夫就算完成了。然而私欲少而心自清，清心不是说要抛弃人事跑去独居求静，只是要使自心纯然充盈天理而无一丝一毫的私欲罢了！现在要想在这方面下功夫，就必须随时克制私欲，但如果病根不除，未免灭于东而生于西。可若想把私欲荡涤消灭在未萌发之前，那么又不知道从何处用功，徒劳地只能使自己的心不清静了。况且私欲未萌就想搜剔出来并清除，就好比把狗带到屋里然后再把它赶出去似的，更加不行了。"

一定要使心体纯粹为天理，而无一丝一毫的私欲，这是成为圣人的功夫。想做到这一点，就要在私欲产生之前多加防范，并在私欲萌芽时克制它。在私欲产生前防范并克制它于萌芽状态，这正是《中庸》的"戒慎恐惧"、《大学》的"格物致知"的修身功夫，舍此之外，没有别的什么功夫。你说的"灭于东而生于西""引犬上堂而逐之"都是被自私自利、刻意追求所牵累的结果，而不是克制荡涤私欲本身的问题。现在你说"养生的关键是清心寡欲"，这"养生"二字就是自私自利、刻意追求的病根。有这样的病根潜伏于心中，就容易产生"灭于东而生于西""引犬上堂而逐之"的弊端。

你信中说："佛家的主张在'不思善、不思恶时认识本来面目'，和我们儒学的'随物而格'的治学方法是不同的。我如果在不思善、不思恶时下致知的功夫，那么就已经是在思善了。要想恶善不思而内心的良知清净自在，只有睡觉刚醒时可以，这正是孟子所说的'夜气'。但这种时刻不会长久，倏忽之间，思虑已生。不知道用功时间长的人，是否经常像睡觉刚醒、思虑没有产生时那样呢？现在我陆澄想求得宁静，可内心的念头偏不宁静；想使心中不生杂念，杂念却生得厉害。怎么样才能使心中前念易灭，后念不生，良知独显，并且与天理大道同在呢？"

"不思善、不思恶时认识本来面目"，这是佛家为不识本来面目的人设想的方便修行门径。本来面目就是我们圣学中所说的良知。现在我们要认识良知，已经不用这般麻烦了。"随物而格"是致知的一个手段，等同于佛家的"常惺惺"，也是经常存养他的本来面目。儒佛两家的功夫大致相似。但是佛家有个自私自利的心，所以两者又不是完全相同的。现在想不思善恶而保持心中良知清净自在，这就是有自私自利、刻意追求的心，所以才会有"不思善、不思恶时，用致知之功，就是已经涉于思善"的毛病在。孟子说"夜气"，也只是为那些失去良心的人指出一个良知萌生的地方，使他们从那里开始培养良知。你现在已经明白良知如何获得，只要常用致知的功夫，就不用再研究"夜气"之类的了。不然就像得到兔子后不知道守住兔，而仍然去守住那个树桩，那么已经得到的兔也会重新跑掉。"欲求宁静""欲念无生"，这正是自私自利、刻意追求的弊病，所以才会私念生得更厉害心里更加不宁静。良知唯有一个，有良知自然能辨别善恶，还有什么善恶可想？良知的本体原本就是宁静的，现在却又添加一个去求宁静，良知的本体原本就是生生不息的，现在却又添加一个心要无生。非但儒学的致知之功不是这样的，即连佛家也没有这种刻意追求的做法。只要一心在良知上，彻头彻尾，无始无终，就是前念不灭，后念不生。现在你却想要前念易灭，而后念不生，这是佛教所谓的"断灭种性"，如此就同槁木死灰差不多了。

你信中说："佛家又有'常提念头'的说法，这个说法是不是就像孟子所说的'必有事'，先生所说的'致良知'呢？是否印证了'常惺惺，常记得，常知得，常存得'呢？有这个念头常在，事至物来，一定会有恰当的方法解决。只是怕这个念头不常在，提起来的时候少，而放下的时候多，那样的话功夫就中断了。况且念头的丧失，多是因为私欲外气的产生所造成的，要突然惊醒后才重新提起来。在它的放而未提之间，内心的昏乱大多是不能自己察觉的，现在想日日精进，常提不放，只这一个常提不放就是全部功夫吗？致良知的念头如果能常提不放，是不是更要加以内省克除的功夫呢？虽然做到了常提不放，而不增加戒惧克制的功夫，恐怕私欲不会去除；如果增加戒惧克制的功夫，又成了'思善'的事情了，这和本来面目又不相符，到底怎样做才好呢？"

戒惧克制其实就是"常提不放"的功夫，也是"必有事焉"，怎么会是两回事呢？你这段问话，我前边一段已经说得十分清楚了，只是你自己后来又产生了困惑，说得支离破碎，至于与本来面目不相符的疑惑，这都是自私自利、刻意追求所造成的弊端。清除这个弊端就没有这类疑惑了。

来信中说："'质美者明得尽，渣滓便浑化。'这句话中的'明得尽'是指的什么？怎样才能'便浑化'？"

良知本来就是明澈的。气质不美的人，渣滓便多，被遮蔽的障碍厚，就不容易使其明澈。质美的人，渣滓原本就少，更没有多少障蔽，稍微多下一些致知的功夫，心中的良知便自然晶莹剔透，少量的渣滓，就如同热水中的浮雪，怎么能形成障蔽？这个道理本来就不是很难懂，原静你之所以在此处产生疑惑，想来是因为对一个"明"字不是很明白，也是稍有急于求成之心。曾经我和你当面谈论过"明善"的含义，"明则诚矣"，并非像后世儒生所认为的"明善"那么浅薄。

来信中说："聪明睿智果真是人天生的品质吗？仁义礼智果真是人的天性吗？喜怒哀乐，果真是人的真情吗？私欲和外气，果真是同一物吗？还是不同的两个物呢？古代的英才，比如张良、董仲舒、黄宪、诸葛亮、王通、韩琦、范仲淹等人，无论是品德，还是功业，都很卓著，他们的良知都是发自心中，却不能称之为闻道者，原因究竟在哪呢？如果说只是因为他们的天性本质美好，那不是意味着生知安行的人，要超过学知勤勉的人了吗？以我的愚见来看：说这些人理解圣道有些偏差是能说通的，但如果说他们全然不通，恐怕就是后世儒生们崇尚记诵训诂的学问所带来的误解。这么说是对还是错呢？"

天性只有一种而已。仁、义、礼、智，都是天性的品性。聪、明、睿、知，是天性的资质。喜、怒、哀、乐，是天性的情感。私欲、外气，是对天性的遮蔽。资质有清有浊，所以情感就有过而不及，而且遮蔽也是有浅有深的。私欲、外气，是一种弊病的两种痛楚，并非是两种东西。张、黄、诸葛，以及韩、范等人，都是天生资质美好的人，自然就会暗中符合微妙的圣道，就是不能说他们完全知道学问，完全领略了大道，然而也有各自学习的途径，并且距离大道不算很远，假使他们明白了学问、知道了大道，就一定是伊尹、傅说、周公、召公那样的人。但是像文中子王通那样的人，却又不能说他是不知学的人。他的书虽然大多出自他的门徒之手，而且还有很多不当之处，然而大体的思想也昭然可见。只是距今时间太过久远，没有准确的凭据，不能凭空猜测他所达到的境界。良知，就是道。良知蕴含在人心中，不只是圣贤，即使是普通人也都是这样，如果不受物欲的牵制蒙蔽，只要遵循良知的生发、流动、运行而顺其自然，就没有不合大道的。但是普通人大多被物欲所牵制蒙蔽，不能遵循良知。像以上几位古人，他们天生的资质本来清净明澈，自然很少会被物欲所牵制蒙蔽，那么他们良知的生发、流动、运行，就自然会很多，也就自然会离大道不远。学者，只不过是需要学习如何遵循此良知而已。称之为良知，只是专一地遵循良知学习而已。以上的几位古人，虽然还不知道专一地在良知方面用功，有时也会仿佛徘徊于岔路口，被迷惑于影像或回响中，因此才会若即若离而并不纯正。如果他们懂得了，就是圣人了。后世儒生曾经认为这几位古人还都只是凭借自己气质行事，这就未免有些"行不著"，并且"习不察"了。但是这么说也并不是很过分。但后世儒生们所谓的"著"和"察"，也只是仅局限于闻见的狭隘，被沿袭的错误所蒙蔽，而依照或者模仿前人的影像、回声、身形、足迹等等，还远远不是圣门中所说的"著"和"察"。这样的话，又怎么能用他自己昏昧的思想使他人对大道明了呢？在所谓的"生知安行"中的"知行"两个字也是就用功而言的。至于"知"和"行"的本体，就是良知良能，即使对"困知勉行"的人而言，也都可以称作是"生知安行"了。"知行"这两个字还应该更加深入地体察呀。

来信中说："当初周敦颐常常让程颢去寻找孔子、颜回的快乐。敢问这种快乐，与七情中的快乐是否相同？如果相同，那么常人只要随心如愿，就都能快乐，又何必需要圣贤呢？如果是另有纯真的乐趣，那么圣贤遭遇到大忧、大怒、大惊、大惧的事情，还会有这种快乐吗？而且君子信中常存戒惧，这大概也是他们一生的忧患了，又怎么会有快乐呢？陆澄我平生常常感到忧闷，还从未见识过纯真的乐趣，所以现在就迫切地想得到。"

乐是心的本体，虽然不同于七情中的乐，但是也不在七情中的乐之外。虽然圣贤另有纯真的乐趣，但这样的乐趣常人也同样拥有，只是常人虽然有，自己却并不知道，反而自己去求索到了许多忧苦，于是便自我迷茫，自暴自弃。就算在忧苦迷弃之中，这种乐趣也不是不存在，只需要有个豁然开朗的念头，返归内心求索真诚，那么这种快乐就会显现。我每次与原静你谈论这些，没有不是这个意思的，但是原静你却还在提出寻求这种乐趣的方式方法等问题，这就未免像骑着驴子却四处寻找驴子一样可笑了。

来信中说："《大学》认为，只要心中怀有好乐、忿懥、忧患、恐惧等情感，就都不算是平正，程颢先生也曾说过"圣人情顺万事而无情"这样的话。所谓怀有情感，《传习录》中用疟疾做比喻，非常精准。就像程先生所言，这就是因为圣人之情不是产生于心中，而产生于事物之中，这话又是什么意思呢？而且感知到了事物，就会产生相应的感情，那么世间的是是非非就可以去探究了。有时感知不到事物，即使心怀情感，却还没有成形，但是要说没有，似乎隐隐约约中还能感觉到病根，这样的话，我又该怎样去致知呢？学习贵在无情，但是这样即使拖累减轻了，却背离儒家进入了佛家，可以吗？"

圣人致知的功夫，是至诚无息的。它们良知的本体，也皎洁如同明镜，完全没有被一丝灰尘所遮蔽，美的或丑的东西，在镜子面前都会照应出本来的样子，但是明镜却不曾留下沾染的痕迹，这就是所谓的"情顺万事而无情也"。"无所住而生其心"，佛家曾有这样的话，并没有说错。明镜映照事物，美的照出来是美的，丑的照出来还是丑的，一照便能显现出真面目，这就叫"生其心"。美的照出来还是美的，丑的照出来还是丑的，镜子照过一次以后也不会留下影子，这就是"无所住"。既然已经能体会到用疟疾做比喻是非常精准的，那么这一问题也就能够清楚了。疟疾病人，即使疟疾不发病，但病根还在，那怎么能因为疟疾还没有发作，就忘记服药并且下调理的功夫呢？如果一定要等到疟疾病发以后再服药调理，就太晚了。致知的功夫，跟有事没事没关系，就像难道能在调理病人的时候讨论病症发作还是没发作吗？总的说来，原静你所说的事情，虽然前后看起来不一样，但是都是由于自私自利、逢迎固执在作祟。只要这个病根一祛除，那么前前后后所疑惑的事情，自然就会冰消雾释，也就不必去提问和讨论了。

钱德洪说：《答陆原静书》一经刊出，读者很喜欢陆澄的善于提问和老师的善于解答，都认为自己得到了过去闻所未闻的事情。老师曾说："陆原静所问的，都是在'知道'和'理解'上面走弯路，所以我不得已才为他逐节分析。如果相信良知，只在良知上下功夫，即使千万经典，也没有不相吻合的，异端邪说就会一并破除，哪还要像这样节节分解？佛家有被石头打的狗不扑人反而追石头的比喻，看到了石头而去寻找人，就能找到扔石头的人，看见石头却去追逐石头，从石头上又能得到什么呢？"在场的几位朋友听了以后，都豁然醒悟。这说明学习贵在反求自身，而不是简单的"知道了解"就能领悟的。

答欧阳崇一

崇一来信道："老师说：'德性良知并不依凭于见闻，如果说所闻既多并选择其中善者行事，所见既多并在心中认知，那就是刻意追求琐碎的见闻，已经脱离根本目的了。'我私下觉得良知虽然不是依凭见闻而产生并存在的，然而学者的认知，未必不是由见闻引发。拘束于见闻固然不对，但是见闻也是良知的外在体现。现在您说不得要旨，大概是专门针对那些以见闻治学的人而说的，如果是为致良知而寻求于见闻，好像也是知行合一的方法。是否是这样？"

良知不依凭于见闻而存在，而见闻无一不是良知的外在体现。所以良知不为见闻所拘束，但也并非与见闻无关。孔子说："我有知识吗？其实没有知识。"良知之外，再无其他学问。所以说致良知是治学的关键，是圣人教诲的第一要义。如今刻意追求琐碎的见闻，就是舍弃关键部分，偏离了根本宗旨。近来同道友人当中没有不知道致良知一说的，但是他们的方法还有很多不明确的地方，正是因为缺少你这样的疑问。一般来说治学的关键是要能够抓住核心问题，如果将致良知作为核心问题，那么多见多闻，无一不是为致良知下功夫。在日常生活中，在处世交往时，即使有千头万绪，也无一不是良知的运用和传布。离开处世交往，也就不能做到致良知了。所以说二者是同一件事。如果说通过见闻来寻求致良知，那未免就会将其理解为两件事。这和那些刻意追求琐碎见闻的人虽然稍有不同，但是在没能理解唯精唯一的宗旨这点上却是一样的。"所闻既多并选择其中善者行事，所见既多并在心中认知。"既然说"选择"，又说"认知"，那么良知也未尝不在这一过程中起到作用。但是其用意却是在多闻多见的基础上去选择和认知，那么就已经弄错了关键。崇一你对这些想必已经理解，今天的问题，正是为了阐述发挥致良知之学，对同道中人非常有益。但是话说得不透彻，失之毫厘谬之千里，也不能不认真考虑。

　　来信说："先生说：'《易经·系辞》说何思何虑，是说思虑都只是发自天理，再也没有另外的思虑，这并不是说没有思虑。心的本体就是天理，有什么可思虑的？学者下功夫，虽然殚精竭虑，也只是要恢复其本体，而不是自己刻意去思考出来。如果刻意去思考，那就是自私耍小聪明了。'学者的弊病，大抵不是沉溺于空寂的臆想，就是刻意去思考。欧阳德我在辛巳、壬午两年犯了前一种毛病，近来又犯了后一种毛病。但是思考也是良知的发挥和效用，这和刻意安排有什么区别？我担心自己错将妄想认作现实，迷惑了却还没能发觉。"

　　《尚书》说："思虑要通达，通达才能圣明。"《孟子》说："心在思考，思考才能获得。"怎么能少了思考？沉溺于空寂臆想与刻意去思考正是自私耍小聪明，同样都是丧失了良知。良知是天理的昭明体悟所在，所以良知就是天理，思考是良知的发挥和效用。如果是由良知所发挥运用的思考，那么所思考的无一不是天理。由良知所发挥运用的思考，自然是明白简易，良知也自然能体会到。如果是私心刻意安排的思考，自然是纷纷烦乱不胜困扰，良知也自然会分辨清楚。总之思考的是非正邪，良知没有不清楚的。

所以错将妄想认作现实，正是因为对致知之学还不理解，不知道要在良知上体悟认知罢了。

来信又说："先生说：'常人治学，终身都只为了这一件事，不论有事无事，终身都只是这一件事。如果说宁愿不理事，也不能不加以培护修养，却是将其看成了两件事。'我私下认为精力衰弱，不能够处理完事情，这就是良知；宁愿不理事，也要培护修养的，这就是致知。怎么是两件事呢？如果事出有变，有些事不能不处理，而精力即使衰弱，稍加鼓舞也能够支撑，那么用意志统领气力就行了。然而说话办事终究没有气力，做完事就困顿不堪了，不是相当于妄动义气了吗？这些轻重缓急，良知固然未必不知道，但是倘若迫于时势，还怎么能顾及精力？倘若精力有限，还怎么能顾及时势？要怎样做才对呢？"

宁可不理事，也不能不着意加以培护修养，对初学者说这些也不无益处。但是当成两件事来看，就会出问题。从孟子说的"一定有各种各样的事情等着你"来看，君子从学终身都只是"集义"一件事。义，就是宜，内心得其所宜就是义。能够做到致良知那么内心就得其所宜了，所以"集义"也只是致良知，君子处世，该行动就行动，该停止就停止，该生存就生存，该求死就求死，斟酌安排，无非是要致真知，来求得自心满足而已。所以说"君子行事必须从实际情况出发"，"考虑事情不超出自己的能力范畴"。大凡想做能力所不及的事，勉强要做智力所不能完成的事，都不是致良知。而大凡"使他的筋骨受到劳累，肚子里感到饥饿，口袋里空空的，想做些什么都会受到干扰，这就是为了要让他的性格变得坚韧从而使他得到平常所不具备的能力"的，都是致真知。如果说宁可不理事，也不能不加以培护修养，也是先有了功利之心，计较于成败利害，喜恶也由此决定，因此将理事当成一件事，而将培养又当成另一件事，这就有了赞同内在而排斥外在的用意，就是自私要小聪明，就是将义当作外物，就有了"如果内心不能决定，就不要去行动"的弊病，就不是致真知来求得自心满足的功夫。所说的鼓舞支持，事情完结就疲惫不堪，又说迫于时势，精力有限，都是看成了两件事，所以才会这样。大凡学问的功夫，专心致志就是诚，三心二意就是伪。所有这些都是因为致良知的心意欠缺专心真挚的缘故。《大学》说："所谓意念诚实，就像厌恶难闻气味一样厌恶邪恶，就像喜爱美丽的女子一样喜爱善良，这样才能说心安理得。"曾经见过有厌恶恶臭、喜好美色，却需要鼓舞支持的人吗？曾经见过做完这些事就疲惫不堪的吗？曾有迫于时势，精力有限的吗？从这些就可以知道病根在哪里了。

　　来信又说："人心机巧诡诈百出，如果毫不怀疑地去对待，往往会为其所欺骗。加以防备的话，自己又不免失之凭空猜疑。预先怀疑欺诈，那也是欺诈。猜疑他人无信，那也是无信。被人所欺骗，又是不够警觉。不去预先猜疑，又经常有所警觉，只有良知透彻的人能做到吧。然而区别只在毫厘之间，背离知觉又暗合欺诈的人太多了。"

　　不预先猜疑而能够有所警觉，这是孔子出于当时人专门用心于猜疑他人欺诈无信，而使自己陷于欺诈无信，还有不去猜疑的，但是却不知道致良知的功夫，往往又被人所欺诈，所以才会有这样的话。他并不是要教导人存有戒备之心来专门警惕他人的欺诈与无信。存有戒备之心，是后世那些猜忌、阴险、刻薄之人所为。而只要有这一念头，就已经偏离了尧、舜之道，不预先怀疑猜忌而为人所欺骗的，还不失为善。只是不如能做到致良知而自然而然预先有所警觉的人贤能罢了。崇一你所说良知透彻的人，大体已经得到其中的真旨了。然而也只是凭领悟察觉，恐怕还没有从实际中有所体会。大体良知在人心中，横亘万古、充塞宇宙而从来没有不同。"不虑而知"，"恒易以知险"；"不学而能"，"恒简以知阻"，"先天而天不违。天且不违，而况于人乎？况于鬼神乎？"所谓的背离警觉和暗合欺诈的人，虽然没有预先怀疑他人，却恐怕不能没有自欺；虽然不随便猜疑，却恐怕不能做到自信。他们或许常常怀有先觉的念头，却不能常常自觉。常有希望先觉的念头，就已经流于预先猜疑，而足以蒙蔽自己的良知了。这是背离警觉和暗合欺诈所不能避免的。君子求学是为了修养自身，从来不担心别人欺骗自己，只是永远不欺骗自己的良知而已。所以没有欺诈，那么良知就没有伪饰，而做到了真诚，真诚就会光明。自信，那么良知就没有困惑，而得以光明，光明就会真诚。光明与真诚相生，所以良知常有知觉、常有光明。常有知觉、常有光明就会像高悬的明镜一样，来到面前的事物无论美丑都不能遁形了。为什么呢？没有欺诈而保持真诚，那么对方的欺诈也无所容身，只要有欺诈就会被察觉。自信而保持光明，那么对方的无信也无处容身，只要无信就会被察觉。这就是"易以知险"，"简以知阻"，就是子思所说的"至诚如神，可以前知"，而子思说"如神"，认为"可以前知"，依旧是一分为二地说，这大概是为了推断思诚的功效，依旧是对不能先觉的人说的。如果就至诚而言，那么至诚的妙用，就称之为"神"，不必说"如神"了。至诚就无所谓知与不知，不必说"可以前知"了。

答罗整庵少宰书

我顿首打开信：昨天承蒙教诲，并且领略了您对《大学》的见解，因为开船匆忙，没能及时回复。今天早上船行在江面上稍稍我有了一些闲暇，于是又取来您的亲笔信来读。害怕到了江西境内后，人情世故的事情就会纷至沓来，就先大略表达一下自己的看法，还请您指正。

您在来信中教导说："领略大道固然困难，但是体察大道更为艰难。想明白大道的确非常不容易，而学问又是不可不讲的，恐怕不可以安于自己的见解，以为这就是至高至极的准则。"

我太幸运，太荣幸了！不然，怎能听得这样的言论呢？我哪里敢以为自己的见解高妙并且安于它呢？我只是正想去求索天下的大道，并且试着将它讲明而已。但是多年来，听了我的学说的人，有非议嘲笑的，有诟病谩骂的，有置之不理并且不屑一顾的，哪有人愿意直接教导我的呢？哪里有愿意直接教导我，并且反复晓谕，恻然伤神地唯恐来不及救治和指正我的人呢？因此天底下爱我的人，的确没有一个能像您一样用心尽力深沉地爱我的，我又该如何感激您呢！至于"德之不修，学之不讲"，是连孔子都会感到忧虑的。但是当世之学者只要能稍稍背诵经典，学习一些训诂，就都自以为懂得学问，不再有所谓讲学的追求，这太可悲了！道一定要体察之后才能知晓，并非是已经发现了道，然后才去下体察大道的功夫。道一定要学习以后才能明了，并非是在讲学之外，还能有所谓的"明道"这回事。但是世间的讲学者分为两类，有用身心去讲学的，也有用口耳去讲学的。用口耳去讲学的人，只会揣摩猜测，寻求学问的影子和回音。用身心去讲学的人，行著习察，全都付诸自己的实际体验中。知道这样做，便能知道孔门的学问了。

您在信中赐教，认为我对《大学》古本的恢复，是因为人做学问只需要在内心中寻求，但程、朱"格物"的学说不免要向外寻求，于是就删去了朱熹先生对《大学》的分章，并且删除了他补作的传。

我不敢这样做。而且，学问哪里还有内外之分呢？《大学》的古本乃是孔门世代相传的旧本。朱熹先生怀疑其中有脱漏和错误，便对其进行的改正和增补，但是我却认为古本中并没有脱漏和错误，于是便全都照旧而已。如果有过失，那么就是在于过于相信孔子，并非

是故意去掉朱先生的分章，并且删削他的传注。学习，心中有所得，认为向内心中寻求是错的，即使这样的话是孔子说的，我也不敢认为这是正确的，更何况那些比不上孔子的人呢？认为向内心寻求是正确的，就算这个话是平庸的普通人说的，我也不敢认为是错误的，更何况是孔子本人说的呢？而且旧本流传了数千年之久，现在读其中的文词，也还是明白通顺的，提及如何下功夫，又简单明了使人容易实践。如此说来，有什么感觉能推断这一段一定要在那里，那一段又一定要在这里呢，在此处为什么会缺少，那一段为什么要补充呢？像这样轻率地对文句改正补充，岂不是将背弃朱子看得比背叛孔子更重了吗？

来信中指正说："如果一定认为学习不必向外部求助，只应当致力返归心中内省，那么'正心诚意'这四个字不是也说得很到位了，何必还要在入门的时候，用下'格物'这一部分功夫来困扰学者呢？"

没错，很有道理！如果说到要义上，那么"修身"两个字就已经足够了！何必说什么"正心"呢？"正心"两个字也足够了，何必再说"诚意"？"诚意"两个字也足够了，何必还要说"致知"，还要说"格物"呢？

只是因为所下的功夫详细精密，但是要义只是一件事，就是所谓的"精一"的学问，这正是那个不可以不思考的问题。理，并没有内外的区别，性也不分内外，所以学习便也不分内外。讲习或者讨论，不一定不是内在的；反观内省，也不一定是遗弃了外部。如果认为学习就一定要求助于外部，就是认为自己的天性还有外在的一面，这就是"义外"，也就是"用智"。如果认为反观内省是求助于内心，认为自己的天性还有对内的一面，这就是"有我"，也就是"自私"。这些都是不知道天性本无内外之分造成的。所以说："精义人神，以致用也；利用安身，以崇德也"，"性之德也，合内外之道也"。从这就可以了解到格物的学问了。"格物"，是《大学》一书中实实在在指出的入手之处，彻头彻尾，从开始学习，到真正成为圣人，就只有这个工夫而已，并非只有入门的时候才有这一段。所谓的正心、诚意、致知、格物，都是修身的方法。但是对格物所下的气力，是每日都能看到进步的。所以"格物"的实质，其实是格自己心中的物，格自己意念中的物，格自己知中的物。而正心，就是要正物的心。诚意，就是诚其物的意念。致知，就是致其物的知。这难道还有内外彼此的分别吗？理，只有一个。就理的凝聚而言便称之为"性"，就凝聚的主宰而言就称之为"心"，就主宰的发动来说就称之为"意"，就发动的明觉来说就称之为"知"，就明觉的感应来说便称之为"物"；所以对物来说就称之为"格"，对知来说就称之为"致"，对意来说就称之为"诚"，对心来说就称之为"正"。所谓的正，正的就是这些；诚，也是诚这些；致，也是致这些；格，也同样就是格这些。这些都是所谓的"穷理以尽性"。天底下没有天性之外的天理，没有天性以外的物。圣人之学之所以不彰明，都是因为后世的儒生们认为理在外部，认为物在外部，却不知道还有"义外"的说法，孟子曾经反驳过这些观点，但是重蹈覆辙却并未发觉，这难道不也是似是而非，而难以彰明的情况吗？所以不可以不自己省察呀！

但凡您对我的格物之说有疑惑之处，就一定认为我赞成向内心求索而否定向外部求索；一定认为我一味强调返归省察内心，而遗弃了用功讲习和讨论；一定认为我一心致力简单的原本纲领，而疏忽深究枝节的条目；一定认为我沉溺于偏颇的枯槁虚寂，而没有穷尽人情事物的变化。如果真是这样，岂止得罪了孔子的圣门，也获罪于朱熹先生？这简直就是妖言惑众，离经叛道，也就人人得以诛之。更何况像您这样的正直之人呢？如果真是这样，世间稍微懂一点训诂的学问、听说过一点先哲的议论的人，就都会知道我的错误。而更何况您这样高瞻远瞩的人呢？但凡我所说"格物"，将朱熹先生的九条内容，全都包括到了其中。只是实践中的要点，以及发挥的作用不同，但是不过是所谓的"毫厘之差"而已。但是如果没有毫厘之差，千里之谬实际上也不会产生，这是不可以不明辨的。

孟子驳斥杨朱、墨翟，说他们简直是"无父无君"。这两个人也堪称当时的贤人，假使他们和孟子处在同一时代，孟子也未必不认为他们不贤能。墨子的"兼爱"，是施行仁政而过分了。杨朱的"为我"，则是施行道义有些过分了。他们的学说，哪里到了灭天理、乱纲常，以至于迷惑天下的地步呢？但是他们学说的流弊，却被孟子比做禽兽和蛮夷，正是所谓的用学术来屠杀天下后世的行为。现今学术的弊病，是学习仁爱有些过分呢？还是说学习道义有些过分呢？或者是所谓的学习不仁不义有些太过分了呢？我不知道它比起洪水猛兽来究竟会怎么样！孟子曾说："予岂好辩哉？予不得已也。"杨朱和墨翟的学说，曾经充塞于天下。孟子的时候，天下尊崇信奉杨朱和墨翟，应该不亚于今天崇尚朱熹的学说。但是孟子以一己之力，在其中辩论。唉，真是悲壮！韩愈曾经也说："佛、老之害，甚于杨、墨。韩愈之贤，不及孟子。孟子不能救之于未坏之先，而韩愈乃欲全之于已坏之后。其亦不量其力，且见其身之危，莫之救以死也。"哎呀！像我这样的人，不也是很不自量力，眼见自身陷于危难中，也没有一个人能救我一命！当众人正在嬉笑时，我却还在流泪叹息；举世都在安然地亦步亦趋时，也只有我自己在皱眉忧虑。如果这不是丧心病狂，大概就一定心怀极大的痛苦。如果不是天下最仁爱的人，谁还能察觉到呢？我所作《朱子晚年定论》，也是不得已而为之。其中对年岁的早晚，的确存在没有考证到之处，即使不是全出在他的晚年，也是绝大多数出自他的晚年。然而我的本意是在调和朱、陆二人观点的差异，以彰明这一学说为重点。我平生对于朱熹先生的学说，一直视若神明和占卜用的蓍龟，一旦与之背道而驰，心中实在有所不忍，所以说是不得已而为之。"知我者谓我心忧，不知我者谓我何求。"我不忍心抵触批评朱先生的原因，就是我的本心。不得已而反对他的思想的原因，是大道本来就是那样，不直抒胸臆，大道就不会显现。您所说的我是故意与朱子不同，我怎敢自欺本心呢？大道，是天下之共有的道；学问，也是天下所公学的。不是朱熹先生可以私藏的，也绝非孔子可以私得的。天下所共同拥有的东西，只能秉公而言而已。所以说对了，就算与自己的观点不同，也一定都会对自己有益；说错了，即使与自己的观点相同，也会对自己有害。对自己有益的，自己一定会喜欢；对自己有害的，自己也一定会厌恶；然而我今天所谈论的，即使与朱熹先生的观点有差异，他也未必不喜欢。"君子之过，如日月之食。其更也，人皆仰之"，但是"小人之过也必文"。我虽然不贤明，也实在不敢用小人的心看待朱先生呀。

您之所以会对我加以教诲，不惜反反复复写上数百字，都是因为还没有了解鄙人"格物"的学说。如果您一旦明白我的观点，那么就不需要说这几百字便都完全释然畅通了，所以我现在不敢啰唆，以招来"琐屑"的批评。但是我浅薄的学说如果不是当面陈说，也断然不是只凭笔写纸录就能说清楚的。哎呀！您对我的开导启迪，可以说是恳切详尽。世上爱惜我的人，还有像您这样的吗？即使我十分愚笨低下，难道不知道应该感激佩服吗？然而，我还是不敢轻易舍弃心中的诚意，暂且听取您的建议，正是因为不敢辜负您对我的深爱，想通过某种方式来报答您。

等到晚秋时节，也就是我东归之时，一定求见您一面，以实现我对您的请求，请您千万倾囊而授。

答聂文蔚（一）

劳烦你春天绕道光临寒舍，询问论证不知疲倦。此等真情我何以承担？本来已经约好了几个志同道合的朋友，选一处安静的地方，住上十来天，探讨一下我的观点，以便在彼此切磋中有所裨益。但是你公务繁忙，身不由己，不得不离开，我心中怅然若失。突然收到你的来信，前后数千言，我读后心中甚感欣慰。信中对我的过奖之处，是对我的一片提携鼓舞之情，其中的真切砥砺，令我感动，是想促进我跨入圣贤的领域。你又委托欧阳德转达对我的诚恳的关怀之情，要不是深交厚爱的人，又怎能如此？我既感动又愧疚，生怕担负不起你的盛意。虽然如此，我怎敢不更加勉励自己，而仅仅以愧不敢当为借口推辞呢？

你所说的"子思、孟子、周敦颐、程颢、程颐并不期望千年之后仍被人理解，与其让天下人都相信，倒不如让一个人真相信。圣道自然存在，圣学也自然存在，普天之下的人全信奉不算多，只有一个人信奉也不算少"的话，这固然是君子"不被肯定也不烦闷"的心胸，但这岂是世上那些体认浅薄的人所谓的知足常乐所能明白的呢？对我来说，心中有很多迫不得已的苦衷，并非要计较别人到底信还是不信。

人就是天地的心，天地万物与其本系一体。民间疾苦，又有哪一件不是自己的切肤之痛？不知道自身痛苦的人，就是没有是非之心的人。是非之心，不需要思考就能知道，不用学就能分辨，这就是所谓的良知。良知自在人的心中，不论贤愚，从古到今都是相同的。世上的君子，只要专心在致良知上，那么自然能具备共同的是非好恶，待人如己，视国如家，视天地万物与己为一体，以求得天下的大治。古人之所以能见善行等同于自己做的，见恶行等同于自己受的，把百姓的疾苦当作自己的疾苦，有一个人生活没有着落，就像自己把他推到了沟中去似的，他们并不是故意这样做以取信于天下，而是凭着良知做事求得自己的快乐而已。尧、舜、禹、汤、周文王、周武王说的话百姓们没有不相信的，这是因为他们所说的也只是推致了自己的良知；他们的行为百姓没有不心悦诚服的，这是因为他们所做的也只是推致了自己的良知。所以当时的民风光明祥和，百姓获刑而不抱怨，得到好处就当稀松平常，把这些推及蛮夷之地，凡是有血气的人无不孝敬自己的父母，因为大家的良知都是一样的。唉！圣人治理天下，是多么简单容易呀！

后来，世上良知的学问不再昌明，天下的人各自用自己的私心才智互相倾轧，各自包藏私心，而那些偏执浅陋、琐碎繁杂的见解，虚伪阴险的手段，就更是达到了数不胜数的地步。一部分人以仁义为招牌，做着一些自私自利的勾当；用诡辩去取悦世俗，用虚伪的行为来博得名誉。把掩盖别人的善良当作自己的长处，攻击别人的隐私窃取正直的虚名。为泄私愤而相互争斗却认为是为正义而献身，阴险地互相倾轧却说是疾恶如仇，嫉贤妒能却以为自己能主持公道，恣意放纵却以为自己爱憎分明。人与人之间彼此侵害，即使是骨肉之亲，彼此之间也要分出个胜负高低，彼此间隔膜丛生，更何况天下之大、人民之众，又怎么可能做到一体视之？这就难怪天下动荡、纷争迭起没用穷尽了。

我仰赖天之灵气，偶然发现了良知的学问，觉得必须致良知而后天下才能得到大治。所以我每当想到百姓的困苦，就会为之忧戚痛心，而忘了自己才疏学浅，想以此救世，也是自不量力。天下人看见我这样做，于是争相嘲弄讥讽我，以为我是个丧心病狂之徒。唉，有什么值得我顾虑的！我正有切肤之痛，还能顾虑别人的非议和诋毁吗？如果人们看见自己的父子兄弟掉进了深渊，一定会大喊大叫，不顾弃鞋丢帽，攀着崖壁奋不顾身地下去拯救。世人见到他如此这般，还能若无其事地揖让谈笑，认为这样衣冠不整、大喊大叫有失礼节，指斥他这是丧心病狂。因此作揖打躬、谈笑风生，旁边有人落水了也不去救，这只有没有亲戚骨肉之情的山野之人才这样做。这种行为正如孟子已经说过的"无恻隐之心，非人矣"。如果是有父子兄弟亲情的，那么一定会痛心疾首，狂奔尽气，撕袍揭带，竭尽全力拯救之，他们不顾有溺水的危险，哪还会在乎别人的闲言碎语呀？哪还有心乞求别人信不信自己呀？唉！现在的人即使说我是丧心病狂，我也不在乎。天下人的心，都是我的心。天下的人中尚还有病狂的，我为什么非得不病狂呢？天下人中还有丧心的，我为什么非得不丧心呢？

孔子在世时，时人有议论他谄媚的；有讥讽他奸佞的；有诋毁他不贤的；有诽谤他不懂礼仪，说他是"东家丘"的；有因妒忌而败坏他名声的；

有憎恨他而想要他命的。即使当时的贤士晨门、荷蒉也说："是知其不可而为之者欤？""鄙哉！硁硁乎！莫己知也，斯己而已矣。"子路在孔子那里该算是登堂入室之徒了，尚且怀疑孔子的见解，孔子去见南子，他表示极大的不满。那么当时不相信孔子学说的人，难道只有十分之二三吗？然而孔子依然好像在路上寻找丢失的儿子一样，汲汲遑遑地奔波于诸国之间，都没工夫把炕席坐暖，难道就是为了让人相信、理解自己吗？因为他有天地万物为一体的仁爱之心，能够深深感到切肤之痛，即使不想管也身不由己。因此他才说："吾非斯人之徒与而谁与？""欲洁其身而乱大伦。""果哉，末之难矣！"哎！要不是以天下万物为一体的人，怎么能了解孔夫子的心呢？世上如许"遁世无闷""乐天知命"的人，自然会"无入而不自得"和"道并行而不相悖"了！

鄙人才疏学浅，哪里敢以振兴孔子的圣道为己任？只是我的心里也稍微知道自己身上的病痛，因此彷徨四顾，想找到能帮助我的人，相互讲习讨论以去除我身上的毛病。现在如果真能有豪杰同志支持我，提携匡正我，共同昌明良知之学于天下，让全天下所有的人都知道致自己的良知，以和平共处，相安无事，去除掉每个人自私自利的贪欲，清除谗言、嫉妒、好胜和易怒的恶习，以实现天下的大同，那么我所谓的丧心病狂的毛病也就不治自愈了，岂不快哉？

哎！现在如果真要寻求世上的豪杰同志，不是你文蔚，那还能指望谁呢？像你这样的才能和志向，是有能力拯救普天之下那些行将溺毙之人的。现在又已经知道良知就在自己心中，而不需要假借外在事物而求得，那么就遵循良知并加以扩充，那就像是大河入海，谁又能挡得住呢？你所说的"一人相信不算少"，你又能谦逊地把重担交给谁呢？

会稽地处风景名胜之地。茂密的森林，幽深的峡谷，比比皆是。无论是冬夏、阴晴，都气候宜人。这里生活安定而远离世俗，朋友云集，思路日新，优哉游哉，天下的悠闲还有比这更好的吗？孔子说："不怨恨天，不责怪人，学习普通的知识而通晓天理。"我和几位志同道合的朋友正想按照孔子的话去做，哪有时间向外思慕？唯独对这切肤之痛，又不能无动于衷，所以才又说了这么多。我本有咳嗽之疾，最近天又热，懒于写信，你派人远道而来，并留在这里一个月左右，临启程时我才提笔，不知不觉又写个没完。毕竟我们相知甚深，虽然信已这样详尽，但仍觉言不尽兴。

答聂文蔚（二）

来信已收到，看到你近来学问骤进，欣慰之情不可言表。你的信我仔细读了好儿遍，其中虽然有一两处理解不透彻的地方，那是因为致良知的功夫还不纯熟，等到真正纯熟了自然就没有这样的情况了。就好比驾车，既已走上康庄大道，那么中间偶尔也会出现迂回曲折的情况，这是马性没调教好，缰绳没有勒齐的缘故，然而既然已经在康庄大道上了，就绝对不会再受骗误入歧途。近段时间，纵观海内的诸位同志，认识能达到你这般高度的还不多见，我的高兴用言语无法形容，真是圣道的幸运呢！

我本就有咳嗽、怕热的老病根儿，进入炎热的南方后，近来又严重复发。皇上圣明洞察，托付责任重大，不敢立即辞去。地方上的众多军务，均是带病处理的。现在幸亏是把叛乱平定了下来，已经上本朝廷请求退休回家养病，如果能得以在家乡消暑养病，或许病会慢慢好起来。现在我即将回家，趴在枕头上给你回信，草草数语难以表达我的倾慕和企盼之情。

另外，给唯浚（陈九川）的信请你转交给他。

现就你来信所问的问题，草草答复一二：

近年来到山中讲学的人，往往会说勿忘勿助的功夫很难。我问难在哪儿，他们说稍有意念就是助，稍有不用心就是忘，所以觉得这功夫很难。我就问："忘是忘了什么？助是助的什么？"他们都默不作声、无言以对，便开始向我询问。我仅就他们所问对他们说，我这里讲学，只说"必有事焉"，不说"勿忘勿助"。"必有事焉"是指时时刻刻要去"集义"。如果时刻去做"必有事焉"的功夫，间或有中断，这就是"忘"，那么就必须"勿忘"；如果时时刻刻去下"必有事焉"的功夫，而有时想快速见效，这就是助了，那么就必须"勿助"。所以，集义的功夫全在一个"必有事焉"上用；"勿忘勿助"只是提醒的话儿罢了。如果集义的功夫一直未曾间断，则不必再说"勿忘"了；如果原本不求速效，那么就不必再说"勿助"了。是何等的明白简易、何等的洒脱自在！现今放着"必有事"的功夫不去做，却专一琢磨着"勿忘勿助"，这就像烧火煮饭，锅里还不曾添水下米，就去专心添柴烧火，不知道究竟能够煮出来什么东西？我恐怕火候还没有调好，而锅已经先被烧破烧裂了。

最近那些专门在"勿忘勿助"上用功的人，他们犯的错误正是如此。每日里悬空去做个"勿忘"，又悬空去做个"勿助"，奔奔忙忙，完全找不到着实能下手的地方。最终也只是做个死守空寂的功夫，学成了一个痴呆愚钝的人，刚碰到一点难题，就心烦意乱，不能妥善应付，及时作处理。这些人也都是有志之士，无奈困于此纠结处，劳苦一生，耽搁一世，这都是错误的学术造成的，很是可怜啊。

"必有事焉"就是"集义"，"集义"就是致良知。说到集义时，或许一时还把握不住关键所在。但一说"致良知"当时就能明白下功夫的地方。所以我专门说致良知。随时在事情上致良知，就是"格物"；实实在在地去致良知，就是"诚意"；实实在在地致良知而没有丝毫的私心杂念就是"正心"。实实在在地致良知，那么就没有"忘"的毛病；没有丝毫的私心杂念，自然也就没有"助"的毛病。所以说格物、致知、诚意、正心，就不必再说个"勿忘勿助"了。孟子说"勿忘勿助"，乃是就告子的毛病所开的处方。告子强制人心的说法，就是犯了"助"的毛病，所以孟子专门讲"助"的危害。告子之所以犯"助"的错误，是因为他认为"义"在心之外，不明白义应在心里培养，在"必有事焉"上用功，所以才会如此。若时时从己心上去"集义"，那么良知的本体就会豁然开朗，人世间的是是非非自然就会纤毫毕现了，又怎么会有"不得于言，勿求于心；不得于心，勿求于气"的毛病呢？孟子的"集义""养气"的学说，固然对于后世学者有益，但他也只是看病开方，说了个大概意思，不像《大学》中格物、致知、诚意、正心的功夫，来得明白简易，上下贯通，千秋万代永无弊病。

圣贤讲学，多是因时因事制宜，他们所说的好像各不相同，但他们的宗旨都是一样的。这是因为天地之间，原本只有这个性，只有这个天理，只有这个良知，只有这件事。所以凡是古人就学问上讲的功夫，就没有必要掺杂搭配，自然会吻合贯通。若认为需要掺杂搭配，那么就是因为自己的功夫还不够纯熟。

最近有人认为"集义"的功夫，必须掺杂搭配个致良知的功夫才能完备，那么就是他的"集义"的功夫还不透彻。集义的功夫还不透彻，正好成了致良知的拖累。认为致良知的功夫必须搭配上一个"勿忘勿助"的功夫才能够明白，那么就是致良知的功夫尚没有透彻。致良知的功夫尚没有透彻，恰恰成了"勿忘勿助"的拖累。类似这样，都是因为文义上的解释牵强附会，以求融会凑合，而不曾让自己在真实的功夫上体验，因此论述得愈是精细，离圣道也愈加远矣。

你关于致良知的思路，在"大本达道"上已经没有什么问题了，至于"致知""穷理"和"勿忘勿助"等想法，还时不时有掺杂搭配的地方，这就是我所说的康庄大道中间的小小曲折处，等到你的功夫纯熟后，这种情况自然就会消失得无影无踪了。

文蔚你认为"致知的学说，从孝敬父母、尊敬兄长上去寻求，便觉得有所遵循"，这最能反映你近来所下的真切笃实功夫。有这样的想法也无妨，也自有其道理，但如果从此把这当作定论去教别人，却不免犯了看药生病的毛病，所以我不能不说一说。

良知只是一个天理。自然明觉的显现处，唯有一个真诚恳切，这就是良知本体。所以致良知的真诚恳切用在侍奉父母上就是孝，用在尊敬兄长上就是悌，用在辅佐君王上就是忠。这里只有一个良知，一个真诚恳切。如果尊敬兄长的良知不能达至真诚恳切，那么侍奉双亲的良知也不能达至真诚恳切；服侍君主的良知不能达至真诚恳切，那么就是尊敬兄长的良知不能达至真诚恳切。所以能致辅佐君王的良知，就是能致尊敬兄长的良知；能致尊敬兄长的良知，就是能致侍奉父母的良知。不是说辅佐君王的良知不能致，却需要从侍奉双亲的良知上扩充开来。这样做，又是脱离了致良知的本原，着力点放在了枝节上去了。良知只有一个，随着它的呈现和流传，自然完备充足，没有来去，不需要向外假借。可是，良知呈现流传的地方，却有轻重厚薄之分，且丝毫不能增减，也就是所谓的"天然自有之中"。虽有轻重厚薄之分，且丝毫不能增减，但良知原本只有一个。虽然良知只有一个，但中间的厚薄轻重又丝毫不能增减。如果能够增减，如果必须向外假借，就已经不是真诚恳切的良知本体了。这就是良知的妙用之所以无形无体，无穷无尽，"语大天下莫能载，语小天下莫能破"的原因。

孟子所说"尧舜之道，孝弟而已矣"的话，是就人的良知显现发挥的最真切笃实、不被蒙蔽的地方提醒人，让人在辅佐君主、结交朋友、仁爱百姓、喜爱事物和动静语默中，都只是致他那一念侍奉父母、尊敬兄长的真诚恳切的良知，那么就自然处处是圣道了。天下之事，虽千变万化，不可穷竭，但只要用致侍奉父母、尊敬兄长的真诚恳切的良知去应对，就不存在疏漏的问题，这也就是只有一个良知的缘故。侍奉父母、尊敬兄长的良知之外，再也没有别的良知可以致了，因此孟子说"尧舜之道，孝弟而已矣"乃是"唯精唯一"的学说，放之四海而皆准，施谐后世而无朝夕。

文蔚你说："想从事亲、从兄之间，参透良知的学问。"就从自己用功得力这方面来说，也没有什么不可以的。如果说获得良知的真诚恳切以求尽事亲、从兄之道，也不是不可以。程颐先生说："施行仁义从孝悌开始，孝悌只是仁义中的一件事情，说它是行仁政之本是可以的，说他是仁爱之本则就不行了。"他的说法很正确。

孔子关于"不臆不信""不逆诈""先觉"等论断，您认为"只要内心真诚，即使是旁门左道、迂曲防御也都是良知的运用"。这种观点很正确，偶尔有掺杂搭配处，前面已经说过了。唯浚（陈九川）的看法也不能算错。在文蔚你这里，需要采纳唯浚的观点才能够全面详尽；而在唯浚那里来说，又必须采纳你的观点之后才能清楚明白。不然，你们不免会各有偏颇。舜体察浅近的话并向打柴的人请教，这并非浅近的话应当去思考，而是舜认为当向樵夫请教，所以他才这样做。这正是舜的良知显现作用，光明圆润透彻，没有任何障碍蒙蔽。这就是所谓的大智。如果自己执意孤行，他的智就变小了。讲学中自然会有取舍和分辨，然而要在心地上扎实用功，却必须这样做才行。

关于"尽心"等三个方面（参见《徐爱录》有关内容），我曾用生而知之、学而知之、困而知之来解说，已经明白无疑了。尽心、知性、知天的人，就没有必要再说存心、养性、事天了，也没有必要说"夭寿不二，修身以俟"。而存心、养性与"修身以俟"的功夫已经包含在其中了。存心、养性、事天的人，虽然还没到尽心、知天的地步，但已经下了尽心、知天的工夫，因此也更没必要再说"夭寿不二、修身以俟"，因为"夭寿不二，修身以俟"的功夫已在存心、养性、事天之中了。

比如说走路，尽心、知天的人，就好比年轻力壮的人，有能力千里驰驱；存心、事天的人，就好比儿童，仅能在院子中学习走路；"夭寿不二，修身以俟"的人，就好比是褓褓中的婴儿，只能做到扶墙站立，开始学习迈步。既然已经能千里驰驱，就不必再在庭院中学习走路了，因为在庭院中走路自然没问题；既然已经能在庭院中学习走路，就没必要学习扶墙站立，学习迈步，站立迈步这点事儿对他来说还算事儿吗？但也要知道，学站立迈步是在庭院里学习走路的开始；在庭院里学习走路，是千里驰骋的基础。这些都不是毫不搭界的两件事，只是功夫的难易程度相差悬殊罢了。

心、性、天，三者本质上是一样的。所以等到这三种人都能知晓、成功行道了，那么结果是相同的。但是，这三种人的人品、才智是有等级差别的，不能超越等级而行动。我仔细思考你的观点，你的意思是担心尽心、知天的人，会因摒弃了存心、修身的功夫，相反会对尽心、知天有所损害。这是担心圣人的功夫会有间断，却不知担心自己的功夫尚不真切。我们这类人用功，一定要专心致志地在"夭寿不二，修身以俟"上用功，只有这样才是下尽心、知天的功夫的开始。正如学习站立迈步是驰驱潜力的开始和基础一样。我才考虑他能不能站立迈步，又怎么会担心不能千里驰驱呢？又何必去为千里驰驱的人担忧忘了站立迈步呢？

你文蔚的见识原本就超凡脱俗，而从你所说的话来看，也还是没有摆脱以前人们解说文章的习气，所以你才把知天、事天、夭寿不二分作三部分，进行分析、综合、比较，以求融会贯通，自添了许多讲说不通的缠绕，反倒使自己用功不专一了。近来，那些凭空去做勿忘勿助的人，他们的观点正是犯了这个毛病，这可是最耽误人的，不能不彻底涤除干净。

你谈到"尊德性而道问学"这段，认为其间是恰当统一的，再无可疑之处。这是你踏实用功之后才能说出来的话。这本不是什么生僻难懂的道理，有的人之所以有不同意见，还是因为他们的良知中有纤尘潜伏。如果除去这些纤尘，那么自然没有不豁然开朗的。

写完回信后，我让人把我移到屋檐下，在这里躺着恰好没别的事，就又写了几句。你的学问已将关键问题抓住了，所提问题等到时间长了自然会弄明白的，本来我没有必要解释得如此之细。但承蒙你的厚爱，不远千里差人远来，殷殷下问，为了不辜负你的一片心意，我不得不说。然而我太愚直琐碎，依仗你对我的厚爱，应该不会怪罪我吧。我这一封信请转録几份，分别寄给唯浚（陈九川）还有谦之（邹守益）、崇一（欧阳德）等人，尤承一体之好。

以上南大吉所録。

古代的教育，是向学生教授人伦。到了后世，对词章的记诵逐渐兴起，于是先王的教化就一点点消亡了。当今教育儿童，只应当以孝、弟、忠、信、礼、义、廉、耻作为专门的内容。其教育培养的方法，则应该用歌诗诱导出他们的意念心志，通过练习礼仪以引导他们仪容严肃庄重，通过读书以熏陶他们启发知觉。但是今人却往往认为歌诗、习礼是不切实际的事情，这些都是低下庸俗并且浅薄的见解，哪能知道古人设立教化的意义呢？大致说来，儿童天性，就是喜欢嬉戏游玩，害怕约束管制，就如同草木开始萌生嫩芽，让其舒畅生长才会枝叶、条理通达，摧残阻挠便会衰败枯萎。当今教育儿童一定要使其受到因势利导的鼓舞，符合心中对喜悦的追求，这样就会不由自主的进步。譬如春风雨露应时而到，花木得到滋润以后，就没有不萌动生发的，也就自然会日复一日、月复一月不停地生长。如果被冰霜剥落，就会生机萧索，日渐枯萎了。所以但凡使用歌诗诱导，不单单是为了使他们的心志意念萌发，也是通过歌咏呼喊跳跃，用音乐宣泄出他们心中的忧闷抑郁。练习礼仪，并不是单单引导他们仪容严肃庄严，也是通过周旋揖让使血脉活动，用拜起屈伸使他们强健筋骨。通过读书来熏陶，也不单单是使他们知觉开启，也是通过反复沉潜来存养他们的内心，用抑扬顿挫地吟诵来宣示自己的心志。凡是这些方式，都能引导通顺他们的心志意念，调理他们的性情，潜移默化地消除他们狭隘偏执的气质，渐渐地去除他们顽劣的品性。一天天地使他们习惯于礼义而并不感到痛苦，人逐渐进入"中和"的状态中却并不知道是为什么，这就是先王设立教化的微妙意义。至于近代教育儿童的人，每天只是监督他们练习标点断句和模仿课业，只会苛刻地检束他们，却不知道用礼义加以引导，只希望他们聪明伶俐却不知道教授他们存养善心，这种鞭挞约束的方式，就像对待囚徒一样。儿童们视学校如同监狱一样不愿进入，看待师长如同看到仇敌一样不想看到，窥视师长，遮掩躲避，只为了嬉戏游玩，弄虚作假、矫饰行为，并且更加顽劣粗鄙、虚假浅薄、平庸低劣，就这样一天天的变得下流。这简直就是驱使他们从恶，这时再想让他们从善，怎么可能啊？我之所以讲究教学方法，用意正在这，只是害怕世俗之人一时间不明白，将我视为迂腐，而且我就要走了，所以专门叮嘱你们。希望你们这些主管教育的，能体察到我的心意，永远遵守，不要因为世俗中一时的流言蜚语便停下，或更改或者废止了这些规矩。尽力实现"蒙以养正"的功业，切记切记！

教约

每天清晨，学生们参拜拱手以后，教师就要依次询问每个学生：在家中尊爱亲敬长辈的心，有没因懈怠疏忽而不真切了？温清定省的礼仪，是否没有缺陷地亲身实践过了？在大街上行走往来行礼，是否放荡而没能保持谨慎？所有的言行想法是否包含欺妄邪僻而不能保持忠信笃敬了呢？所有的童子务必实话实说，有则改之，无则加勉。教师还应该随时就具体的事情，加以委婉地教导和启发，然后就让学生各自退回到座位上学习。

凡是唱歌咏诗的时候一定要仪容端正、气息平定，声音保持清朗，节拍保持均匀，不可以急躁，也不能大喊大叫，不气馁也不怯懦。时间久了就会精神舒畅，心气平和了。每个学校按照童生的多少分成四个班。轮流唱诵，每天一个班，其余的班都要收敛仪容认真聆听。每隔五天就让四个班一起在学校里唱诵诗歌。每月初和月中都要在书院中把各个学校集中起来组织联唱。

凡是练习礼仪都需要内心澄净，思虑严肃，礼节审慎，揣度仪容，不疏忽也不懒散，不沮丧也不惭愧，不随意也不粗野，从容却不失迂缓，矜持谨慎也不失于拘谨。时间长了礼貌就会越练习越熟练，道德品性也会越来越坚定。童生的班次都要像歌咏诗歌那样。每隔一天就轮到一个班练习礼仪，其余的班都要收敛仪容认真聆听。练习礼仪当天，免除他们的课业练习。每十天就要集中四个班在学校里演习一次礼仪。每月初和月中都要在书院中把各个学校组织起来集中学习。

凡授书不在于数量多，而贵在精熟。要根据学生的资质禀赋因材施教，能掌握二百字的人只能教给他一百字，要经常使他们的精神力量保持旺盛，这样就不会有产生厌倦进而感到痛苦的隐患了，并且还会产生有所得的良好感觉。在诵读的时候，一定要让他们专心致志，嘴里在诵读，心中还要随着思考，逐字逐句细致地反复琢磨。诵读时，音节要抑扬顿挫，心意要宽松谦虚。时间久了，就自然会达到道义和礼仪融洽和谐的境界，聪明也就与日俱增了。

每天所下的功夫，首先考察品德，其次是背诵书籍，接着是练习礼仪或者课业，然后还是背书讲书，最后是歌咏诗歌。凡是练习礼仪、歌咏诗歌一类，都为了保存一颗童子之心，让他们不知疲倦地乐于学习，于是就无暇去接触邪僻。教师如果懂得这些，就会知道具体怎样实施。尽管这样，这些也都只是一个大概。就像《易经》里面说的："神而明之，则存乎其人。"

卷三　语录三

传习录下_{附朱子晚年定论}

陈九川录

正德乙亥，九川初见先生于龙江，先生与甘泉先生论格物之说。甘泉持旧说。先生曰："是求之于外了。"甘泉曰："若以格物理为外，是自小其心也。"九川甚喜旧说之是。先生又沦《尽心》一章，九川一闻，却遂无疑。

后家居，复以格物遗质。先生答云："但能实地用功，久当自释。"山间乃自录《大学》旧本读之，觉朱子格物之说非是。然亦疑先生以意之所在为物，物字未明。

己卯，归自京师，再见先生于洪都。先生兵务倥偬，乘隙讲授，首问近年用功何如？

九川曰："近年体验得'明明德'功夫只是'诚意'。自'明明德于天下'，步步推入根源，到'诚意'上再去不得，如何以前又有格致功夫？后又体验，觉得意之诚伪，必先知觉乃可，以颜子有'不善未尝不知，知之未尝复行'为证，豁然若无疑。却又多了格物功夫。又思来，吾心之灵，何有不知意之善恶？只是物欲蔽了。须格去物欲，始能如颜子未尝不知耳。又自疑功夫颠倒，与'诚意'不成片段。后问希颜。希颜曰：'先生谓格物致知是诚意功夫，极好。'九川曰：'如何是诚意功夫？'希颜令再思体看，九川终不悟，请问。"

先生曰："惜哉！此可一言而悟！惟浚所举颜子事便是了，只要知身、心、意、知、物是一件。"

九川疑曰："物在外，如何与身、心、意、知是一件？"

先生曰："耳、目、口、鼻、四肢，身也，非心安能视、听、言、动？心欲视、听、言、动，无耳、目、口、鼻、四肢亦不能，故无心则无身，无身则无心。但指其充塞处言之谓之身，指其主宰处言之谓之心，指心之发动处谓之意，指意之灵明处谓之知，指意之涉着处谓之物，只是一件。意未有悬空的，必着事物。故欲诚意则随意所在某事而格之，去其人欲而归于天理，则良知之在此事者，无蔽而得致矣。此便是诚意的功夫。"

九川乃释然，破数年之疑。又问："甘泉近亦信用《大学》古本，谓格物犹言造道。又谓穷理如穷其巢穴之穷，以身至之也。故格物亦只是随处体认天理，似与先生之说渐同。"

先生曰："甘泉用功，所以转得来。当时与说'亲民'字不须改，他亦不信，今论'格物'亦近，但不须换'物'字作'理'字，只还他一'物'字便是。"

后有人问九川曰："今何不疑'物'字？"曰："《中庸》曰'不诚无

物'，程子曰'物来顺应'，又如'物各付物'、'胸中无物'之类，皆古人常用字也。"他日先生亦云然。

九川问："近年因厌泛滥之学，每要静坐，求屏息念虑，非惟不能，愈觉扰扰，如何？"

先生曰："念如何可息？只是要正。"

曰："当自有无念时否？"

先生曰："实无无念时。"

曰："如此却如何言静？"

曰："静未尝不动，动未尝不静。戒谨恐惧即是念，何分动静？"

曰："周子何以言'定之以中正仁义而主静'？"

曰："无欲故静，是'静亦定，动亦定'的'定'字，主其本体也。戒惧之念是活泼泼地。此是天机不息处，所谓'维天之命，于穆不已'，一息便是死。非本体之念，即是私念。"

又问："用功收心时，有声有色在前，如常闻见，恐不是专一。"

曰："如何欲不闻见？除是槁木死灰，耳聋目盲则可。只是虽闻见而不流去便是。"

曰："昔有人静坐，其子隔壁读书，不知其勤惰，程子称其甚敬。何如？"

曰："伊川恐亦是讥他。"

又问："静坐用功，颇觉此心收敛，遇事又断了。旋起个念头，去事上省察。事过又寻旧功，还觉有内外，打不作一片。"

先生曰："此格物之说未透。心何尝有内外？即如惟浚，今在此讲论，又岂有一心在内照管？这听讲说时专敬，即是那静坐时心，功夫一贯，何须更起念头？人须在事上磨炼做功夫，乃有益。若只好静，遇事便乱，终无长进。那静时功夫亦差，似收敛而实放溺也。"

后在洪都，复与于中、国裳论内外之说。渠皆云："物自有内外，但要内外并着功夫，不可有间耳！"以质先生。

曰："功夫不离本体；本体原无内外。只为后来做功夫的分了内外，失其本体了。如今正要讲明功夫不要有内外，乃是本体功夫。"是日俱有省。

又问："陆子之学何如？"

先生曰："濂溪、明道之后，还是象山，只是粗些。"

九川曰："看他论学，篇篇说出骨髓，句句似针膏肓，却不见他粗。"

先生曰："然。他心上用过功夫，与揣摹依仿，求之文义，自不同。但细看有粗处。用功久，当见之。"

庚辰往虔州，再见先生，问："近来功夫虽若稍知头脑，然难寻个稳当快乐处。"

先生曰："尔却去心上寻个天理，此正所谓理障。此间有个诀窍。"

曰："请问如何？"

曰："只是致知。"

曰："如何致知？"

曰："尔那一点良知，是尔自家的准则。尔意念着处，他是便知是，非便知非，更瞒他一些不得。尔只不要欺他，实实落落依着他做去，善便存，恶便去。他这里何等稳当快乐。此便是格物的真诀，致知的实功。若不靠着这些真机，如何去格物？我亦近年体贴出来如此分明，初犹疑只依他恐有不足，精细看无些小欠阙。"

在虔，与于中、谦之同侍。先生曰："人胸中各有个圣人，只自信不及，都自埋倒了。"因顾于中曰："尔胸中原是圣人。"

于中起不敢当。

先生曰："此是尔自家有的，如何要推？"

于中又曰："不敢。"

先生曰："众人皆有之，况在于中，却何故谦起来？谦亦不得。"

于中乃笑受。

又论："良知在人，随你如何，不能泯灭，虽盗贼亦自知不当为盗，唤他做贼，他还忸怩。"

于中曰："只是物欲遮蔽，良心在内，自不会失；如云自蔽日，日何尝失了！"

先生曰："于中如此聪明，他人见不及此。"

黄釉青花云龙纹扁瓶

先生曰："这些子看得透彻，随他千言万语，是非诚伪，到前便明。合得的便是，合不得的便非。如佛家说心印相似，真是个试金石、指南针。"

先生曰："人若知这良知诀窍，随他多少邪思枉念，这里一觉，都自消融。真个是灵丹一粒，点铁成金。"

崇一曰："先生致知之旨，发尽精蕴，看来这里再去不得。"

先生曰："何言之易也？再用功半年胥如何？又用功一年看如何？功夫

愈久，愈觉不同，此难口说。"

先生问九川："于'致知'之说体验如何？"

九川曰："自觉不同。往时操持常不得个恰好处，此乃是恰好处。"先生曰："可知是体来与听讲不同。我初与讲时，知尔只是忽易，未有滋味。只这个要妙，再体到深处，日见不同，是无穷尽的。"

又曰："此'致知'二字，真是个千古圣传之秘，见到这里，百世以俟圣人而不惑！"

九川问曰："伊川说到'体用一原，显微无间'处，门人已说是泄天机。先生致知之说，莫亦泄天机太甚否？"

先生曰："圣人已指以示人，只为后人掩匿，我发明耳，何故说泄？此是人人自有的，觉来甚不打紧一般。然与不用实功人说，亦甚轻忽可惜，彼此无益。与实用功而不得其要者提撕之，甚沛然得力。"

又曰："知来本无知，觉来本无觉，然不知则遂沦埋。"

先生曰："大凡朋友，须箴规指摘处少，诱掖将劝意多，方是。"后又戒九川云："与朋友论学，须委曲谦下，宽以居之。"

九川卧病虔州。先生云："病物亦难格，觉得如何？"

对曰："功夫甚难。"

先生曰："常快活便是功夫。"

九川问："自省念虑，或涉邪妄，或预料理天下事，思到极处，井井有味，便缠绵难屏。觉得早则易，觉迟则难。用力克治，愈觉扞格。惟稍迁念他事，则随两忘。如此廓清，亦似无害。"

先生曰："何须如此！只要在良知上着功夫。"

九川曰："正谓那一时不知。"

先生曰："我这里自有功夫，何缘得他来？只为尔功夫断了，便蔽其知。既断了则继续旧功便是，何必如此。"

九川曰："真是难鏖，虽知丢他不去。"

先生曰："须是勇。用功久，自有勇。故曰'是集义所生者'，胜得容易，便是大贤。"

九川问："此功夫却于心上体验明白，只解书不通。"

先生曰："只要解心。心明白，书自然融会。若心上不通，只要书上文义通，却自生意见"。

有一属官，因久听讲先生之学，曰："此学甚好。只是薄书讼狱繁难，不得为学。"

先生闻之，曰："我何尝教尔离了薄书讼狱，悬空去讲学？尔既有官司之事，便从官司的事上为学，才是真格物。如问一词讼，不可因其应对无状，起个怒心；不可因他言语圆转，生个喜心；不可恶其嘱托，加意治之；不可因其请求，屈意从之；不可因自己事务烦冗，随意苟且断之；不可因旁人谮毁罗织，随人意思处之。这许多意思皆私，只尔自知，须精细省察克治，唯恐此心有一毫偏倚，杜人是非，这便是格物致知。薄书讼狱之间，无非实学。若离了事物为学，却是著空。"

虔州将归，有诗别先生云："良知何事系多闻，妙合当时已种根，好恶从之为圣学，将迎无处是乾元。"

先生曰："若未来讲此学，不知说'好恶从之'从个什么？"敷英在座，曰："诚然。尝读先生《大学古本序》，不知所说何事。及来听讲许时，乃稍知大意。"

于中、国裳辈同侍食。先生曰："凡饮食只是要养我身，食了要消化。若徒蓄积在肚里，便成痞了，如何长得肌肤？后世学者博闻多识，留滞胸中，皆伤食之病也。"

先生曰：圣人亦是'学知'，众人亦是'生知'。"

问曰："何知？"

曰："这良知人人皆有，圣人只是保全，无些障蔽，兢兢业业，亹亹翼翼，自然不息，便也是学。只是生的分数多，所以谓之'生知安行'。众人自孩提之童，莫不完具此知，只是障敝多，然本体之知自难泯息，虽问学克治也只凭他。只是学的分数多，所以谓之'学知利行'。"

黄直录

黄以方问："先生格致之说，随时格物以致其知，则知是一节之知，非全体之知也。何以到得'溥博如天，渊泉如渊'地位？"

先生曰："人心是天、渊。心之本体无所不该，原是一个天，只为私欲障碍，则天之本体失了。心之理无穷尽，原是一个渊，只为私欲窒塞，则渊之本体失了。如今念念致良知，将此障碍窒塞一齐去尽，则本体已复，便是天、渊了。"乃指天以示之曰："比如面前见天，是昭昭之天；四外见天，也只是昭昭之天。只为许多房子墙壁遮蔽，便不见天之全体。若撤去房子墙壁，总是一个天矣。不可道眼前天是昭昭之天，外面又不是昭昭之天也。于此便见一节之知，即全体之知；全体之知，即一节之知。总是一个本体。"

先生曰：“圣贤非无功业气节，但其循著这天理，则便是道，不可以事功气节名矣。”

“‘发愤忘食’，是圣人之志，如此真无有已时；‘乐以忘忧’，是圣人之道，如此真无有戚时。恐不必云得不得也。”

先生曰：“我辈致知，只是各随分限所及。今日良知见在如此，只随今日所知扩充到底。明日良知又有开悟，便从明日所知扩充到底。如此方是精一功夫。与人论学，亦须随人分限所及。如树有这些萌芽，只把这些水去灌溉。萌芽再长，便又加水。自拱把以至合抱，灌溉之功皆是随其分限所及。若些小萌芽，有一桶水在，尽要倾上，便浸坏他了。”

问“知行合一”。先生曰：“此须识我立言宗旨。今人学问，只因知行分作两件，故有一念发动，虽是不善，然却未曾行，便不去禁止。我今说个‘知行合一’，正要人晓得一念发动处，便即是行了。发动处有不善，就将这不善的念克倒了。须要彻根彻底，不使那一念不善潜伏在胸中。此是我立言宗旨。”

“圣人无所不知，只是知个天理；无所不能，只是能个天理。圣人本体明白，故事事知个天理所在，便去尽个天理。不是本体明后，却于天下事物都便知得，便做得来也。天下事物，如名物度数、草木鸟兽之类，不胜其烦。圣人须是本体明了，亦何缘能尽知得？但不必知的，圣人自不消求知；其所当知的，圣人自能问人，如‘子入太庙，每事问’之类。先儒谓‘虽知亦问，敬谨之至’，此说不可通。圣人于礼乐名物，不必尽知。然他知得一个天理，便自有许多节文度数出来。不知能问，亦即是天理节文所在。”

问：“先生尝谓‘善恶只是一物’。善恶两端，如冰炭相反，如何谓只一物？”

先生曰：“至善者，心之本体。本体上才过当些子，便是恶了。不是有一个善，却又有一个恶来相对也。故善恶只是一物。”

直因闻先生之说，则知程子所谓“善固性也，恶亦不可不谓之性”。又曰：“善恶皆天理。谓之恶者本非恶，但于本性上过与不及之间耳。”其说皆无可疑。

先生尝谓：“人但得好善如好好色，恶恶如恶恶臭，便是圣人。”

直初时闻之觉甚易，后体验得来，此个功夫著实是难。如一念虽知好善恶恶，然不知不觉，又夹杂去了。才有夹杂，便不是好善如好好色、恶恶如恶恶臭的心。善能实实的好，是无念不善矣；恶能实实的恶，是无念及恶矣。如何不是圣人？故圣人之学，只是一诚而已。

问：“《修道说》言：‘率性之谓道’，属圣人分上事；‘修道之谓教’，属贤人分上事。”

先生曰：“众人亦率性也。但率性在圣人分上较多，故‘率性之谓道’属圣人事。圣人亦修道也，但修道在贤人分上多，故‘修道之谓教’属贤人事。”

又曰：“《中庸》一书，大抵皆是说修道的事。故后面凡说君子，说颜渊，说子路，皆是能修道的。说小人，说贤、知、愚、不肖，说庶民，皆是不能修道的。其他言舜、文、周公、仲尼至诚至圣之类，则又圣人之自能修道者也。”

问：“儒者到三更时分，扫荡胸中思虑，空空静静，与释氏之静只一般，两下皆不用，此时何所分别?"

先生曰："动静只是一个。那三更时分空空静静的，只是存天理，即是如今应事接物的心。如今应事接物的心，亦是循此天理，便是那三更时分空空静静的心。故动静只是一个，分别不得。知得动静合一，释氏毫厘差处亦自莫揜矣。"

门人在座，有动止甚矜持者。先生曰："人若矜持太过，终是有弊。"

曰："矜持太过，如何有弊?"

曰："人只有许多精神，若专在容貌上用功，则于中心照管不及者多矣。"

有太直率者。先生曰："如今讲此学，却外面全不检束，又分心与事为二矣。"

门人作文送友行，问先生曰："作文字不免费思，作了后又一二日，常记在怀。"

曰："文字思索亦无害。但作了常记在怀，则为文所累，心中有一物矣，此则未可也。"

又作诗送人，先生看诗毕，谓曰："凡作文字要随我分限所及。若说得太过了，亦非修辞立诚矣。"

"文公格物之说，只是少头脑，如所谓'察之于念虑之微'，此一句不该与'求之文字之中，验之于事为之著，索之讲论之际'混作一例看，是无轻重也。"

问有所忿懥一条。先生曰："忿懥几件，人心怎能无得? 只是不可有耳! 凡人忿懥著了一分意思，便怒得过当，非廓然大公之体了。故有所忿懔，便不得其正也。如今于凡忿懔等件，只是个物来顺应，不要着一分意思，便心体廓然大公，得其本体之正了。且如出外见人相斗，其不是的，我心亦怒。然虽怒，却此心廓然，不曾动此子气。如今怒人，亦得如此，方才是正。"

先生尝言："佛氏不著相，其实著了相。吾儒著相，其实不著相。"

请问。

曰："佛怕父子累，却逃了父子；怕君臣累，却逃了君臣；怕夫妇累，却逃了夫妇。都是为个君臣、父子、夫妇著了相，便须逃避。如吾儒有个父子，还他以仁；有个君臣，还他以义；有个夫妇，还他以别：何曾著父子、君臣、夫妇的相？"

黄修易录

黄勉叔问："心无恶念时，此心空空荡荡的，不知亦须存个善念否？"

先生曰："既去恶念，便是善念，便复心之本体矣。譬如日光，被云来遮蔽，云去，光已复矣。若恶念既去，又要存个善念，即是日光之中添燃一灯。"

问："近来用功，亦颇觉妄念不生。但腔子里黑窣窣的，不知如何打得光明。"

先生曰："初下手用功，如何腔子里便得光明？譬如奔流浊水，才贮在缸里。初然虽定，也只是昏浊的。须俟澄定既久，自然渣滓尽去，复得清来。汝只要在良知上用功。良知存久，黑窣窣自能光明矣。今便要责效，却是助长，不成功夫。"

先生曰："吾教人致良知，在格物上用功，却是有根本的学问。日长进一日，愈久愈觉精明。世儒教人事事物物上去寻讨，却是无根本的学问。方其壮时，虽暂能外面修饰，不见有过，老则精神衰迈，终须放倒。譬如无根之树，移栽水边，虽暂时鲜好，终久要憔悴。"

问"志于道"一章。先生曰："只'志道'一句，便含下面数句功夫，自住不得。譬如做此屋，'志于道'是念念要去择地鸠材，经营成个区宅。'据德'却是经画已成，有可据矣。'依仁'却是常常住在区宅内，更不离去。'游艺'却是加些画采，美此区宅。艺者，义也，理之所宜者也，如诵诗、读书、弹琴、习射之类，皆所以调习此心，使之熟于道也。苟不'志道'而'游艺'，却如无状小子，不先去置造区宅，只管要去买画挂做门面，不知将挂在何处？"

问："读书所以调摄此心，不可缺的。但读之时，一种科目意思牵引而来，不知何以免此？"

先生曰："只要良知真切，虽做举业，不为心累。总有累亦易觉，克之而已。且如读书时，良知知得强记之心不是，即克去之；有欲速之心不是，即克去之；有夸多斗靡之心不是，即克去之。如此，亦只是终日与圣贤印对，是个纯乎天理之心。任他读书，亦只是调摄此心而已，何累之有？"

曰："虽蒙开示，奈资质庸下，实难免累。窃闻穷通有命，上智之人恐不屑此。不肖为声利牵缠，甘心为此，徒自苦耳。欲屏弃之，又制于亲，不能舍去，奈何？"

先生曰："此事归辞于亲者多矣，其实只是无志。志立得时，良知千事万为只是一事。读书作文安能累人？人自累于得失耳。"因叹曰："此学不明，不知此处担阁了几多英雄汉！"

问："'生之谓性'，告子亦说得是，孟子如何非之?"

先生曰："固是性，但告子认得一边去了，不晓得头脑，若晓得头脑，如此说亦是。孟子亦曰'形色天性也'，这也是指气说。"又曰："凡人信口说，任意行，皆说'此是依我心性出来'，此是所谓'生之谓性'，然却要有过差。若晓得头脑，依吾良知上说出来，行将去，便自是停当。然良知亦只是这口说，这身行，岂能外得气，别有个去行去说? 故曰'论性不论气，不备；论气不论性，不明'。气亦性也，性亦气也，但须认得头脑是当。"

又曰："诸君功夫最不可助长。上智绝少，学者无超入圣人之理。一起一伏，一进一退，自是功夫节次。不可以我前日用得功夫了，今却不济，便要矫强，做出一个没破绽的模样，这便是助长，连前些子功夫都坏了。此非小过，譬如行路的人，遭一蹶跌，起来便走，不要欺人做那不曾跌倒的样子出来。诸君只要常常怀个'遁世无闷，不见是而无闷'之心，依此良知，忍耐做去，不管人非笑，不管人毁谤，不管人荣辱，任他功夫有进有退，我只是这致良知的主宰不息，久久自然有得力处，一切外事亦自能不动。"

又曰："人若著实用功，随人毁谤，随人欺慢，处处得益，处处是进德之资。若不用功，只是魔也，终被累倒。"

先生一日出游禹穴，顾田间禾曰："能几何时，又如此长了。"

范兆期在傍曰："此只是有根。学问能自植根，亦不患无长。"

先生曰："人孰无根? 良知即是天植灵根，自生生不息。但著了私累，把此根戕贼蔽塞，不得发生耳。"

一友常易动气责人，先生警之曰："学须反己。若徒责人，只见得人不是，不见自己非。若能反己，方见自己有许多未尽处，奚暇责人？舜能化得象的傲，其机括只是不见象的不是。若舜只要正他的奸恶，就见得象的不是矣。象是傲人，必不肯相下，如何感化得他？"

是友感悔。

曰："你今后只不要去论人之是非，凡当责辨人时，就把做一件大己私克去，方可。"

先生曰："凡朋友问难，纵有浅近粗疏，或露才扬己，皆是病发。当因其病而药之可也，不可便怀鄙薄之心，非君子与人为善之心矣。"

问："《易》，朱子主卜筮，程传主理，何如？"

先生曰："卜筮是理，理亦是卜筮。天下之理孰有大于卜筮者乎？只为后世将卜筮专主在占卦上看了，所以看得卜筮似小艺。不知今之师友问答，博学、审问、慎思、明辨、笃行之类，皆是卜筮。卜筮者，不过求决狐疑，神明吾心而已。《易》是问诸天，人有疑，自信不及，故以《易》问天。谓人心尚有所涉，惟天不容伪耳。"

黄省曾录

黄勉之问："'无适也，无莫也，义之与比'，事事要如此否？"

先生曰："固是事事要如此，须是识得个头脑乃可。义即是良知，晓得良知是个头脑，方无执著。且如受人馈送，也有今日当受的，他日不当受的，也有今日不当受的，他日当受的。你若执著了今日当受的，便一切受去，执著了今日不当受的，便一切不受去，便是'适'、'莫'，便不是良知的本体，如何唤得做义？"

问："'思无邪'一言，如何便盖得三百篇之义？"

先生曰："岂特三百篇，'六经'只此一言便可该贯，以至穷古今天下圣贤的话，'思无邪'一言也可该贯。此外更有何说？此是一了百当的功夫。"

问"道心""人心"。先生曰："'率性之谓道'便是'道心'。但着些人的意思在，便是'人心'。'道心'本是无声无臭，故曰'微'。依着'人心'行去，便有许多不安稳处，故曰'惟危'。"

问："'中人以下，不可以语上'，愚的人，与之语上尚且不进，况不与之语，可乎？"

先生曰："不是圣人终不与语。圣人的心，忧不得人人都做圣人。只是人的资质不同，施教不可躐等。中人以下的人，便与他说性、说命，他也不省得，也须慢慢琢磨他起来。"

一友问："读书不记得如何？"

先生曰："只要晓得，如何要记得？要晓得已是落第二义了，只要明得自家本体。若徒要记得，便不晓得；若徒要晓得，便明不得自家的本体。"

问："'逝者如斯'，是说自家心性活泼泼地否？"

先生曰："然。须要时时用致良知的功夫，方才活泼泼地，方才与他川水一般。若须臾间断，便与天地不相似。此是学问极至处，圣人也只如此。"

问"志士仁人"章。先生曰："只为世上人都把生身命子看得来太重，不问当死不当死，定要宛转委曲保全，以此把天理却丢去了。忍心害理，何者不为？若违了天理，便与禽兽无异，便偷生在世上百千年，也不过做了千百年的禽兽。学者要于此等处看得明白。比干、龙逢只为他看得分明，所以能成就他的仁。"

问："叔孙、武叔毁仲尼，大圣人如何犹不免于毁谤？"

先生曰："毁谤自外来的，虽圣人如何免得？人只贵于自修，若自己实实落落是个圣贤，纵然人都毁他，也说他不著。却若浮云掩日，如何损得日的光明？若自己是个象恭色庄、不坚不介的，纵然没一个人说他，他的恶慝终须一日发露。所以孟子说'有求全之毁，有不虞之誉'。毁誉在外的，安能避得？只要自修何如尔！"

刘君亮要在山中静坐。先生曰："汝若以厌外物之心去求之静，是反养成一个骄惰之气了。汝若不厌外物，复于静处涵养，却好。"

王汝中、省曾侍坐。先生握扇命曰："你们用扇。"

省曾起对曰："不敢。"

先生曰："圣人之学，不是这等捆缚苦楚的，不是装作道学的模样。"

汝中曰："观'仲尼与曾点言志'一章略见。"

先生曰："然。以此章观之，圣人何等宽宏包含气象！且为师者问志于群弟子，三子皆整顿以对。至于曾点，飘飘然不看那三字在眼，自去鼓起瑟来，何等狂态。及至言志，又不对师之问目，都是狂言。设在伊川，或斥骂起来了。圣人乃复称许他，何等气象！圣人教人，不是个束缚他通做一般。只如狂者便从狂处成就他，狷者便从狷处成就他。人之才气如何同得？"

先生语陆元静曰："元静少年亦要解'五经'，志亦好博。但圣人教人，只怕人不简易，他说的皆是简易之规。以今人好博之心观之，却似圣人教人差了。"

先生曰："孔子无不知而作；颜子有不善，未尝不知。此是圣学真血脉路。"

钱德洪录

何廷仁、黄正之、李候璧、汝中、德洪侍坐，先生顾而言曰："汝辈学问不得长进，只是未立志。"

候璧起而对曰："琪亦愿立志。"

先生曰："难说不立，未是必为圣人之志耳。"

对曰："愿立必为圣人之志。"

先生曰："你真有圣人之志，良知上更无不尽。良知上留得些子别念挂带，便非必为圣人之志矣。"洪初闻时，心若未服，听说到此，不觉悚汗。

先生曰："良知是造化的精灵。这些精灵，生天生地，成鬼成帝，皆从此出，真是与物无对。人若复得他完完全全，无少亏欠，自不觉手舞足蹈，不知天地间更有何乐可代。"

一友静坐有见，驰问先生。答曰："吾昔居滁时，见诸生多务知解，口耳异同，无益于得，姑教之静坐。一时窥见光景，颇收近效。久之，渐有喜静厌动，流入枯槁之病，或务为玄解妙觉，动人听闻，故迩来只说致良知。良知明白，随你去静处体悟也好，随你去事上磨炼也好，良知本体原是无动无静的。此便是学问头脑。我这个话头，自滁州到今，亦较过几番，只是'致良知'三字无病。医经折肱，方能察人病理。"

一友问："功夫欲得此知时时接续，一切应感处反觉照管不及。若去事上周旋，又觉不见了。如何则可？"

先生曰："此只认良知未真，尚有内外之间。我这里功夫，不由人急心。认得良知头脑是当，去朴实用功，自会透彻。到此便是内外两忘，又何心事不合一？"

又曰："功夫不是透得这个真机，如何得他充实光辉？若能透得时，不由你聪明知解接得来。须胸中渣滓浑化，不使有毫发沾带，始得。"

先生曰："'天命之谓性'，命即是性。'率性之谓道'，性即是道。'修道之谓教'，道即是教。"

问："如何道即是教？"

曰："道即是良知。良知原是完完全全，是的还他是，非的还他非，是非只依着他，更无有不是处。这良知还是你的明师。"

问："'不睹不闻'是说本体，'戒慎恐惧'是说功夫否？"

先生曰："此处须信得本体原是'不睹不闻'的，亦原是'戒慎恐惧'的。'戒慎恐惧'不曾在'不睹不闻'上加得些子。见得真时，便谓'戒慎恐惧'是本体，'不睹不闻'是功夫亦得。"

问："通乎昼夜之道而知"。

先生曰："良知原是知昼知夜的。"

又问："人睡熟时，良知亦不知了。"

曰："不知何以一叫便应？"

曰："良知常知，如何有睡熟时？"

曰："向晦宴息，此亦造化常理。夜来天地混沌，形象俱泯，人亦耳目无所睹闻，众窍俱翕，此即良知收敛凝一时。天地既开，庶物露生，人亦耳目有所睹闻，众窍俱翕，此即良知妙用发生时。可见人心与天地一体，故'上下与天地同流'。今人不会宴息，夜来不是昏睡，即是忘思魇寐。"

曰："睡时功夫如何用？"

先生曰："知昼即知夜矣。日间良知是顺应无滞的，夜间良知即是收敛凝一的，有梦即先兆。"

又曰："良知在夜气发的，方是本体，以其无物欲之杂也。学者要使事物纷扰之时，常如夜气一般，就是'通乎昼夜之道而知'。"

先生曰："仙家说到虚，圣人岂能虚上加得一毫实？佛氏说到无，圣人岂能无上加得一毫有？但仙家说虚，从养生上来；佛氏说无，从出离生死苦海上来。却于本体上加却这些子意思在，便不是他虚无的本色了，便于本体有障碍。圣人只是还他良知的本色，更不着些子意在。良知之虚，便是天之太虚；良知之无，便是太虚之无形。日、月、风、雷、山、川、民、物，凡有貌象形色，皆在太虚无形中发用流行，未尝作得天的障碍。圣人只是顺其良知之发用，天地万物俱在我良知的发用流行中，何尝又有一物超于良知之外，能作得障碍？"

或问："释氏亦务养心，然要之不可以治天下，何也？"

先生曰："吾儒养心，未尝离却事物，只顺其天则自然，就是功夫。释氏却要尽绝事物，把心看做幻相，渐入虚寂去了。与世间若无些子交涉，所以不可治天下。"

或问异端。先生曰："与愚夫愚妇同的，是谓同德。与愚夫愚妇异的，是谓异端。"

先生曰："孟子不动心与告子不动心，所异只在毫厘间。告子只在不动心上着功，孟子便直从此心原不动处分晓。心之本体原是不动的，只为所行有不合义，便动了。孟子不论心之动与不动，只是'集义'，所行无不是义，此心自然无可动处。若告子只要此心不动，便是把捉此心，将他生生不息之根反阻挠了。此非徒无益，而又害之。孟子'集义'功夫，自是养得充满，并无馁歉，自是纵横自在，活泼泼地。此便是浩然之气。"

又曰："告子病源从'性无善无不善'上见来。性无善无不善，虽如此说，亦无大差。但告子执定看了，便有个无善无不善的性在内。有善有恶，又在物感上看，便有个物在外。却做两边看了，便会差。无善无不善，性原是如此，悟得及时，只此一句便尽了，更无有内外之间。告子见一个性在内，见一个物在外，便见他于性有未透彻处。"

朱本思问："人有虚灵，方有良知。若草木瓦石之类，亦有良知否？"

先生曰："人的良知，就是草木瓦石的良知。若草木瓦石无人的良知，不可以为草木瓦石矣。岂惟草木瓦石为然？天地无人的良知，亦不可为天地矣。盖天地万物与人原是一体，其发窍之最精处，是人心一点灵明。风雨露雷、日月星辰、禽兽草木、山川土石，与人原只一体。故五谷禽兽之类，皆可以养人；药石之类，皆可以疗疾。只为同此一气，故能相通耳。"

先生游南镇，一友指岩中花树问曰："天下无心外之物，如此花树，在深山中自开自落，于我心亦何相关？"

先生曰："你未看此花时，此花与汝心同归于寂。你来看此花时，则此花颜色一时明白起来。便知此花不在你的心外。"

问："大人与物同体，如何《大学》又说个厚薄？"

先生曰："惟是道理，自有厚薄。此如身是一体，把手足捍头目，岂是偏要薄手足，其道理合如此。禽兽与草木同是爱的，把草木去养禽兽，又忍得？人与禽兽同是爱的，宰禽兽以养亲，与供祭祀，燕宾客，心又忍得？至亲与路人同是爱的，如箪食豆羹，得则生，不得则死，不能两全，宁救至亲，不救路人，心又忍得。这是道理合该如此。及至吾身与至亲，更不得分别彼此厚薄。盖以仁民爱物皆从此出，此处可忍，更无所不忍矣。《大学》所谓厚薄，是良知上自然的条理，不可逾越，此便谓之义；顺这个条理，便谓之礼；知此条理，便谓之智；终始是这条理，便谓之信。"

又曰："目无体，以万物之色为体；耳无体，以万物之声为体；鼻无体，以万物之臭为体；口无体，以万物之味为体；心无体，以天地万物感应之是非为体。"

问"夭寿不贰"。先生曰："学问功夫，于一切声利嗜好俱能脱落殆尽，尚有一种生死念头毫发挂带，便于全体有未融释处。人于生死念头，本从生身命根上带来，故不易去。若于此处见得破，透得过，此心全体方是流行无碍，方是尽性至命之学。"

一友问："欲于静坐时，将好名、好色、好货等根逐一搜寻，扫除廓清，恐是剜肉做疮否？"

先生正色曰："这是我医人的方子，真是去得人病根。更有大本事人，过了十数年，亦还用得著。你如不用，且放起，不要作坏我的方子。"

是友愧谢。

少间曰："此量非你事，必吾门稍知意思者为此说以误汝。"在坐者皆悚然。

一友问功夫不切。先生曰："学问功夫，我已曾一句道尽，如何今日转说转远，都不着根？"

对曰："致良知盖闻教矣，然亦须讲明。"

先生曰："既知致良知，又何可讲明？良知本是明白，实落用功便是。不肯用功，只在语言上转说转糊涂。"

曰："正求讲明致之之功。"

先生曰："此亦须你自家求，我亦无别法可道。昔有禅师，人来问法，只把麈尾提起。一日，其徒将麈尾藏过，试他如何设法。禅师寻麈尾不见，又只空手提起。我这个良知就是设法的麈尾。舍了这个，有何可提得？"

少间，又一友请问功夫切要。先生旁顾曰："我麈尾安在？"一时在坐者皆跃然。

或问"至诚""前知"。先生曰："诚是实理，只是一个良知。实理之妙用流行就是神，其萌动处就是几，诚神几曰圣人。圣人不贵前知。祸福之来，虽圣人有所不免。圣人只是知几，遇变而通耳。良知无前后，只知得见在的几，便是一了百了。若有个'前知'的心，就是私心，就有趋避利害的意。邵子必于前知，终是利害心未尽处。"

先生曰："无知无不知，本体原是如此。譬如日未尝有心照物，而自无物不照。无照无不照，原是日的本体。良知本无知，今却要有知。本无不知，今却疑有不知，只是信不及耳！"

先生曰："'惟天下至圣为能聪明睿智'，旧看何等玄妙，今看来原是人人自有的。耳原是聪，目原是明，心思原是睿智，圣人只是一能之尔。能处正是良知，众人不能，只是个不致知，何等明白简易！"

问："孔子所谓'远虑'，周公'夜以继日'，与'将迎'不同。何如？"

先生曰："'远虑'不是茫茫荡荡去思虑，只是要存这天理。天理在人心，亘古亘今，无有终始。天理即是良知，千思万虑，只是要致良知。良知愈思愈精明，若不精思，漫然随事应去，良知便粗了。若只着在事上茫茫荡荡去思，教做'远虑'，便不免有毁誉、得丧、人欲搀入其中，就是'将迎'了。周公终夜以思，只是'戒慎不睹、恐惧不闻'的功夫，见得时，其气象与'将迎'自别。"

问："'一日克己复礼，天下归仁。'朱子作效验说，如何？"

先生曰："圣贤只是为己之学，重功夫不重效验。仁者以万物为体，不能一体，只是己私未忘。全得仁体，则天下皆归于吾仁。就是'八荒皆在我闼'意。天下皆与，其仁亦在其中。如'在邦无怨，在家无怨'，亦只是自家不怨，如'不怨天，不尤人'之意。然家邦无怨，于我亦在其中，但所重不在此。"

问："孟子'巧、力、圣、智'之说，朱子云：'三子力有余而巧不足。'何如？"

先生曰："三子固有力，亦有巧。巧、力实非两事，巧亦只在用力处，力而不巧，亦是徒力。三子譬如射，一能步箭，一能马箭，一能远箭；他射得到，俱谓之力，中处俱可谓之巧。但步不能马，马不能远，各有所长，便是才力分限有不同处。孔子则三者皆长。然孔子之和，只到得柳下惠而极；清，只到得伯夷而极；任，只到得伊尹而极。何曾加得些子？若谓

'三子力有余而巧不足'，则其力反过孔子了。巧、力只是发明圣知之义，若识得圣、知本体是何物，便自了然。"

先生曰："'先天而天弗违'，天即良知也；'后天而奉天时'，良知即天也。"

"良知只是个是非之心，是非只是个好恶，只好恶就尽了是非，只是非就尽了万事万变。"

又曰："是非两字，是个大规矩，巧处则存乎其人。"

"圣人之知如青天之日；贤人如浮云天日；愚人如阴霾天日。虽有昏明不同，其能辨黑白则一。虽昏黑夜里，亦影影见得黑白，就是日之余光未尽处。困学功夫，亦只从这点明处精察去耳！"

问："知譬日，欲譬云，云虽能蔽日，亦是天之一气合有的，欲亦莫非人心合有否？"

先生曰："喜怒哀惧爱恶欲，谓之七情。七者俱是人心合有的，但要认得良知明白。比如日光，亦不可指着方所。一隙通明，皆是日光所在，虽云雾四塞，太虚中色象可辨，亦是日光不灭处，不可以云能蔽日，教天不要生云。七情顺其自然之流行，皆是良知之用，不可分别善恶，但不可有所着。七情有着，俱谓之欲，俱为良知之蔽。然才有着时，良知亦自会觉，觉即蔽去，复其体矣！此处能勘得破，方是简易透彻功夫。"

问："圣人生知安行是自然的，如何有甚功夫？"

先生曰："知行二字即是功夫，但有浅深难易之殊耳。良知原是精精明明的，如欲孝亲，生知安行的，只是依此良知实落尽孝而已；学知利行者，只是时时省觉，务要依此良知尽孝而已；至于困知勉行者，蔽锢已深，虽瞽瞍亦做成个慈父。"

先生曰："孔子有鄙夫来问，未尝先有知识以应之，其心只空空而已。但叩他自知的是非两端，与之一剖决，鄙夫之心便已了然。鄙夫自知的是非，便是他本来天则。虽圣人聪明，如何可与增减得一毫？他只不能自信。夫子与之一剖决，便已竭尽无余了。若夫子与鄙夫言时，留得些子知识在，便是不能竭他的良知，道体即有二了。"

先生曰："'蒸蒸乂，不格奸'，本注说象已进进于乂，不至大为奸恶。舜征庸后，象犹日以杀舜为事，何大奸恶如之。舜只是自进于乂，以乂薰蒸，不去正他奸恶。凡文过掩慝，此是恶人常态，若要指摘他是非，反去激他恶性。舜初时致得象要杀己，亦是要象好的心太急，此就是舜之过处。经过来，乃知功夫只在自己，不去责人，所以致得'克谐'。此是舜'动心忍性，增益不能'处。古人言语，俱是自家经历过来，所以说得亲切，遗之后世，曲当人情。若非自家经过，如何得他许多苦心处？"

先生曰："古乐不作久矣。今之戏子，尚与古乐意思相近。"

未达，请问。先生曰："《韶》之九成，便是舜的一本戏子。《武》之九变，便是武王的一本戏子。圣人一生实事，俱播在乐中。所以有德者闻之，便知他尽善尽美与尽美未尽善处。若后世作乐，只是做些词调，于民俗风化绝无关涉，何以化民善俗？今要民俗反朴还淳，取今之戏子，将妖淫词调俱去了，只取忠臣孝子故事，使愚俗百姓人人易晓，无意中感激他良知起来，却于风化有益。然后古乐渐次可复矣。"

曰："洪要求元声不可得，恐于古乐亦难复。"

先生曰："你说元声在何处求？"

对曰："古人制管候气，恐是求元声之法。"

先生曰："若要去葭灰黍粒中求元声，却如水底捞月，如何可得？元声只在你心上求。"

曰："心如何求？"

先生曰："古人为治，先养得人心和平，然后作乐。比如在此歌诗，你的心气和平，听者自然悦怿兴起，只此便是元声之始。《书》云'诗言志'，志便是乐的本。'歌永言'，歌便是作乐的本。'声依永，律和声'，律只要和声，和声便是制律的本。何尝求之于外？"

八卦纹三足炉

曰："古人制候气法，是意何取？"

先生曰："古人具中和之体以作乐。我的中和原与天地之气相应。候天地之气，协凤凰之音，不过去验我的气果和否。此是成律已后事，非必待此以成律也。今要候灰管，先须定至日。然至日子时，恐又不准，又何处取得准来？"

先生曰："学问也要点化，但不如自家解化者，自一了百当。不然，亦点化许多不得。"

"孔子气魄极大，凡帝王事业，无不一一理会，也只从那心上来。譬如大树，有多少枝叶，也只是根本上用得培养功夫，故自然能如此，非是从枝叶上用功做得根本也。学者学孔子，不在心上用功，汲汲然去学那气魄，却倒做了。"

"人有过，多于过上用功，就是补甑，其流必归于文过。"

"今人于吃饭时，虽然一事在前，其心常役役不宁，只缘此心忙惯了所以收摄不住。"

"琴瑟简编，学者不可无。盖有业以居之，心就不放。"

先生叹曰："世间知学的人，只有这些病痛打不破，就不是善与人同。"

崇一曰："这病痛只是个好高不能忘己尔。"

问："良知原是中和的，如何却有过、不及？"

先生曰："知得过、不及处，就是中和。"

"'所恶于上'是良知；'毋以使下'即是致知。"

先生曰："苏秦、张仪之智也，是圣人之资。后世事业文章，许多豪杰名家，只是学得仪、秦故智。仪、秦学术善揣摸人情，无一些不中人肯綮，故其说不能穷。仪、秦亦是窥见得良知妙用处，但用之于不善尔。"

或问"未发""已发"。先生曰："只缘后儒将'未发'、'已发'分说了，只得劈头说个无'未发'、'已发'，使人自思得之。若说有个'已发'、'未发'，听者依旧落在后儒见解。若真见得无'未发'、'已发'，说个有'未发'、'已发'，原不妨，原有个'未发'、'已发'在。"

问曰："'未发'未尝不和，'已发'未尝不中。譬如钟声，未扣不可谓无，既扣不可谓有，毕竟有个扣与不扣，何如？"

先生曰："未扣时原是惊天动地，既扣时也只是寂天寞地。"

问："古人论性，各有异同，何者乃为定论？"

先生曰："性无定体，论亦无定体，有自本体上说者，有自发用上说者，有自源头上说者，有自流弊处说者。总而言之，只是一个性，但所见有浅深尔。若执定一边，便不是了。性之本体原是无善无恶的，发用上也原是可以为善、可以为不善的，其流弊也原是一定善、一定恶的。譬如眼，有喜时的眼，有怒时的眼。直视就是看的眼，微视就是觑的眼。总而言之，只是这个眼。若见得怒时眼，就说未尝有喜的眼，见得看时眼，就说未尝有觑的眼，皆是执定，就知是错。孟子说性，直从源头上说来，亦是说个大概如此。荀子性恶之说，是从流弊上说来，也未可尽说他不是，只是见得未精耳。众人则失了心之本体。"

问："孟子从源头上说性，要人用功在源头上明彻；荀子从流弊说性，功夫只在末流上救正，便费力了。"

先生曰："然。"

先生曰："用功到精处，愈着不得言语，说理愈难。若着意在精微上，全体功夫反蔽泥了。"

"杨慈湖不为无见，又着在无声无臭上见了。"

"人一日间，古今世界都经过一番，只是人不见耳。夜气清明时，无视无听，无思无作，淡然平怀，就是羲皇世界。平旦时，神清气朗，雍雍穆穆，就是尧舜世界。日中以前，礼仪交会，气象秩然，就是三代世界。日中以后，神气渐昏，往来杂扰，就是春秋、战国世界。渐渐昏夜，万物寝息，景象寂寥，就是人消物尽世界。学者信得良知过，不为气所乱，便常做个羲皇已上人。"

薛尚谦、邹谦之、马子辛、王汝止侍坐，因叹先生自征宁藩以来，天下谤议益众，请各言其故。有言先生功业势位日隆，天下忌之者日众；有言先生之学日明，故为宋儒争是非者亦日博；有言先生自南都以后，同志信从者日众，而四方排阻者日益力。

先生曰："诸君之言，信皆有之，但吾一段自知处，诸君俱未道及耳。"

诸友请问。先生曰："我在南都以前，尚有些子乡愿的意思在。我今信得这良知真是真非，信手行去，更不着些覆藏。我今才做得个狂者的胸次，使天下之人都说我行不掩言也罢。"

尚谦出，曰："信得此过，方是圣人的真血脉。"

先生锻炼人处，一言之下，感人最深。

一日，王汝止出游归，先生问曰："游何见？"

对曰："见满街人都是圣人。"

先生曰："你看满街人是圣人，满街人到看你是圣人在。"

又一日，董萝石出游而归，见先生曰："今日见一异事。"

先生曰："何异？"

对曰："见满街人都是圣人。"

先生曰："此亦常事耳，何足为异？"

盖汝止圭角未融，萝石恍见有悟，故问同答异，皆反其言而进之。

洪与黄正之、张叔谦、汝中丙戌会试归，为先生道途中讲学，有信有不信。先生曰："你们拿一个圣人去与人讲学，人见圣人来，都怕走了，如何讲得行？须做得个愚夫愚妇，方可与人讲学。"

洪又言："今日要见人品高下最易。"

先生曰："何以见之？"

对曰："先生譬如泰山在前，有不知仰者，须是无目人。"

先生曰："泰山不如平地大，平地有何可见？"先生一言剪裁，剖破终年为外好高之病，在座者莫不悚惧。

癸未春，邹谦之来越问学，居数日，先生送别于浮峰。是夕，与希渊诸友移舟宿延寿寺，秉烛夜坐。先生慨怅不已，曰："江涛烟柳，故人倏在百里外矣！"

一友问曰："先生何念谦之之深也？"

先生曰："曾子所谓'以能问于不能，以多问于寡，有若无，实若虚，犯而不较'，若谦之者，良近之矣！"

丁亥年九月，先生起复，征思、田。将命行时，德洪与汝中论学。汝中举先生教言，曰："无善无恶是心之体，有善有恶是意之动，知善知恶是良知，为善去恶是格物。"

德洪曰："此意如何？"

汝中曰："此恐未是究竟话头。若说心体是无善无恶，意亦是无善无恶的意，知亦是无善无恶的知，物是无善无恶的物矣。若说意有善恶，毕竟心体还有善恶在。"

德洪曰："心体是天命之性，原是无善无恶的。但人有习心，意念上见有善恶在。格、致、诚、正、修，此正是复那性体功夫。若原无善恶，功夫亦不消说矣。"

是夕侍坐天泉桥，各举请正。先生曰："我今将行，正要你们来讲破此意。二君之见，正好相资为用，不可各执一边。我这里接人原有此二种。利根之人，直从本源上悟入。人心本体原是明莹无滞的，原是个未发之中。利根之人，一悟本体，即是功夫，人己内外，一齐俱透了。其次不免有习心在，本体受蔽，故且教在意念上实落为善去恶。功夫熟后，渣滓去得尽時，本体亦明尽了。汝中之见，是我这里接利根人的；德洪之见，是我这里为其次立法的。二君相取为用，则中人上下皆可引入于道。若各执一边，眼前便有失人，便于道体各有未尽。"

既而曰："已后与朋友讲学，切不可失了我的宗旨：'无善无恶是心之体，有善有恶是意之动，知善知恶的是良知，为善去恶是格物。'只依我这话头随人指点，自没病痛。此原是彻上彻下功夫。利根之人，世亦难遇，本体功夫，一悟尽透。此颜子、明道所不敢承当，岂可轻易望人！人有习心，不教他在良知上实用为善去恶功夫，只去悬空想个本体，一切事为俱不着实，不过养成一个虚寂。此个病痛不是小小，不可不早说破。"是日德洪、汝中俱有省。

先生初归越时，朋友踪迹尚寥落。既后四方来游者日进。癸未年已后，环先生而居者比屋，如天妃、光相诸刹，每当一室，常合食者数十人，夜无卧处，更相就席，歌声彻昏旦。南镇、禹穴、阳明洞诸山，远近寺刹，徙足所到，无非同志游寓所在。先生每临讲座，前后左右环坐而听者，常不下数百人，送往迎来，月无虚日。至有在侍更岁，不能遍记其姓名者。每临前，先生常叹曰："君等离别，不出在天地间，苟同此志，吾亦可以忘形似矣！"诸生每听讲出门，未尝不跳跃称快。尝闻之同门先辈曰："南都以前，朋友从游者虽众，未有如在越之盛者。此虽讲学日久，孚信渐博，要亦先生之学日进，感召之机，申变无方，亦自有不同也。"

黄以方录

黄以方问："'博学于文'，为随事学存此天理，然则谓'行有余力，则以学文'，其说似不相合。"

先生曰："《诗》《书》、六艺皆是天理之发见，文字都包在其中。考之《诗》《书》、六艺，皆所以学存此天理也。不特发见于事为者方为文耳。'余力学文'，亦只'博学于文'中事。"

或问"学而不思"二句。曰："此亦有为而言，其实思即学也。学有所疑，便须思之，思而不学者，盖有此等人，只悬空去思，要想出一个道理，却不在身心上实用其力，以学存此天理。思与学作两事做，故有'罔'与'殆'之病。其实思只是思其所学，原非两事也。"

先生曰："先儒解'格物'为格天下之物，天下之物如何格得？且谓'一草一木亦皆有理'，今如何去格？纵格得草木来，如何反来诚得自家意？我解'格'作'正'字义，'物'作'事'字义，《大学》之所谓'身'，即耳、目、口、鼻、四肢是也。欲修身，便是要目非礼勿视，耳非礼勿听，口非礼勿言，四肢非礼勿动。要修这个身，身上如何用得功夫？心者身之主宰，目虽视而所以视者心也，耳虽听而所以听者心也，口与四肢虽言动而所以言动者心也。故欲修身在于体当自家心体，常令廓然太公，无有些子不正处。主宰一正，则发窍于目，自无非礼之视；发窍于耳，自无非礼之听；发窍于口与四肢，自无非礼之言动。此便是修身在正其心。然至善者，心之本体也。心之本体，那有不善？如今要'正心'，本体上何处用得功？必就心之发动处才可着力也。心之发动不能无不善，故须就此处着力，便是在'诚意'。如一念发在好善上，便实实落落去好善；一念发在恶恶上，便实实落落去恶恶。意之所发，既无不诚，则其本体如何有不正的？故欲正其心在'诚意'。功夫到，'诚意'始有着落处。然'诚意'之本，要依此良知去孝，又为私欲所阻，是以不能，必须加人一己百、人十己千之功，方能依此良知以尽其孝。圣人虽是生知安行，然其心不敢自是，肯做困知勉行的功夫。困知勉行的，却要思量做生知安行的事，怎生成得!"

问："乐是心之本体，不知遇大故于哀哭时，此乐还在否?"

先生曰："须是大哭一番方乐，不哭便不乐矣。虽哭，此心安处，即是乐也。本体未尝有动。"

问："良知一而已。文王作《彖》，周公系《爻》，孔子赞《易》，何以各自看理不同?"

先生曰："圣人何能拘得死格？大要出于良知同，便各为说何害？且如一园竹，只要同此枝节，便是大同。若拘定枝枝节节，都要高下大小一样，便非造化妙手矣。汝辈只要去培养良知。良知同，更不妨有异处。汝辈若不肯用功，连笋也不曾抽得，何处去论枝节?"

乡人有父子讼狱，请诉于先生，侍者欲阻之。先生听之，言不终辞，其父子相抱恸哭而去。

柴鸣治入问曰："先生何言，致伊感悔之速?"

先生曰："我言舜是世间大不孝的子，瞽瞍是世间大慈的父。"

鸣治愕然请问。

先生曰："舜常自以为大不孝，所以能孝。瞽瞍常自以为大慈，所以不能慈。瞽瞍只记得舜是我提孩长的，今何不曾豫悦我，不知自心已为后妻所移了，尚谓自家能慈，所以愈不能慈。舜只思父提孩我时如何爱我，今日不爱，只是我不能尽孝，日思所以不能尽孝处，所以愈能孝。及至瞽瞍底豫时，又不过复得此心原慈的本体。所以后世称舜是个古今大孝的子，又在于'致知'也。所谓'人虽不知，而已所独知'者，此正是吾心良知处。然知得善，却不依这个良知便做去，知得不善，却不依这个良知便不去做，则这个良知便遮蔽了，是不能致知也。吾心良知既不能扩充到底，则善虽知好，不能着实好了；恶虽知恶，不能着实恶了，如何得意诚？故'致知'者，意诚之本也。然亦不是悬空的'致知'，'致知'在实事上格。如意在于为善，便就这件事上去为；意在于去恶，便就这件事上去不为。去恶，固是格不正以归于正。为善，则不善正了，亦是格不正以归于正也。如此，则吾心良知无私欲蔽了，得以致其极，而意之所发，好善去恶，无有不诚矣！诚意功夫，实下手处在格物也。若如此格物，人人便做得，'人皆可以为尧舜'，正在此也。"

先生曰："众人只说格物要依晦翁，何曾把他的说去用？我着实曾用来。初年与钱友同论做圣贤要格天下之物，如今安得这等大的力量？因指亭前竹子，令去格看。钱子早夜去穷格竹子的道理，竭其心思，至于三日，便致劳神成疾。当初说他这是精力不足，某因自去穷格，早夜不得其理，到七日，亦以劳思致疾。遂相与叹圣贤是做不得的，无他大力量去格物了。及在夷中三年，颇见得此意思，乃知天下之物本无可格者。其格物之功，只在身心上做，决然以圣人为人人可到，便自有担当了。这里意思，却要说与诸公知道。"

门人有言邵端峰论童子不能格物，只教以洒扫应对之说。先生曰："洒扫应对就是一件物，童子良知只到此，便教去洒扫应对，就是致他这一点良知了。又如童子知畏先生长者，此亦是他良知处。故虽嬉戏中见了先生长者，便去作揖恭敬，是他能格物以致敬师长之良知了。童子自有童子的格物致知。"

又曰："我这里言格物，自童子以至圣人，皆是此等功夫。但圣人格物，便更熟得些子，不消费力。如此格物，虽卖柴人亦是做得，虽公卿大夫以至天子，皆是如此做。"

或疑知行不合一，以"知之匪艰"二句为问。先生曰："良知自知，原是容易的。只是不能致那良知，便是'知之匪艰，行之惟艰'。"

门人问曰："知行如何得合一？且如《中庸》，言'博学之'，又说个'笃行之'，分明知行是两件。"

先生曰："博学只是事事学存此天理，笃行只是学之不已之意。"

又问："《易》'学以聚之'，又言'仁以行之'，此是如何？"

先生曰："也是如此。事事去学存此天理，则此心更无放失时，故曰'学以聚之'。然常常学存此天理，更无私欲间断，此即是此心不息处，故曰'仁以行之'。"

又问："孔子言'知及之，仁不能守之'，知行却是两个了。"

先生曰："说'及之'已是行了，但不能常常行，已为私欲间断，便是'仁不能守'。"

又问："心即理之说，程子云'在物为理'，如何谓心即理？"

先生曰："'在物为理'，'在'字上当添一'心'字，此心在物则为理。如此心在事父则为孝，在事君则为忠之类。"

先生因谓之曰："诸君要识得我立言宗旨。我如今说个心即理是如何，只为世人分心与理为二，故便有许多病痛。如五伯攘夷狄，尊周室，都是一个私心，便不当理。人却说他做得当理，只心有未纯，往往悦慕其所为，要来外面做得好看，却与心全不相干。分心与理为二，其流至于伯道之伪而不自知。故我说个心即理，要使知心理是一个，便来心上做功夫，不去袭义于义，便是王道之真。此我立言宗旨。"

又问："圣贤言语许多，如何却要打做一个？"

曰："我不是要打做一个，如曰'夫道，一而已矣'，又曰'其为物不二，则其生物不测'。天地圣人皆是一个，如何二得？"

"心不是一块血肉，凡知觉处便是心，如耳目之知视听，手足之知痛痒，此知觉便是心也。"

以方问曰："先生之说'格物'，凡《中庸》之'慎独'及'集义'、'博约'等说，皆为'格物'之事？"

先生曰："非也。'格物'即'慎独'，即'戒惧'。至于'集义'、'博约'，功夫只一般，不是以那数件都做'格物'底事。"

以方问'尊德性'一条。先生曰："'道问学'即所以'尊德性'也。晦翁言'子静以尊德性诲人，某教人岂不是道问学处多了些子'，是分尊德性、道问学作两件。且如今讲习讨论，下许多功夫，无非只是存此心，不失其德性而已。岂有尊德性只空空去尊，更不去问学？问学只是空空去问学，更与德性无关涉？如此，则不知今之所以讲习讨论者，更学何事！"

问"致广大"二句。曰："'尽精微'即所以'致广大'也。'道中庸'即所以'极高明'也。盖心之本体自是广大底，人不能'尽精微'，则便为私欲所蔽，有不胜其小者矣。故能细微曲折，无所不尽，则私意不足以蔽之，自无许多障碍遮隔处，如何广大不致？"

又问："精微还是念虑之精微，是事理之精微？"

曰："念虑之精微即事理之精微也。"

先生曰："今之论性者纷纷异同，皆是说性，非见性也。见性者无异同之可言矣。"

问："声、色、货、利，恐良知亦不能无。"

先生曰："固然。但初学用功，却须扫除荡涤，勿使留积，则适然来遇始不为累，自然顺而应之。良知只在声、色、货、利上用功，能致得良知精精明明，毫发无蔽，则声、色、货、利之交，无非天则流行矣。"

先生曰："吾与诸公讲致知格物，日日是此，讲一二十年俱是如此诸君听吾言，实去用功，见吾讲一番，自觉长进一番。否则，只作一场话说虽听之亦何用？"

先生曰："人之本体常常是寂然不动的，常常是感而逐通的。未应不是先，已应不是后。"

一友举："佛家以手指显出，问曰：'众曾见否？'众曰：'见之。'复以手指入袖，问曰：'众还见否？'众曰：'不见。'佛说还未见性。此义未明。"

先生曰："手指有见有不见，尔之见性常在。人之心神只在有睹有闻上驰骛，不在不睹不闻上着实用功。盖不睹不闻是良知本体。戒慎恐惧是治良知的功夫。学者时时刻刻常睹其所不睹，常闻其所不闻，功夫方有个实落处。久久成熟后，则不须着力，不待防检，而真性自不息矣。岂以在外者之闻见为累哉！"

问："先儒谓'鸢飞鱼跃'，与'必有事焉'同一活泼泼地。"

先生曰："亦是。天地间活泼泼地，无非此理，便是吾良知的流行不息。致良知便是'必有事'的功夫。此理非惟不可离，实亦不得而离也。无往而非道，无往而非功夫。"

先生曰："诸公在此，务要立个必为圣人之心，时时刻刻须是一棒一条痕，一掴一掌血，方能听吾说话，句句得力。若茫茫荡荡度日，譬如一块死肉，打也不知得痛痒，恐终不济事。回家只寻得旧时伎俩而已，岂不惜哉！"

问："近来妄念也觉少，亦觉不曾着想定要如何用功，不知此是功夫否？"

先生曰："汝且去着实用功，便多这些着想也不妨，久久自会妥帖。若才下得些功，便说效验，何足为恃？"

一友自叹："私意萌时，分明白心知得，只是不能使他即去。"

先生曰："你萌时，这一知处便是你的命根。当下即去消磨，便是立命功夫。"

"夫子说'性相近'，即孟子说'性善'，不可专在气质上说。若说气质，如刚与柔对，如何相近得？惟性善则同耳。人生初时，善原是同的。但刚的习于善则为刚善，习于恶则为刚恶；柔的习于善则为柔善，习于恶则为柔恶，便日相远了。"

先生尝语学者曰："心体上着不得一念留滞，就如眼着不得些子尘沙。些子能得几多？满眼便昏天黑地了。"

又曰："这一念不但是私念，便好的念头亦着不得些子。如眼中放些金玉屑，眼亦开不得了。"

问："人心与物同体，如吾身原是血气流通的，所以谓之同体。若于人便异体了。禽兽草木益远矣，而何谓之同体？"

先生曰："你只在感应之几上看，岂但禽兽草木，虽天地也与我同体的，鬼神也与我同体的。"

请问。先生曰："你看这个天地中间，甚么是天地的心？"

对曰："尝闻人是天地的心。"

曰："人又甚么教做心？"

对曰："只是一个灵明。"

"可知充天塞地中间，只有这个灵明，人只为形体自间隔了。我的灵明，便是天地鬼神的主宰。天没有我的灵明，谁去仰他高？地没有我的灵明，谁去俯他深？鬼神没有我的灵明，谁去辨他吉凶灾祥？天地鬼神万物，离却我的灵明，便没有天地鬼神万物了。我的灵明离却天地鬼神万物，亦没有我的灵明。如此，便是一气流通的，如何与他间隔得？"

又问："天地鬼神万物，千古见在，何没了我的灵明，便俱无了？"

曰："今看死的人，他这些精灵游散了，他的天地万物尚在何处？"

先生起行征思、田，德洪与汝中追送严滩，汝中举佛家实相、幻相之说。先生曰："有心俱是实，无心俱是幻；无心俱是实，有心俱是幻。"

汝中曰："有心俱是实，无心俱是幻，是本体上说功夫。无心俱是实，有心俱是幻，是功夫上说本体。"

先生然其言。洪于是时尚未了达，数年用功，始信本体功夫合一。但先生是时因问偶谈，若吾儒指点人处，不必借此立言耳！

尝见先生送二三耆宿出门，退坐于中轩，若有忧色。德洪趋进请问。先生曰："顷与诸老论及此学，真圆凿方枘。此道坦如道路，世儒往往自加荒塞，终身陷荆棘之场而不悔，吾不知其何说也！"

德洪退，谓朋友曰："先生诲人，不择衰朽，仁人悯物之心也。"

先生曰："人生大病，只是一傲字。为子而傲必不孝，为臣而傲必不忠，为父而傲必不慈，为友而傲必不信。故象与丹朱俱不肖，亦只一傲字，便结果了此生。诸君常要体此人心本是天然之理，精精明明，无纤介染着，只是一无我而已。胸中切不可有，有即傲也。古先圣人许多好处，也只是无我而已。无我自能谦，谦者众善之基，傲者众恶之魁。"

又曰："此道至简至易的，亦至精至微的。孔子曰：'其如示诸掌乎！'且人于掌，何日不见？及至问他掌中多少文理，却便不知。即如我良知二字，一讲便明，谁不知得？若欲的见良知，却谁能见得？"

问曰："此知恐是无方体的，最难捉摸。"

先生曰："良知即是《易》，'其为道也屡迁，变动不居，周流六虚，上下无常，刚柔相易，不可为典要，惟变所适'。此知如何捉摸得？见得透时便是圣人。"

问："孔子曰：'回也，非助我者也。'是圣人果以相助望门弟子否？"

先生曰："亦是实话。此道本无穷尽，问难愈多，则精微愈显。圣人之言，本自周遍，但有问难的人胸中窒碍，圣人被他一难，发挥得越加精神，若颜子闻一知十，胸中了然，如何得问难？故圣人亦寂然不动，无所发挥，故曰'非助'。"

邹谦之尝语德洪曰："舒国裳曾持一张纸，请先生写'拱把之桐梓'一章。先生悬笔为书，到'至于身而不知所以养之者'，顾而笑曰：'国裳读书中过状元来，岂诚不知身之所以当养？还须诵此以求警？'一时在侍诸友皆惕然。"

钱德洪跋

嘉靖戊子冬，德洪与王汝中奔师丧，至广信，讣告同门，约三年收录遗言。

继后同门各以所记见遗。洪择其切于问正者，合所私录，得若干条。居吴时，将与《文录》并刻矣，适以忧去，未遂。当是时也，四方讲学日众，师门宗旨既明，若无事于赘刻者，故不复萦念。

去年，同门曾子才汉得洪手抄，复傍为采辑，名曰《遗言》，以刻行于荆。洪读之，觉当时采录未精，乃为删其重复，消去芜蔓，存其三之一，命曰《传习续录》，复刻于宁国之水西精舍。

今年夏，洪来游蕲，沈君思畏曰："师门之教久行于四方，而独未及于蕲。蕲之士得读《遗言》，若亲炙夫子之教。指见良知，若重睹日月之光。惟恐传习之不博，而未以重复之为繁也。请裒其所逸者增刻之，若何？"洪曰："然。"师门"致知格物"之旨，开示来学，学者躬修默悟，不敢以知解承，而惟以实体得。故吾师终日言是，而不惮其烦；学者终日听是，而不厌其数。益指示专一则体悟日精，几迎于言前，神发于言外，感遇诚也。

今吾师之殁，未及三纪，而格言微旨，渐觉沦晦，岂非吾党身践之不力，多言有以病之耶？学者之趋不一，师门之教不宣也。乃复取逸稿，采其语之不背者，得一卷。其余影响不真，与《文录》既载者，皆削之，并易中卷为问答语，以付黄梅尹张君增刻之。庶几读者不以知解承，而惟以实体得，则无疑于是录矣！

嘉靖丙辰夏四月，门人钱德洪拜书于蕲之崇正书院。